犁斋法史文丛

漢唐法制與儒家傳統

增订本

黄源盛 著

广西师范大学出版社
·桂林·

HAN TANG FAZHI YU RUJIA CHUANTONG
汉唐法制与儒家传统

图书在版编目（CIP）数据

汉唐法制与儒家传统 / 黄源盛著. —增订本. —桂林：广西师范大学出版社，2020.9
（犁斋法史文丛）
ISBN 978-7-5598-3083-8

Ⅰ.①汉… Ⅱ.①黄… Ⅲ.①法制史—思想史—研究—中国—汉代 ②法制史—思想史—研究—中国—唐代 Ⅳ.①D929.34②D929.42

中国版本图书馆 CIP 数据核字（2020）第 144562 号

广西师范大学出版社出版发行
（广西桂林市五里店路9号　邮政编码：541004）
　网址：http://www.bbtpress.com
出版人：黄轩庄
全国新华书店经销
湖南省众鑫印务有限公司印刷
（长沙县榔梨街道保家村　邮政编码：410000）
开本：635 mm × 965 mm　1/16
印张：33.75　　　字数：365 千字
2020 年 9 月第 1 版　2020 年 9 月第 1 次印刷
定价：98.00 元

如发现印装质量问题，影响阅读，请与出版社发行部门联系调换。

目 录

序 一　／ i
序 二　／ v
增订本序　／ x
原 序　／ xiii

导 言　／ 1

上篇　经义折狱与儒家法学

第一章　春秋折狱的当代诠释

　　壹、序说　／ 9
　　贰、春秋折狱盛行的时代背景　／ 12
　　　　一、律令繁琐　／ 14
　　　　二、经学风尚　／ 18
　　　　三、利禄外诱　／ 22
　　　　四、礼教传统　／ 24
　　叁、春秋折狱的几个研究面向　／ 25
　　　　一、历史的考察　／ 26
　　　　二、法学的阐释　／ 27
　　　　三、经义的探索　／ 28
　　肆、结语　／ 29

第二章 两汉春秋折狱案例探微

壹、序说 / 33

贰、董仲舒春秋折狱案例 / 35

  案例一、拾儿道旁 / 39
  案例二、误伤己父 / 46
  案例三、私为人妻 / 50
  案例四、加杖所生 / 54
  案例五、大夫纵麑 / 58
  案例六、盗武库兵 / 61

叁、董仲舒以外的春秋折狱案例 / 64

  案例一、徐偃矫制 / 65
  案例二、薛况之狱 / 70
  案例三、卫太子案 / 74
  案例四、擅杀继母 / 78
  案例五、淮南王案 / 81
  案例六、诽谤妖言 / 85
  案例七、坐臧增锢 / 88
  案例八、造意首恶 / 92
  案例九、复仇之议 / 95
  案例十、妄刊章文 / 100
  案例十一、赦事诛意 / 104
  案例十二、罪止首恶 / 107

肆、结语 / 110

第三章 春秋折狱的方法论与法理观

壹、序说 / 111

贰、董仲舒的折狱方法论 / 112

  一、天人感应的经权理论基础 / 112
  二、自然法论的折狱理念 / 117

叁、春秋折狱与法律的儒家化 / 120

一、从儒法之争到儒法合流　/ 121
　　二、法律儒家化的形态　/ 124
肆、春秋折狱论评　/ 127
　　一、关于董仲舒的春秋折狱　/ 127
　　二、春秋折狱的流变、批判及其再思考　/ 133
伍、结语　/ 146

第四章　春秋折狱"原心定罪"的刑法理论

壹、序说　/ 149
贰、刑法史上主观主义与客观主义的论争　/ 151
　　一、欧陆近代刑法史上的主客观流派之争　/ 152
　　二、古代中国法上的主观说与客观说　/ 157
叁、公羊学派影响下春秋折狱罪刑适用的特色　/ 165
　　一、动机论与结果论的对立——其心可诛乎？其行可诛乎？　/ 165
　　二、伦理义务与法律责任的牵混——未然之罪应如何论处？　/ 174
肆、春秋折狱罪同异论的理论基础与方法　/ 184
　　一、"原心定罪"刑罚适用的理论基础　/ 184
　　二、罪同异论的评判基准及其流弊　/ 188
伍、结语　/ 196

下篇　《唐律》法意与儒家伦理

第五章　《唐律》中的礼刑思想

壹、序说　/ 203
贰、礼本刑用思想的形成与时代背景　/ 205
　　一、源于天道的人文秩序精神　/ 206
　　二、儒学法律化思想的支配　/ 208
　　三、外儒内法与泛道德思想现实政术的运作　/ 211

叁、礼本刑用观的确立及其具体内容 /213
　　一、罪刑因身份而异 /214
　　二、据礼释律的运用 /221
肆、礼本刑用观的基本精神与特质 /224
　　一、义务本位 /224
　　二、家族主义 /226
　　三、男权中心 /228
　　四、道义责任 /230
伍、礼本刑用观评述 /231
　　一、道德·礼与刑的纠葛 /232
　　二、积极面与再反思 /238
陆、结语 /244

第六章 《唐律》中的"不应得为"罪

壹、序说 /247
贰、"不应得为"罪的历史渊源及其理论基础 /249
　　一、律条溯源 /249
　　二、处罚根据 /252
叁、《唐律》"不应得为"罪的义理与适用事例 /255
　　一、律文释义 /256
　　二、律疏定例举隅 /258
　　三、运用实态 /275
肆、从近世刑法原理联想《唐律》"不应得为"罪 /280
　　一、从"不应得为"罪透视《唐律》罪刑法定的虚与实 /281
　　二、从"不应得为"罪考察《唐律》罪与礼、理、刑三者间的关系 /286
　　三、从"不应得为"罪探究《唐律》的立法技术 /292
伍、结语 /298

第七章 《唐律》责任能力的规范与理论

壹、序说 /303

贰、责任能力在刑法史上的发展 / 304
    一、古代欧陆法制 / 305
    二、唐代以前的中国法制 / 308
叁、《唐律》关于老小疾病的规定及其实例 / 316
    一、老小疾病的种类及其优遇 / 318
    二、认定老小疾病的时间标准 / 325
    三、其他特例 / 327
肆、《唐律》责任能力的理论基础 / 332
    一、当代责任能力的本质学说 / 332
    二、《唐律》责任能力的性质 / 334
伍、《唐律》责任能力的影响及其演变 / 337
    一、影响 / 337
    二、演变 / 341
陆、结语 / 344

第八章 《唐律》"轻重相举"条的法理及其运用

壹、序说 / 347
贰、传统中国旧制中的比附 / 349
    一、唐以前比附法制的源流 / 350
    二、《唐律》中的比附实态 / 353
叁、《唐律》"轻重相举"条释义及其运用 / 357
    一、"轻重相举"应用例的态样 / 357
    二、"轻重相举"的运用实例 / 361
肆、"轻重相举"条的法理性质辨析 / 370
    一、学说争议 / 371
    二、从当代法解释学观点论"轻重相举"条之性质 / 378
    三、"轻重相举"与《唐律》法的确定性问题 / 383
伍、结语 / 387

第九章 《唐律》中的"错误"规范及其法理

壹、序说 / 393
贰、"错误"在古中国法制文献上的溯源 / 395
　一、《周礼》三宥中的"不识" / 396
　二、西汉董仲舒春秋折狱中的"错误"案例 / 398
　三、晋张斐《进律疏表》中的"误"与"失" / 402
叁、《唐律》中关于"错误"规范的类型与律疏 / 404
　一、构成要件错误的态样及其处断方式 / 405
　二、违法性认识错误及其刑责 / 416
肆、唐以降历代刑律有关"错误"规范的衍化 / 420
　一、从《宋刑统》到明清律的变与不变 / 421
　二、从继受欧陆法的《钦定大清刑律》到民国刑法 / 426
伍、当今刑法与《唐律》中的"错误"立法比较 / 432
　一、主观抽象立法乎？客观具体立法乎？ / 432
　二、古今有关"错误"立法技术的异同 / 435
陆、结语 / 442

第十章 《唐律》与《龙筋凤髓判》

壹、序说 / 445
贰、张鹫《龙筋凤髓判》其人其书 / 448
　一、张鹫其人 / 448
　二、《龙筋凤髓判》内容要义 / 452
叁、《龙筋凤髓判》判词问目的真实性问题 / 454
　一、拟判乎？ / 455
　二、实判乎？ / 457
肆、《龙筋凤髓判》案例解析举隅 / 461
　一、关于泄漏机密罪案 / 462
　二、关于崔湜奏事口误罪案 / 465
　三、关于奏状误失罪案 / 467
　四、关于知制敕书有误罪案 / 469

　　　　五、关于贪渎罪案 / 471
　　　　六、关于收受贿赂罪案 / 472
　　　　七、关于犯夜罪案 / 474
　　　　八、关于违犯纲常名教罪案 / 477
　　　　九、关于合和御药有误罪案 / 479
　　伍、《龙筋凤髓判》的评价 / 482
　　　　一、官定判例的经典之作 / 482
　　　　二、堆垛故事的浮判之词 / 484
　　　　三、个人观点 / 488
　　陆、结语 / 494

结　论 / 499

本书各章论著初出一览表 / 507
名词索引 / 509
人名索引 / 513

序 一

黄源盛教授是法史学、刑法学的知名学者，戴炎辉先生在台大法律系所的关门弟子，也得其真传。戴先生名著《唐律通论》一书就是在黄教授与戴东雄教授辛苦整理校订之下，出版修订本（2010年二版一刷）。

数十年来，台湾法律系学生学习乃至从事研究中国法制史的已是凤毛麟角，将它作为研究志业，更是异类。在历史系，以中国法制史领域，作为研究志业者，亦是绝少。也就是说，近数十年来，"中国法制史"已落入冷门学科。我在台大讲授"隋唐史"，曾和学生研读《刑法志》《唐六典》等法制史料；在研究所亦曾研读《唐律疏议》。1994学年，开始以"唐律研读会"名义正式向"教育部"申请补助，印象中这是当局第一个补助读书会的案子，从此持续不断，直至晚近。我们的研读方式，起初是学生随其个人喜好，选择条文研读，但自该学年起，改从第一条依序研读，同时欢迎他校学生加入，成为校际性质的读书会。1995年，很荣幸邀请到政治大学法律系黄源盛教授莅临指导。其后，也邀请到政大陈惠馨教授指导。1999年到2001年，我更邀请黄教授到台大历史系所讲授"比较刑法史"、"比较民法史"等课程，同时也到场旁听。我们治史者，对现代法学知识的认识是浅薄的，经过多年学习，我和学生才逐渐进入情况，甚至出现以法史研究作为学位论文者，成为今日法史学研究的一批新力军。这些学术研究历程，有点拓荒的意味，其间冷暖，点滴在心头。

中国史上的光辉时代，前有汉唐，后有明清，因此论者常以汉唐、明清作为同一时代性来探讨。黄源盛教授著《汉唐法制与儒家传统》即是汉唐并论的代表作。其"导言"最后一段，指出："汉代以礼入律及引经决狱，导引了传统法制'儒法合流'、'礼刑合一'的先河；到了李氏长安政权，礼律详备，《唐律》是'礼本刑用'最典型的代表作，……一千多年来的旧律始终浸润于儒家传统之中。"此段已扼要道出本书之主旨。其后，黄教授之立论，大致亦沿着此一主轴发挥，从事法史研究者，若关心汉唐一段，此书为必备之作。

以汉唐作为时代分段来探讨，史学界为数甚夥。但以儒家传统为主轴来探讨汉唐法制，在学界当以黄教授此书为首部。全书分上下两篇，上篇"经义折狱与儒家法学"，有四章，下篇"《唐律》法意与儒家伦理"，有六章，合起来共有十章。论各章撰成时间，前后三十年（1982—2012），治学之艰难，于此亦可窥知一斑。虽是如此，本书各章，铿锵有声，其论汉代的春秋折狱及张鷟《龙筋凤髓判》，更可视为法史基础研究的经典之作。

上篇四章都是探讨汉代的春秋折狱，第二章检讨董仲舒春秋折狱六个案例，以及汉代其他十二个案例，每个案例，分事实、分析、评论，解说详尽。第四章解析"原心定罪"的刑法理论，尤其对董仲舒所谓"《春秋》之听狱也，必本其事而原其志"，即首要重视行为人的主观心念，论罪须分清故意与过误、首恶与随从等。这样的理论，《尚书》已见其端倪，至汉儒始作系统阐发，并纳入春秋折狱。此章之解说，甚为精彩，读者可细嚼品味。

下篇共有六章，都是从唐律分别探讨礼刑思想、"不应得为"罪、责任能力的规范与理论、"轻重相举"的法理、"错误"规范及其法理、《龙筋凤髓判》等。黄教授的法制史定义，包括法制的思想，所以讨论礼刑思想，正是此书所要表达的法制史重要内涵。下编各章，无非借唐律较重要的规定，来阐明礼主刑辅或礼本刑用的法思想，尤其恤刑精神，即使在律令无文，但违礼犯义的行为，仍应予以惩处。推原其法意，是在补救法条之不足，只是容易成为擅权滥刑之闸门。至于张鷟《龙筋凤髓判》，收录七十九道判例，另有附录二道逸文，共有八十一道判，涉及五十个政府机构单位，其中与唐律令有关者约有三十五道，黄教授特择其中九道与唐律有关者作诠释，每一道分由案由、判、解析三部分作说明，凡是关心唐判者，诚为必读之论著。

《龙筋凤髓判》究竟是拟判抑或实判？学界说法不一，黄教授倾向拟判。张鷟判文中的人名虽为虚拟，根据研究，有可能是集录安西都护府官文书案件而成，可列为杜佑《通典》所称三阶段演变的第一阶段判例，即集州县案牍而成，有较高的史料参考价值。但因"辞溢乎理"，也就是藻饰（骈文）掩过事理、法理，凸显只有文采，后世褒贬不一。黄教授以为张鷟处在初唐、盛唐文风的环境下，这是无法避免的。其结论指出：《龙筋凤髓判》的精妙处，既在文采与法理，也在儒术与法律的结合；它所向往的，是一个能够兼通文采、法理、经术的司法者。这是很重要的提示，确实如此。

此处稍作一点补充，即较完整的七十八条判文当中（扣除一条有缺文，另二条逸文亦不全），粗略统计，依"理"而断者，有二十一条，看来大多能兼顾事理、法理，如曰："准犯既非初害，原情理或可容，何者？'宁失不经，宥过无大。'"（卷一"门下省二条"之一）"法有正条，理须明典。"（卷二"少府监二条"之一）"法有正条，理宜科结。"（卷二"将作监二条"之二）等。所以笔者指出唐律的断罪，是以"理"作为律令之外的第三法源，张鷟《龙筋凤髓判》判辞虽多藻饰，仍能充分显示此"理"。

我和黄教授因缘际会，促使史学界与法学界交流，欣见年轻学子投入此一行列，但愿薪火相传，期使法史领域不再寂寞。最后借黄教授最近研究的一段话，作为此序结尾："无论其所根据的理据为何，均应回归历史事实，以历史事实为基础来解释历史，中国法史也不例外。"诚哉斯言！

是为序。

高明士 序于明月斋

2020年5月17日

序　二

　　台湾地区著名中国法律史专家黄源盛教授，既早已饮誉学林，也是一位备受学生崇敬的老师。他不仅穷二十年之学力，整理出版数十卷本的《大理院民事判例辑存》《大理院刑事判例辑存》《平政裁决录存》等巨册史帙，而且最近几年，他的个人专著《中国法史导论》也被大陆学界日渐称赞的广西师范大学出版社推出简体中文版。今又欣闻这家颇负盛名的学术出版社准备再次推出他的另一本大作《汉唐法制与儒家传统》（以下简称《传统》），遂不胜欢欣，蹈之舞之，援笔以序。

　　中华法制文明，仁恕为本，追求等差基础上的正义与公平。自汉武以来，治道崇儒，隆礼重法。礼与律既为一体之两面，援情入法也实乃从汉至清两千余年古典中国司法之所宗。

　　纵观简册，遍览经史，学界通常以为：儒家法制文明经义为本,别尊卑、序贵贱,身份等级制下难有与现代法治文明相通之处。其实这只是一叶障目的偏颇之见,难免流于世俗。

黄先生的大作告诉我们,儒家法制文明其实还有着可与现代法治精神沟通的另一面。这就是:中国是一个有两千多年法典编撰传统的成文法国家,立法、司法固然崇尚等差贵贱之礼制精神,但即便是等差的法,也有着以法作为客观标准,划一社会行为、追求公平正义的一面。而这一面,则通常为人们所忽视乃至遗忘。

不仅如此,《传统》一书还告诉我们,从汉之"春秋决狱"到唐律"一准乎礼,得古今之平",中国古典之法律虽充斥着儒家伦理道德之话语,但其立法、司法之原理的背后,仍有着可与今日之法相沟通的地方,这急需学者深入经史简册之中,探赜索隐,加以解说。因为这恰是中华法理数千年智慧与学思的结晶。事实上,从古至今,立法、司法都会面临一些共同的难题,中华法理则为之提供了富有中国智慧的解决方案。

譬如,法条有限,情势万端,当有限之法不能满足社会形势发展需要,抑或在法无明文或法条之意隐而不显的情况下,立法与司法怎么面对此种难题?古典中国的解决方案是"经义决狱"、"比附类推"、"轻重相举",其中的功能以及原理与今日的法律解释、漏洞填补、价值续造十分接近。

又如,今日的刑法理论,强调行为人的主观心理状态与罪责之间的关系。在古典中华法理中,数千年来,都有着因行为人系过失、不审、误犯而减轻处罚,乃至免责的传统。"错误"的法律规范及其法理,从西周到明清一直都在儒家法典及司法的视野中。

《传统》一书的价值，正是在这些方面，用细腻的笔触、缜密的运思、典雅的文字向我们展示了中华法理不同于以往认知的另一面向。这在上篇"经义折狱与儒家法学"，下篇"《唐律》法意与儒家伦理"及其后来补充的新章《〈唐律〉中的"错误"规范及其法理》中，都有极其深刻的揭示。

古今中外，大凡有成就的学者，都会在自己的治学经历中，形成具有范式意义的方法论，方法论不同于方法。方法只是研究者治学中解决某一问题的工具或技巧，而方法论则是学者就某一研究领域所形成的特色独具的、体系化的观点与看法。它来源于研究的实践，起始于方法而高于方法；既包括方法，也包括理论与世界观。

黄先生在四十余年的中国法史教学与研究中，行深融豁，道行禅心，形成了以首先彰明中国法史学科性质（既法又史，法史融合），其次弄清研究对象、史料运用诸前提下，融合己之问、己之思、己之悟的独特方法论——"黄氏三问与三思"。

先说三问。第一问是中国法史为何种性质，第二问是法史研究可有定法，第三问是中华法理数千年其变与不变的道理何在，古今中外可有相通相异之理。

再说三思。所谓"黄氏三思"，包括了三部分内容。第一，中法史研究步骤之思。黄先生认为，法史研究的基础是史料，因此，中法史研究的第一步是收集史料、辨别史料、解释史料。第二，中法史研究面向之思。在先生的论述中，就是思考法史研究专题时的三个维度，即时间、空间与事实。第三，中法史研究境界之思。这关系到中法史研究的旨趣与目的，在先生看来，通古今、别中西、察当今之理是法史研究者应有的旨趣与目标。

在黄先生看来，中法史研究有一定之法，因为研究始于方法，终于方法。好的研究必有一定的方法，由此而言，方法是重要的。但好的研究又不必囿于方法，无方法之方法可能是最好的方法。这即是说，过于拘泥于研究的方法，是僵化而无灵性的，大谈方法而不实践，则方法必死！

先生认为：中法史研究，说一千道一万，无非是三个重要元素：首先是史料。文献搜集既是研究的起始点，也是研究的基础。研究如同盖房子，没有基础，只能流于空想。其次是史实的构建。有了史料，研究者还要辨析史料，并运用史料建构史实。历史的真实早已消弭在长河之中，史实的彰显既要依据史料，又要有研究者的判断与见识，因为史实之建构不会自己主动跑出来说话，而要靠研究者的眼光与方法。最后是史观。这是解释史实，阐释学理最为重要的一方面，也是研究者理论水平的显现，一部好的作品必是这三者的综合运用与娴熟处理！

作为同样矢志探赜中华法理的研究者，我在先睹为快的同时，也有一二思索，或可求教于先生及读者。古今法理固然一线牵连，但理论形态终有时空差别。运用现代法学理论诠释传统法制精神，无可厚非且大有可为，但此种诠释的运用限度何在，我既时常自省，也期待先生就此再发宏论。又及，一般认为传统律典系"以刑统罪"，现代刑法则是"以罪统刑"，但二者之间的法理分殊，则较少见到透彻论述。《传统》一书既综论汉唐法制，则尤期待先生以大家手笔，在揭示儒家伦理与唐律法意之余，为读者指点迷津。此外，伦理道德法意之外，事实认知、法律推理、司法论证等司法技艺，似乎也应是中华法理研究的应有之义。我近年着重关注宋代法官如何论事说理，且欲回溯汉唐。若他日有暇，当与先生浮白共论，岂不快哉！

先生常言："飞花坠叶中，当作因缘观。"我则说，先生于我，亦师亦友。在这十几年的学术行谊中，先生给我的印象，首先是记忆模糊中的学者；其次是一个具有现场感染力的学术演讲者；最后，随着这几年来与先生近距离的接触，我愈发感觉到，先生还是一个可让周围人感受到快乐的智者。而这个智者，一袭布衣，肩背布袋，待人温文尔雅，生活恬淡而内心充实。因为，他有着平民情怀，读经治史，胸藏万卷。他是我心目中的先生，同学们眼中的"黄源盛老师"！

是为序。

豫东农夫　陈景良

庚子六月初三

于周口旅次

增订本序

一切缘起，缘起一切。蓦然回首，从"学问的生命"到"生命的学问"之路，原来也是一个因缘交错的寻道过程。

本书繁体初版成于2009年季春，问世以来，蒙诸多识与不识的读友，或奖掖、或点评，十分受益。此次改以简体版刊行，为维持原著风貌与当年写作的心路历程，除增订《〈唐律〉中的"错误"规范及其法理》一章，另稍作些许删误补正外，全书仍分为两大部分，上篇论两汉经义折狱与儒家法学，下篇谈《唐律》法意与儒家伦理。

有关"春秋折狱"此一课题的探讨，截至目前为止，深刻论著仍不多见，世人论断春秋折狱常有两极化的倾向，且以负面评价居多。经多年的潜心摸索，从刑法理论史及法学方法论的视角出发，写成《春秋折狱的当代诠释》《两汉春秋折狱案例探微》

《春秋折狱的方法论与法理观》《春秋折狱"原心定罪"的刑法理论》等四篇文字，追本溯源，例举实证，作另一侧面的阐释。表面上，春秋折狱的运用类型大致可粗分为二：一为董仲舒的春秋折狱案例，另一为董仲舒以外文法吏的引经决狱实例；其中，又可再细分为关涉政治性的案件与非关政治确信的寻常刑案。实际上，春秋折狱仿效《公羊春秋》褒贬的笔削法，迂回地以善因恶果、恶因善果、恶因未果、恶因恶果等类型，作为定罪量刑的理论根据，且以之为推阐律意的方法。而究其实，整个问题的关键在司谳者的证据如何取得，证据力的强弱及其虚实如何权衡。本书深入其间，层层推进，最终得出本其事、原其志的"正常春秋折狱"与借名专断、引喻失义的"不正常春秋折狱"两面评价，是否有当，留给世人评说。

法史学本质上系科际整合之学，它既是史学，也是法学，史学与法学需兼顾得宜，盖史学重史料、史实，在客观地详其本末，而法史学讲过去的法文化现象，贵能借重史实，运用主观的价值判断，去发现、分析问题，然后，归纳经验，论断得失。作为中华法系经典之作的《唐律》，其相关的研究虽海内外论述已多，我选择了平日较少为人关注的几个面向，诸如礼与刑的本用关系、"不应得为"条与罪刑法定的虚与实、责任能力的本质与理论、"轻重相举"与法的确定性、"错误"与刑法主观主义的犯罪理论、《龙筋凤髓判》中的案例析解与评价等六篇书稿，希望能在前人既有的基础上，更进一步地深刻耕耘，而有新颖观点再现。

以上凡分十个篇章，近三十万言，纵横汉唐两代的法规范、法制度、法思想乃至法意识，并以儒家传统贯穿其间，尤其是礼，兼重案例、实例，并适时以当代法学做诠释，试图结合经学、史学与法学，既重视历史脉络中的纵论，也探讨特定时空中横向的经验事实。虽各章撰写的时空不同，却也一脉相连。此次再版，承亦师亦友的台湾大学历史学系高明士教授及中南财经政法大学法律文化研究院陈景良教授赐序，最是春风殷勤相惜，启我良多，温厚至深！

依稀记得年少时，课余之暇常随父亲下田，初学犁耕时，毫无章法，父亲开示："犁头要抓稳，犁尾要犁深深、深深犁！"当时，不懂什么叫"犁深深、深深犁"，及至中壮之年，诵读《心经》句："观自在菩萨，行深般若波罗蜜多时，照见五蕴皆空，度一切苦厄。""行深"、"照见"，刹那间似有所悟。出世间法如此！犁田如此！世间学问又何尝不是如此！之后，乃将书房以"犁斋"为名，出版的几本论著也以"犁斋法史研究"系列称之。

学生时代，读张心斋的《幽梦影》云："少年读书，如隙中窥月；中年读书，如庭中望月；老年读书，如台上玩月。"似懂非懂，而流光潺潺，倏忽已临初老之境，终渐能体悟其中况味。一如既往，还是喜欢踽踽于内双溪亲山步道，溪涧闲云、林间落叶，时兴"世间多少兴废事，未曾富贵未曾穷"的感喟，却也换得大千悲喜依旧流转的低回！

是为增订本序。

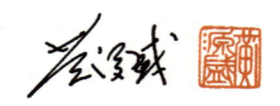

2020年 岁次庚子初夏
于外双溪犁斋

原　序

在两千多年漫漫的中国法制长河中，汉唐是两个相当关键的时代，它对于传统中国法文化的形塑和发展有着承先启后的深刻历史意涵。

1977年10月间，东吴大学的外双溪校园已有几分秋色，那时，我大四，"中国法制史"是一门必修课，张溯崇老师在黑板上写了"春秋折狱"四个字，虽只匆匆一瞥，竟也执迷了"它"，就这样，牵引了我走上法史研究这条路上来。

"春秋折狱"，以汉儒董仲舒（前179—前104）为最著，此外，两汉儒臣法吏亦颇多好引经义以决狱或断事者，可惜，实际留存下来的案例并不多，又限于古史材料缺乏，汉律条文散佚不传，详情确系难考。而当时，有关此一课题的文献极为罕见，就在参考资料寻寻觅觅的甘苦相伴里，1982年夏天，我以"汉代春秋折狱之研究"为题，在指导教授林咏荣老师、国学硕儒张澍匀先生的殷望启迪下，完成了约十五万言的硕士论文。之后，1992年及1994年间，曾将其择要增删，分别以《董仲舒春秋折狱案例研究》《两汉春秋折狱案例探微》为名，发表于《台湾大学法学论丛》与《政大法学评论》，意外地获得相当多的回响，其中，以张伟仁、黄静嘉、戴东雄、林文雄老师直接、间接的督教，奖掖尤深。

2004年冬，"中央研究院"历史语言研究所以"经义折狱与传统法律"为主题，召开国际学术研讨会，既承邀与会，多年来的基本想法并没有太大的改变，"老题"该如何"新论"？颇费思量，乃又三写经义决狱，并将重心摆在以前较少着墨的《春秋折狱"原心定罪"的刑法理论》这个议题上，但盼不只是新瓶旧酒而已。另加上《春秋折狱的当代诠释》当作"引子"，这就是本书上编四篇文字的由来。

中国法制历史到了李唐一代，风华独具，尤其《唐律》，上承魏晋隋遗绪，下开宋明清宏轨，体大思精，一准乎礼，是中华法系的经典之作，与西方的罗马法相互辉映。

犹记，1985年秋，在台大读法律学研究所博士班，选修戴炎辉老师的一门"唐律专题研究"，当时，老师已体弱，行动迟缓，但仍风雨无阻，从不迟到早退，每次上课十分钟前，老师的座车准时来到徐州路法学院，我和另一位硕士班同学，到门口水池旁将老师搀扶入教室，这短短不到十公尺的距离，竟花了将近十分钟的碎步时间，才能安稳就座。这门课，选修人数不多，上课时，同学们轮流逐页解读《唐律通论》一书，如今，重拾早已泛黄的课本，审视那注记着密密麻麻的疏释，是老师讲课的精华烙印。本书下篇中的《〈唐律〉中的礼刑思想》和《〈唐律〉责任能力的规范与理论》两篇文字，就是当年交给老师的期末报告，再经改写而成。

1995年春，因缘际会里，加入了高明士教授所主持的"唐律研读会"，成员有历史学界与法学界的师生二十多人，每月聚会一次，逐条钻研《唐律疏议》，并择期召开学术研讨会，昕夕讲贯，至今不辍。值得一提的是，1999至2001年间，受邀到台大历史系所兼课，讲授"比较刑法史"、"比较民法史"等课程，高老师亲领门下硕、博士生十余人到课听讲，勤问敏思之情景，令人感奋；这也首开了台湾法学界与史学界的学术交流与科际整合之先河，好几位新生代法史俊彦于焉养成。在这段时光里，撰写了《唐律不应得为罪的当代思考》《释滞与擅断之间——唐律轻重相举条的当代诠释》《法理与文采之间——读〈龙筋凤髓判〉》等三篇论著，分别发表于台北的《法制史研究》及《政大法学评论》，构成了本书下篇新加题材的主干部分。

以上九篇文字，撰写的时空不同，原本各自独立成章，经过两年多来时作时辍的重新梳理，增修补订，篇目虽旧，其义已新。另加上"导言"与"结论"以为全书的"起"与"落"，看来却也一体联成。实际上，它已不只是单纯的论文集，而是具有前后贯穿的学术性专书；而从其实质内容看，总不离古典中国儒家的法律理念与实践，乃将书名命为《汉唐法制与儒家传统》。本来，古今异制，中外殊俗，法制历史事件固无须强加比拟，但法文化的形成与衍进有其断裂性，也有其延续性；以古论今，或以今议古，虽不免陷于法史研究方法之偏，遭致不识时务之讥，之所以不避其嫌，行文中不时出现今古相互衍义之当代诠释，除践行"通变古今"的探索理念外，亦行方便法门之权宜也。

细数前事，仿佛昨日，本书诸稿之成，横跨二十几个年头，有年少轻狂的青涩与疏阔，有而立到不惑之年的豪情与愿力，也有天命之年的回眸一顾。住在木栅的那段日子，每天，骑着脚踏车往返于道南桥畔，常暂停，丢片吐司，戏看溪底群鱼相争，到底饵落谁家。一年多前，搬回了外双溪老家，还是，喜欢悠游于山涧溪旁；总爱笑问白云：溪山任彼恋，风月有谁争？对于法史玩索，仍有着一股俗世难以割舍的痴；对于昔日诸位师长，有着深深的孺慕与感念；当然，烟波无数，我也渐渐体悟到，什么是心清景自静。

飞花坠叶中，当作因缘观。世间事，生也因缘，灭也因缘。文章真有千古事？今释又岂能尽古义？徒留一笑之缘罢了！

是为亦新亦旧版序。

黄源盛

2009年初春

于外双溪犁斋

导　言

　　西洋法律思想史上，"自然法"与"实证法"互为消长，而在传统中国法制中，则有儒法两家的政法理论相互为用。帝制中国的政治和法律制度，可说以儒法两家思想为表里，它们各自表现其理念的特色，尤其在王霸之辨及礼法异论方面。

　　从理论上看，自先秦以降，由"仁、德"到"礼、法"治道观念的形成与演变，本非单一向度的发展，而是曲折繁复，自有其深度与广度。[1]粗疏以言，儒家的法理思想，建立在人类理性和良心的基础之上，主张以伦常、礼教的道德律，来规律人民的社会生活，强调贵贱、尊卑、长幼、亲疏之别，而为达到有别的境地，所以肯认有等差的人间秩序——礼；而礼是维持社会秩序

1　有关先秦儒法两家的法理思想，详参张伟仁辑、陈金全注《先秦政法理论》，北京：人民出版社，2006年，页1—29、133—232、268—382。

的行为规范，德又为礼的本体，因此，儒家认为"礼"者"理"也，合理比合法重要。法家则基于"好利恶害"的"功利现实观"，主张以法律为维持社会秩序的行为规范，以刑罚制裁为推行法律的力量，并不认为仁义德礼能治理好国家社会，也不认为世上有绝对的价值观念；讲一赏一罚，除君权独尊外，不分亲疏、贵贱，一以度量断之，主张以客观之"法"，作为治民之具，以达到"齐民社会"。

在实际上，当我们走进悠远的传统中国法制长廊中，总觉得，凡有关于政法思想的问题，不时显现出儒法两家观点的呶呶争辩；姑不论孰高孰下，可以肯定的是：自汉以还，"儒家"思想是中国文化的主流，其间固有盛衰，但历代君主为治之道，终皆未能有逃于儒，而法律文化之经其化成，在固有的世界诸大法系中遂别具风采，睥睨群林。[2] 但从另一个角度观察，虽说汉以后思想统于一尊，然"法家"的精神并未绝灭，尤其以皇权为核心的专制体制与等级制度，始终深深地影响到历朝的现实政术，造成所谓的"儒法合流"，甚或"阳儒阴法"，此何以故？

我们相信：现代法律制度与思想有其自己的特征，但尚包含以前各时代的遗产；又法律制度或思想史上一时代的特征，即为对前时代的反动，或为其补充及继续发展。[3] 历史不能只看一时，更要看得长远些。假如，我们今天站在法律史学及法律社会学的

---

2 关于世界诸大法系的分类，主张不一，详参林咏荣《中国法制史》，台北：作者印行，1976年，页5；陈顾远《中国法制史》，台北：台湾商务印书馆，1973年，页54；John Henry Wigmore, *A Panorama of the World's Legal System*, 3 vols, 1928；Hozumi, Nobushige（穂积陈重）, *Lectures on the New Japanese Civil Code, as Material for the Study of Comparative Jurisprudence*, 1912。

3 参阅田中耕太郎《法律哲学概论》，东京：岩波书店，1934年，页15。

立场,关心到当前法律的发展,那么,对于过去法律文化迁移过程中,所遗留下来的一些问题,便不能不抱慎重的态度;因为,可以说,现代的法律文化,即为过去多少年来积累而成的结晶与蜕变。历史的现在,包含着历史的过去。一个"传统"的形成,乃至一个"新制"的更立,需要人与时空的因缘和合,而谈"传统",也要注意它的凝固性与流动性,如何形成?为何停滞?有无衍化?历史意义何在?

我们也深信:因各个民族的性格及其时代精神互有差异,从而关于法律的基本理念,也就分歧互殊。在某一时代或某一民族,对于某种事件,认为是不成问题的,但在另一时代或另一民族,则往往认为非常严重,非求根本解决不可。人类无定见,时空的异数,造成今是古非或古是今非,本不足为怪;重要的是,如何通过比较古老文化社会中的法律生活叙述,去追寻历史的遗迹,提供一些省察的据点。

中国历史,到了有汉一代,律令已甚发达;而在史籍里,我们却可以发现,两汉以经义决狱的风气相当盛行,尤其,是引孔子所作《春秋》一书为主,此风甚至延续到六朝之末,这就是在法制历史上深为学者所议论的"春秋折狱"。

春秋折狱,以儒为体,以法为用,融通了"德礼"与"刑罚",这是两汉儒者通经致用最具体的表现,也是传统中国法制"礼刑合一"很显著的象征。影响所及,几乎贯穿了整个旧律时代;暂不说为功为过,它所具之意义与价值是普遍的,而不仅是历史的。

汉后诸律,自西晋《泰始律令》(267)起,确立律、令二分,同时建立纳礼入律令、违礼令入律原则,充分体现"刑律儒家化"

的局面，[4]《唐律》"一准乎礼"的指导原理及立法技术，犹为世人所瞩目。论者曾说："……《唐律》之所以为礼教法律论之典型，则固可得言也。盖不独三宥、八议、十恶之制，大祀不正寝、子孙别籍、亲丧生子、同姓为婚之罚，皆渊源于礼制；而律疏解律，则往往直取证于礼经矣！"[5]显然，《唐律》为了维持"礼"的权威性，为了尊重道德及提倡伦理，对于破坏礼的行为，最不能原宥，所加的刑罚也较重；但如其行为与礼无关者，则往往又从轻认定。可以说，礼不但为立法的准绳，亦为科刑的依据，罪刑与礼法，始终形影相随。

细读《唐律》，五百条的律本文及其《律疏》，除了具体落实儒家"异贵贱、别尊卑"的身份差等秩序以及恤刑宽仁精神外，另有甚多律条，系以单纯违背道德行为构成犯罪，凸显其道义性，又从礼教规则，补充法律的不足。更甚者，唯恐防范不周，对于律无正文而情理上不应为者，设有概括条款，以杜遗漏而维风教，如《杂律》"不应得为"条说："诸不应得为而为之者，笞四十。事理重者，杖八十。"考其立法用意，除补充律令的漏洞外，意在以德坊民，以戒侥幸之徒，至为明显。

---

[4] 陈寅恪说："诸大祀，入散斋，不宿正寝者，一宿笞五十，既为南朝历代所因袭，北魏改律，复采用之，辗转嬗蜕，经由（北）齐隋，以至于唐，实为华夏刑律不祧之正统。"参阅氏著《隋唐制度渊源略论稿》，台北：台湾商务印书馆，1998年，页108。另参高明士《中国中古政治的探索》，台北：五南书局，2006年，页235—247。

[5] 《唐律》条文中常见的十恶、八议、以服制论罪、子孙违犯教令、犯罪留存养亲、官当乃至无夫奸等，均是礼教立法的典型例子。至于其具体条文规定有如：《职制》"大祀不预申期"条："诸大祀，入散斋，不宿正寝者，一宿笞五十。"《户婚》"居父母丧生子"条："诸居父母丧生子者，徒一年。""子孙别籍异财"条："诸祖父母、父母在，而子孙别籍异财者，徒三年。"又如《户婚》"父母囚禁嫁娶"条："诸祖父母、父母被囚禁而嫁娶者，死罪徒一年半，流罪减一等。"明清律亦有类似规定，详参徐道邻《中国法律制度》，载氏著《中国法制史论集》，台北：志文书局，1975年，页1—20。

继《唐律》之后，如《宋刑统》《大明律》乃至《大清律例》，礼之入律的条款虽有繁简不同，而其基本精神与《唐律》根本上并无大异。无怪乎清乾隆朝纪昀所主持编纂的《四库全书总目》，关于《唐律疏议》的提要说："论者谓《唐律》一准乎礼以为出入，得古今之平。"又云："宋元明清之所以采用《唐律》者，皆为其一准于礼。"[6] 这是有史实根据的，从《唐律》以迄《大清律例》，整个社会秩序立基在五伦常理之上，凡违反礼者，即附以刑罚制裁；刑之所禁，必为礼之所不容；而礼之所许，自为刑之所不禁。换句话说，违礼等于是违律，刑律的内容，是从礼教中取得其价值；法律的作用，是在辅助礼教的不足，"礼"为法制的终极目的，"律"不过为实现"礼"的手段，形成所谓"礼本刑用"的礼法观。

要言之，汉代以礼入律及引经决狱，导引了传统法制"儒法合流"、"礼刑合一"的先河；到了李氏长安政权，礼律详备，《唐律》是"礼本刑用"最典型的代表作，它上集魏晋（北）齐隋之大成，下立宋明清之轨范，充分体现礼主刑辅的精神。因此，如果说，传统中国法律从未与伦理道德分家，一千多年来的旧律始终浸润于儒家传统之中。然乎？否乎？值得细细品评。

---

6 参阅（清）永瑢、纪昀等《钦定四库全书总目·史部·政书类二》，《唐律疏议提要》卷八二，载《景印文渊阁四库全书》第一至五册，台北：台湾商务印书馆，1983年。

上篇 经义折狱与儒家法学

第一章

春秋折狱的当代诠释

壹、序说

春秋折狱之风，兴于汉、盛于汉，而余波荡漾及南朝之末，对传统中国法文化影响相当深远。究竟其内涵为何？时代背景为何？该从哪些角度去理解它？本章将细说从头。

所谓"春秋折狱"，乃是以《春秋》经典的事例，为刑事判决的法源根据，尤其是遇到特别疑难的刑案，以《春秋》等儒家经义来比附论罪科刑。观其本义，是"原心定罪"，也就是"略迹诛心"。换言之，"迹"就是行为，"心"就是犯意，乃以行为人的主观犯意来决定其罪责的刑事断案方法。更贴切地说，引《春秋》以折狱，应该说，引《公羊传》的义例以决狱，盖如无《公羊传》之说，即欲引《春秋》，经文多寥寥数言，不得其解，也无从引起,所以又称为"公羊治狱",也称"春秋断狱"、"春秋决狱"、"春秋治狱"等,名虽异而实同。

其实,引经以决狱,并不以援引《春秋》为限,其他经典,如《诗经》《礼记》《论语》《孟子》《尚书》等儒家经典,均在其列,不过,主要还是以《春秋》为主,此何以故?其历史因缘留待后说。在此,先引述熊十力(1885—1968)在《读经示要》中的一段话:

> 法家谈法治,其说不涉及义理,然其崇法之观念,实本《春秋》。但《春秋》不徒恃法,而本于仁,依于礼;以法为辅,以德为归,所以为人道之极也。法家狭小,乃欲偏尚法以为治,则不善学《春秋》之过。[1]

这是中肯之论,盖在儒者心目中,鲁国的"春秋",虽是太史记事的史册,而太史的书法,所加于其人其事的断制,也就等于司寇所加于其事其人的判决。孔子据鲁史笔削《春秋》,是非褒贬二百余年之间,上自天子,下至公、侯、卿大夫、士庶,皆在其口诛笔伐之列,所以《孟子·离娄》说过:

> 王者之迹熄而《诗》亡,《诗》亡然后《春秋》作。晋之《乘》、楚之《梼杌》、鲁之《春秋》,一也。

质言之,《诗》以咏事,有讽有颂;《春秋》以记事,有褒有

---

[1] 参阅熊十力《读经示要》,台北:洪氏出版社,1978年,页3。

贬。两者体裁虽不相同，而其作用则一，对于当时主政者行事作风的点评，无不表露于字里行间。可以说，《春秋》乃集"礼义之大宗"，一部《春秋》，文成数万，其指数千，万物之散聚皆在其中。

孔子曾说："吾志在《春秋》，行在《孝经》。"可见，《春秋》是孔子极为重视的一部经典；而它的价值，不在所记之事，也不在记事之文，而在孔子所寄托的"微言大义"和所寄托的"政治理想"。因此，世人乃谓《春秋》有大义、有微言，所谓"大义"者，诛讨乱贼以戒后世是也；所谓"微言"者，改立法制以致太平是也。[2] 司马迁在《史记·太史公自序》里说得更清楚：

> 余闻董生曰："周道衰废，孔子为鲁司寇；诸侯害之，大夫壅之。孔子知言之不用，道之不行也，是非二百四十二年之中，以为天下仪表。贬天子，退诸侯，讨大夫，以达王事而已矣。"子曰："我欲载之空言，不如见之于行事之深切著明也。"夫《春秋》，上明三王之道，下辨人事之纪；别嫌疑，明是非，定犹豫；善善恶恶，贤贤贱不肖；存亡国，继绝世，补敝起废，王道之大者也。《易》著天地、阴阳、四时、五行，故长于变；《礼》经纪人伦，故长于行；《书》记先王之事，故长于政；《诗》记山川、溪谷、禽兽、草木、牝牡、雌雄，故长于风；《乐》乐所以立，故长于和；《春秋》辩是非，故长于治人。是故，《礼》以节人，《乐》以发和，《书》以道事，《诗》以达意，《易》以道化，《春秋》以道义。拨

---

2 参阅皮锡瑞《经学通论·春秋》，台北：台湾商务印书馆，1980年，页1。论春秋大义，在诛讨乱贼；微言，在改立法制。孟子之言与公羊合，朱子之注深得孟子之旨。

乱世反之正，莫近于《春秋》。

此外，已如前述，《春秋》本身富于微言大义，如《春秋左氏传》所载：

> 故君子曰：《春秋》之称微而显，志而晦，婉而成章，尽而不污，惩恶而劝善，非圣人谁能修之？

这段话虽说是《左传》的义例，却也道尽了《春秋》的主旨，亦即孔子所修《春秋》，虽然文字洗练，实际上却记事细微，文寡而义繁；《春秋》叙事时而有所隐讳，故婉转成文，时而又据事直书，虽无其位，却托《春秋》行天子褒善贬恶、赏功罚罪之权，口诛笔伐，使乱臣贼子惧其贬责，而不敢肆行无忌。难怪《孟子·滕文公下》说：

> 世衰道微，邪说暴行有作。臣弑其君者有之，子弑其父者有之。孔子惧，作《春秋》。《春秋》，天子之事也。是故孔子曰："知我者，其惟《春秋》乎！罪我者，其惟《春秋》乎！"

贰、春秋折狱盛行的时代背景

古代中国的法律学，在两汉时代（前206—220）已颇可观。

程树德（1877—1944）在其《九朝律考》中，曾作如下的叙述：

> 秦焚诗书百家之言，法令以吏为师，汉代承之，此禁稍弛。南齐崔祖思谓：汉来治律有家，子孙并世其业，聚徒讲授，至数百人。其可考者，《文苑英华》引沈约授蔡法度廷尉制，谓汉之律书，出于小杜，故当时有所谓"小杜律"，见《汉书·郭躬传》。晋志亦言汉时律令，错糅无常，后人生意，各为章句。叔孙宣、郭令卿、马融、郑玄诸儒章句，十有余家，家数十万言，凡断罪所当由用者，合二万六千二百七十二条、七百七十三万二千二百余言，言数益繁，览者益难，汉时律学之盛如此。马、郑皆一代经学大儒，犹为律章句。文翁守蜀，选开敏有材者张叔等十余人，遣诣京师，学律令，是汉人之视律学，其重之也又如此。[3]

问题是，律学如是发达，何以当时司法者还好引经义以决狱？自来论者仁智互见，而任何时代法制思想的产生，绝非凭空而来，当有其历史传统、政治势力、经济结构乃至社会文化背景，以为产生的依据与凭借，并以学术思潮为其引导；因为思想是在反映时代，所以对两汉时期的法制概况、社会背景、政治形态、学术思想要略等，有先加以了解的必要。

3　参阅程树德《九朝律考·汉律考八·律家考》，台北：台湾商务印书馆，1973年，页213。

一、律令繁琐

汉兴，刘邦初入关，与关中诸县的父老及豪杰曾"约法三章"：

> 父老苦秦苛法久矣，诽谤者族，偶语者弃市。吾与诸侯约，先入关者王之，吾当王关中。与父老约，法三章耳：杀人者死，伤人及盗抵罪。余悉除去秦法。[4]

在楚汉之争的历史剧上，汉高祖很有智慧地掌握从一旧时代换一新时代所应具的契机与方向，可见古今历史人物的成与败，绝不是偶然的。然"三章之法"，只不过是对秦皇时代苛法的一种反动消极作用的政策宣示，虽能符合当时人民的心理要求，却不是国家图长治久安之道。

其后，因四夷未附，兵革未息，"三章之法"终不足以御奸宄，乃由相国萧何攈摭秦法，取其宜于时者，作"律九章"，其内容除因袭李悝《法经》"盗"、"贼"、"囚"、"捕"、"杂"、"具"六篇外，增"户"、"兴"、"厩"三篇，合为"九章"。[5] 唯因《九章律》之成，不够精致，且随情势的演变，已不切合实际，嗣后又加以补修。补修有两途：即单行律及单行令的制定。其单行律有：《越宫律》《朝律》《尉律》《酎金律》《上计律》《左官律》《大乐律》《田律》《尚方律》等。其单行令，有萧何补修律典所颁布的诏令集，依其所规定事项的种类，有《功令》《斋令》《祠令》

---

[4] 参阅《史记·高祖本纪》，另参《汉书·刑法志》。
[5] 《晋书·刑法志》称："汉承秦制，萧何定律，除参夷连坐之罪，增部主见知之条，益事律兴、厩、户三篇，合为九篇。"

《棰令》等区别；同时又依其时间先后，分为令甲、令乙、令丙等编次。令典的性质，相当于诏敕集，简称为"令"，系在律典外，补修律条的追加法，或称"副法"，违令与违律同样须受处罚。《汉书·杜周传》说："三尺安出哉？前主所是著为律，后主所是疏为令。当时为是，何古之法乎！"《汉书·宣帝纪》中颜师古的注，引用文颖的话说："萧何承秦法所作为律令，律经是也。天子诏所增损，不在律上者为令。令甲者，前帝第一令也。"为明了起见，列表如下，但以重要律令者为限[6]：

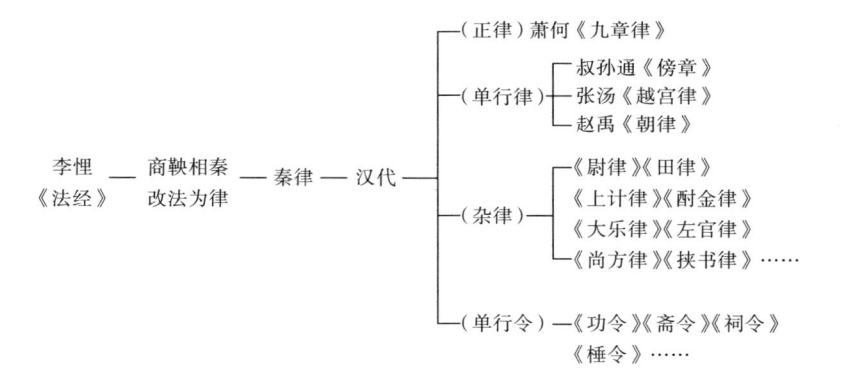

```
                              ┌─（正律）萧何《九章律》
                              │          ┌ 叔孙通《傍章》
                              ├─（单行律）┼ 张汤《越宫律》
                              │          └ 赵禹《朝律》
李悝    商鞅相秦              │          ┌《尉律》《田律》
《法经》─改法为律─秦律─汉代──┤         │《上计律》《酎金律》
                              ├─（杂律）─┤《大乐律》《左官律》
                              │          └《尚方律》《挟书律》……
                              │
                              └─（单行令）─《功令》《斋令》《祠令》
                                            《棰令》……
```

武帝即位，政尚积极，刑趋繁苛，条定律令，严施惩罚，不无扰民之讥。故《汉书·刑法志》说：

> 及至孝武即位，外事四夷之功，内盛耳目之好，征发烦

---

6 论者指出，没有证据可以证明汉律不同律章在形式或法律地位上存在区别。又《九章律》仅为汉律的一部分，并非汉律的总名或泛称；只是因其制定者、制定时间或内容上的特殊性而存在此一惯称。另据徐世虹云："从立法技术上看，汉代立法并无统一的法典，而是由单篇律与令共同构成律令体系。《九章律》与其他律在篇章结构上并无区别，《九章律》不同是九篇单行之律。"以上详参王伟《论汉律》，载《历史研究》第307期，2007年3月，页4—19。

数，百姓贫耗，穷民犯法，酷吏击断，奸轨不胜。于是招进张汤、赵禹之属，条定法令，作见知故纵、监临部主之法，缓深故之罪，急纵出之诛。其后奸猾巧法，转相比况，禁罔寖密。律令凡三百五十九章，大辟四百九条，千八百八十二事，死罪决事比万三千四百七十二事。文书盈于几阁，典者不能遍睹。是以郡国承用者驳，或罪同而论异。奸吏因缘为市，所欲活则傅生议，所欲陷则予死比，议者咸冤伤之。

清末民初的法学家沈家本（1840—1913），据史籍所载资料，考证出汉代律令凡四十五种[7]；而在1983年年底至1984年年初，出土的张家山汉简《二年律令》中，可以看到的汉代律令名称至少就有：《贼律》《盗律》《具律》《告律》《捕律》《亡律》《收律》《杂律》《钱律》《置吏律》《均输律》《传食律》《田律》《关市律》《行书律》《复律》《赐律》《户律》《效律》《傅律》《置后律》《爵律》《兴律》《徭律》《金布律》《秩律》《史律》及《津关令》等二十七种律和一种令，[8]足证汉代律令繁琐无比。

律令发展之速如此，法吏、儒臣对于律典的认识当然不够，判案的定准也无法确切掌握，尤无法期其全部了解。又因汉律所

---

[7] 在沈家本《汉律摭遗》中，曾考证出汉代律名计有：《盗律》《贼律》《囚律》《捕律》《杂律》《具律》《钱律》《兴律》《厩律》《户律》《傍章》《越宫律》《酎金律》《朝律》《金布律》《尉律》《田租税律》《上计律》《大乐律》《田律》《尚方律》等二十一种律；《田令》《棰令》《挈令》《廷尉挈令》《光禄挈令》《廷尉板令》《公令》《水令》《要功令》《养老令》《马复令》《秩禄令》《宫卫令》《任子令》《胎养令》《祀令》《祠令》《斋令》《品令》《戍卒令》《予告令》《令甲》等二十二种令；及《宁告科》《军法》，合计四十五种法典，详参（清）沈家本《历代刑法考·汉律摭遗》，北京：中华书局，1985年，页1365—1782。

[8] 参阅彭浩、陈伟、［日］工藤元男主编《二年律令与奏谳书》，上海：上海古籍出版社，2007年，页88—325。

定命令或禁令，大抵都系以刑罚的制裁，条文里面每多包含一个"应为"或"不应为"的伦理规范，而此伦理规范又多见于"礼"。无论"礼"是成文或不成文的，常为"应为"、"不应为"发生争执，于是很难从律文寻得解决的根据；如是，法吏对于律令的解释与引用，也自然无法娴习自如。

西汉桓宽在《盐铁论》中引文学曰：

> 昔秦法繁于秋荼，而网密于凝脂。然而上下相遁，奸伪萌生，有司治之，若救烂扑焦不能禁。非网疏而罪漏，礼义废而刑罚任也。方今律令百有余篇，文章繁，罪名重，郡国用之疑惑。或浅或深，自吏明习者不知所处，而况愚民乎！律令尘蠹于栈阁，吏不能遍睹，而况于愚民乎！此断狱所以滋众，而民犯禁滋多也。[9]

清代史学家诗人赵翼（1727—1814）曾说："汉初法制未备，每有大事，朝臣得援经义，以折中是非。"[10]当代历史学者余英时则认为"那简直是不着边际的历史断案。叔孙通书'益律所不及，傍章十八篇'。这显然是在为统治者扩大并加密法网，竟至旁及律外，更不可视为'法制未备'了"[11]。倘暂且不论立法目的何在，汉代律令的确繁琐而难明，当时的司法者对律文想必难堪负荷，

---

9 参阅（汉）桓宽《盐铁论·刑德第五十五》，载《新译盐铁论》，台北：三民书局，1995年，页695。

10 参阅（清）赵翼撰，杜维运考证《汉时以经义断事》，载《廿二史札记》上册，台北：史学出版社，1974年，页42—43。

11 参阅余英时《反智论与中国政治传统》，载《历史与思想》，台北：联经出版事业公司，1981年，页36。

因此，将引经折狱之盛行归因于"法制未备"或"法制未臻成熟"，似也未尝不可。

二、经学风尚

汉兴之初，反秦之敝，与民休息，天子公卿所崇奉的是黄老思想，政治上所应用的是黄老之术，凡事简易，禁网疏阔；经学的兴盛，则自武帝时起。儒家经典，经秦廷一火，濒于灭绝；汉兴以后，除秦挟书律，征求天下遗书，残简朽编，遂出于山崖屋壁之中。又一二大师，流落民间，也各以其学私相传授；其时，民间所藏尚未敢完全公布，到武帝一朝，喟然慨叹书籍的残缺，于是广开献书之路，六艺之文与诸子传说，始并充于秘府。武帝又于建元五年（前136），立五经博士；于建元六年，从董仲舒之议，罢黜百家，独尊儒术。从此之后，儒家思想遂居中国学术的正统地位，而六经又是儒家经典，其修齐治平的要道，也完全寄托于群经之中。董仲舒在《春秋繁露·重政》曾说："夫义出于经，经传，大本也。"因此，谈儒家学术就离开不了经典。

古人所谓"刚日读经，柔日读史"[12]，充分体现社会对经学的重视。由此亦可知，董仲舒表彰儒学，不仅建立了经学的权威，也奠定了汉代以后以经学为主的中国文化类型。

我们虽知，自春秋到汉初，在政治、社会、经济各方面都产生根本的变化；然天下无完全新创的制度，汉廷既崇儒，而汉制

---

12 按《礼记》云："外事以刚日，内事以柔日。"后人注，刚日指甲、丙、戊、庚、壬五阳干之日；柔日指乙、丁、已、辛、癸五阴干之日。另参李威熊《董仲舒与西汉学术》，台北：文史哲出版社，1978年，页169。

所可沿用者为《秦律》，又不得不以儒术变更旧法。但武帝、宣帝皆好刑名，不专重儒。盖宽饶谓以法律为《诗》《书》，并不尽用经术。[13]直到元帝、成帝以后，刑名渐废，上无异教，下无异学；皇帝诏书，群臣奏议，莫不援引经义，以为据依。[14]"国有大疑，辄引《春秋》为断，一时循吏多能推明经意，移易风化，号为以经术饰吏事。"[15]

从史事观察，汉代经与律均具崇高的地位，经义与律令乃构成汉代政治的两大依据。[16]《后汉书·张敏传》载张敏上疏语："王者承天地，顺四时，法圣人，从经、律。"认为经与律都是王者须遵从的准则。西汉史游编撰的《急就篇》说："宦学诵《诗》《孝经》《论语》《春秋》《尚书》律令文，治《礼》掌故砥砺身。"把经书与律令都视为宦学须诵读的典籍。汉王充的《论衡·谢短》云：

> 古礼三百，威仪三千，刑亦正刑三百，科条三千，出于礼，入于刑，礼之所去，刑之所取，故其多少同一数也。今

---

13 《汉书·盖宽饶传》："是时上方用刑法，信任中尚书宦官，宽饶奏封事曰：'方今圣道寖废，儒术不行；以刑余为周、召，以法律为《诗》《书》。'"

14 两汉皇帝下诏，每每援引经文；如《汉书·元帝纪》，元帝初元元年四月诏引《尚书·皋陶谟》之辞云："《书》不云乎？'股肱良哉！庶事康哉！'"即其一例。至群臣奏议援引经义，更比比皆是；如董仲舒对策引《诗·大雅·烝人》及《书·皋陶谟》之辞云："《诗》曰'夙夜匪懈'，《书》云'茂哉茂哉'，皆强勉之谓也。"亦其一例，详参《汉书》《后汉书》及《汉书·董仲舒传》。

15 参阅（清）皮锡瑞《经学历史》，台北：河洛图书出版社，1974年，页103—105。《汉书·循吏传》云："孝武之世，外攘四夷，内改法度，民用凋敝，奸轨不禁。时少能以化治称者，惟江都相董仲舒、内史公孙弘、儿宽，居官可纪。三人皆儒者，通于世务，明习文法，以经术润饰吏事，天子器之。仲舒数谢病去，弘、宽至三公。""明习文法，以经术润饰吏事"一语，将经术与律令之用，表露无遗。知律令而不知经术，则为刀笔俗吏；知经术而不知律令，则为不通世务的俗儒，两者皆为汉人所不取。

16 参阅邢义田《秦汉的律令学——兼论曹魏律博士的出现》，载《秦汉史论稿》，台北：东大图书公司，1987年，页295—302。

《礼经》十六，萧何律有九章，不相应，又何？《五经》题篇，皆以事义别之，至礼与律独（犹）经也，题之，礼言《昏礼》，律言《盗律》，何？

这也是把经与律相提并论，经论与律学都是专门的学问，当时学者无不兼而习之。至于为何两汉好以经术饰吏事？有再进一步说明的必要。冯友兰（1895—1990）曾说：

> 盖儒者通以前之典籍，知以前之制度，又有自孔子以来所与各种原有制度之理论，……而又理想化之、理论化之，使之秩然有序，粲然可观。若别家则仅有政治、社会哲学，而无对于政治社会之具体办法，或虽有，也不如儒家完全。……再有一点，即儒家之六艺，本非一人之家学，其中有多种思想之萌芽，易为人所引申附会；此富有弹力性之六艺，对于不同之思想，有兼容并包之可能。儒家独尊后，与儒家本来不同之学说，仍可在六艺之大帽子下，改头换面，保持其存在。[17]

此番见解，相当道地。或谓汉制近古，实由于经学的昌盛，当时公卿、大夫、士吏，未有不通一经者。自京师学成而归的诸儒，往往开班授徒，每一宿儒，门下著录动辄万人，[18]大经学家在西汉如董仲舒、胡毋生，在东汉如贾逵、马融、服虔、何休、许

---

17 参阅冯友兰《中国哲学史》上册，台北：台湾商务印书馆，1993年，页488—489。
18 《后汉书·儒林传》："经生所处，不远万里之路，精庐暂建，赢粮动有千百；其著名高义，开门受徒者，编牒不下万人，皆专相传祖，莫或讹杂。"

慎、郑玄等前后相望，均具有极崇高的社会地位。另外，由于受到"通经致用"思想的鼓舞，所谓"以《禹贡》治河，以《洪范》察变，以《春秋》决狱，以三百篇当谏书"[19]；《春秋》在当时被认为是孔门的最高经典，也是治国平天下最切实的凭借；而《春秋》三传中，在汉朝最发达的是《公羊传》，《公羊传》最是喜欢从文字中探求微言大义，认为每项记载皆包含着褒贬赏罚，传《公羊传》的诸儒中又以董仲舒最为受人景仰，所以论者曾说"汉朝之崇尚经术，是因为崇尚《春秋》，而汉朝之崇尚《春秋》，是因为董仲舒之以《公羊传》折狱"[20]，这话有其见地。

董仲舒在西汉儒者中的地位如此崇高，他对于当时政治和学术深具影响，是无可否定的；就在这种因缘情势下，此后，汉儒兼修儒家经典与法律条文，将儒家思想渗透进司法系统，以实现"通经致用"的理想。而随着历史条件的成熟，在汉代遂产生一种以儒家经义为指导思想的审判方式——春秋折狱。

---

19 以《禹贡》治河，盖指平当。《汉书·平当传》："当以经明《禹贡》，使行河，为骑都尉，领河堤。"颜师古注："《尚书·禹贡》载禹治水次第，山川高下，当明此经，故使行河也。"以《洪范》察变，盖指夏侯胜。《汉书·夏侯胜传》："会昭帝崩，昌邑王嗣立，数出。胜当乘舆前谏曰：'天久阴而不雨，臣下有谋上者，陛下出，欲何之？'……是时，（霍）光与车骑将军张安世谋，欲废昌邑王。光让安世以为泄语，安世实不言。乃召问胜，胜对言：'在《洪范传》曰："皇之不极，厥罚常阴，时则下人有伐上者。"恶察察言，故云臣下有谋。'光、安世大惊，以此益重经术士。"以《春秋》决狱，盖指董仲舒以三百篇当谏书，盖指王式。《汉书·儒林传》："式为昌邑王师。昭帝崩，昌邑王嗣立，以行淫乱废。昌邑群臣皆下狱诛。……式系狱当死，治事使者责问曰：'师何以亡谏书？'式对曰：'臣以《诗》三百五篇朝夕授王，至于忠臣孝子之篇，未尝不为王反复诵之也；至于危亡失道之君，未尝不流涕为王深陈之也。臣以三百五篇谏，是以亡谏书。'使者以闻，亦得减死论。"

20 参阅徐道邻《中国法制史论略》，台北：正中书局，1953年，页9。

三、利禄外诱

汉时，经学风尚热烈如此，而经师渐兴，聚徒教授或众至千、万人，已见前述。很好奇地想问：孰令为之？何以致之？《汉书·儒林传》说得很干脆：

> 自武帝立五经博士，开弟子员，设科射策，劝以官禄，迄于元始，百有余年，传业者寖盛，枝叶蕃滋，一经说至百余万言，大师众至千余人，盖禄利之路然也。

论者也感喟道："此与晚周学者慕道之诚，爱智之趣，一由衷出，而无外诱者，其相去何止天渊！"[21] 姑且不论当时人君昌明经学，其用意何在，我们先睹盛况之一斑：

> 武帝曾遣使者安车蒲轮，束帛加璧，迎年已八十余的老儒申公，实属旷世而一见。当时文学儒者被延引者数百人，而公孙弘以治《春秋》，白衣为天子丞相，封平津侯，天下学士，靡然向风。武帝又从公孙弘议，为五经博士置弟子五十人，每岁考课能通一经以上者，得补吏，高第可以为郎中。[22]

五经立为官学，民间不禁讲习，诗书可致利名，经术足文吏事；而为宦者又不需要资产资格，宦路公开，儒生有出路的机

---

21 详参本章注1，熊十力，前揭书，页62。
22 参阅《史记·儒林列传》。

会。清人何焯的《义门读书记》中说：宣帝"虽不甚用儒，然于通经者，未尝不加劝诱，亦武帝家法也"。《汉书·元帝纪》："少而好儒，及即位，征用儒生，委之以政。"自是而后，儒生遂成为政治上的唯一候选人，利禄之徒欲进身于政界，也唯有从事读经。[23] 又儒家政治主张以民为本，然既与君王结合，不能不变，于是汉儒言《春秋》为汉制法，大一统之义所以维持统一，敬天重民之义所以节制君权，论者谓这是"儒者承继法家政治之道，而以《春秋》代之也"[24]。

这种通经为吏，便是后世明经取士的权舆。不过，清代桐城派的创始人方苞（1668—1749）曾批评道："（公孙）弘之兴儒术也，则诱以利禄，由是儒之道污，礼义亡，而所号为文学者亦与古异矣。"又说："由（公孙）弘以前，儒之道虽郁滞而未尝亡，由弘以后，儒之途通而其道亡矣！"[25] 研究经学历史的皮锡瑞（1850—1908）认为，此种批评，持论虽高，但其说未必正确，他说："欲兴经学，非导以利禄不可。"[26] 而我也认为，以利禄来带动经学的研究风气，若属一种鼓励性质，实也无可厚非，盖古今选举人才之法，至此一变，亦势之无可如何者也！

杨鸿烈（1903—1977）则认为"从汉魏到南北朝，儒家思想已成为社会上绝大势力，有的儒者更进一步用'经术'把法家的'权术'转移，这样就可以以经术迎合君主的好尚，致身青

---

[23] 详参（清）何焯《义门读书记》卷一五，北京：学苑出版社，2005年。另参萨孟武《中国社会政治史》第一册，台北：作者印行，1969年，页138。

[24] 参阅李源澄《法吏与法律》，载《秦汉史》，台北：台湾商务印书馆，1966年，页166。

[25] 上下段引文，分别引自（清）方苞《书〈儒林传〉后》及《又书〈儒林传〉后》，载《望溪文集》，台北：中华书局，1966年。

[26] 参阅（清）皮锡瑞《经学历史》，台北：河洛出版社，1974年，页73。

云、保持禄位；于是，在法律之外，时时以经义决狱"[27]。这种说法，若以之说明当时借儒学之名结合君主希求的部分酷吏，如张汤、吕步舒、赵禹者流，或可得而证实，但若以之批评董仲舒之引《春秋》以折狱，是否公允？仍有待商榷。

四、礼教传统

传统中国文化，自古以来是建筑在农业上面的；汉代仍是典型以农为主的社会；多数农民，聚其宗族，耕其田畴；昔日的宗法社会，仍保留而未被大破坏，故从前的礼教制度，仍深植人心。论者曾说："汉室推重儒家，固然因为儒家之理论，一部分颇合皇帝的胃口，但是儒家的伦理和哲学，也实在是适用于匮乏经济下的中国农业社会。"[28]所以，秦始皇虽然焚书坑儒，禁止私人论学；项羽也毁咸阳宫书，先秦学术确有中衰之势。但所幸儒家之遗编，后学犹有存者，儒家学者也只是暂时敛迹，而民间仍有习儒之风。

18至19世纪以来的西洋近代法思想中，自然宇宙秩序与人文社会秩序是分立的，客观秩序与主观之理是对立的；而传统中国的思想则异于是，强调天人合一，宇宙间只有一种秩序，自然秩序与人文社会秩序相互感通。所谓"社会秩序"就是"礼"，也就是所谓"伦常秩序"。[29]在朝及民间儒者，对于经义都有所独长，至于对《春秋》的特别见重，更属显然；所谓"礼"者，也不外乎儒家的经典。所以论者进一步指出：

---

[27] 参阅杨鸿烈《中国法律思想史》下册，台北：台湾商务印书馆，1975年，页60。

[28] 参阅本章注20，徐道邻，前揭书，页9。

[29] 详参王伯琦《近代法律思潮与中国固有文化》，台北：法务通讯社，1989年，页73。

汉律的条款是对于个别的犯罪行为，定其应处的刑罚。在大一统的局面下，政治秩序既不同于战国，社会秩序更有重大的变迁。汉律本于《秦律》，《秦律》又出自李悝《法经》，不能适应新事例，更不足以解决大问题。法吏求之于律令而不持其平者，儒生求之经术，尤其是《春秋》，而得其情与理。[30]

　　再者，当时的政风保守传统，解决问题，注重实效成果，而不太重视法律的程序正义。汉大一统后，欲另定政治上、社会上各种新制度，甚至拟订新法令，也必须出于儒者之手；而且凡是国家官吏的考选，无不以儒家经典为主要内容，视儒家学说为国家独断的教义；这批以经学进身的官吏，对于经义均相当娴熟，人民又苦秦法之苛，而喜好儒家所主张的仁政，所以在律令之外，常引用儒家经典来解决纷争。而儒家学说是以伦常礼教为基础，主张道德人伦，当发生法律与情理严重冲突的案件，儒家的经典被强调、被重视，是可得理解的。

叁、春秋折狱的几个研究面向

　　引经以折狱之风，在中国法制历史上持续了很长一段时间，为聚塑焦点，本书拟缩小范围，只谈两汉案例；且行文时，概采

30　参阅陶希圣《中国法制之社会史的考察》，台北：食货出版社，1979年，页155。

下列三种观察的途径。

一、历史的考察

法史学既是法学的一支，也是史学的支脉，它的性质是综合法学与历史的法经验科学。因此，历史学界中的研究成果，诸如史料考证、分析、辨伪以及史料的综合分析运用等科学研究方法也同样适用于法史学的研究。马端临有言：

> 理乱兴衰，不相因者也。晋之得国异乎汉，隋之丧邦殊乎唐。……典章经制，实相因者也。殷因夏，周因殷。[31]

法制的迭嬗，既各有其历史背景，研究之时，自不应忽略其嬗递蜕变之迹，否则将无以明其原委、观其会通。盖凡学不考其源流，就不能通古今之变；不别其得失，也就无由获从入之途。事实上，历史乃人类过去活动之记录与评价，最忌夸大附会、武断，以致失真失实，甚至被颠倒歪曲，无法使人获知其真相；法制史既为专史之一，自未可例外。读史就像读画，背景焉可不察？而微观史学，虽得深入，却易流于见树不见林；盖任何法制历史事件绝非孤立，仍须以小看大，以尽可能还原历史完整面貌。[32]

因此，我们首先得视"春秋折狱"为一中国历史的产物，由于文化历史传统、社会习尚、政治需求与时代学术思潮所累积下

31　参阅（宋）马端临《文献通考·自序》，台北：新兴书局，1963年。
32　参阅林咏荣《中国法制史》，台北：作者印行，1976年，页2。另参高明士《自序》，载《中国中古政治的探索》，台北：五南书局，2006年，页5。

来的法制思想结晶。在论证之时，除以汉律及汉代法制典籍为素材外，另须加上史家所探求出来的历史事实，亦即以历史事实去解明法律，而以历史法律事实为探讨的对象。读《汉书》时，有汉宣帝所说的"汉家自有制度，本以霸王道杂之，奈何纯任德教，用周政乎！"[33]一语，始以此语为根据，慎审汉代之法制。然后从事探源寻流，研讨：春秋折狱何以盛行于两汉？在固有法制上经义与法律有何纠缠关系？对后世法制产生了何等影响？表现出传统法制何种特征？其后产生了哪些流变？有何弊端？其所具之法制史上意义又如何？

二、法学的阐释

当代人研究古代事，固应尽量避免以今非古或以古议今，但终究法史学的探讨，还是较偏重于法学的属性，因此，也无须刻意完全避开当今的法学概念。论者有言：

> 中国法系之体躯，法家所创造也；中国法系之生命，儒家所赋与也。法家尚霸道，重刑治；刑之始之为兵，刑之变也为律，有其因焉，有其果焉。儒家尚王道，崇礼治；礼之始也为仪，礼之变也为法，有其源焉，有其流焉。……鉴往而知来，温故以求新，法律史学之研究，非为过去标榜，实为现在借鉴，并为将来取法。[34]

33　参阅《汉书·元帝纪》。

34　参阅陈顾远《中国法制史概要》，台北：三民书局，1964年，页3。

"春秋折狱"为一时代之法制与法思想特殊情境下的产物，诠释时，自须以当时的律条及注疏、案例等为材料，力求从旧律的条文文义及有关典章法制的记录，去发现或重建汉代法律的体系。然后，检视所留存下来的案例：其合法性与妥当性的程度如何？何以遭受后世学者的群起非难？其与现代刑法理论有何牵连？从近代法学思潮的观点，应如何加以检讨抑或应如何给予新的评价？并在适当的场合，叙述古今的法律思想理念，作进一步的比较分析。最后，则从法制与法学的观点为春秋折狱作功过评论。

三、经义的探索

从目前已有的法史学论著成果看来，有关探讨"春秋折狱"的深刻文献并不多见，[35]这似乎印证了陈顾远（1896—1981）的一段话：

> 国人对于此一种专史之问津者，在旧派则精于史学而疏于法学，并对科学之方法有所忽焉；在新派则长于法学而短于史学，并对经学之修养不能备焉。此皆偏而不全之象，致

---

35 在1982年，我撰写硕士论文《汉代春秋折狱之研究》以前，有关"春秋折狱"的专论相当罕见，主要有林咏荣《春秋决狱辨》，载《法学丛刊》第26卷第4期，1981年12月，页11—21。日文著述有铃木由次郎《董仲舒「春秋治狱」をめぐりて－支那古代刑事判例集》，载《法学新报》第57卷第10号，1950年。近些年来，已有数篇新论出现，详参：（1）高恒《公羊春秋学与中国传统法则》，载柳立言主编《传统中国法律的理念与实践》，台北："中央研究院"历史语言研究所，2008年，页1—36；（2）黄静嘉《中国传统法制之儒家化之登场、体系化及途穷——以程树德编两汉春秋决狱案例为切入点》，载柳立言主编，前揭书，页161—254。

有疏而不备之失，难明中国法制史之本体所在可知。[36]

研究古代法制，很难完全不用今日的法学方法，也不能不兼以古代的眼光，而为古法的观察；尤其，儒家的中心思想表现在"经"，"经"不但备人类行为的标准，而且示法律制度的绳墨，想要探究古典中国法制者，苟不考及儒家之"经"，而仅涉猎历代的法制典章，仍是无法窥其底蕴的。尤其，要追问的是，在被援引来作为决狱依据的儒家诸种经典中，《春秋公羊》何以独受青睐，且被立为博士官学？是因为它特别适应当时的"政治现实"？还是因为董仲舒个人的学术魅力？春秋折狱中的"经义"有无因迁就现实而被过度解读之处？

如此说来，"春秋折狱"的研究，不得不致力于史学、律学及儒家经义三方面的综合耕耘。盖缺史学之修养，则无以条其本末，系其终始，也无以明因革之轨迹与得失之缘由；缺律学之基础，则无以明本体之所在，问题之症结，也就无法运用法律哲理，加以深入分析比较；缺儒学之浸润，则无以明本位文化之建立与民族精神之维系。

肆、结语

帝制中国，历代人君治国理民，大多好标榜儒家之治，行王

36　参阅陈顾远《中国文化与中国法系》，台北：三民书局，1977年，页100。

道，倡导仁政；然而在实际政治中，基本上或深或浅都采用了法家的霸道路线。如汉文一朝，仁慈节俭，待民宽大为怀，但《史记·儒林列传》却说"好刑名之言"，余英时也这样指出：

> 汉武帝之所以接受董仲舒的建议"罢黜百家，独尊儒术"，却绝不是因为欣赏他的"贬天子"之说，而是因为他巧妙地利用儒家的外衣包住了法家"尊君卑臣"的政治内核。

又说：

> 儒家所谓"礼乐教化"，不但在武帝一朝未见实效，就是到了他的曾孙宣帝的时代，也还是纸上空谈。[37]

可见，西汉一代的政治，刑罚可以应用，而不必公开主张；口谈德教，而行用刑赏，乃以霸王之道杂用，霸道的法家与王道的儒家兼而取之。[38]这种外儒内法的治国蓝图，影响汉代的法制非常深远。所以有人说："汉时去古未远，合礼与律为一，《礼乐志》谓叔孙通所撰礼仪与律同录藏于理官，《应劭传》亦言删定律令为汉仪，吉凶丧祭之典，后人以之入礼者，而汉时多属于律也。"[39]论者也说："儒家所崇奉的礼，在汉时既被吸收于律，则儒家的

---

37 以上两段引文，参阅本章注11，余英时，前揭书，页43。

38 《汉书·元帝纪》载元帝为太子时，"柔仁好儒，见宣帝所用多文法吏，以刑名绳下。……尝侍燕，从容言：'陛下持刑太深，宜用儒生。'宣帝作色曰：'汉家自有制度，本以霸王道杂之，奈何纯任德教，用周政乎！且俗儒不达时宜，好是古非今，使人眩于名实，不知所守，何足委任！'乃叹曰：'乱我家者，太子也！'"

39 参阅本章注3，程树德，前揭书，页11。

德教所剩下来的，只是空洞的仁义而已。自汉以迄于清，历代以礼入律的程度虽有不同；但礼与律的密切关系，亦即'出礼则入刑'的原则，始终未尝改变，这样的礼，可以说是它已转化为法。"[40]不过，这是否即意味着自汉至清的法制历史为"儒家独霸时代"[41]？仍值得再细细思索。

事实上，传统中国法制中，向来伦常道德与法律责任的关系并没有划分清楚，历朝刑律，诚然包括了许多当代人看来不应列入刑法以内的事体。清末民国法学者王世杰（1891—1981）曾引述日本法史学家浅井虎夫（1877—1928）的话说：

> 凡道德思想之著于经义而未被法典包括，或法典之所定未能符合于经义者，则经义之效力，往往等于法律或且高于法律。这种情形，在去古未远的汉代，有董仲舒辈据《春秋》经义以决狱等事可为佐证。汉代以降，形式上虽或不曾似汉代明认经义可以折狱，实际情形固亦如此。[42]

这充分说明了自汉以来，经义与法律纠缠不清的局面。在君主专制时代，行政、立法、司法统于一尊，皇帝创制法律，也可变更法律，更可抛弃法律；所谓君权第一、经权第二、法权第三，就汉代法制实际而言，或许无须辩说。但不可忽略的是，所

---

40 详参林咏荣《中国固有法与道德》，台北：作者印行，1975年，页26。
41 参阅本章注27，杨鸿烈，前揭书，页1以下。"自秦亡汉兴历三国、魏、晋、南北朝、隋、唐、五代、宋、元、明以至前清末季二千余年很长的时间，是所谓'儒家独霸时代'……"
42 参阅王世杰《传统中国法律的特色》，载《国立北京大学社会科学季刊》第3卷第1号，1925年。另参浅井虎夫《支那ニ於ケル法典編纂ノ沿革》，京都：京都法学会，1911年，页392—395。

谓经义的效力，等于或高于法律，并不意味着，在皇帝臣下的司法者，可任意舍弃法律明文而引经以折狱。

从法制历史的发展历程看，引经断狱的源起，一在补充法律条文的不足，一在解决律条与情理的龃龉；盖科条有限，情伪无穷。在法律无法完全，总有漏洞的情况下，折狱乃时而以例案比拟之，有依风俗习惯申认之；有时逢疑狱，则必须运用法理甚至经义以解释之、补充之。但凡此亦必须遵循司法程序上的三个层次，如汉高祖刘邦在位第七年（前200）的"谳疑狱诏"所说：

> 狱之疑者，吏或不敢决，有罪者久而不论，无罪者久系不决。自今以来，县道官狱疑者，各谳所属二千石官，二千石官以其罪名当报之。所不能决者，皆移廷尉，廷尉亦当报之。廷尉所不能决，谨具为奏，傅所当比律令以闻。[43]

很明显，县级的地方官吏审理刑案，遇有疑难不能解决的，须要经县道官（县令、县丞）到二千石官（郡守）再到廷尉，逐级上奏。如法律所规定者不尽事理，可比拟其他律令甚或经义，暂定罪名，然后上奏皇帝裁决，这是探讨春秋折狱所不可忽略的一个基本前提。

---

[43] 参阅《汉书·刑法志》。

第二章
两汉春秋折狱案例探微

壹、序说

　　首开春秋折狱之宗风，且最负盛名者，当属董仲舒一人；董氏，西汉广川（今河北省枣强县）人，少时即治《春秋》，对于《公羊传》，造诣尤深，号为西汉群儒之首。景帝时为博士，下帷讲读，潜心大业，三年不窥园，深受学者尊崇；武帝时，征举贤良，应诏对策而见重，初为江都相，坐事贬为中大夫，后改任胶西相，因老病辞官，还归故里，著有《春秋繁露》《董子文集》等。《后汉书·应劭传》云：

　　　　夫国之大事，莫尚载籍也。载籍也者，决嫌疑，明是非，赏刑之宜，允执厥中，俾后之人永有鉴焉。故胶东（西）相董仲舒老病致仕，朝廷每有政议，数遣廷尉张汤亲至陋巷，问其得失，于是作《春秋决狱》二百三十二事，动以经对，言之详矣。[1]

又《汉书·艺文志》的"春秋类"载有"公羊董仲舒治狱十六篇"，其内容多系以《春秋》断谊古狱的判决例。[2]此外，《隋书·经籍志》有董仲舒"春秋决事十卷"，《旧唐书·经籍志》所载"春秋决狱十卷"，《新唐书·艺文志》所载"董仲舒春秋决狱十卷"，亦系指此而言。

除董仲舒外，汉代儒臣法吏亦颇多爱好"以经断事"或"引经决狱"者[3]，翻阅两汉史籍，斑斑可考；[4]当时引经折狱、决事之盛况不难想见，唯实际案例所遗存下来者仅寥寥数十条；这不仅给治汉律学者增加了许多检索史籍素材的困难，对于秦汉法律文化的研究，也是一大缺憾。否则，后人对于两汉如何以"经"为体、以"法"为用，如何融通"礼治"与"刑治"的思想面貌，

---

[1] 据《汉书·董仲舒传》记载："仲舒在家，朝廷如有大议，使使者及廷尉张汤就其家而问之，其对皆有明法。"文中所称的"大议"，似指特别疑难的刑案，故由职掌刑狱的廷尉出面请益。又依《校勘记》："各本及《后汉书·应劭传》原文俱作'胶东相'，但考之《史记》《汉书》本传及《春秋繁露·对胶西王越大夫不得为仁》，'胶东'应作'胶西'，疑似应劭执笔时已误'西'为'东'。"另依司马迁《史记·儒林列传》："步舒至长史，持节使决淮南狱，于诸侯擅专断，不报，以《春秋》之义正之，天子皆以为是。"按，董仲舒的弟子吕步舒以《春秋》之义决淮南狱，其时间应在董仲舒"作《春秋折狱》二百三十二事"之前。

[2] 按董仲舒重要著作，据《汉书·董仲舒传》说："仲舒所著，皆明经术之意，及上疏条教，凡百二十三篇。而说《春秋》事得失，《闻举》《玉杯》《繁露》《清明》《竹林》之属，复数十篇，十余万言，皆传于后世。"后来，《汉书·艺文志》《后汉书·应劭传》《隋书·经籍志》《旧唐书·经籍志》《新唐书·艺文志》《崇文总目》等，又著录有董氏其他著作，但所见名称不一。

[3] 详参《汉书·食货志》《汉书·五行志》《汉书·公孙弘卜式儿宽传》等。

[4] 详参《史记·张汤传》《史记·董仲舒传》，附弟子事迹。台北：鼎文书局，1979年。

当会有更深一层的体认。

本章拟先解析董仲舒的春秋折狱案例六则,其次,挑选仲舒案例以外较具代表性的经义决狱案例十二则,作为实证的疏释。在进行个案研讨时,每一案件均分为三段式,首先摘录原始文献为"事实"根据,这部分率皆出自史书或典籍的辑录,不另译成白话,以存其真;次引汉律条文及《公羊春秋》或其他经典,作法律的、经义的进一步"分析";最后则综观案情,或参酌古今贤哲之说,或加以己见,作历史的、法学的阐微与评论。

贰、董仲舒春秋折狱案例

中华法系由萌芽到成长,或属西汉一代,盖三代皆以"礼治",孔子所谓殷因于夏礼,周因于殷礼,即可见一端,尤其,从《周礼》一书,大略可见先王遗意;其时八议、八戒之法,三宥、三赦之制,虽均纳于礼之中,但初仍未有礼与律之分。周室凌夷,诸侯各自立制,刑书、刑鼎,虽纷然并起,[5]然关于春秋战国两个时代的立法、司法史料,可说仍是相当缺乏。因此,在法制内容方面,秦汉以前的古史材料,目前并无法得悉比较具体的认识。

汉律虽亦亡佚,但从各种典籍、诏令和史书的零星断章里,我们可得一梗概,例如由《史记》《汉书》纪传表志,时得以一

---

5 详参程树德《九朝律考·汉律考八·律家考》,台北:台湾商务印书馆,1955年。另参[日]堀毅《秦汉法制史论考》,北京:法律出版社,1988年。

人一事之故，推究当时律制。《汉书·杜周传》曾云："前主所是著为律，后主所是疏为令"。《汉书·萧望之传》引《金布令》，《后汉书》则引作"汉律"，《晋志》则直称《金布令》为《金布律》，是"令"亦可称"律"。律、令之外，又得以《春秋》经义决狱……是则《春秋》经义亦得与"律"同视。[6]

由此可知，汉时律令范围是很广博的。沈家本在《汉律摭遗》中曾说：

> ……可见汉律正多古意，非犹为三代先王之法之留遗者乎？历代之律存于今者唯《唐律》，而古今律之得其中者亦唯《唐律》，谓其尚得三代先王之遗意也。《唐律》之承用汉律者，不可枚举，有轻重略相等者，有轻重不尽同者，试取相较而得失之数，可借以证厥是非是，则求《唐律》之根源，更不可不研究夫汉律矣。惜汉律久亡，其散见于史传者，百不存一；然使搜罗排比，分条比类，按律为篇，其大凡亦可得而考见焉……。[7]

汉律虽不如《唐律》之保存完整无缺，但历代学者如：郑玄注《周礼》，以汉制解经，其所称举汉法以况者，亦多属汉律；宋末王应麟所辑之《玉海》及《汉制考》[8]；清代杜贵墀作《汉

6　参阅本章注5，程树德，前揭书，页110。

7　参阅（清）沈家本《汉律摭遗·自序》，载《沈寄簃先生遗书（甲编）》下册，台北：文海出版社，1964年。

8　宋王应麟作《汉制考》，引汉律令之见于《周礼》郑注及《说文》者凡二十余条，又著《汉艺文志考证》，于法家增"汉律"、"汉令"二种，皆汉志所未著录，并杂引汉律令文以证之，是为后人考证汉律之始。

律辑证》、张鹏一整编过《汉律类纂》、沈家本辑录《汉律摭遗》二十二卷；晚清民国程树德作过《汉律考》八卷，所辑云详。他们的苦心，使后人研究汉代律令有迹可循，功不可没。

其次，一九七五年年底，在湖北云梦睡虎地发掘战国末年至秦代的坟墓十二座，其中有一千多件秦简，部分是关于秦的法令和文书。在文中见到了近似于汉律及汉官制的条文，这不仅是研究秦代方面的史料，对于汉代法制的研究也有莫大的帮助。[9] 盖汉律承袭《秦律》，现在《秦律》的部分条文出土了，不但可以从其中去发现《秦律》全部的中心所在，也可进而探索魏李悝《法经》（前407）六篇和汉律内涵的关联性，这对于汉律令体系的研究，是很有价值的。

又一九八三年年底到一九八四年年初，考古学家在湖北江陵张家山的三座西汉前期墓葬中发掘了大量的竹简，其中，第二四七号墓出土一千多支；这些竹简中属于法律的有"案例集"和"律令"两大类，案例集共有简二二七支，因其中有一枚简有"奏谳书"的标题，所以此一部分"简"被命名为《奏谳书》，[10] 这是目前研究汉代社会与法制最直接的史料。

从春秋折狱成案，亦可得知汉律一二；唯据南宋王应麟《困学纪闻》云：

> 董仲舒《春秋决狱》，其书今不传。《太平御览》载二事，

---

9 详参睡虎地秦墓竹简整理小组编《睡虎地秦墓竹简》，北京：文物出版社，1978年。另参〔日〕大庭脩《云梦出土竹简秦律研究》以及胡四维《一九七五年湖北发现之秦文物》，载《简牍学报》第7期，1980年。

10 详参彭浩、陈伟、〔日〕工藤元男主编《二年律令与奏谳书：张家山二四七号汉墓出土法律文献释读》，上海：上海古籍出版社，2007年。

其一引《春秋》许止进药，其一引夫人归于齐。《通典》载一事，引《春秋》之义，父为子隐。应劭谓仲舒作《春秋决狱》二百三十二事，今仅见三事而已。"

　　王应麟撰《困学纪闻》时，已不见董仲舒《春秋决狱》。据推断，该书很有可能是在宋朝南渡时亡佚的。书虽不传于世，仍有零星的事例被保留下来。现存的案例史料散见于：杜佑《通典》、欧阳询等《艺文类聚》、白居易《白氏六帖事类集》、李昉等《太平御览》、[12]马国翰《玉函山房辑佚书》，以及王谟《汉魏遗书钞》等书。其中，以马氏所辑的事例最为完整，收有董仲舒春秋折狱案例八则，唯有一则与断事决狱全然无涉，另一则上下文缺漏不全[13]，均不足录。

　　此外，程树德于《九朝律考》中，辑录有春秋折狱事例五十八则；当中，董仲舒春秋折狱个案六则、董仲舒以外之汉代春秋折狱之例二十三则、汉论事援引《春秋》二十九则。[14]唯该书仅节列原文，并未进一步加以阐释，致语意晦涩难明。

11　宋王应麟说："董仲舒《春秋决狱》，其书今不传。"并未说明《春秋决狱》是何时亡佚的。详参（宋）王应麟撰，（清）翁元圻注《翁注困学纪闻》卷六，台北：中华书局，1966年，页16。唯沈家本说："……是南渡时已亡……"，参阅本章注7，（清）沈家本，前揭书，页768。

12　见《通典》卷六十九《东晋成帝咸和五年散骑侍郎贺峤妻于氏上表》，白居易《白氏六帖事类集》二十六及二十九引，《太平御览》六百四十引，程树德《九朝律考·汉律考》"春秋折狱"条。

13　其一为"武帝外事夷狄而民去本"，本例与春秋折狱无甚关连。另一为"为姑讨夫"，其内容为："妻甲夫乙殴母，甲见乙殴母而杀乙。公羊说：甲为姑讨夫，犹武王为天诛纣。"本例与董仲舒之其他六个案例比较，显然缺漏不全，姑且存之，不加申论。详参铃木由次郎《董仲舒「春秋治狱」をめぐりて─支那古代刑事判例集》，载《法学新报》第57卷第10号，1950年。

14　其详参本章注5，程树德，前揭书，《汉律考七》"春秋决狱考"，页163—177。

值得一提的是，董仲舒的春秋折狱案例到底是"实例"，抑或"虚拟式"的法律答问解释书？从下述的六则个案看来，推想应属社会生活上实际曾发生过的案件；唯观其体裁，并无当事人的真实姓名，而系以甲、乙、丙等代之，有论者遂以为此已把个别案件抽象化，是经过有心整理，以拟作为嗣后同类型案件的一般"规范"。[15]是否果如其然？尚待考释。

案例一、拾儿道旁

（一）事实：

> 时有疑狱曰："甲无子，拾道旁弃儿乙养之以为子。及乙长，有罪杀人，以状语甲，甲藏匿乙，甲当何论？"
> 仲舒断曰："甲无子，振活养乙，虽非所生，谁与易之！《诗》云：'螟蛉有子，蜾蠃负之。'《春秋》之义，父为子隐，甲宜匿乙，诏不当坐。"[16]

（二）分析：

本例乃探讨"藏匿人犯罪"的问题；具体以言，"养子"杀人，其"养父"是否须告言？若不告言并予以容匿，应否论以藏匿人犯罪？而本案之所以成为"疑狱"，可能原因有二：一是在

---

15 相关论述详参富谷至《古代中国の刑罚－髑髅が语るもの》，东京：中央公论社，1995年，页117—120。另参邢义田《秦汉史论稿》，台北：三民书局，1987年，页268—269。

16 参阅（唐）杜佑《通典》卷六十九，北京：中华书局，1992年，页1911。

西汉时，立法中尚未充分体现"父子相容隐不为罪"的原则，另一则为对于养父母子女间的法律地位关系仍不明确。

按秦至汉初的法律规定，亲属间不得隐瞒犯罪事实，《秦律》甚至鼓励妻子告发丈夫。《睡虎地秦墓竹简》中之《法律答问》："夫有罪，妻先告，不收。妻媵臣妾、衣器当收不当？不当收。"意即按一般规定，夫有罪，妻应收为官婢。若妻先告发，不仅本人不被收，妻陪嫁的奴婢、衣物，也不应被没收。汉初仍沿袭《秦律》，首匿亲属犯罪要受到惩罚。[17]《汉书·高惠高后文功臣表》记武帝元朔五年（前124）：临汝侯灌婴"坐子伤人首匿，免"。此例说明，汉武帝时，父首匿子仍不被允许，而且坐子伤人首匿，罪至免爵，处罚不轻。直到汉宣帝地节四年（前66）夏五月始有明诏，《汉书·宣帝纪》曰："父子之亲，夫妇之道，天性也。虽有患祸，犹蒙死而存之，诚爱结于心，仁厚之至也，岂能违之哉！自今子首匿父母、妻匿夫、孙匿大父母，皆勿坐。其父母匿子、夫匿妻、大父母匿孙，罪殊死，皆上请廷尉以闻。"自此，规定子、妻、孙首匿父母、夫、祖父母者，都无须论罪。而父母、夫、祖父母首匿子、妻、孙者，可以上请廷尉，议罪减轻其刑。

本例另一疑义，乃养子可否视为亲生子？对此，汉律可能也无明文。仲舒很巧妙地引《诗经·小雅·小宛》"螟蛉有子，蜾蠃

17　汉初《二年律令·亡律》有以下的规定："匿罪人，死罪，黥为城旦舂，它各与同罪。其所匿未去而告之，除。诸舍匿罪人，罪人自出，若先自告，罪减，亦减舍匿者罪。"《亡律》中的藏匿罪人规定有"匿"与"舍匿"之分，"舍匿"谓匿于家中。匿罪人者，若所匿为死罪，则匿者须论黥为城旦舂；若所匿为死罪以下，则匿者须处与所匿者相同之罪。以上参阅本章注10，前揭书，页157。有关此条之相关论证，详参陈中龙《汉晋家族法制研究》，中正大学历史学研究所博士论文，2005年1月，页153—161。

负之"之义以喻之，[18]他说："虽非所生，谁与易之？"阐明养子女与亲生子女的法律关系相同。

依仲舒之意，养子女既可视为亲生子女，认其法律上之地位相同；但本案甲免坐的理由又何在？此时，仲舒紧接着援引"《春秋》之义，父为子隐"以为断。令人疑惑的是，所谓"《春秋》之义"系何所指？"父为子隐"语出何处？到底这两句话要相连起来看，还是要拆开各自解？如果是后者，我推想，所指"《春秋》之义"可能源自《春秋》"亲亲之道"及《论语》"父子相隐"的大义。据《公羊传》庄公三十二年（前662）叙事，庄公病危，召季友回鲁授以国政。季友等待叔牙弑庄公的准备就绪时，用药酒毒死了叔牙。鉴于季友杀叔牙是为了君臣之义，不得已而为之，所以《传》以为经书"牙卒"而不书"杀牙"，是为季友避讳，避讳他杀害母兄，因为杀害母兄是违背"亲亲之道"的。《公羊传》写道："行诛乎兄，隐而逃之，使托若以疾死，然亲亲之道也。"而随后的闵公元年（前661），《春秋》首书"春王正月"，未记闵公即位事。《传》认为，子般死于上年，经于此时不书闵公即位，是因为依例，继弑君不言即位。随即指明闵公是继子般为君，而子般是被庆父弑杀的。上年季子曾因牙企图弑杀庄公而诛牙，今庆父已弑杀子般，为什么季子不诛杀庆父呢？《传》解释了两者情况的不同，以及庆父弑杀国君已有邓扈乐抵

---

18 养子亦称"螟蛉子"，原系取义于螟蛉蛾（螟蛉之幼虫）经蜾蠃养育，遂变为蜾蠃。如《诗经·小雅·小宛》云："螟蛉有子，蜾蠃负之。教诲尔子，式穀似之。"以螟蛉为养子之称，本此。扬子《法言·学行》曰："螟蛉之子殪而逢蜾蠃，祝之曰：'类我！类我！'久则肖之矣。"实则蜂类中之蜾蠃，常捕螟蛉置巢中，产卵后封其穴，幼虫孵出，即食所捕之螟蛉而长成，古人错以为蜾蠃养螟蛉为子，因此把"螟蛉子"作为养子的代称。至于"养子"之见于经籍者，如《后汉书·顺帝纪》曰："初令中官得以养子为后，袭封爵。"

罪，所以不再追究的道理。《公羊传》说道："既而不可及，因狱有所归，不探其情而诛焉，亲亲之道也。"在这里也提及"亲亲之道"。[19]《汉书·邹阳传》亦云："公子庆父使仆人杀子般，狱有所归。季子不探其情而诛焉。庆父亲杀闵公，季子缓追免贼，春秋以为亲亲之道也。"后汉晚期的何休解诂云："论季子当从议亲之辟。犹律亲亲得相首匿，当与叔孙得臣有差。"

至于"父为子隐"的大义，显然来自《论语·子路》："父为子隐，子为父隐，直在其中矣。"[20]如此推论，如养子杀人而养父不为之隐，依经义，则其父失亲亲之义，与亲杀养子无异。[21]

---

19 《春秋·闵公元年》，经曰："春，王正月。"《左传》云："元年春，不书即位，乱故也。"《公羊传》云："公何以不言即位？继弑君不言即位。孰继？继般也。孰弑子般？庆父也。杀公子牙，今将尔，季子不免，庆父弑君，何以不诛？而不免，遏恶也。既而不可及，因狱有所归，不探其情而诛焉，亲亲之道也。……"按"元年春王正月"下，例当书"公即位"，今无"公即位"之文，左氏云"乱故也"。《公羊传》说"继弑君不言即位"，因为子般也未书即位，恐人误会闵公继位是继庄公之位，那样，便不得言"继弑君"了。所以说明闵公所继者是子般，并非庄公。但经也无弑子般之文，故又说明是庆父弑子般。季子因公子牙将弑公，遂杀牙以遏其恶，今庆父已弑君，季子为何不诛庆父呢？这是因为公子牙将弑未弑，杀之可以止恶，庆父既已弑君，诛之也无济于事，且庆父已将弑君之罪归在邓扈乐身上，诛戮了邓扈乐以结束此一逆案，季子既无法平反此案，也就不加深究，保全兄弟"亲亲之道"。以上详参傅隶朴《春秋三传比义》上册，台北：台湾商务印书馆，1983年，页265—266。

20 《论语·子路》，叶公语孔子曰："吾党有直躬者，其父攘羊而子证之。"孔子曰："吾党之直者异于是，父为子隐，子为父隐，直在其中矣。"不过，针对晋国大夫叔向杀其有罪循私枉法之弟叔鱼的做法，孔子又称赞道："叔向，古之遗直也，治国制刑，不隐于亲，三数叔鱼之恶，不为末减，曰义也夫，可谓直矣。"于此，孔子似有小罪当隐，隐小罪以重亲亲，大罪不可隐，刑大罪以行国法的原则倾向。

21 《春秋》最重父子之义，所以必诛贼子，而父之于子亦当慈。父之不慈，亦所必贬。僖公五年，经曰："春，晋侯杀其世子申生。"《公羊传》曰："曷为直称晋侯以杀？杀世子母弟，直称君者，甚之也。"晋献公宠幸骊姬而欲立奚齐，太子申生不肯逃亡而自杀，故说是献公杀太子，因为其已失亲亲之义。

（三）评论：

　　天下情伪无穷，律不足以周其事；养子是否可以与亲生子同视？照说，养子与养父并无血缘关系，当与亲生子稍有不同；但《诗经》早有"螟蛉子"之喻，又依《春秋》之义，赏疑重而罚疑轻；于此，论养子视与亲子同，自合情理。中国旧律之采取养子制度，固无论矣；即使直至目前台湾地区现行"民法"第一千零七十七条第一项仍规定"养子女与养父母及其亲属间之关系，除法律另有规定外，与婚生子女同"。

　　仲舒之引《春秋》"亲亲之道"与《论语》"父子相隐"经义，来佐本案判决，其妥当性如何？这是个颇堪玩味而值得深思的问题。人民有违法行为，从国家法律的立场来讲，自应鼓励其他人民告发，但就亲情伦理的立场来说，则又不然；此时，该何去何从？法家偏重国而轻忽家，主张"任法去私"、"信赏必罚"，重尊尊而轻亲亲，视"其父攘羊，而子证之"为当然，故禁止亲属相隐而赏告奸；而素主亲亲伦常的儒家，则从"合理合宜"言"直"，认为这是抹杀人性自然的乖戾措施。《盐铁论·周秦第五十七》文学有说："故吏不以多断为良，医不以多刺为工，子产刑二人，杀一人，道不拾遗而民无诬心。故为民父母，以养疾子，长恩厚而已。自首匿相坐之法立，骨肉之恩废，而刑罪多矣。父母之于子，虽有罪犹匿之，其不欲服罪尔。闻子为父隐，父为子隐，未闻父子之相坐也。闻兄弟缓追以免贼，未闻兄弟之相坐也。"这也可说明家族制度所蕴涵的观念，礼在传统中国社会中之根深柢固；亦即礼为一切行为的标准，个人行为虽抵触法律的内容，但从礼的规范评价，仍不失为正当行为时，则法律不得不失其效力。论者或曰:"这种法律兼伦理的法律哲学,是情理兼收、尊重人性,具有崇高的自然法价值。"[22]但也有认为"儒家过重家族亲亲主义,不顾整个社会的福利,确是一大缺憾"[23]。

关于仲舒本案判决之批评,论者不一其说;或谓:"由这个案例看来,仲舒只是就法律未规定的事项,援引《春秋》之义,给予适当的解释,就其解释再下判决;因此,只是引经解律,并非引经决狱……"[24];而我认为,本例养子解释上既与亲生子同,则其父之匿子罪犯是否当坐,廷尉自有权衡之权。何况法律本乎人情,而爱亲出乎天性,为人子者纵触法网,人父匿子之罪,情犹可恕,如此方可得法律、人情之调和。然若廷尉不察其养父平日是否有失于教?而一律断以"父为子隐"而免坐,就不免要遭"以礼破法"之讥了。[25]

儒家主亲亲,以亲亲为人之本。[26]说:"君子笃于亲,则民兴于仁;故旧不遗,则民不偷。"又说:"人人亲其亲,长其长,而

---

22 北宋经学家邢昺云:"子苟有过,父为隐之,则慈也;父苟有过,子为隐之,则孝也。孝慈则忠,忠则直也,故曰直在其中矣。"集注:"父子相隐,天理人情之至也,故不求直而直在其中矣。"若父子不相隐讳,则伤教破义,违反伦常,岂得谓为直哉?此孔子伦理之法律思想,具有崇高自然法之价值也。参阅王洁卿《中国法律与法治思想》,台北:作者印行,1982年,页139。另参耿云卿《先秦法家思想与自然法》,台北:台湾商务印书馆,1973年,页58。

23 参阅杨鸿烈《中国法律思想史》,台北:台湾商务印书馆,1975年,页155。

24 参阅林咏荣《我国固有法上礼与刑合一的作用及其评价》,载《法学丛刊》第13卷第2、3期,1968年4月、7月。

25 "子首匿父母等,固在所原宥耳;父母匿子,情虽同,而平居失于不教,故坐之;然犹必上请,将权衡其轻重以行法,或直原宥之也。"参阅本章注7,(清)沈家本,前揭书,页676。

26 《礼记·大传》云:"人道亲亲也";《中庸》云:"仁者人也,亲亲为大。"并以亲亲为天下国家九经之一。

天下平。"²⁷ 孔子主张"子为父隐",原意或不在于"攘羊"一事不必受罚,而是强调为人子者在伦理亲情上的"正直合理"。西汉自汉武帝采纳董仲舒罢黜百家之议后,既表彰儒学,政治上又标榜以孝治天下,因此,如教之所施,为法之所禁,怎可不变法而从教?宁可为孝而屈法。无怪乎汉宣帝要下"子首匿父母等勿坐"诏,而为日后的律令所吸收而予以法制化,乃有所谓的"亲亲得相首匿"条。《唐律·名例》"同居相为隐"条亦规定:"诸同居,若大功以上亲及外祖父母、外孙,若孙之妇,夫之兄弟及兄弟妻,有罪相为隐,部曲奴婢为主隐,皆勿论。即漏露其事及擿语消息,亦不坐。其小功以下相隐,减凡人三等。若犯谋叛以上者,不用此律。"《宋刑统》《明律》《清律》无多更改,²⁸ 流风遗意,台湾地区现行的"刑法"及"刑事诉讼法"也不能外乎人伦价值的考量,而有类似的规定,²⁹ 唯得减或得免,其范围较狭小耳。³⁰

27　参阅《论语·泰伯》《孟子·离娄上》。

28　《唐律·斗讼》"告祖父母、父母"条规定:"诸告祖父母、父母者,绞。即嫡、继、慈母杀其父,及所养者杀其本生,并听告。"《疏议》:"父为子天,有隐无犯,如有违失,理须谏诤,起敬起孝,无合陷罪。若有忘情弃礼而故告者,绞。……谋反,大逆及谋叛以上,皆为不臣,故子孙告亦无罪,缘坐同首法,故虽父祖听捕告。若告余罪者,父祖得同首例,子孙处以绞刑。"同律"知谋反逆叛不告"条规定:"诸知谋反及大逆者,密告随近官司,不告者绞。知谋大逆、谋叛不告者,流二千里。……官司承告,不即掩捕,经半日者,各与不告罪同。"原则上,尊亲属犯一般小罪,不得揭发检举,否则以"不孝"治罪;犯十恶重罪,必须揭发检举,否则株连其罪,宋、元、明、清大致以上都沿用此制。

29　参阅台湾地区"刑法"第一百六十二条第五项:"配偶、五亲等内之血亲或三亲等内之姻亲犯第一项之便利脱逃者,得减轻其刑。"第一百六十七条:"配偶、五亲等内之血亲或三亲等内之姻亲图利犯人或依法逮捕拘禁之脱逃人,而犯第一百六十四条(藏匿人犯或使之隐避、顶替罪)或第一百六十五条(湮灭刑事证据罪)之罪者,减轻或免除其刑。"另外"刑事诉讼法"第一百八十、一百八十一条规定近亲属间之刑事责任拒绝证言权等。

30　参阅瞿同祖《中国法律与中国社会》,台北:崇文书局,1974年,页42。"亲生子女犯罪,父母不告发并予以容匿,并不构成刑法上的藏匿人犯之罪,此在固有法上称为'犯罪容隐',亦即孔子所谓'父为子隐,子为父隐'的引申。自汉至清,律皆有明文,但犯谋反大逆罪者,不用此律。"参阅《唐律·名例》"同居相为隐"条。

案例二、误伤己父

（一）事实：

> 甲父乙与丙争言相斗，丙以佩刀刺乙，甲即以杖击丙，误伤乙，甲当何论？
>
> 或曰："殴父也，当枭首。"
>
> 论曰："臣愚以为，父子至亲也，闻其斗，莫不有怵怅之心，扶伏（杖）而救之，非所以欲诟父也。《春秋》之义，许止父病，进药于其父而卒，君子原心，赦而不诛。甲非律所谓殴父也，不当坐。"[31]

（二）分析：

本案的争点：甲以杖击丙，原为救父，不意竟误伤己父，是否应构成汉律之所谓"殴父罪"而论以枭首之刑？宜否有"阻却责任"或"阻却违法"之法理的适用？

孝在古典中国文化中，一再地被标榜。子孙原以恭谨顺从为主，倘对父母有不逊侵犯的行为，皆为社会、法律所不容；而且，"不孝"在旧律上是属重大犯罪，处罚很严。《孝经·刑章》云："五刑之属三千，罪莫大于不孝。"《周礼·地官司徒》不孝为乡八刑之一，《睡虎地秦墓竹简》的《法律答问》及《封诊式》中也

---

31 参阅（宋）李昉等《太平御览》卷第六百四十，台北：新兴书局，1959年，页2842。按《太平御览》此处可能有误植，"扶伏"宜作"扶杖"，如马国翰《玉函山房辑佚书》即作"扶杖"。

有"不孝,谒杀"的明言;汉律不孝罪则为斩枭。[32]至于骂以上的行为,更是不能容忍的恶逆重罪,早已超过不孝的程度,法律上的刑罚更为严厉,汉律刑至枭首。[33]

依上而论,若要严格遵从律文的规定,本案甲殴父,应枭首。唯仲舒不以为是,乃本古来"略迹原心"的春秋大义,作为判案的根据。按《春秋》昭公十九年(前523),经曰:"夏,五月戊辰,许世子止弑其君买。冬,葬许悼公。"《公羊传》解说:"贼未讨,何以书葬?不成于弑也。曷为不成于弑?止进药而药杀也。止进药而药杀,则曷为加弑焉尔?讥子道之不尽也。其讥子道之不尽奈何?曰乐正子春之视疾也。复加一饭则脱然愈,复损一饭则脱然愈;复加一衣则脱然愈,复损一衣则脱然愈。止进药而药杀,是以君子加弑焉尔,曰'许世子弑其君买',是君子之听止也;葬许悼公,是君子之赦止也。赦止者,免止之罪辞也。"[34]这种"原情定过,赦事诛意"的经义,换成现代的话说,是强调行为人主观的犯意,也不无含有"阻却责任"的意味在。

---

32 按《睡虎地秦墓竹简·法律答问》中载有"免老告人以为不孝,谒杀,当三环之不?不当环,亟执勿失"。《睡虎地秦墓竹简·封诊式》中载有"爰书:某里士五(伍)丙不孝,谒杀,敢告。即令令史己往执。令史己爰书:与牢隶臣某执丙,得某室。丞某讯丙,辞曰:'甲亲子,诚不孝甲所,毋(无)它坐罪。'"详参《中国珍稀法律典籍集成》第一册(甲编),北京:科学出版社,1994年,页586及660等。又汉律死刑有三:枭首、腰斩、弃市。枭首之刑重于腰斩,腰斩又重于弃市。详参《晋书·刑法志》。

33 汉《二年律令·贼律》:"子贼杀伤父母,奴婢贼杀伤主、主父母妻子,皆枭其首市。""子牧杀父母,殴詈泰父母、父母,叚(假)大母、主母、后母,及父母告子不孝,皆弃市。""贼伤人,及自贼伤以避事者,皆黥为城旦舂。"详参本章注10,前揭书,页103—104。

34 《春秋公羊传·昭公十九年》。参阅《春秋公羊传》,载《十三经注疏》第七册,台北:艺文印书馆,1997年,页291—292。

（三）评论：

传统中国刑律以义理为本，亦即犯罪的归责性是由于违反道义；纵或不然，犯罪构成要件的要素，也通常具有浓厚的道义性，尤其于身份犯最为显著。申言之，法律是包含在伦理中的，法律哲学建立在"应不应该"的观念之上。任何造成法益侵害的事情，都是对一种理想秩序和天人和谐关系的违反；亦即违反了"应该"的训令，是不应该发生的，凡使之发生的人，广义说来，无论是故意的、过失的，都要由法律来加以处罚。但为顺乎情理，合乎构成要件相当性的行为，遇有特殊阻却违法事由或阻却责任事由时，则律常用"勿论"、"不坐"或"无罪"等文字来免除其罪刑。[35] 汉律于"殴父罪"条虽未见有"阻却违法"或"阻却责任"的明文，但于其他条文则或可见。

《春秋》"原心"，许止进药，本欲愈父之病，并无害父之意，但许悼公饮其药而薨，则药之不适应病症，显无可疑。许止虽无弑君之心，亦难逃"过失致父于死"之责，故经文书"弑"，以见《春秋》笔削之严；但经文后书"葬"，是宥赦人子之例，又见《春秋》存心之恕。本案，甲父乙与丙相斗，甲欲击丙而误伤己父，其救父情急而无伤父之意甚明，情节可矜；与许止进药其父，善因恶果相同；《春秋》虽书许止"弑"君而又书"葬"，是有原宥之意，仲舒援引此义，论甲不应坐以殴父之罪，可说深得

---

[35] 中国旧律上关于阻却违法事由，一般而言，概指紧急避难行为、依法令之行为、正当防卫行为、承诺及嘱托行为、放任行为及复仇行为等。详参戴炎辉《中国法制史》，台北：三民书局，1971年，页59—64。

经义之用心，也甚切合情理，足见其胆识异于一般廷尉。[36]

　　从实定法来说，汉律上本就有"故"与"误"之分，董仲舒认为本案甲的行为"扶杖而救之，非所以欲诟父也"，显然认定本案为"误伤"行为，这是很恰当的"法律解释"。问题是，汉律于"殴父"条是否有所谓"正当防卫"或"紧急避难"之阻却违法事由或阻却责任的明文规定，不得而考。但从法理以观，本案，甲以杖击丙应属正当防卫行为，而误伤己父之行为，若依当时情势，甲之杖击行为系属唯一且必要，仍应认为符合紧急避难而不罚。退一步言，甲之行为为纵不符合紧急避难之要件而不得阻却违法，但是否有过失罪责，也要视当时情形而定。盖甲助父击丙，在急迫情势之下，似难要求他要有逾于常人的注意义务，不论过失之罪，亦属恰当。本案仲舒之断，并非机械式地引用律条，而是综合整个案情，除了看行为后果，更关注行为人的主观因素，援引《春秋》之义，认定甲为救父而误伤己父，其"志"是善的，动机是为"救父"；"殴父"并非出于其本意，不治以"殴父"之罪，如此判法，自有其相当的合理性。

36　1981年9月甘肃省武威县出土的尊崇高年的《王杖诏书令》中规定：凡欺凌由君主授予王杖的高年老人，不分官民，一律依例判处弃市。但如过误伤父，非出本心，则可比照董仲舒引经决狱的成例减轻处罚，而不再依律枭首示众。详参郭成伟《〈龙筋凤髓判〉初步研究》，载田涛、郭成伟校注《龙筋凤髓判》，北京：中国政法大学出版社，1996年，页189。

案例三、私为人妻

(一) 事实：

甲夫乙将舡（船），会海风盛，舡没，溺流死亡，不得葬。四月，甲母丙即嫁甲，欲当何论？

或曰："甲夫死未葬，法无许嫁，以私为人妻，当弃市。"

议曰："臣愚以为，《春秋》之义，言夫人归于齐，言夫死无男，有更嫁之道也。妇人无专剌（制）擅恣之行，听从为顺，嫁之者归也，甲又尊者所嫁，无淫衍（行）之心，非私为人妻也。明于决事，皆无罪名，不当坐。"[37]

(二) 分析：

汉律，妇人夫死未葬，不许改嫁；唯是否已葬或守三年丧满，即可改嫁？其次，无男亦可更嫁？是否皆须从尊长之命？[38] 凡此都有疑义。本例，甲夫亡溺海中，不得葬，过四月，即为其母所嫁，依律是否应构成"私为人妻"之罪？

或议以"私为人妻罪"相绳，认为当"弃市"；但仲舒则据

---

37 参阅本章注31，《太平御览》卷第六百四十，页2842。
38 就律令上涉及再嫁之规定言：依《管子》云，齐合鳏久寡，自非禁止再嫁，且提倡之矣；惟女子三嫁，则入于春谷耳。秦皇立石会稽"有子而嫁，倍死不贞"，乃于有子之条件下，为再嫁之禁也。汉，有夫死未葬而母嫁者，或议曰："夫死未葬，法无许嫁，以私为人妻，当弃市。"董仲舒则曰："……夫死无男，有更嫁之道也。"然后世夫丧未除，不得改嫁之律，实本或者所议而然。隋唐以后，"十恶"条中，即以此为"不义"，此非禁其再嫁，乃罪其再嫁非时而已！详参陈顾远《中国婚姻史》，台北：台湾商务印书馆，1978年，页232。

《春秋》文公十八年（前609）"夫人姜氏归于齐"的经义[39]，断之曰"免坐"。按"归"，即"大归"，言妇女回娘家一去而不复返。姜氏为鲁文公夫人，文公于十八年春王二月薨逝于台下，文公次妃敬嬴，为文公生前所嬖宠，生子倭。敬嬴为其子谋立，私结襄仲，姜氏与文公所生之二子皆被杀害，庶子倭立为鲁宣公，姜氏无所留，乃归齐国，有似于被出，故又称"出姜"。但"出"是被夫所弃绝之辞，文公已薨且葬，姜氏自非为文公所出，故经文不书"出归"于齐，也不书"孙"于齐，而书"归"于齐，则知夫人之"归"齐，乃是不容于敬嬴与宣公之故，这是一字褒贬的笔削。申言之，本例，仲舒认为妇人甲的再嫁，并非擅恣之行，也无淫行之心，又为尊者所嫁，依《春秋》"尊君命、尊夫人"之义，[40]"嫁之者归也"，显然认同乙女之改嫁有如"夫人姜氏之归齐"，因此论甲无罪名，不当坐。

至于甲母于乙溺流死亡，四月，即遽强女之嫁，是否应坐罪？此似非本案重心，故未见详附理由，依题意"明于决事，皆无罪名"，可见仲舒之意，认为甲母亦不当坐。

---

39 《春秋公羊传·文公十八年》。《左传》曰："夫人姜氏归于齐，大归也。将行，哭而过市曰：天乎！仲为不道，杀嫡立庶。市人皆哭，鲁人谓之哀姜。"其详参本章注19，傅隶朴，前揭书，页531—534。此处，考量董仲舒将《春秋》经义与案例相比拟的论点，观哀姜归齐，因为二子皆死，但死而已葬，可知不能以此说明丧葬规范对改嫁无效；且哀姜归齐之后亦未改嫁，董仲舒是否认为言"归"即有更嫁之道，有无过度延伸解释，值得再斟酌。

40 《春秋左传·宣公元年》。《左传》曰："三月，遂以夫人妇姜至自齐，尊夫人也。"左氏谓"尊夫人"，是说称"遂"不称"公子"，乃是要尊夫人之故。详参本章注19，傅隶朴，前揭书，下册，页538。

（三）评论：

依情理论，夫死未葬，不许改嫁，固为礼教上的良善风俗；但若如本例，夫亡溺于海中，尸体不易寻得，倘必寻尸而葬，是强人所难。沈家本评本案时曾说："按以今律论之，甲母主婚，甲不当坐。甲母不俟三年而遽嫁甲，不能无罪。汉法夫死必葬，而后许更嫁；若夫亡而死生未定者，不将终生不得嫁乎！此乃法之常，若遇此等情形，自不当一律论也。"[41]这种具同情的理解心，相当难得。况依中国古葬礼有"土葬"与"水葬"之分，甲夫亡于海，若寻尸不得，似亦可视为已"水葬"，不可谓为"未葬"，如是，于情于理似较妥适。[42]

不过，本案案由中"或曰"只说"夫死未葬，法无许嫁"，并未言及丧期的问题，未必"或守三年丧满"即可改嫁；至少迄今为止所能见到的汉律或事例中不仅未有其例，也未见有为夫服丧期限的具体证据。再者，仲舒的"议"也完全没有提到未葬和丧期的问题，只说明女子夫死无男，有更嫁之道，为尊者所嫁即非"私为人妻"。总之，汉律是否规定丧期，或更嫁是否皆须从尊长之命，从案例中并无法断言。

在传统中国的农业社会里，家父长的权威维系着家属的秩序，家父长与家属之间是为主从的关系。因此，关于缔结婚姻，并不能以当事人的意思决定之，当事人是处于被动的地位；女子也不能没有经父母的同意，而自由决定婚嫁的对象，盖所谓

41　参阅本章注7，（清）沈家本，前揭书，页653。
42　此见解得自张溦老师面授笔记。张溦，别号张澍匀，国学硕儒，曾任东吴大学国文教授。

"婚姻",并不是当事人情感的归属,而是家与家的结合。申言之,婚姻的缔结是为父母的,父母才是缔结婚姻的当事人;不论男女,尤其是女子,都只是缔结婚姻的客体。婚姻目的中,始终不曾涉及男女本人;甚至寡妇的祖父母、父母,剥夺寡妇守节之志,而命她改嫁时,法律亦未加干涉,[43]盖父母之命也被视为婚姻的成立要件之一。

就本案言,引律,甲当死;引经,又不当死。仲舒判断事实和引用法律,能顾及古之妇女身不由己;而体《春秋》唯责贤者之义,对于小人、妇人不忍深责,从宽引经以救律之失,可谓明审和切实。尤其,"妇人无专制擅恣之行",被运用为妇女可以对自己的某些行为不必负法律责任的根据,自有其一定的妥当性。

在汉世,"强女之嫁"是否为犯罪行为?尚待考证。唯据《潜夫论·断讼》云:"又贞絜寡妇,或男女备具,财货富饶,欲守一醮之礼,成同穴之义,执节坚固,齐怀必死,终无更许之虑。遭值不仁,世叔无义,兄弟或利其聘币,或贪其财贿,或私其儿子,则强中欺嫁处,迫胁遣送人,有自缢房中、饮药车上,绝命丧躯,孤捐童孩,此犹迫胁人命自杀也。或后夫多设人客,威力胁载,守将抱执连日乃缓,与强掠人为妻无异。妇人软弱猥为众强所扶与,执迫幽厄连日后,虽欲复修本志,婴绢吞药。……"[44]从这段话看来,女之父母强嫁之者,似仍不论罪。本例,甲之母于乙溺

---

[43] 参阅仁井田陞《中国法制史》,东京:岩波书店,1951年,页210—217。另参本章注38,陈顾远,《中国婚姻史》,页232,"在汉世已视强嫁者为犯罪,唐、明、清各律并明定其罚矣。惟须知者,女之祖父母、父母强嫁之者,在《唐律》上并不论罪;《清律》则仅女之父母不论罪"。

[44] 参阅(汉)王符《潜夫论·断讼》,载《四库善本丛书子部》卷五,台北:艺文印书馆,1965年。

流死亡，四月，尸体尚未寻获之际，即遽嫁甲，是否当坐？有详究其情的必要，倘系甲母关心到其女能不能生活的问题而嫁甲，情理上似还无可非议。否则，于其夫死生未定，尸体未寻获之前，在短短四个月内，即强女之嫁，于情于理均有未洽。本案，仲舒未言明其母不当坐的理由根据，不无缺漏。

案例四、加杖所生

（一）事实：

> 甲有子乙以乞丙，乙后长大，而丙所成育。甲因酒色谓乙曰："汝是吾子。"乙怒杖甲二十。甲以乙本是其子，不胜其忿，自告县官。
>
> 仲舒断之曰："甲生乙，不能长育以乞丙，于义绝矣！虽杖甲，不应坐。"[45]

---

45 参阅（唐）杜佑《通典》卷六十九《礼典·嘉礼·养兄弟子为后后自生子议》。这篇文章的作者是东晋成帝咸和五年（330）散骑侍郎贺峤妻于氏，由于于氏不能生育，于是其夫贺峤一方面纳妾，一方面由族兄贺群处过继一子贺辉给于氏。不料过继过来的贺辉夭折，族兄再过继一子贺率给于氏。于氏感念恩义，爱此子如己出。后来，其夫之妾又生一子贺纂，于是族中就想让贺率归还本支，于氏不忍，上表力争。而在文章中引证了董仲舒的案例，其用意在说明养育之恩重于生育之恩，不必拘泥于血缘关系。不过，后来朝议决定于氏仍应让贺率归还本支，家业应由贺纂继承。于氏所求虽不遂，但这篇文章由于情辞并茂，被杜佑保存了下来。后来，又收录于清代严可均所辑《全上古三代秦汉三国六朝文》中。清末，沈家本在本章注7，前揭书，《历代刑法考·汉律摭遗》中，辑出《春秋断狱》一节，节录了《通典》中这篇文章关于案情的部分，由于这篇文章直接引证董仲舒的论点，沈家本认为这个事例是现存材料中比较可靠的。

（二）分析：

传统中国刑律常以行为人具有一定的身份或特定关系作为犯罪成立与否以及刑罚加重或减轻的要件，但对于主观认识与客观存在事实不一致的所谓"抽象事实错误"，应如何处断？汉律似无明文。而殴父之罪，汉律刑至枭首，足见其严重性。本例，乙究应论以殴父罪？抑或仅论以殴普通人罪？甚或无罪？

仲舒基于甲乙间已失"亲亲之义"，认为"于义已绝"，而断乙不应坐。按《春秋》僖公五年（前655），经曰："春，晋侯杀其世子申生。"《公羊传》解说："曷为直称晋侯以杀？杀世子母弟，直称君者，甚之也。"[46] 晋献公宠幸骊姬，而骊姬欲立其子奚齐为太子，佯誉太子申生，而阴令人潜恶，致落申生于谋杀尊亲的罪名之中，不得已逃奔曲沃。申生既不愿声辩冤情，又不愿蒙受杀父恶名，于十二月戊申，自缢于新城。《春秋》以"杀"字责难晋献公尽失亲亲之道，作为父亲却不慈爱子女，骨肉亲情完全丧失，父子恩义已然断绝。本例，甲虽生乙，不能长育而就养于丙，是父不履行父之职，仲舒依上述经义，断其已失亲亲之义，而乙当时并不知其为生父而殴之，自不宜论以殴父之罪。

本案强调为人父者必先尽养育之责，人子才有孝顺的义务。董仲舒或有感于齐、晋两国的动乱，于《春秋繁露·王道》中有所谓"晋献公行逆理，杀世子申生，以骊姬立奚齐、卓子，皆杀死，国大乱，四世乃定，几为秦所灭，从骊姬起也"。于《春秋

---

46 有关"骊姬杀申生"之典故，详参《春秋公羊传·僖公五年》。

繁露·精华》中亦云："晋，春秋之同姓也。骊姬一谋而三君死之，天下之所共痛也。"又说"故晋祸痛而齐祸重"。由于这一历史经验太过残酷，董仲舒因而主张父须先尽亲亲之道、养育之责，父子关系才能完全成立，也是应有之义。后来，东汉班固的《白虎通义·诛伐》中更说："父煞其子当诛，何？以为天地之性人为贵，人皆天之所生也，托父母气而生耳，王者以养，长而教之，故父不得专也。"

（三）评论：

《唐律》对于"构成要件事实之错误"有所规定："其本应重而犯时不知者，依凡论。本应轻者，听从本。"此系错误跨及两个以上的构成要件而成立者。《疏议》举例说：假有叔侄，别处生长，素未相识，侄打叔伤，官司推问始知，听依凡人斗法。又如别处行盗，盗得大祀神御之物，如此之类，并是"犯时不知"，得依凡论，悉同常盗断。其"本应轻者"，或有父不识子，主不识奴，殴打之后，然始知悉；须依打子及奴本法，不可以凡斗而论。是名"本应轻者，听从本。"[47]汉律当时可能尚无此种条文之规定，否则就不会有此疑狱了。

在汉代社会，生而不养是否就认为已失"亲亲之义"？仍有待考察。事实上，本案的经义来源可能与《公羊传》成公十五年（前576）之解经"为人后者为之子"也有关系[48]，这句话的意思就

47　参阅（唐）长孙无忌《唐律疏议》卷六《名例》"本条别有制"。
48　参阅《春秋公羊传·成公十有五年》，经曰："十有五年，春，王二月，葬卫定公。"公羊解说："三月乙巳，仲婴齐卒。仲婴齐者何？公孙婴齐也。公孙婴齐则曷为谓之仲婴齐？（转下页）

是继子（嗣子）与亲生子无异；也就是说因为做别人的后代，就是当这人的儿子，养子不必归宗。特别是在以小宗之子继大宗之后时，由于小宗可绝，大宗不可绝，更不必归宗。而本案，乙行为时并不知甲为其生父，当场激于受辱而杖甲，与明知而犯者，情节悬殊，当与伤害一般人同论，较合人情法理。如《春秋》所载，献公不以申生为子，而申生自杀，实乃愚孝；又不以重耳为子，而重耳逃亡在外，《春秋》不以重耳为不孝；盖为父者已失亲亲之义，为子者再不负为子者的相对责任。本例，援经义，乙亦应不负为子者之责，盖父父子子为相对待的名与实，《春秋》之义，严于法而宽于情。仲舒本案之断，亦深得其意，比义也还算恰当。

唯本例仲舒断曰"不应坐"，其真正含义为何？有待进一步推究。如其意为"不应坐以殴父罪"，而"应坐以凡人罪"，则并未逾越律条的规定，且与后世刑法上主观主义的犯罪理论，更有不谋而合之妙；但如其意为"无罪"，就有失妥切了。[49]此外，对仲舒之断，尚有一言者，即甲乙之间是否已全然丧失"亲亲之

（接上页）为兄后也。为兄后则曷为谓之仲婴齐？为人后者为之子也。为人后者为其子，则其称仲何？孙以王父字为氏也。然则婴齐孰后？后归父也。"按，传以仲婴齐即公孙婴齐，说经称仲婴齐，是因为他作了哥哥归父的后代。做别人的后代就是做人家的儿子，这样，归父父亲仲遂就成了婴齐的祖父，而孙以祖父的字为氏，所以称他为仲婴齐。

49 清代的俞樾对本案颇有微词，他说："按仲舒所断两狱，不引《春秋》何义，以意揣之，当是《公羊传》为人后者为之子之义，故不重所生，而重所养也。然甲虽以子乙乞丙，谓乙便可杖甲，终是泯乱民彝，不可以训，余于随笔卷九已论之矣。"在他的另一本著作《春在堂随笔》卷九中写道："此论尤可怪（按，指加杖所生案例），夫甲虽以乙与丙，然不可谓非父子，子可杖父，人理灭绝矣。虽汉儒绪言，吾不取矣。"
俞樾虽然认为董仲舒的论断不可为训，但并未怀疑其真实性。而清代的另一位学者阮葵生，在他所著的《茶余客话》中，认为董仲舒是汉代大儒，绝不会发表这种泯灭伦常的言论，因此断定所谓董仲舒《春秋折狱》必系伪作，他说："加杖所生，附不坐之条，倘父殴子毙，亦以绝抵罪乎？此耳食之谈，引经断狱，当不如是，世所传《春秋断狱》一书，必系伪作。"详参（清）俞樾《茶香室四钞》卷十一"董仲舒春秋决狱"，台北：新兴书局，1986年。另参阮葵生《茶余客话》卷六《兵刑》，台北：台湾商务印书馆，1976年。

义"？倘若本案乙明知甲为生父，而激于不能长育的义愤，怒杖甲；此时仲舒之判又将何如？

案例五、大夫纵麑

（一）事实：

> 君猎得麑，使大夫持以归。大夫道见其母随而鸣，感而纵之。君愠，议罪未定，君病恐死，欲托孤幼，乃觉之，大夫其仁乎！遇麑以恩，况人乎！乃释之，以为子傅。于议何如？
>
> 仲舒曰："君子不麛不卵，大夫不谏，使持归，非仁也。然而中感母恩，虽废君命，徙之可也。"[50]

（二）分析：

不麛[51]，即不猎鹿子；不卵，即不取鸟卵。春方乳长，故不得

---

50 参阅（唐）白居易《白氏六帖事类集》卷八《仁》。按汉刘向所撰的《说苑》，亦有纵麑的记述，其云："孟孙得麑，使秦西巴持归，其母随而鸣，秦西巴不忍，纵而与之，孟孙怒而逐秦西巴。居一年，召为太子傅；曰：夫以一麑而不忍，而将能忍吾子乎！"刘向任职于汉宣帝时，其所处时代在董仲舒之后。不过，本例的董仲舒纵麑断例，系出自唐白居易所撰的《白氏六帖事类集》，是否白氏敷衍刘向的记述，假托董仲舒以成文，尚待查考。又据王谟《汉魏丛书本》，台北：大化出版社，1983年，与本章注7，（清）沈家本，前揭书，页719，及本章注5，程树德，前揭书，页198，比对三处版本之引文，略有出入。"君病恐死，欲托孤幼"之"欲托孤幼"，程本写"欲托孤"字。又"大夫不谏，使持归，非仁也"之"非仁也"，程本作"非义也"，沈本则作"非仁"；又"虽废君命"，沈本作"难废君命"。

51 麛，同麑，鹿子也，凡兽子通名为麛，意即鹿之幼子。详参（清）孙希旦《礼记集解》，台北：文史哲出版社，1982年，页122。

取也,同为爱物之意。本例,大夫为怜悯母鹿而释放子鹿,有违君命,应否予以处罚?

此事,当时尚无先例可循。仲舒遂依《礼记·王制第五》所谓"无事而不田,曰不敬;田不以礼,曰暴天物",以及"獭祭鱼,然后虞人入泽梁;豺祭兽,然后田猎;鸠化为鹰,然后设罻罗;草本零落,然后入山林。昆虫未蛰,不以火田。不麛不卵,不杀胎,不殀夭,不覆巢"[52]之义,在此场合,若麛若卵,大夫应谏止之。就本案而言,君持鹿以归,大夫不谏君过,系属不义的行为;然中感母恩而纵麑,则基于恻隐之心,犹属于仁;虽违君命,亦可宽恕。是功过相抵之余,仍须贬徙,所以表示轻罚而已。

论者有以为,所谓"折狱"云者,应为刑事判决,而本案并非刑事案件,当属于行政断例。又说:"董仲舒氏治公羊学,现存于《通典》及《御览》中判例四则,均系援引《春秋》之义以为断,而《白帖》此一断例,却系援引《礼记》之义以为断,似不合常情。"[53]沈家本也说:"按白氏此文,先引君猎云云,中间忽杂以'淮南'一事,盖引以证得麛之争,而文法则间隔,恐传写有误。"[54]

---

52 本案所引经义另参《礼记·曲礼下》第二之一:"国君春田不围泽,大夫不掩群,士不取麛卵。"按春时万物产孕,不欲多伤杀,故不合围绕取也。群,谓禽兽共聚也,群聚则多,不可掩取之。卵,鸟卵也。春方乳长,故不得取也。详参本章注51,(清)孙希旦,前揭书,页112。

53 林咏荣且认为"白帖的判(断)例既不限于刑狱,亦非援引春秋之义,更与'春秋决狱'的题旨不符。许多著作,均将白帖所记述之例羼入董仲舒氏春秋决狱之内,似非适当,而有待于辨正"。参阅林咏荣《春秋决狱考异》,载《中央日报》,文史版,1980年11月4日。

54 参阅本章注7,(清)沈家本,前揭书,页768。也有认为本案例中的"徙之可也"之"徙"字,乃"纵"之误,即"纵之可也"。详参高恒《春秋公羊学与中国传统法制》,载柳立言主编《传统中国法律的理念与实践》,台北:"中央研究院"历史语言研究所,2008年,页15。另日本学者铃木由次郎认为此处之"徙"宜解为"徙刑",盖以"徙"为"徒"也。参阅氏著,本章注13,前揭文。

(三) 评论：

　　姑不论本例是否为后人所"虚拟"，仲舒之断，仍含有刑事判决意味在，可从"虽废君命，徙之可也"一句得证。而引经以折狱，狭义以言，固专指援引《春秋》之义以为断；但广义来说，所谓"经义"，亦可兼括儒家各种经典而言。虽本例之传，或有所脱误，仍有其研讨价值。

　　本案认为如果出于顾全仁爱的动机而违背君命，可以减刑。其思想源起，可能和《公羊传》重视仁爱有关，董仲舒在著述中多次强调行仁的重要，最极端的例子是宋襄公。宋襄公企图继承齐桓公的霸业，向楚国挑战，僖公二十二年（前638）四月，宋楚两军在泓水对峙，楚军兵力较多，意图在敌前强行渡河，主动攻击宋军，宋军军官建议襄公趁机发动攻击，尽量杀伤楚军，襄公不肯，坚持等楚军完成布阵后正面交战，结果大败，后人称呼宋襄公的迂腐仁义为"宋襄之仁"。然而，《公羊传》对宋襄公的评价很高，认为他"临大事而不忘大礼，有君而无臣，以为虽文王之战，亦不过此也。"[55] 而公羊学之所以特别赞扬宋襄之仁，可能与春秋战国时代尚诈力而贱仁义的历史背景也有关，希望透过表彰宋襄公的仁义来改变风气。董仲舒于《春秋繁露·俞序》中所谓"不由其道而胜，不如由其道而败，《春秋》贵之，将以变习俗而成王化也"。但是，董仲舒又怕后人重演"宋襄之仁"的悲惨故事，所以于同书中又写了一节《必仁且知》，强调仁爱必须辅以智慧，以避免可能发生的危害。

55　参阅《春秋公羊传·僖公二十有二年》。

大夫私放幼鹿，不奉君命，可以处死罪。但本案，问题在大夫系出于怜悯鹿的母子之情而违君命。正在议罪未定之际，也就是可以死，可以无死之间，而君病垂危中，君基于托孤一念，知大夫之仁慈，欲赦而不论，并想以之为太子的老师。可见专政皇权下，臣的死生祸福，决于君主一念的喜怒；至于律，至于经，也都不过是皇权之下的手段罢了。

春秋之义，常褒直谏忠臣，而君有过不谏，是失臣道。《礼记·檀弓上》上说"事君有犯而无隐"，《孝经》上亦有"谏诤"一章，董仲舒《春秋繁露》，则尝以礼说《公羊传》。本案，仲舒觉得大夫违君命之事甚大，属于不忠；但大夫见兽而生孝慈之念，属于能孝。《论语·为政》云"孝慈则忠"，故予相抵，然而违君命，又不可完全不论，所以予谪贬他地，以示薄惩。这纯基于春秋大义，使臣不敢违君之命而已。而春秋功可掩过，既然同属一人一事，当可容易论断。

案例六、盗武库兵

（一）事实：

> 甲为武库卒，盗强弩，弦，一时与弩异处，当何罪？
> 论曰："兵所居，比司马，阑入者髡，重武备，贵精兵也。"弩檗、机郭，弦轴异处，盗之，不至盗武库兵陈（阵也）。
> 论曰："大车无輗，小车无軏，何以行之？甲盗武库兵，当弃市乎？"
> 仲舒曰："虽与弩异处，不得弦，不可谓弩。矢射不中，

与无矢同，不入与无镞同。律曰：此边鄙兵所赃，值百钱者，当坐弃市。"[56]

（二）分析：

汉时"武库"在未央宫，萧何造以藏兵器之所。因地在禁中，强弩又属非常用之器，故盗武库兵器，罪重至弃市。边鄙兵所居比照司马门，则亦与禁中等，故盗者亦当以盗武库兵论。[57]

本案，武库卒甲，监守自盗强弩，而未得弦，究应如何论断？据《白氏六帖事类集》原文，其议论有三：其一认为虽兵器库为重要的场所，兵所居比司马，阑入者髡，即髡钳为城旦，服劳役五年；而本案，弩檗、机郭、弦轴异处，虽盗，尚不至要以"盗武库兵阵"论。另一则引《论语·为政》"大车无輗，小车无軏，何以行之？"之义，认为弩之无弦，犹车无輗軏，即无法发挥兵器之效用，对甲拟断为"盗武库兵罪，当弃市"持怀疑之态度。仲舒则谓"虽与弩异处，不得弦，不可谓弩"，认为一件完整的弩是由檗、郭、弦、轴等所构成，弦仅为兵器的一部分，缺一则无法发挥其效用，而无其价值。申言之，甲因弩弦异处而未得弦，既未得弦，弩即不成其弩，认为不成立"盗武库兵罪"，而应依"边鄙兵所藏值百钱者"律条论科。

论者曾谓："前汉的普通刑法外，尚有单行的特别法即军法

56　参阅（唐）白居易《白氏六帖事类集》卷二十八《杂盗·武卒盗强弩弦》。
57　汉律有所谓"阑入宫掖罪"。（汉）贾谊《新书》："天子宫门曰司马，阑入者为城旦，殿门阑入者弃市。"汉宫殿门，每门皆司马二人守门，比千石，皆号司马殿门。汉律甚严，后世藏兵之所，既不在禁中，亦无兵所居比司马之法。《唐律》盗禁兵器弩五张，方拟绞，与汉律悬殊。一般而言，《唐律》轻于汉律者，多不止此一事也。

是。《汉书·高帝本纪》有说：'韩信申军法'，这些军法的条文，今日所能考见的，大概有以下几条……窃盗军需罪……"而认为本案是属"军法"的范围。[58]

本例，原文恐有误传，故甚多语焉难明之处。又仲舒之断，亦未明示援引《春秋》之义。将其列入春秋折狱之内，启人疑窦。

（三）评论：

本案，除了上述所分析，援引《论语》之经义外，要从其他经义中找到董仲舒断此案的根据是很难的，勉强说来，《公羊传》庄公八年（前686）："甲午，祠兵。祠兵者何？出曰祠兵，入曰振旅，其礼一也，皆习战也。"出征前祭祀兵器、杀牲飨士卒称"祠兵"，凯旋时的同类活动称"振旅"，两者礼节相同，都是为了演习作战。董仲舒于《春秋繁露·五行逆顺》中也说："金者秋，杀气之始也。建立旗鼓，杖把旄钺，以诛贼残，禁暴虐，安集，故动众兴师，必应义理，出则祠兵，入则振旅，以闲习之。因于搜狩，存不忘亡，安不忘危。"[59]

若依仲舒之意，本案自当以减论。盖不以盗武库兵罪论，而不科以弃市之刑，自应减一等。可是，原文紧接着说，也不能不

---

58 参阅杨鸿烈《中国法律发达史》，台北：台湾商务印书馆，1967年，页134。
59 （清）凌曙注《春秋繁露》云："庄八年经'甲午祠兵'，传：'祠兵者何？出曰祠兵，入曰振旅，其礼一也，皆习战也。'注：'礼，兵不徒使。故将出兵必祠于近郊，陈兵习战，杀牲飨（士卒。五百人曰旅。言与祠兵礼如一，将出，不嫌不习，故以祠兵言之；将入，嫌于废之，故以振讯士众言之。互相见也。祠兵，壮者在前，难在前。振旅，壮者在后，难在后。复长幼，且卫后也。'按《五经异义》曰：'公羊说，甲午祠兵。祠者，祠五兵，矛、戟、剑、楯、弓，鼓及蚩尤之造兵者。'"以上详参（清）苏舆《春秋繁露义证》，北京：中华书局，1992年，页375—376。

考虑到此为盗边境军事仓库,关系至重,故应当从严定罪,而引律曰:"此边鄙兵所赃,值百钱者,当坐弃市。"其间不无矛盾。沈家本认为"论赃值百钱,当为别条。原文'边鄙兵所赃'句必有讹夺;恐当为'盗边鄙所居,赃百钱,即弃市',重边防也。"[60] 本文也采同样看法,否则,仲舒之断,显见判决理由与主文前后之不一贯也。

若说本例原文无误传,而仲舒断甲当坐弃市。这是仲舒现存春秋折狱六个案例中唯一从重处断的,何以解?或许可以说,董仲舒鉴于春秋以来的历史教训,战乱频繁,所以重视武备,于此案不但不减,反而特别加重。此外,我愿学《公羊传》推见至隐之心以说仲舒:盖仲舒原以此事,就犯罪结果,欲予末减;可是,《春秋》之法甚严,严于心之可诛;而《春秋》之情甚宽,宽于心之可恕。既然本案甲可诛不可恕,只有置之重法而已。

叁、董仲舒以外的春秋折狱案例

董仲舒为西汉中期一代儒宗,是援引儒家经义以决狱的第一人。关于其人、其折狱事例,已详加论列过。除董仲舒外,两汉朝臣亦多颇好以经断事或引经决狱者。例如《史记·儒林列传》"步舒至长史,持节使决淮南狱,于诸侯擅专断,不报,以《春秋》之义正之,天子皆以为是";《汉书·食货志》"公孙弘以《春

---

60 参阅本章注7,(清)沈家本,前揭书,页595。

秋》之义绳臣下"；《汉书·五行志》"武帝使仲舒弟子吕步舒持斧钺治淮南狱，以《春秋》谊颛断于外"；《汉书·公孙弘卜式儿宽传》"以宽为奏谳掾，以古法义决疑狱，甚重之"。而汉宣帝时廷尉于定国，"迎师学《春秋》，身执经，……其决疑平法，务在哀鳏寡，罪疑从轻"[61]。汉和帝时曾任廷尉、尚书的陈宠，依"应经合义"原则，删订汉律，"（陈宠上疏曰：）……宜隆先王之道，荡涤烦苛之法"，并"数议疑狱，常亲自为奏。每附经典，务从宽恕，帝辄从之"。[62]

风气所向，当时引经折狱、断事之盛况，不难想见，唯目前所留存下来的具体案例，多未经整理疏释，致隐晦难明。本节拟挑选其中具代表性的案例十二则，从经学、史学及法学的个别观点详申其义。

案例一、徐偃矫制

（一）事实：

> （武帝）元鼎中，博士徐偃使行风俗。（徐）偃矫制，使胶东、鲁国鼓铸盐铁。还，奏事，徙为太常丞。
>
> 御史大夫张汤劾偃矫制大害，法至死。偃以为《春秋》之义，大夫出疆，有可以安社稷，存万民，颛之可也。（张）汤以致其法，不能诎其义。有诏下（终）军问状，军诘偃曰：

---

61 参阅《汉书·于定国传》。
62 参阅《后汉书·陈宠传》。

"古者诸侯国异俗分，百里不通，时有聘会之事，安危之势，呼吸成变，故有不受辞造命颛己之宜。今天下为一，万里同风，故《春秋》'王者无外'。偃巡封域之中，称以出疆，何也？且盐铁，郡有余臧，正二国废，国家不足以为利害，而以安社稷存万民为辞，何也？"

又诘偃：胶东南近琅邪，北接北海，鲁国西枕泰山，东有东海，受其盐铁。偃度四郡口数田地，率其用器食盐，不足以并给二郡邪？将势宜有余，而吏不能也？何以言之？偃矫制而鼓铸者，欲及春耕种赡民器也。今鲁国之鼓，当先具其备，至秋乃能举火。此言与实反者非？偃已前三奏，无诏，不惟所为不许，而直矫作威福，以从民望，干名采誉，此明圣所必加诛也。"枉尺直寻"，孟子称其不可。今所犯罪重，所就者小，偃自予必死而为之邪？将幸诛不加，欲以采名也？偃穷诎，服罪当死。军奏"偃矫制颛行，非奉使体，请下御史征偃即罪。"奏可。上善其诘，有诏示御史大夫。[63]

（二）分析：

所谓"矫制"，亦称"矫诏"，是伪造皇帝诏令的犯罪行为，处罚极重。汉家之法，"矫制当死"[64]，但矫制之条又可分为矫制大

---

63 参阅《汉书·严朱吾丘主父徐严终王贾传》，"终军"。
64 依《张家山汉简·二年律令·贼律》："拆（矫）制，害者，弃市；不害，罚金四两。"矫制的动机不同，其产生的后果亦异。《汉书·汲黯传》："臣过河内，河内贫人伤水旱万余家，或父子相食，臣谨以便宜持节发河内仓粟以振贫民。请归节伏矫制罪，上贤而释之。"此为矫制不害的典型。以上详参张家山二四七号汉墓竹简整理小组编著《张家山汉墓竹简（二四七号墓）》，北京：文物出版社，2001年。另请参阅李均明《简牍所反映的汉代文（转下页）

害、矫制害、矫制不害三等。矫制害者，不仅处以极刑，还缘坐家属。所云"极刑"，或弃市，或腰斩。至于矫制不害，或减免刑罚，或罚金四两。唯其引用律条之轻重，则仍在人。

本案发生于西汉武帝元鼎二年（前115），朝廷派博士徐偃出京巡行风俗教化。徐偃在外，三次奏请于胶东、鲁国兴办冶铁、煮盐生产，尚未得到诏书回准，便假托奉诏，使两地百姓自行铸铁晒盐，应论以何等之罪？御史大夫张汤用法甚苛，劾徐偃矫制大害，法至死。

徐偃则引《春秋》大义"大夫出疆，有可以安社稷，存万民者，颛（专）之可也"[65]以自辩。按《春秋》庄公十九年（前675），经曰："秋，公子结媵陈人之妇于鄄，遂及齐侯、宋公盟。"《公羊传》曰："……媵不书，此何以书？为其有遂事书。大夫无遂事，此其言遂何？聘礼，大夫受命不受辞，出境，有可以安社稷、利国家者，则专之可也。"《公羊传》是说，《春秋》经文之义在公子结便宜行事之得当，而其用意是褒赞公子结自主与齐、宋结盟一事。

御史大夫张汤只能根据法律判定徐偃的罪名，却无法驳倒他用来辩护的《春秋》之义。武帝乃下诏命终军问状。终军引《春

（接上页）书犯罪》，载《出土文献研究》第六辑，上海古籍出版社，2004年12月，页71。"按蔡邕《独断》汉天子，其言曰制诏，其命令一曰策书、二曰制书、三曰诏书、四曰戒书。制与诏两者，析言之则有别，合言之则同，故矫制亦称矫诏也……"又汉律矫诏罪，《功臣表》如拱注引律说："矫诏大害，腰斩；有矫诏害、矫诏不害。"《景武昭宣元成功臣表》："太初元年，浩侯王恢坐使酒泉，矫制害，当死，赎罪免。"《外戚恩泽侯表》："元鼎元年，宜春侯㑆坐矫制不害，免。"《灌夫传》："乃劾婴矫先帝诏害，罪当弃市。"参阅（清）沈家本《汉律摭遗》二十三卷，载《沈寄簃先生遗书（甲编）》下册，台北：文海出版社，1964年，页620。

65　参阅《春秋公羊传·庄公三年》。

秋》"王者无外"之大义，力辟徐偃所谓"大夫出疆"之说。他认为徐偃不过是在疆域内巡视而已，何来"出疆"？况且，盐铁郡里都有余藏，纵使废掉胶东、鲁国的盐铁，也无关于国家的利害，而徐偃却以安定社稷、抚慰万民为说辞，此何以故？终军甚至认定徐偃违反中央政策，擅自开放盐铁民营，是"直矫作威福，以从民望，干名采誉"。而奏"偃矫制专行，非奉使体，请下御史征偃即罪"。奏可，上称许终军之诘，徐偃终被判处死刑[66]。

（三）评论：

徐偃未奉命，而使地方自行鼓铸盐铁，是否有利于国，有利于民，乃属事实问题。而其矫制是否当罪，是否有"大夫出疆"之例外法的适用，是属法律的解释问题。古者臣在封疆矫制之事颇多，盖以有利于民，而不合乎法者，所谓"便宜从事"，此种事例，史不绝书。

本案徐偃如以"安社稷、存万民"为念，而鼓铸盐铁，应属矫制而不害之条，但张汤却引重律；故论者评曰："徐偃之事，

---

66 《春秋》"王者无外"之大义，详参《春秋公羊传·隐公元年》《春秋公羊传·桓公八年》《春秋公羊传·僖公二十四年》《春秋公羊传·成公十二年》。而王权的最高无外性，是根据"元年春王正月"的意义而来。参阅（汉）董仲舒《春秋繁露·王道》，台北：世界书局，1975。关于武帝是否立刻将徐偃处死，后世史家仍有争议。虽然《汉书·严朱吾丘主父徐严终王贾传》在终军上了"偃矫制颛行，非奉使体。请下御史征偃即罪"的奏书之后，接下来记载："奏可。上善其诘，有诏示御史大夫。"但王先谦于其下考证曰："《郊祀志》载徐偃云：太常诸生行礼不如鲁善。事在元封元年，是偃即罪后仍得赦免也。"参阅《汉书补注》，台北：艺文印书馆，页1286上。刘汝霖据此更进一步推测："考《武帝纪》，是年五月赦天下。盖偃以遇赦而获宥也。"参阅《汉晋学术编年》卷二，台北：长安出版社，1979年，页55—56，此两家之说，是否的论，尚待查考。

并无大害，上已不究，而张汤以矫制大害科之，此之谓酷吏。"[67]

终军以辩博能属文闻于郡中，[68]其引《春秋》"王者无外"之义以断本案，是否妥适？论者曾说："天子与诸侯之间，在周代本是族与族的关系，不过天子独有最高的名分。汉儒为尊天子计，依托《春秋》而立一'王者无外'的原则。其实《春秋》的王者是有外的，《公羊传》自己也承认王者有外，如成公十五年：春秋内其国而外诸夏，内诸夏而外夷狄。（是有外了）王者一乎天下（王者无外），曷为以外内之辞言？言自近者始也。"[69]董仲舒自己在《春秋繁露·竹林》也说过："《春秋》无通辞，从变而移。"终军以"未出疆"诘徐偃，是否属强词夺理，端视其居心如何而定。

本例遭后世批评最甚，或曰："同一案件，竟可附会绝不相同的经义，所以经义是不可恃为断狱的准绳。"[70]或曰："由此可见，春秋断狱是不守法律，以意为之。"[71]而我认为，此案结局是否该归咎于引经折狱，宜分别而论；盖小人之引《春秋》，不原心定罪，全失《春秋》褒贬之意；君子之引《春秋》，所以体圣意而济法条之所不及耳。观过知仁，如徐偃矫制，确为利民福国，则应为《春秋》所恕，罪不至于死；否则，援《春秋》"王者无外"，不作出境论，弃大体而拘小义，深文周纳，已失《春秋》以功掩

---

67 参阅本章注64，（清）沈家本，前揭书，页620。
68 "终军，字子云，济南人也。少好学，以辩博能属文闻于郡中。年十八，选为博士弟子。至府受遣，太守闻其有异材，召见军，甚奇之，与交结。军揖太守而去，至长安上书言事。武帝异其文，拜军为谒者给事中。"参阅本章注63，前揭书。
69 参阅陶希圣《中国政治思想史》第二册，台北：食货出版社，1972年，页154。
70 参阅杨鸿烈《中国法律思想史》，台北：台湾商务印书馆，1975年，页62。
71 参阅本章注69，陶希圣，前揭书，页156。

过之义。当然，倘徐偃矫制，确实属作威作福，则终军之断其死，也就无所谓"酷"了。

案例二、薛况之狱

（一）事实：

哀帝初即位，博士申咸给事中，亦东海人也；毁（薛）宣不供养行丧服，薄于骨肉，前以不忠孝免，不宜复列封侯在朝省。宣子（薛）况为右曹侍郎，数闻其语，赇客杨明，欲令创（申）咸面目，使不居位。会司隶缺，况恐咸为之，遂令明遮斫咸宫门外，断鼻唇，身八创。

事下有司，御史中丞众等奏："况朝臣，父故宰相，再封列侯，不相敕丞化，而骨肉相疑，疑咸受修言以谤毁宣。咸所言皆宣行迹，众人所共见，公家所宜闻。况知咸给事中，恐为司隶举奏宣，而公令明等迫切宫阙，要遮创戮近臣于大道人众中，欲以鬲塞聪明，杜绝论议之端。桀黠无所畏忌，万众欢哗，流闻四方，不与凡民忿怒争斗者同。臣闻敬近臣，为近主也。礼，下公门，式路马，君畜产且犹敬之。《春秋》之义，意恶功遂，不免于诛，上浸之源不可长也。况首为恶，明手伤，功意俱恶，皆大不敬。明当以重论，及况皆弃市。"

廷尉直以为"律曰：'斗以刃伤人，完为城旦，其贼加罪一等，与谋者同罪。'诏书无以诋欺成罪。传曰：'遇人不以义而见疻者，与痏人之罪钧，恶不直也。'咸厚善修，而数称宣恶，流闻不谊，不可谓直。况以故伤咸，计谋已定，后闻置司隶，因前谋而趣明，非以恐咸为司隶故造谋也。本争私变虽于掖门外伤咸道中，与凡民争斗无异。杀人者死，伤人者刑，古今之通道，三代所不易也。孔子曰：'必也正名'；名不正，则至于刑罚不中；刑罚不中，而民无所错手足。今以况为首恶，明手伤为大不敬，公私无差。《春秋》之义，原心定罪。原况以父见谤发忿怒，无它大恶。加诋欺，辑小过成大辟，陷死刑，违明诏，恐非法意，不可施行。圣王不以怒增刑。明当以贼伤人不直，况与谋者皆爵减，完为城旦。"

　　上以问公卿议臣。丞相孔光、大司空师丹以中丞议是，自将军以下至博士议郎皆是廷尉。况竟减罪一等，徙敦煌。宣坐免为庶人，归故郡，卒于家。[72]

（二）分析：

　　本案发生于西汉哀帝绥和二年（前7）。博士申咸屡次诋毁薛宣不供养长辈，不践行丧服，未尽骨肉之间的亲亲之义；之前，因不忠不孝而遭免职，不适合再于朝廷内任官。薛宣之子薛况，当时为右曹侍郎，遂雇用杨明，在宫门外挡住申咸的去路，并以刀斧斩劈，导致其鼻唇皆断裂，身上有八处创伤，究应论以何罪？

　　按汉律有所谓 "大不敬"、"斗以刃伤人"、"造意" 与 "首恶"

---

[72] 参阅《汉书·薛宣朱博传》。关于 "归故郡"，其含义有认为是次于 "迁徙刑" 一等的惩处方式。参见大庭脩《刑罰としての帰故郡、就國について》，载氏著《秦漢法制史研究》，东京：创文社，1982年，页191—192。

等罪名，本例宜属何者？御史中丞与廷尉见解不一。[73]

御史中丞等以为：薛况身为朝廷官吏，父亲曾是宰相，又再封为高阳侯，骨肉之间非但不相互约束行径，反而彼此猜忌，怀疑申咸接受薛宣之弟薛修之言而毁谤薛宣。彼等认为申咸所言确实是薛宣的举止，且为众人所共见共闻。薛况知道申咸即将任司隶之职，并可能于就职后向皇帝弹劾薛宣，乃买通杨明在宫门外砍伤申咸，欲使其目盲耳聋，以杜绝论议之源。乃援引《礼记·曲礼》："大夫、士下公门，式路马。"认为国君的畜产都必须尊敬了，更何况国君的近臣！再援引《春秋》之大义，申明"意恶功遂，不免于诛，上浸之源，不可长"，认为本案行为人之犯意与结果均十分显著，而申咸为皇帝左右之臣，此无异侮慢君上，薛况使人行伤，为此案之首恶，杨明着手伤人，其外在行为与创伤大臣的意图均为恶，故议薛况与刺客杨明以"大不敬"之罪，当弃市。

廷尉则认为：此事在掖门外道路上发生，与凡民争斗无异；乃援汉律"斗以刃伤人，完为城旦，其贼加罪一等，与谋者同罪"，争斗时以刀刃伤人，以其爵位抵罪，动手伤人者加罪一等，与谋划者同罪，诏书不能加以毁欺而成罪；又引《传》云"遇人不以义而见疻者，与疻人之罪钧，恶不直也"，遇到人不以义相待，殴伤对方，有无留下疤痕，罪都相同，这是由于厌恶不直，因此不义即不直。本案申咸屡次数说薛宣的不是，造成流言，这

---

73 按汉律有所谓大不敬、不敬与不道，罪分差等。每一事同而引二律，其无法与不道同。斗以刃伤人，完为城旦，其贼加罪一等，与谋者同罪。又御史中丞，官名。为御史大夫的佐官。汉时，御史大夫有两丞，一为御史丞，一为中丞。中丞又称为御史中执法，以明法律者担任，在殿中兰台，掌管图籍秘书，并接受公卿奏事，举劾案章。参阅（唐）杜佑《通典·职官六》。

是不义的行为，申咸的行为不可称之为"直"。薛况因故要伤害申咸，计谋早已确定，后来听闻要设置司隶，因而催促杨明行动，并非担心申咸成为司隶才开始谋划。虽然于掖门外大路上伤害申咸，但与百姓争斗的案件并无以异。乃援引《春秋》"原心定罪"之义[74]，以薛况因为复父仇，激于义愤而使杨明遮斫申咸在大道人众中，与禁门无关，当无大恶。薛况当爵减，完为城旦[75]；杨明有意贼害伤人，加罪一等。

皇帝以问朝臣，丞相孔光、大司空师丹，以御史中丞之议为是；而自将军以下至博士议郎，则赞成廷尉之议。结果，本案薛况减罪一等，贬徙到敦煌。薛宣则坐免为庶人，归于故郡，卒在家中。

（三）评论：

本例御史中丞之议，其缺失在于不察其本，而强附经义；盖"（申）咸厚善修，而屡次称（薛）宣之恶，流闻不谊（流言中伤，不合世谊），不可谓直。（薛）况以故伤咸，计谋已定，后闻置司隶，因前谋而趣明，非以恐咸为司隶，故造谋也"。可以说，本案原是件单纯的伤害案件，"与凡民争斗无异，杀人者死，伤人者刑，古今之通道"。而御史中丞众等，却欲以"大不敬"论科，岂非

---

74 《春秋公羊传·昭公十九年》。经曰："夏，五月戊辰，许世子止弑其君买。冬，葬许悼公。"《公羊传》谓："贼未讨，何以书葬？不成于弑也。"许世子止以进药于君父致死，其意在愈父病，故《春秋》原心。

75 唐颜师古注曰："以其身有爵级，故得减罪而为完也。况身及同谋之人，皆从此科。"详参《汉书·薛宣朱博传》，页3397。又所谓"城旦舂"，秦、汉时强制男犯修筑城墙，谓之"城旦"；强制女犯舂米，是为"舂"。《汉书·惠帝纪》应劭注："城旦者，旦起行治城"；"舂者，妇人不豫外徭，但舂作米"。城旦舂按附加刑的不同，分为三类：第一类，完城旦舂。"完"的意思是保留罪犯的头发，仅剔去鬓须，不再施加其他的肉刑。

夸张"大不敬"的伦理罗网，而置法律于不顾？

廷尉之断，似较能察其情、究其实，而后用法、引经兼顾，方得其平。可见，循吏引经以折狱，无非本仁心以求末减；酷吏则严于威，而较疏忽情理。沈家本评说："按薛况之狱，以廷尉直所议为平允，中丞之议近周内矣。……以刃伤人，罪至三岁刑，非刃伤者，罪当降等……汉律与谋者同罪，则元谋及从者皆不减……此狱自应以杨明坐下手重之罪，而况坐元谋，即与律合。廷尉直之议，并非故从轻比。汉人治狱，往往有意从重，此狱则尚得其平，故备录之千秋，伤人仅止免侯或非刃伤。"[76]此论相当中肯。

又此案，御史中丞和廷尉双方意见固有异，但皆援引《春秋》，乃至其他经典之义以为据，可见当时引经决狱风气之盛。不过，须一提者，此案大臣们意见不一，最后由皇帝裁决，汉哀帝竟舍弃在宫门外杀伤近臣涉及侵犯君王尊严的严酷见解，而采"原心定罪"从轻量刑，显然，春秋折狱对于政治性案件和非政治性案件的论断基准点往往不同。

案例三、卫太子案

（一）事实：

（昭帝）始元五年，有一男子乘黄犊车，建黄旐，衣黄襜褕，着黄帽，诣北阙，自谓卫太子。

---

[76] 参阅本章注64，（清）沈家本，前揭书，页627。

公车以闻，诏使公卿将军中二千石杂识视。长安中吏民聚观者数万人。右将军勒兵阙下，以备非常。丞相御史中二千石至者莫敢发言。

京兆尹（隽）不疑后到，叱从吏收缚。或曰："是非未可知，且安之。"不疑曰："诸君何患于卫太子！昔蒯聩违命出奔，辄拒而不纳，《春秋》是之。卫太子得罪先帝，亡不即死，今来自诣，此罪人也。"遂送诏狱。

天子与大将军霍光闻而嘉之，曰："公卿大臣当用经术明于大谊。"……廷尉验治何人，竟得奸诈。本夏阳人，姓成名方遂，居湖，以卜筮为事。有故太子舍人尝从方遂卜，谓曰："子状貌甚似卫太子。"方遂心利其言，几得以富贵，即诈自称诣阙。廷尉逮召乡里识知者张宗禄等，方遂坐诬罔不道，要斩东市。一云姓张名延年。"

（二）分析：

汉代人相信，用巫术诅咒及埋木偶人于地下，可以害人，称为"巫蛊"。西汉武帝晚年多病，疑是左右人巫蛊所致。武帝征和二年（前91），发生宫廷事变"巫蛊之狱"，太子刘据自尽身亡，但有人谣传他还没有死。事隔十年，昭帝始元五年（前82），有男子自称是卫太子，抵达长安北门。当时，群臣束手无策，京兆尹隽不疑最后赶到现场，毫不迟疑地将其逮捕下狱，乃有本案之发生。

77　参阅《汉书·隽疏于薛平彭传》。

按汉律有"诬罔"的罪条,乃以虚构的事实陷害人或欺骗人。诬罔以不道论,坐诬罔罪者,皆处以死刑。[78]

京兆尹隽不疑援引《春秋》"蒯聩违命出奔,辄拒而不纳"的经义,收押冒充卫太子之人。按《春秋》哀公三年(前492),经曰:"春,齐国夏、卫石曼姑帅师围戚。"《公羊传》说:"曼姑始受命乎灵公而立辄,以曼姑之义为固可以距之也。辄者曷为者也?蒯聩之子也。然则曷为不位蒯聩而立辄?蒯聩为无道,灵公逐蒯聩而立辄。然则辄之义可以立乎?曰:'可'。其可奈何?不以父命辞王父命。以王父命辞父命,是父之行乎子也。不以家事辞王事。以王事辞家事,是上之行乎下也。"[79]定公十四年(前496),卫灵公之世子蒯聩违抗父命,出奔宋,后来又奔晋;灵公立其孙蒯辄,是为"出公";后来,蒯聩欲回国,遭蒯辄拒绝;而《春秋》以灵公无杀子之意,蒯聩不应出奔,故以蒯辄为是。本例,卫太子为冒名者,援《春秋》上述之义,隽不疑甚至认为即使是真的卫太子,亦与蒯聩之事相近,故应论罪云云。

本案,廷尉审讯结果,竟得奸诈,知是夏阳人成方遂冒充,终坐诬罔不道,腰斩于东市。

---

78 《汉书·武帝纪》:元鼎五年九月,"乐通侯栾大,坐诬罔腰斩"。《汉书·景十三王传》:"是后齐数告言汉公卿及幸臣所忠等,又告中尉蔡彭祖捕子明骂曰:'吾尽汝种矣。'有司案验不如王言,劾齐诬罔大不敬,请系治,……病薨,有司请除国,奏可。"《汉书·李广苏建传》:"上以迁诬罔,欲沮贰师,为陵游说,下迁腐刑。"《汉书·百官公卿表》:"孝昭始元元年,司隶校尉雒阳李仲季,主为廷尉;四年,坐诬罔,下狱弃市。"《汉书·王莽传上》:"有丹书着石,文曰:'告安汉公莽为皇帝。'符命之说自此始矣。莽使群公以白太后,太后曰:'此诬罔天下,不可施行!'"

79 《春秋公羊传·定公》《春秋公羊传·哀公》。

(三) 评论：

钱穆（1895—1990）评本案时说："这在当时，真是一出够惊动人心的大事。……一个京兆尹，他只要根据孔子《春秋》，便胆敢毅然拿太子来判罪。此一事，岂不可说明孔子《春秋》在当时的力量？可见为汉制法，也绝不是当时一派博士经生的空头话。纵说孔子并非为汉制法，但汉廷法制，有许多却是根据孔子《春秋》而建立。"[80]

隽不疑引《春秋》之义，以收缚犯人，在当时深得天子与大将军霍光的嘉许，他们说："公卿大臣，当用经术，明于大谊。"论者则批评道："儒者喜用经义以安王室，固然可得辅政大臣之赏识。"[81]事实上，在君主专制时代，一切以人君为主，律法则隶属于人君之下，历代莫不皆然。

两汉不但好引《春秋》以断案，也时而引《春秋》以解决政治上的疑难。本例即兼赅两者的性质，盖卫太子为汉武帝的长子，倘若他真的未死归来，可能形成皇位的继承问题；而"诬罔"又为法律所应处罚，身为首都行政长官的隽不疑未引律条，而直接以经义收押人犯，多少带有些擅断的成分在。但廷尉明审之后，坐以"诬罔不道"之条，并未径以经义绳之，与律尚无乖违。

---

[80] 参阅钱穆《两汉经学今古文平议》，台北：东大书局，1978年，页253。
[81] 参阅程树德《九朝律考》，台北：台湾商务印书馆，1955年，页155。

案例四、擅杀继母

（一）事实：

> 梁人娶后妻，后妻杀夫，其子又杀之。
>
> 孔季彦返鲁过梁。梁相曰："此子当以大逆论。礼，继母如母，是杀母也。"
>
> 季彦曰："若如母，则与亲母不等，欲以义督之也。昔文姜与杀鲁桓，《春秋》去其姜氏，《传》曰，绝不为亲，礼也；绝不为亲，即凡人尔。且夫手杀重于知情，知情犹不得为亲，则此下手之时，母名绝矣。方之古义，是子宜以非司寇而擅杀当之，不得为杀母而论以逆也。"梁相从其言。[82]

（二）分析：

本例梁人之子手杀"杀父之继母"该当何论？是否适用"杀母"之律？按汉律"杀母以大逆论"，但在丧服制度中，母有亲母、养母、慈母、嫁母、乳母、继母、嫡母、庶母之别；见于礼，而不见于律。《晋书·刑法志》说："改汉旧律不行于魏者皆除之，更依古义制为五刑。……正杀继母，与亲母同，防继假之隙也。"

---

[82] 详参《文献通考·刑考·详谳》。按杜佑《通典》卷一百六十六，有武帝论防年杀继母一条，与本案情节相同，唯不引《春秋》为稍异耳。"汉景帝时，廷尉上囚防年继母陈论杀防年父，防年杀陈，依律，杀母以大逆论，帝疑之。武帝时年十二，为太子，在旁，帝遂问之。太子答曰：'夫继母如母，明不及母，缘父之故，比之于母。今继母无状，手杀其父，则下手之日，母恩绝矣。宜与杀人者同，不宜与大逆论。'从之。"此二事，案情相仿，是否同本一事，尚待查证。

论者说："据此可知，汉律规定杀继母不与亲母同当。"[83]汉景帝时曾规定杀继母"与杀凡人同，不宜以大逆论"，即论罪科刑比杀亲母要轻；魏改汉律，杀害继母的罪，使其与杀害亲母的罪刑相同，是为防止对继母或庶母产生嫌隙。但《仪礼·丧服·齐衰三年》谓："父卒，则为母，继母如母，《传》曰：继母何以如母？继母之配父，与因母同，故孝子不敢殊也。"

本案，孔季彦除断"若如母，则与亲母不等"外，更引《春秋》"去其姜氏"之义以督之。按《春秋》桓公十八年（前694），经曰："春，王正月，公会齐侯于泺。公与夫人姜氏遂如齐。"《公羊传》说："公何以不言及夫人？夫人外也。夫人外者何？内辞也。其实夫人外公也。"[84]正月间"公与夫人姜氏遂如齐"，《公羊传》从"与"字立义，认为经用"与"而不用"及"，这是有区别的。用"与"，表示主动在桓公，是桓公外绝夫人。"与"是内讳的文辞，为的是给桓公避讳。因为实际上并不是桓公绝夫人，相反的是夫人和桓公断绝了关系。又《春秋》庄公元年（前693），经曰："三月，夫人孙于齐。"《左传》云："元年春，不称即位，文姜出故也。三月，夫人孙于齐，不称姜氏，绝不为亲，礼也。"《公羊传》解说："孙者何？孙犹孙也。内讳奔谓之孙。夫人固在齐矣，其言孙于齐何？念母也。正月以存君，念母以首事。夫人何以不称姜氏？贬。曷为贬？与弑公也。"

文姜，系鲁桓公夫人姜氏，齐僖公禄父之女。文姜于鲁桓公三年（前709）时嫁桓公，九年，生嫡子同，即后来的鲁庄公。

---

83 参阅本章注70，杨鸿烈，前揭书，页128。
84 参阅《春秋公羊传·桓公十八年》。

桓公十八年，鲁桓公与姜氏会齐襄公于泺时，姜氏与齐襄公私通。按《公羊传》与《左传》的说法，姜氏告知齐襄公其二人通奸之事已为鲁桓公所觉，齐襄公遂设宴灌醉鲁桓公后，令公子彭生将之扼死于其座车上。故《公羊传》以为《春秋》庄公元年的"夫人孙于齐"，以"孙"为逊、为遁，有将鲁桓公之死归罪于文姜的意思，或可说夫人与桓公的恩义已断绝了。

今梁人之子杀继母，因继母手杀其父时，继母的恩义已绝；与文姜参与弑杀桓公，《春秋》不称姜氏，表示对她的贬责而恩义已绝之事相类。故孔季彦论以"非司寇而擅杀"之条，而不以"杀母之大逆"罪名科之。

（三）评论：

古代中国刑律中的杀人罪，往往因身份关系，加重为大逆之条，而身份是定于礼的。夫妇关系是否存在，也不定于律而定于礼。陶希圣（1899—1988）说："萧何《九章》之律，固然是刑的规定，叔孙通《傍章》十八篇大约是朝仪，也算是律的一部。张汤《越宫律》二十七篇、赵禹《朝律》六篇，都是礼仪，也以刑罚作担保，而为律的一部。若争议有关系于身份，礼便成为裁判的规范。"[85]所以，本案可以说，是援引《礼》与《春秋》折中而论罪的。

人间伦理至情发乎天性，继母如无故手杀亲父，则下手之日，夫妇、母子之恩义已绝。其子之杀继母，有司若仍拘于"如

85　参阅本章注69，陶希圣、前揭书，页152。

母"，欲以杀母科之，那就未免违悖情理了。故孔季彦不论该子以杀尊亲罪，而断以"擅杀"之名，尚称允当。[86]何况，当时本案若应援向来复仇之义，亦得议减。

案例五、淮南王案

（一）事实：

赵王（刘）彭祖、列侯（曹）让等四十三人皆曰："淮南王（刘）安，大逆无道，谋反明白，当伏诛。"

胶西王（刘）端议曰："淮南王安废法行邪，怀诈伪心，以乱天下，荧惑百姓，背叛宗庙，妄作妖言。《春秋》曰：'臣毋将，将而诛。'安罪重于将，谋反形已定。臣端所见其书节印图及他逆无道事验明白，甚大逆无法，当伏其法。而论国吏二百石以上及比者，宗室近幸臣不在法中者，不能相教，当皆免官削爵为士伍，毋得官为吏。其非吏，它赎死金二斤八两，以章臣安之罪，使天下明知臣子之道，毋敢复有邪僻背畔之意。"

丞相（公孙）弘、廷尉（张）汤等以闻，天子使宗正以符节治王。未至，淮南王安自刭杀。[87]

---

86 参阅本章注64，（清）沈家本，前揭书，页623。沈家本评曰："继母杀其父，则恩义已绝，其子杀之，义也。季彦所论与武帝略同，处以擅杀而不与杀人同，则较武帝所论，尤为允当。"

87 参照《史记·淮南衡山列传》。另参《汉书·淮南衡山济北王传》，赵王彭祖、列侯让等四十三人皆曰："淮南王（刘）安，大逆无道，谋反明白，当伏诛。"胶西王端议曰："（刘）安废法度，行邪辟，有诈伪心，以乱天下，荧惑百姓，背叛宗庙，妄作妖言。《春秋》曰：'臣毋将，将而诛。'（刘）安罪重于将，谋反形已定。臣端所见其书印图及它逆亡道事验（转下页）

（二）分析：

本案发生于武帝时，淮南王刘安好读书、鼓琴，不喜弋猎狗马驰骋，欲拊循百姓，提高名誉；招致宾客，文学方术之士数千人，作为内书二十一篇，外书多篇，又有中篇八卷，言神仙黄白之术，亦二十余万言。武帝方好艺文方术，而刘安为其叔父，善为文辞，武帝甚尊重他，每次入朝，常宴见谈说方技、赋颂及政治学术。汉时，游士游侠是一股具政治影响力的社会势力，淮南王刘安即受江淮间游士以厉王迁死蜀道之事的激动，于是修治攻战武器，聚积金钱，赂遗郡国游士，为之宣扬。元朔五年（前124），郎中雷被逃亡长安，上书告密，事下廷尉，由河南令治其事。王与王后、太子等与谋士伍被等按舆地图，部署军事，而伍被自诣汉吏，告与王谋反之事。[88]

传统中国法律，谋反为贼事中之最重大者，《唐律》谋反大逆，居《贼盗》之首，汉律当亦不殊。西汉谋反之狱甚多，并见于诸侯王、王子侯、功臣侯、外戚恩泽侯。故汉律谋反之罪，亦属大逆无道。[89]

本案由诸王、列侯、丞相共议其罪。其中，胶西王刘端除

（接上页）明白，当伏法。"论国吏二百石以上及比者，宗室近幸臣不在法中者，不能相教，皆当免，削爵为士伍，毋得官为吏。其非吏，它赎死金二斤八两，以章安之罪，使天下明知臣子之道，毋敢复有邪僻背畔之意。丞相弘、廷尉汤等以闻，上使宗正以符节治王。未至，安自刑杀。后、太子诸所与谋皆收夷。国除为九江郡。

[88] 《汉书·淮南衡山济北王传》后段，《汉书·蒯伍江息夫传》。本案结果，汉吏乃捕王、王后、太子，尽捕诸宾客，索得反具，上告朝廷。这一案牵连列侯、二千石，豪杰数千人，皆依其罪之轻重受刑。

[89] 《晋书·刑法志》引汉贼律，大逆无道，腰斩。参阅本章注64，（清）沈家本，前揭书，页602。

条陈刘安谋反之各种证据外,更引《春秋》"臣毋将,将而诛"之大义以申之。按鲁庄公病危,遂以嗣位的人选,问于其弟叔牙,叔牙对曰"庆父,材",而阴怀异志;再问于其弟季友,季友对曰"臣以死奉子般",及叔牙谋弑事迹显露,季友遂迫使叔牙饮鸩自裁。这一段史事,孔子作《春秋》,于庄公三十二年(前662),仅云"秋,七月癸巳,公子牙卒";公羊氏基于"春秋诛心"的主旨,认为叔牙谋弑未成,亦构成死罪,其死是应该的。故《公羊传》曰:"公子牙今将尔,辞曷为与亲弑者同?君亲无将,将而诛焉。然则善之与?曰:然。杀世子母弟,直称君者,甚之也。"[90]公子牙只是"将要"弑杀世子,为何用的文辞和他已经"亲弑了"相同呢?此言君亲恩义至重,不得稍萌恶念,只要有"事未形而意先至"的情状就应该以"已亲弑者"对待。

本案与其他春秋折狱案例最大的不同,在于刘安的身份,他不但是封国的藩王,也是武帝的叔父,身份尊贵之外,在皇室中辈分甚高。周制规定八种人的犯罪须经特别审议,并可减免刑罚,称为"八辟"。八辟是对亲、故、贤、能、功、贵、勤、宾这八种人犯罪减轻刑罚的法律,后来成为历代帝王的亲族、近臣减刑免刑的特权规定。儒家也有"刑不上大夫"的说法,士大夫阶级犯罪,虽然也必须接受法律制裁,但是其审判系统与论罪方式,与一般平民百姓殊异。刘安获罪,并非由廷尉直接审理,而

---

[90] 参阅(汉)何休解诂《春秋公羊传·庄公》。《唐律·名例》对"谋反"一词的解释说:"案《公羊传》云:'君亲无将,将而必诛。'谓将有逆心,而害于君父者,则必诛之。《左传》云:'天反时为灾,人反德为乱',然王者居宸极之至尊,奉上天之宝命,同二仪之覆载,作兆庶之父母。为子为臣,惟忠惟孝。乃敢包藏凶慝,将起逆心,规反天常,悖逆人理,故曰'谋反'。"另详参(唐)长孙无忌等《唐律疏议》,台北:弘文馆,1986年,页6—7;董康《春秋刑制考》,载《中国法制史讲演录》,香港:波文书局,未载出版年月,页52—53。

是由宗室中的赵王刘彭祖（武帝兄）领衔，并同丞相、典客、廷尉等会审。在议论之间，似乎也不像其他案例有什么争议，直接论以死罪。胶西王刘端更引《春秋》"臣毋将，将而诛"之义，认为有不臣之心，即得诛戮，何况刘安所作所为已不止如此，谋反之形已定，罪证确凿，合当伏法。最后，由丞相、廷尉将合议结果奏报皇帝，全案定谳。

（三）评论：

依儒家身份伦理观念，臣对君自不许有犯上、逆乱的行为。即使仅有谋反的意图，而尚未着手实行，亦属大逆无道的罪行。此种思想经汉代统治者的大力提倡，"君亲无将，将必诛焉"的经义，外化为尊君原则，转变成"臣无将，将而诛"，遂成为处断侵害皇权及皇室安全罪行的理论依据。

本案，淮南王单就"大逆无道"及"谋反明白"，即已该当"死罪"的构成要件，若再加添符合上述论断之《春秋》之义，岂不更为契合而具"点缀"作用？难怪余英时评本案时说："懂得汉代法律的人一定知道，'大逆无道'、'谋反'等罪名，已足够置淮南王于死地，而胶西王更引《春秋》'臣毋将，将而诛'之文，显见为叠床架屋，似无必要。其实不然，中国历史有些帝王杀人，不但要毁灭人的身体，更要紧的是毁灭人的精神。"[91]

究其实，传统中国法观念往往以天理与人情来佐证律法的正当性；而刑足使人慑服，礼足使人诚服。淮南王刘安倘经证实确

---

[91] 参阅余英时《反智论与中国政治传统》，载《历史与思想》，台北：联经出版事业公司，1981年，页35。

有"谋反"事实，律至于死；则胶西王刘端之引《春秋》经义再加强调，法与理交互印证，足见其"判决"理由充分，也是无可厚非的。而古帝王杀人，最怕的是"强词夺命"。若如本案，既能毁灭人的身体，使人慑服，又能毁灭人的精神，使人诚服。人死于法，同时又死于理，则死者不应有恨矣！

案例六、诽谤妖言

（一）事实：

> 永建间，时清河赵腾，上言灾变，讥刺朝政。章下有司，收（赵）腾系考，所引党辈八十余人，皆以诽谤，当伏重法。
>
> （张）皓上疏谏曰："臣闻尧舜立敢谏之鼓，三王树诽谤之木。春秋采善书恶，圣主不罪刍荛。腾等虽干上犯法，所言本欲尽忠正谏。如当诛戮，天下杜口，塞谏诤之源，非所以昭德示后也。"
>
> 帝乃悟，减腾死罪一等，余皆司寇。[92]

---

[92] 参阅《后汉书·张皓传》。但据《后汉书·杨震列传》，则有一与本案情同而结果相反之事例："寻有河闲男子赵腾诣阙上书，指陈得失。帝发怒，遂收考诏狱。结以罔上不道。震复上疏救之曰：'臣闻尧舜之世，谏鼓谤木，立之于朝。殷周哲王，小人怨詈，则还自敬德。所以达聪明，开不讳，博采负薪，尽极下情也。今赵腾所坐激讦谤语为罪，与手刃犯法有差。乞为亏除，全腾之命，以诱刍荛舆人之言。'帝不省，腾竟伏尸都市。"

（二）分析：

汉律有所谓"诽谤妖言"之罪。据《汉书·路温舒传》记载："臣闻秦有十失，其一尚存，治狱之吏是也。秦之时，羞文学，好武勇，贱仁义之士，贵治狱之吏；正言者谓之诽谤，遏过者谓之妖言。"可证此律秦已有之，而汉沿秦制。汉高祖入关后，曾召诸县父老豪杰曰："父老苦秦苛法久矣，诽谤者族，偶语者弃市……"汉文帝亦曰："古之治天下，朝有进善之旌，诽谤之木，所以通治道而来谏者。今法有诽谤妖言之罪，是使众臣不敢尽情，而上无由闻过失也。将何以来远方之贤良？"至汉哀帝时更有"除任子令及诽谤诋欺法"[93]。但东汉时期又有如本案之事，足见时至两汉末，皆有"诽谤妖言"之条。

东汉顺帝永建元年（126），赵腾上书言灾变之事，讥刺朝政，连其朋党八十余人，皆入"诽谤罪"。司空张皓认为本案所用之法过重，甚至以为赵腾为人虽然干上犯法，唯其进言之目的，乃在尽忠正谏；如果将彼等处死，天下人将闭口不言，堵塞言谏的来源，此非向后人显示德政之风。乃引"采善书恶"之春秋大义上疏以求减。按《春秋》定公十三年（前497），经曰"晋赵鞅归于晋"，《公羊传》解说："此叛也，其言归何？以地正国也。其以地正国奈何？晋赵鞅取晋阳之甲以逐荀寅与士吉射。荀寅与士

---

93 "按诽谤妖言之律，汉本于秦，前古所无。厉王使卫巫监谤以告则杀，此特一时之命令，非常法也。文帝特诏除之，可谓盛德；而其后复设，大约在武帝时，张汤之徒，造作苛法；而诽谤妖言不过辞语之不慎，尤易陷人以死；腹非之比，实创于汤，变其名而加厉焉，残酷极矣。《通鉴长篇纪事本末》载王安石云，文帝除诽谤妖言，皆萧何法之所有，是九章原有此律也。"以上参阅本章注64，（清）沈家本，前揭书，页603。另参《史记·高祖本纪》《史记·孝文本纪》《汉书·哀帝本纪》。

吉射者，曷为者也？君侧之恶人也。此逐君侧之恶人，曷为以叛言之？无君命也。"[94]何休解诂说："无君命者，操兵乡国，故初谓之叛；后知其意，欲逐君侧之恶人，故录其释兵书归，赦之，君子诛意不诛事。"[95]要言之，按《公羊传》之意，赵鞅"归"于晋，其目的在于取晋阳之甲兵，以清君侧之恶人荀寅与士吉射，对他并无负面评价。

本案论断结果，顺帝采纳张皓之议，减赵腾死罪一等，其余党辈则仅以"司寇"论处。[96]

（三）评论：

《史记·太史公自序》曾说："为人臣者不可以不知《春秋》，守经事而不知其宜，遭变事而不知其权。为人君父而不通于《春秋》之义者，必蒙首恶之名。为人臣子而不通于《春秋》之义者，必陷篡弑之诛，死罪之名。其实皆以为善，为之不知其义，被之空言而不敢辞。"[97]《礼记》上也说："事君有犯而无隐"。《春秋》扬善贬恶，而乱臣贼子惧。可见责贤贵帅，亦所以使无道昏君更生警惕之心，而世人往往不察。

---

[94] 参阅《春秋公羊传·定公》。

[95] 参阅（汉）何休解诂《春秋公羊传》，校永怀堂本。

[96] 按《后汉书·鲁丕传》注"司寇，刑名也……，前书曰，司寇二岁刑"，又按周寿昌书注校补云，司寇始见《尚书·洪范三》，八政六曰司寇，箕子陈禹九畴而称司寇，则夏制也。《礼记·曲礼》天子之五官曰司寇，郑注，此殷时制也，而尤莫详于周。《尚书》司寇掌邦禁。《春秋左传》康叔为司寇，《周礼》大司寇、小司寇皆是也。至秦废周制，不称司寇，名大理，一名廷尉。汉承秦制，有廷尉无司寇；在此处，司寇是指刑罚名，非官名。司为伺之义，即把犯人发配边地戍守，以防御外寇，为二年劳役刑。

[97] 参阅《史记·太史公自序》。

本案，赵腾上书讥刺朝政，言者无罪，闻者足戒。否则，若直言不容于世，则晋之董狐，不见于《春秋》，而《春秋》之书也不可能存于人间矣！

案例七、坐赃增锢

（一）事实：

> 安帝初，清河相叔孙光坐赃抵罪，遂增锢二世，衅及其子。是时，居延都尉范邠复犯赃罪，诏下三公、廷尉议。
> 司徒杨震、司空陈褒、廷尉张皓议依光比。
> 恺独以为"《春秋》之义，'善善及子孙，恶恶止其身'，所以进人于善也。《尚书》曰：'上刑挟轻，下刑挟重。'如今使赃吏禁锢子孙，以轻从重，惧及善人，非先王详刑之意也。"
> 有诏："太尉议是。"[98]

（二）分析：

古代中国的刑事责任，自春秋时起就有所谓"团体责任"的倾向，即一人犯罪，夷其三族，甚或诛及四邻的连坐或缘坐法。秦商鞅变法，团体责任进一步发展，有亲属缘坐、什伍连坐、官吏上下级间的连坐等。西汉立国之后，高后时虽曾废除"夷三族法"，文帝时也曾议除与收孥相关的诸律令。不过，终汉之世从

---

98 参阅《后汉书·刘赵淳于江刘周赵列传》。

未彻底废除过连坐或缘坐法。[99]而西汉时，吏坐臧者，禁锢不得为吏，亦即绝其仕进之路。降至东汉，臧吏禁锢并及子孙。[100]

东汉安帝初年（107），清河相叔孙光触犯贪渎罪，抵偿罪责后，扩增为禁锢父子二代，殃及其子。当时，居延都尉范邠也涉嫌贪渎，皇帝诏令三公、廷尉议论，当时意见有二：

1. 司徒杨震、司空陈褒、廷尉张皓讨论后，认为应当比照叔孙光的处罚模式，予以论处。

2. 太尉刘恺的意见则与众不同。

刘恺首先援引《春秋》，指出惩恶仅止于罪人本身，而彰显善事则延至子孙的道理。按《春秋》昭公二十年（前522），经曰："夏，曹公孙会自鄸出奔宋。"《公羊传》解说："奔未有言自者，此其言自何？畔也。畔则曷为不言其畔？为公子喜时之后讳也。《春秋》为贤者讳，何贤乎公子喜时？让国也。其让国奈何？曹伯庐卒于师，则未知公子喜时从与？公子负刍从与？或为主于国？或为主于师。公子喜时见公子负刍之当主也，逡巡而退。贤公子喜时，则曷为为会讳？君子之善善也长，恶恶也短，恶恶止其身，善善及子孙。贤者子孙，故君子为之讳也。"以上《公羊传》认为

---

99 《史记·秦本纪》："秦文公二十年，法初有三族之罪。"《春秋公羊传·僖公十九年》何休注："梁君隆刑峻法，一家犯罪，四家坐之。"又《汉书·高后纪》："元年春正月，诏曰：前日孝惠皇帝言欲除三族、妖言令，议未决而崩，今除之。"另《史记·孝文本纪》记载："十二月，上曰：法者，治之正也，所以禁暴而率善人也。今犯法已论，而使毋罪之父母妻子同产坐之，及为收帑，朕甚不取。其议之。……有司皆曰：陛下加大惠，德甚盛，非臣等所及也。请奉诏书，除收帑诸相坐律令。"

100 禁锢，谓绝其仕进之路也，亦即现代刑法上之褫夺公权终身，惟与现代刑法不同者，禁锢甚至及于子孙。《左传·成公二年》："子反请以重币锢之。"注："禁锢勿令仕"；疏："锢，铸塞也。铁器穿穴者，铸铁以塞之，使不漏。禁人使不得仕官者，其事亦似之，故谓之禁锢。今世犹然。"后汉时，党人或赦归田里，禁锢终身，见《后汉书·党锢传序》。今刑罚中若言禁锢，即监禁，为自由刑之一种；与古时之禁锢性质不同。

《春秋》记"出奔"没有书"自",这里书"自",是因为公孙会反叛了曹国。既然是叛曹经不说叛者,是为了给贤者公子喜时的后人避讳。《春秋》为贤明的人士避讳,传记述有关史实,表明喜时之贤,是他把君位辞让给庶兄公子负刍。至于为喜时的后人避讳,则是善善从长、下及子孙,恶恶止于本身、不连及子孙的缘故。

刘恺接着援引《尚书》经义。按《周书·吕刑》中云:"上下比罪,无僭乱辞,勿用不行。惟察惟法,其审克之。上刑适轻下服,下刑适重上服,轻重诸罚有权。刑罚世轻世重,惟齐非齐,有伦有要。罚惩非死,人极于病。非佞折狱,惟良折狱,罔非在中。察辞于差,非从惟从。哀敬折狱,明启刑书胥占,咸庶中正。其刑其罚,其审克之。狱成而孚,输而孚,其刑上备,有并两刑。"[101] 事在上刑而情适轻,则服下刑;事在下刑而情适重,则服上刑。"上刑适轻,下刑适重,非齐也。轻重有权,随时制宜,齐非齐也。"

本案,若为惩处贪污的官吏,而使其子孙亦遭禁锢,刑罚显然过重,牵连伤害良善之人,并非先王审慎用刑的本意。

(三)评论:

连坐法和法家思想有相当深厚的渊源,而被斥为野蛮风俗之遗物。儒家则素主"刑止一身"的仁民爱物原则,《尚书·大禹

---

101 参阅《尚书》,载《十三经注疏》第一册,台北:艺文印书馆,1997年,页302—303。李贤等注称"挟轻挟重"与今本《尚书·吕刑》的"上刑适轻下服,下刑适重上服"相较,为"意亦不殊",确有牵强附会之嫌。李贤等注称:"谓二罪俱发,原其本情,须有亏减,故言适轻适重。"所谓"二罪俱发"乃是以今本《尚书·吕刑》的通俗解释附会于刘恺所言。若以今本《尚书·吕刑》的"二罪俱发"出发,实与案例事实之"是否连坐"争议无关。当下只能对李贤等的注解以非常勉强的形式一致解释为:因为"二罪俱发"与"是否连坐"皆以"原其本情,须有亏减"为基础,是故两者有关连。

吏民多陈宝功效，言为车骑将军所排。上复拜宝为冀州刺史，迁丞相司直。[105]

（二）分析：

所谓"群盗"，据《二年律令·盗律》言："盗五人以上相与功（攻）盗，为群盗"[106]，亦即"群众相随而为盗也"。另汉律对于"造意"、"首恶"之犯罪行为人有加罪之规定，即处罚首先倡议之人。

本案，发生于西汉成帝鸿嘉三年（前18）。孙宝因广汉太守扈商软弱不任职，致有盗贼，故奏扈商为乱首。有关"软弱不任职"之内涵究竟为何，目前文献稀罕，仅见《汉书·赵尹韩张两王传·王尊》："尊子伯亦为京兆尹，坐软弱不胜任免。"《汉书·酷吏传·尹赏》："丈夫为吏，正坐残贼免，追思其功效，则复进用矣。一坐软弱不胜任免……"《汉书·百官公卿表》："光禄大夫张谭仲叔为京兆尹，不胜任免。"孙宝并采《春秋》"诛首恶"之大义以为奏，按《春秋》宣公六年（前603），经曰："赵盾弑其君夷皋。"《公羊传》解说："亲弑君者赵穿，则曷为加之赵盾？不讨贼也。"[107]《春秋》之所以书"秋九月乙丑，晋赵盾弑其君夷皋"，乃

---

105 参阅《汉书·孙宝传》。

106 《二年律令·盗律》简62—66，"盗五人以上相与功（攻）盗，为群盗。智（知）人为群盗而通歓（饮）食馈遗之，与同罪。弗智（知），黥为城旦舂。其能自捕若斩之，除其罪，有（又）赏如捕斩。群盗法（发），弗能捕斩而告吏，除其罪，勿赏"。详参张家山二四七号汉墓竹简整理小组编著《张家山汉墓竹简（二四七号墓）：释文修订本》，北京：文物出版社，2006年。

107 《春秋公羊传·宣公上》。按晋灵公十四年，公暴戾恣睢，赵盾士会数谏，公患之，使鉏麑刺赵盾，鉏麑不肯，触树而死。公饮赵盾酒，伏甲攻之。赵盾脱逃，未出晋境。赵穿袭杀灵公于桃园，赵盾复位。太史董狐书曰："赵盾弑其君"以宣示于朝。赵盾辩称："弑者赵穿，我无罪。"太史曰："子为正卿，亡不出境，返不诛国乱，非子而谁？"

在于责备赵盾复国不讨贼,其人臣之责未尽,故以"弑"加之。而本案件取其精义,认为扈商为该地之太守,因无能而致多盗贼,一地之不治,不能辞其责,从而认定扈商失职有罪。

其余群盗,非原为首者,孙宝谕告他们都得悔过自出,而擅放返归田里,因此自劾"矫制"[108]。唯扈商也劾奏孙宝,言及他宣布纵释的群盗中有些人是首领,应当有罪的。朝廷闻奏后,将扈商逮捕入狱,孙宝也因此坐以失职之罪,而遭免官。

(三)评论:

汉律久佚,不过,我们仍可透过相关文献推知当时确有"见知故纵"此一条文的存在。例如《汉书·功臣表》注:"出罪为故纵,入罪为故不直。"《汉书·刑法志》:"及至孝武即位,外事四夷之功,内盛耳目之好,征发烦数,百姓贫耗,穷民犯法,酷吏击断,奸轨不胜。于是招进张汤、赵禹之属,条定法令,作见知故纵、监临部主之法,缓深故之罪,急纵出之诛。"《晋书·刑法志》:"汉承秦制,萧何定律。除参夷连坐之罪,增部主见知之条"与"张汤、赵禹始作监临部主见知故纵之例,其见知而故不举劾,各与同罪,失不举劾,各以赎论,其不知不见,不坐也"等。

本案依律而言,"群盗"均应坐法;而孙宝此举,虽不免于"矫制"之罪,但其有担当、有魄力,又能察事之本,是一难得的

---

108 汉家之法,有矫制。《汉书·高五王传》"矫制以令天下"注:"矫,托也,托天子之制诏也"。又唐颜师古注,汉家之法,擅矫诏命,虽有功劳,不加赏也;参阅《汉书·冯奉世传》。另据《二年律令·贼律》简11,"挢(矫)制,害者,弃市;不害,罚金四两。"

好官吏。[109]

　　或曰，汉儒用法，每有意从重，而喜深文周内，但本案则见其宽平。《春秋》大义极其显微，世人易误解、误用，是不察之过也。如同经义所引，晋灵公被赵穿所杀，当时赵盾不在朝，但《春秋》却直书"晋，赵盾弑其君夷皋"，董仲舒在《春秋繁露·玉杯》，指灵公被杀时，赵盾虽不在，但嫌其无尽臣责，所以因其所贤，而加之大恶，主要在系其以重责[110]。像这种"恶薄"而责之重，主要在矫枉而直之，以彰明一般人的疑惑，而定其是非，而此点，正与《公羊传》诠释"春秋诛首恶"之义理相合。当然，如此事例，衡之于当今刑法禁止对被告不利之类推适用的法理是行不通的。

案例九、复仇之议

（一）事实：

　　　　（章帝）建初中，有人侮辱人父者，而其子杀之，肃宗

---

[109] 孙宝字子严，颍川鄢陵人。以明经为郡吏，鸿嘉中，选为益州刺史。本案奏后，益州吏民多陈孙宝功效，成帝时复拜宝为冀州刺史，迁丞相司直，参阅本章注105，另参《汉书·成帝纪》。

[110] 董仲舒于《春秋繁露》中，有关于《春秋》书"晋赵盾弑其君夷皋"的相关见解："春秋之好微与，其贵志也。春秋修本末之义，达变故之应，通生死之志，遂之极者也。是故君杀贼讨，则善而书其诛。若莫之讨，则君不书葬，而臣不复见矣。不书葬，以为无臣子也；贼不复见，以其宜灭绝也……问者曰：'人弑其君，重卿在而弗能讨者，非一国也。灵公弑，赵盾不在，不在之与在，恶有厚薄，春秋责在而不讨贼者，弗系臣子尔也；责不在而不讨贼者，乃加弑焉，何其责厚恶之薄，薄恶之厚也？'曰：'春秋之道，视人所惑，为立说以大明之。今赵盾贤，而不遂于理，皆见其善，莫见其罪，故因其所贤，而加之大恶，系之重责，使人湛思，而自省悟以反道，曰：'呼！君臣之大义，父子之道，乃至乎此。'此所由恶薄而责之厚也；他国不讨贼者，诸斗筲之民，何足数哉！弗系人数而已，此所由恶厚而责薄也……"详参（汉）董仲舒《春秋繁露·玉杯第二》。

贳其死刑而降宥之，自后因以为比。是时遂定其议，以为轻侮法。

（张）敏驳议曰："夫轻侮之法，先帝一切之恩，不有成科班之律令也。夫死生之决，宜从上下，犹天之四时，有生有杀。若开兼容恕，著为定法者，则是故设奸萌，生长罪隙。孔子曰：'民可使由之，不可使知之。'《春秋》之义，子不报雠，非子也。而法令不为之减者，以相杀之路不可开故也。今托义者得减，妄杀者有差，使执宪之吏得设巧诈，非所以导'在丑不争'之义。又轻侮之比，寖以繁滋，至有四五百科，转相顾望，弥复增甚，难以垂之万载。臣闻师言：'救文莫如质'，故高帝去烦苛之法，为三章之约。建初诏书，有改于古者，可下三公、廷尉蠲除其敝。"[111]

（二）分析：

复仇在传统中国法制中的因革，约可分为三个阶段，即法律未形成以前的"复仇公许时代"、法律形成初期的"复仇限制时代"，以及法律完成时期的"复仇禁止时代"[112]。本例，并非具体的引经断狱案件，而系引经义以论事之例。值得探讨的是，当伦理的义务和法律的责任有了龃龉时，亦即法律与人情不得兼顾时，如何在辨理上解决困惑？

在传统中国社会里，复仇之风可谓深植人心，尽管至少可推

111　参阅《后汉书·张敏传》。
112　参阅穗积陈重《復讐と法律》，东京：岩波书店，1982年，页30。

知在西汉末年，已经有禁止自行申冤复仇的法令[113]，但从历朝历代不断发生的复仇案件中，仍然可以看出此风之遗留与坚韧。

东汉章帝时，为奖励孝道，乃有"轻侮法"的产生，复仇之风因之愈盛；和帝时，尚书张敏曾针对"轻侮法"加以驳议，最后终于废除该法。

虽然法令对于禁止复仇三令五申，而《公羊春秋》却最重复仇之义。如庄公四年（前609）齐襄灭纪，经云："纪侯大去其国。"《公羊传》说："大去者何？灭也。孰灭之？齐灭之。曷为不言齐灭之？为襄公讳也。《春秋》为贤者讳，何贤乎襄公？复雠也。何雠尔？远祖也。哀公烹乎周，纪侯谮之。以襄公之为于此焉者，事祖祢之心尽矣。尽者何？襄公将复雠乎纪，……远祖者几世乎？九世矣。"纪侯曾向周宣王毁谤齐哀公，至齐襄公已历九代。《公羊传》说："九世犹可以复雠乎？虽百世可也。家亦可乎？曰：不可。国何以可？国君一体也。先君之耻，犹今君之耻也；今君之耻，犹先君之耻也。"[114]又《公羊传》定公四年（前506）："曰：'事君犹事父也，此其为可以复雠奈何？'曰：'父不受诛，子复

---

113 《后汉书·桓谭传》，桓谭在建武初年曾上疏云："今人相杀伤虽已伏法，而私结怨仇，子孙相报，后忿深前，至于灭户殄业，而俗称豪健，故虽有怯弱，犹勉而行之，此为听人自理，而无复法禁者也，今宜申明旧令，若已伏官诛而私相伤杀者，虽一身逃亡，皆徙家属于边，其相伤者加常二等，不得雇山赎罪。如此，则仇怨自解，盗贼息矣。"秦重法令，汉因秦制，可推知至少在西汉末年，已经有禁止复仇的法令，桓谭只不过是请光武重申前令，以防止复仇之风的滋长而已。

114 《春秋公羊传·庄公四年》。先秦时期是复仇的公许时代，大致是可信的。如《礼记·曲礼》上说："父之仇，弗与共戴天；兄弟之仇，不反兵；交游之仇，不同国。"《礼记·檀弓上》也说："子夏问于孔子曰：'居父母之仇如之何？夫子曰：'寝苫枕干不仕，弗与共天下也，遇诸市朝，不反兵而斗。'曰：'请问居昆弟之仇如之何？'曰：'仕弗与共国，衔君命而使，虽遇之不斗。'曰：'请问居从父昆弟之仇如之何？'曰：'不为魁，主人能，则执兵而陪其后。'"这是根据血缘亲疏作为区分复仇的方式，对于父母、昆弟及从父昆弟之仇，分别采取不同的手段。

雠可也；父受诛，子复雠，推刃之道也。复雠不除害，朋友相卫而不相迿，古之道也。'"由此看来，倘若父亲因正当理由而受诛，其子弟是不可复仇的，可见复仇仍非全无节制。

（三）评论：

儒家典籍中《论语》《孟子》《公羊传》《左传》《礼记》及《周礼》都曾论及复仇，而其中以《公羊传》最先提倡，主张也最激烈，因此有人说，儒家是鼓励复仇的，且以复仇为孝悌的表现，并认为儒家的传统思想助长这种"不法"行为。[115]把复仇之风归责于儒家身上，是否公平？诚堪玩味。盖帝制中国，政治建立于伦理之上，由孝而推演至忠，所谓"资于事父以事君"，这种九族亲睦发展至平章百姓的结果，乃以为复仇系个人对亲族的一种义务，也是对君对国应有的行为，而私德重于公德的观念，在传统中国法观念中牢不可破。

不过，复仇之风炽，与其把责任推到儒家身上，不如说这是人类社会进化过程中，人性表露的一种"自然行为"。日本法学者穗积陈重（1855—1926）说："复仇现象，地不分东西，时不论古今，于人类之共同生活中之某一段时期，非得一度经过不可。"[116]芦野德林也说复仇是"天下之公道，古今之通义。"[117]康德（Immanuel Kant，1724—1804）认为"对等报复乃系实现正义之为必须"；明代思想家丘濬（1420—1495）则谓复仇是"生民秉

---

115 参阅本章注70，杨鸿烈，前揭书，页176—178。
116 参阅本章注112，穗积陈重，前揭书，页11—13。
117 参阅芦野德林著，佐伯复堂译注《無刑録》卷一三《和难上》，东京：信山社，1998年。

彝之道，天地自然之理"[118]。胡寅也认为复仇"因人之至情，以立臣子之大义也。雠而不复，则人道灭绝，天理沦亡"[119]。此等言论，究系基于何等心理而发，不难想见。但把复仇认为是天经地义的神圣职责，其严重的后果，也是不可漠视的。

　　复仇习俗，对社会秩序的安宁与维持，实构成相当大的威胁，盖冤冤相报，何时得休？难怪战国时代的孟子见了许多怵目惊心的复仇事件后，曾感慨地说："吾今而后知杀人亲之重也，杀人之父，人亦杀其父；杀人之兄，人亦杀其兄；然则非自杀之也，一间耳。"[120]因此，早在纪元前的1世纪中，法律已逐渐地努力禁止复仇行为。[121]当然，自从公权力介入之后，杀人已成为犯罪的行为。倘若单从法律的立场来讲，杀人是犯禁的，理应接受国法的制裁；但儒者断案，却以引经为正，依法为苛。其所以引经以折复仇大案，名为兼顾礼法，而其实有推重君权，为复仇者开脱的苦衷。而复仇，也往往能得到标榜以仁孝治天下之皇帝的赦宥，这是当然的结果。

　　论者有以为"一切复仇之辨理上的困惑，都是由于不肯采取单一的立场。中国的学者，除法家外，都偏向于礼经，而不肯否认复仇的道义"[122]。事实上，不论司法者或儒者的见解，其所以不采取单一的立场，因为君权在上，就是代表单一的立场。因中国专制时代，君权第一，所谓"礼"，所谓"法"，任由君主可以

118　参阅（明）丘濬《大学衍义补》，京都：中文出版社，1979年。
119　参阅本章注118，丘濬，前揭书。
120　参阅《孟子·尽心下》。
121　参阅本章注113之说明。
122　参阅瞿同祖《中国法律与中国社会》，台北：里仁书局，1982年，页64。

取舍。而时至今日，如果以讲求法治治国的立场，复仇之风，当不可再扇。但站在中华文化的传统特点来看，《公羊春秋》之百世复仇，其亲亲之义，于此也未免过激矣！

案例十、妄刊章文

(一)事实：

霍谞字叔智，魏郡邺人也。少为诸生，明经。有人诬谞舅宋光于大将军梁商者，以为妄刊章文，坐系洛阳诏狱，掠考困极。谞时年十五，奏记于商曰：

将军天覆厚恩，愍舅光冤结，前者温教许为平议，虽未下吏断决其事，已蒙神明顾省之听。皇天后土，寔闻德音。窃独踊跃，私自庆幸。谞闻《春秋》之义，原情定过，赦事诛意，故许止虽弑君而不罪，赵盾以纵贼而见书。此仲尼所以垂王法，汉世所宜遵前修也。传曰："人心不同，譬若其面。"斯盖谓大小窊隆丑美之形，至于鼻目众窍毛发之状，未有不然者也。情之异者，刚柔舒急倨敬之间。至于趋利避害，畏死乐生，亦复均也。谞与光骨肉，义有相隐，言其冤滥，未必可谅，且以人情平论其理。光衣冠子孙，径路平易，位极州郡，日望征辟，亦无瑕秽纤介之累，无故刊定诏书，欲以何名？就有所疑，当求其便安，岂有触冒死祸，以解细微？譬犹疗饥于附子，止渴于鸩毒，未入肠胃，已绝咽喉，岂可为哉！昔东海孝妇见枉不辜，幽灵感革，天应枯旱。光之所坐，情既可原，守阙连年，而终不见理。呼嗟紫宫之门，泣血两观之下，伤和致灾，为害滋甚。凡事更赦令，不应复案。夫以罪刑明白，尚蒙天恩，岂有冤谤无征，反不得理？是为刑宥正罪，戮加诬侵也。不偏不党，其若是乎？明将军德盛位尊，人臣无二，言行机天地，举厝移阴阳，诚能留神，沛然晓察，必有于公高门之福，和气立应，天下幸甚。

商高谓才志，即为奏原光罪，由是显名。[123]

（二）分析：

霍谞，汉朝魏郡邺人（今河北省临漳县西）。年少时，聪敏好学，通晓经书义理，经常为同辈读讲经书，颇得要义。其舅宋光被诬无故更改诏书，触犯"妄刊章文"之罪，而被关进洛阳诏狱，进行拷讯逼供。霍谞进书于大将军梁商，陈词剀切，梁商嘉其言，复高其才，遂奏免宋光之罪。

严格说来，本案并非纯属春秋折狱的适例，然通篇贯以《春秋》诛心之理，并以"谞与光骨肉，义有相隐，言其冤滥，未必可谅，且以人情平论其理"出发，认为人情相异，然趋利避害之本性则未尝相殊，进而将人性浑然天成之趋利避害心态与诛心之理加以联结，认为其舅"衣冠子孙，径路平易，位极州郡，日望征辟，亦无瑕秽纤介之累"，殊无就小利以招大害之理，绝无妄刊章文之意图。所云："谞闻《春秋》之义，原情定过，赦事诛意，故许止虽弑君而不罪，赵盾以纵贼而见书。"正为《春秋》诛心

---

[123] 参阅《后汉书·霍谞传》。本案宋光"妄刊章文"，情节事实不明，究系何所指，有待查考。

之理的发微。

本案援引《春秋》昭公十九年（前523）的经义："夏，五月戊辰，许世子止弑其君买。冬，葬许悼公。"《公羊传》解说："贼未讨，何以书葬？不成于弑也。曷为不成于弑？止进药而药杀也。止进药而药杀，则曷为加弑焉尔？讥子道之不尽也。……止进药而药杀，是以君子加弑焉尔，曰：许世子止弑其君买，是君子之听止也。葬许悼公，是君子之赦止也。赦止者，免止之罪辞也。"何休注云："原（许）止进药本也欲愈父之病，无害父之意，故赦之。"[124]这是指原情定过。《公羊传》又说："晋史书赵盾弑其君。赵盾曰：'天乎无辜，吾不弑君。'太史曰：'尔为仁为义，人杀尔君而不讨贼，此非弑君如何？'"[125]这是指赦事诛意。

（三）评论：

皮锡瑞在他的《经学通论》中曾说："圣人之作《春秋》，其善善也长，其恶恶也短。有一字之褒贬，三大夫之书及，所谓一字之褒。弑君之臣，一概书弑，所谓一字之贬。圣人以为其人甘于殉君，即是大忠，虽有小过，[126]可不必究。其人忍于弑君，即是大恶，虽有小功，亦不足道。盖宅心甚恕，而立法甚严也。春秋之法，弑君者于经不复见，以为其人本应伏诛，虽未伏诛，而削其名不再见经，即与已伏诛等。赵盾弑君所以复见者，以其罪

124　参阅《春秋公羊传·昭公十有九年》。
125　参阅《后汉书·杨李翟应霍爰徐列传》。
126　如《左传》所书孔父荀息之事。

在不讨贼，与亲弑者稍有分别。春秋之法，弑君贼不讨不书葬，以为君父之仇未报，不瞑目于地下，虽葬与不葬等。许止弑君未讨而君书葬，以其罪在误用药，与亲弑者稍有分别，是亦立法严而宅心恕也。"[127]

王伯琦（1909—1961）也说："孔子的一部《春秋》，定名分、寓褒贬，用的都是类推的方法。如弑君，应当是臣下杀死君上，方足言弑；杀死晋君夷皋的，明明是赵穿，而孔子书曰：'晋赵盾弑其君夷皋。'这意思是说，赵盾为人臣而不讨贼，致君被弑，与亲手杀死其君一样，所以赵盾应负的责任，应当和赵穿一样。孔子是做过鲁国法官的，对于这种方法的使用，当然极具心得，从而也就成为后世法律适用的典范。"[128]

本案，霍谞与宋光有舅甥之亲，义有相隐，他奏记其舅之冤滥，未必可信，也未必可有；而以人情平论其理，无故刊定诏书，欲以何名？上能察究其实，而后本《春秋》论心不论迹之意，奏原其罪，在君主专制时代，也诚属难能可贵。但若能再察其冤诬，那就更令人激赏了。

---

[127] 参阅皮锡瑞《经学通论·春秋》，台北：台湾商务印书馆，1980年，页28。"欧阳修谓赵盾弑君，必不止不讨贼；许止弑君，必不止不尝药；以三传为皆不足信。不知如三传之说，于赵盾见忠臣之至，于许止见孝子之至，未尝不情真罪当。臣弑君，凡在官者杀无赦；子弑父，凡在宫者弑无赦；未尝不词严义正。而欧阳修等必不信传。孙复曰，称国以弑者，国之人皆不赦也，然则有王者作，将比一国之人而诛之乎？虽欲严春秋诛乱贼之防，而未免过当矣！"

[128] 参阅王伯琦《论概念法学》，载《王伯琦法学论著集》，台北：三民书局，1999年，页25—52。

案例十一、赦事诛意

（一）事实：

上（哀帝）初即位，祖母傅太后、母丁太后皆在，两家先贵。傅太后从弟喜先为大司马辅政，数谏，失太后指，免官。上舅丁明代为大司马，亦任职，颇害（董）贤宠，及丞相王嘉死，明甚怜之。上重贤，欲极其位，而恨明如此，遂册免明曰：

前东平王云贪欲上位，祠祭祝诅，云后舅伍宏以医待诏，与校秘书郎杨闳结谋反逆，祸甚迫切。赖宗庙神灵，董贤等以闻，咸伏其辜。将军从弟侍中奉车都尉吴、族父左曹屯骑校尉宣皆知宏及䦷丹诸侯王后亲，而宣除用丹为御属，吴与宏交通厚善，数称荐宏。宏以附吴得兴其恶心，因医技进，几危社稷，朕以恭皇后故，不忍有云。将军位尊任重，既不能明威立义，折消未萌，又不深疾云、宏之恶，而怀非君上，阿为宣、吴，反痛恨云等扬言为群下所冤，又亲见言伍宏善医，死可惜也，贤等获封极幸。嫉妒忠良，非毁有功，于戏伤哉！盖"君亲无将，将而诛之"。是以季友鸩叔牙，春秋贤之；赵盾不讨贼，谓之弑君。朕闵将军陷于重刑，故以书饬。将军遂非不改，复与丞相嘉相比，令嘉有依，得以罔上。有司致法将军请狱治，朕惟噬肤之恩未忍，其上票骑将军印绶，罢归就第。

遂以贤代明为大司马卫将军。[129]

（二）分析：

汉哀帝元寿元年（前2），丞相王嘉因力阻对董贤的封赏，并对东平王刘云案有疑，数争谏，劾以迷国罔上不道之罪，[130]被诛。而哀帝舅丁明对王嘉被诛之事甚表同情，哀帝则以"君亲无将，将而诛之"为由，免去丁明大司马职务。

本案，哀帝在诏书内指控丁明与乱党伍宏等往来，却不能明威立义，折消未萌，甚至以君上为非，并与王嘉罔上一案有涉，诏书内虽未援用律法，已有"有司致法将军请狱治"之语。丁明到底所犯何罪？从《汉书》所载的前因后果，对照哀帝诏书的指控，可以看出，丁明为王嘉辩护，反对董贤的立场，为上所忌，哀帝遂利用"东平王谋反案"与"王嘉罔上不道案"的牵连关系，罗织丁明"不道"的罪状。

有关"不道"的罪名，一般认为，凡背弃为臣之道，祸乱民政，危害君主及国家，颠覆当时社会体制的行为均属之。显见，"不道"是范围较宽泛的罪名概念，其中又分有以"大逆"为首的"罔上""狡猾"等许多下位概念。[131]由于"不道"的范围实在

---

[129] 参阅《汉书·佞幸传》。

[130] 《汉书·王嘉传》："事下将军中朝者。光禄大夫孔光、左将军公孙禄、右将军王安、光禄勋马宫、光禄大夫龚胜劾嘉迷国罔上不道，请与廷尉杂治。胜独以为嘉备宰相，诸事并废，咎由嘉生；嘉坐荐相等，微薄，以应迷国罔上不道，恐不可以示天下。遂可光等奏。"

[131] 详参［日］大庭脩《汉律中"不道"的概念》，载［日］籾山明主编《中国法制史考证》（丙编第一卷），北京：中国社会科学出版社，2003年，页369—433。另参王健文《西汉律令与国家正当性——以汉律中的"不道"为中心》，载《新史学》第3卷第3期，1992年。

过于宽泛，内涵尤含糊笼统，是故在不道概念下的诸类犯罪类型，其相互间有的模棱两可（如谋反与大逆），有的天壤之差（如臧百万以上与诽谤）。在法律效果上，尤其是缘坐与连坐的范围，也不尽一致。

本案，汉哀帝除援引《公羊传》"君亲无将，将而诛之"的义理外，另引"赵盾弒君"之例以责丁明。事见鲁宣公二年（前607），晋国大夫赵盾屡谏于无道灵公，不听反欲杀赵盾，盾逃亡，未出国境。时赵盾弟赵穿弒灵公，赵盾返，迎文成公。《春秋》曰："秋，九月乙丑，晋赵盾弒其君夷皋"。可见《春秋》所重视的，乃是臣下对君上的主观心意，进而企图建构一个君臣之义的价值体系。从汉哀帝上开所引用的相关典故看来，莫不与臣弒君有关，如果说，哀帝欲以《春秋》之义控诉丁明谋反之罪，似有迹可循。而"不道"之罪既是以"义理"为其立法指导思想，则这类的犯罪只在心念始动之际即属成立，不必等到着手于构成要件的实行方才得罪。

（三）评论：

本案汉哀帝举《春秋》之义："盖'君亲无将，将而诛之'。是以季友鸩叔牙，《春秋》贤之；赵盾不讨贼，谓之弒君。""君亲无将"所说的是东平王云及其舅伍宏的事件，意谓此事但有明确意图（诏书称"祠祭祝诅"）即为《春秋》所诛，故而丞相王嘉与丁明所谓的"疑狱"是不应当的；其下以季友比董贤（有发觉调查之功），赵盾比丁明（与王嘉）。全文上下，都是扣紧东平王案与董贤之功两面发展。

此案之引据《春秋》，不仅对涉及叛乱的案件从"意图阶段"即径予惩处，而且对于知悉该意图者也课以罪责。实际上，依照《汉书》所载，该意图是否存在尚有疑点，但在皇帝的压力下，大臣最后竟忽略此疑点，致使王嘉下狱而死。不过，如果以秦始皇"坑儒"事件相比较，这类事涉政治牵连的案件并非因为《春秋》之义始为如此，讲穿了，《春秋》只不过是当政者寻求处罚的借口罢了！

案例十二、罪止首恶

(一) 事实：

> 永和四年，中常侍张逵、蘧政，内者令石光，尚方令傅福，冗从仆射杜永连谋，共谮（梁）商及中常侍曹腾、孟贲，云欲征诸王子，图议废立，请收商等案罪。帝曰："大将军父子我所亲，腾、贲我所爱，必无是，但汝曹共妒之耳。"逵等知言不用，惧迫，遂出矫诏收缚腾、贲于省中。帝闻震怒，敕宦者李歙急呼腾、贲释之，收逵等，悉伏诛。辞所连染及在位大臣。
>
> 商惧多侵枉，乃上疏曰："《春秋》之义，功在元帅，罪止首恶，故赏不僭溢，刑不淫滥，五帝、三王所以同致康乂也。窃闻考中常侍张逵等，辞语多所牵及。大狱一起，无辜者众，死囚久系，纤微成大，非所以顺迎和气，平政成化也。

宜早讫竟，以止逮捕之烦。"帝乃纳之，罪止坐者。[132]

（二）分析：

东汉顺帝永和四年（139），中常侍张逵等嫉妒大将军梁商被宠任，欲陷害他。而顺帝明察，不为所蔽。张逵等见事不成，又出矫诏收缚曹腾、孟贲。于是皇帝大怒，狱起牵连多人。

梁商上疏，以救侵枉。他引《春秋》"诛首恶"之大义，按《春秋》僖公二年（前658），经曰："夏，五月辛巳，葬我小君哀姜。虞师、晋师灭夏阳。"《公羊传》说："虞，微国也，曷为序乎大国之上？使虞首恶也。曷为使虞首恶？虞受赂，假灭国者道，以取亡焉。"[133]

按晋献公采纳大夫荀息的意见，以屈这地方产的骏马，以及垂棘这地方产的白玉贿赂虞君，虞君不听宫之奇之谏，接受了晋国的贿赂，借道予晋。结果，虞国军队、晋国军队攻打夏阳，灭取虢国。晋灭虢后四年，灭虞国。据载，晋国初期展开颇多重要的扩张领土战争，此役是以晋人为首，虞不过是个小国，只是假道而已，何以经文书虞在前？《公羊传》以虞国接受了贿赂，肯借路给晋师以灭虢，故认定虞为罪首。意即将首恶之责归于虞，虞若不贪利假道，便无此祸。

---

132 参阅《后汉书·梁统列传》。
133 参阅《春秋公羊传·僖公二年》。

（三）评论：

古来，冤狱之事不绝于书，常因细微之故而牵引成大狱，盖以犯罪情节，离奇变幻，而如何才可得济刑法之平？古典中国法制，即有因犯罪事实不明而从轻论处之记载，如《尚书·大禹谟》，皋陶答帝舜之语曰："帝德罔愆，临下以简，御众以宽；罚弗及嗣，赏延于世。宥过无大；刑故无小；罪疑惟轻，功疑惟重；与其杀不辜，宁失不经；……"此为犯罪之事实不明者，其刑须轻。至若犯罪事实之有无不明者，纵处轻刑，亦不合法。唯所谓"罪疑惟轻"，非有无之疑，而是事实之明白与其程度分量等之疑。若事实之程度及分量不明时，从轻处断，其不明之点，加以纠问，就其明白之点，处之以刑，与当代刑法理论，也颇相符合。

本案，张逵等之供词，多所牵连，而无辜者众。此对于大部分无辜者，应属犯罪的事实不明，即无从证其犯罪之成立，与其杀不辜，宁失不经。盖犯罪的事实不明，杀之，恐死无罪者；不杀，即违常法，失法律之威信，二者孰取？两害相权，唯取其轻，故当时之刑法采取后义，与近世所谓犯罪事实不明、证据不足者，宜作无罪之推定，其理相通。

最终，顺帝采纳梁商"诛首恶"的《春秋》之义，罪止坐者，正所以表现出循吏以经义生人的一面。盖善为国者，刑不滥，刑滥则惧及善人。《尚书·胤征》上说："歼厥渠魁，胁从罔治，旧染污俗，咸与惟新。"亦同此义，重处首恶的原则与"原心定罪"是相对应的。根据《春秋》之义，共同犯罪或有组织犯罪者只坐或重坐首谋，轻坐或免坐从犯，这种论调，比起不问首从，一律重处的做法要人道得多，也合理得多。

肆、结语

由以上董仲舒的六个案例以及仲舒以外的十二则案例看来，春秋折狱这段中国法制史上的"插曲"，究竟是传统中国法制中的常态还是变态？其为功为过？理应被赞叹，抑或该受批判？

自董仲舒开其宗风后，独创法制史上之异彩，固时代背景有以使然。遗憾得很，受其后陋儒酷吏的引义偏差及借名专断，更有部分"舞经奸吏"借以济其酷，因此，引经折狱常攀附"经义"的美名，而造成使一事而进退于"律"与"经"之间，甚或徘徊于"两律"与"两经"之间，从而流弊滋起，受尽后世史家学者的讥诋，本书将在下一章中深入加以评论。

第三章
春秋折狱的方法论与法理观

壹、序说

　　世人论断汉代春秋折狱向来有两极化的倾向，而以负面评价者居多，何以致之？

　　长年以来，我始终以为，要评价春秋折狱的历史功过，认真把梳相关史料是基本功，而其中又以解析董仲舒本人以及其他儒臣法吏所作的案例最为重要。同时，也要细分关涉"政治性案件"与"非关政治确信"的寻常刑案，如此，两相对照之下，心证自易了然。

　　本章试图追本溯源，以上一章中所列举的实例为证，并从法理论史的角度出发，作另一侧面的观察。首先，针对董仲舒的折狱方法进行剖析,其次,从春秋折狱回顾传统中国法制,谈如何由"礼法之争"进而"以礼制法",谈儒学与法学如何调协,而形成所谓的"法律儒家化",并从当今法学的基本理念,探讨春秋折狱自董氏以后,产生何种流变,弊端何在。最后,则从法史学的观点,评价两汉春秋折狱在中国法制历史上的意义。

贰、董仲舒的折狱方法论

基于对第二章第二节中有关董仲舒六个具体案例的理解,在此,想进一步探讨:董仲舒春秋折狱的理论基础何在?他所据以断案的理想标准又为何?要言之,春秋折狱的方法论是什么?

一、天人感应的经权理论基础

董仲舒的学术思想,可以说,是以现实层面为依据,而以抽象的天人哲学为立论基础。而天人哲学,主要系融合公羊春秋学与阴阳五行学说而成。前者是他个人所受之学,属于儒学正统;后者则是当时的时代思潮,是阴阳家之学。[1]《汉书·五行志》说"汉兴,承秦灭学之后,景武之世,董仲舒治《公羊春秋》,始推阴阳,为儒者宗"正是此意。因此,如想深入了解董仲舒的"春秋折狱",自非稍加思索其基本哲学立场不可。

---

1 参阅林丽雪《中国历代思想家·董仲舒》,台北:台湾商务印书馆,1979年,页29以下。

或许要问：董仲舒为何在群经之中独钟《公羊春秋》？最直接的理由，可能是因《公羊春秋》为朝廷所重，系当时显学，而仲舒本人也传授《公羊传》。其次，仲舒一生在现实政治上最大的理想是立新王之道，作为改制的张本，在群经之中，只有《春秋》最方便增饰新义，使其适合此一需要。此外，仲舒所主张的改制，即当今所谓的"体制内改革"，因此，他须肯定专制体制的合法性；而基于儒家的立场，所谓"改制"又富有"崇儒更化"的文化理想，希望借它能培养出转化并限制专制皇权的力量。这种既矛盾又统一的要求，似乎很合乎董仲舒"前枉而后义"的权道。[2] 申言之，董仲舒想要给予当时渐趋成熟的大一统专制政治一个新的内容和理想，而只有根据《春秋》才比较可能发展出这一套权道。

细读《公羊传》这部书，其内容确属严谨质实，并无宗教性或哲学性的言论，亦无阴阳五行之说。问题是，董仲舒如何透过它来建立当时已经成熟的大一统专制的理论根据？又如何把它作为天人哲学的构成因素？尤其，如何将它作为审断刑狱的理论根据？在此，似不必也无法冗述董仲舒天人感应的理论结构，而想简要提出说明的，是董仲舒天道观念下的经权理论。

"经"与"权"是儒家伦理学的观念，据原始儒家的经、权理论，权虽可使行事有所变通，但变通的结果仍不允许违反常道，此之谓"权不离经"。到了董仲舒，他将之应用到天道上，正如他在《春秋繁露·阴阳义》里所说"天人同有之，有其理而一用之"。此外，他更作进一步的推展，盖一方面是受《公羊传》

---

[2] 参阅韦政通《董仲舒》，台北：东大书局，1986年，页33以下。另参（汉）董仲舒《春秋繁露·竹林》。

的影响。《公羊传》不仅提出"古人之有权者，祭仲之权是也。权者何？权者反于经，然后有善者也"如此处理"权"这一问题的准则，且为行权设定了层层的限制，即所谓"权之所设，舍死亡无所设。行权有道，自贬损以行权，不害人以行权。杀人以自生，亡人以自存，君子不为也"[3]。

另一方面，董仲舒为了思想系统内部的需要，认为世间的一切，都要求有天道上的根据。因此，他和孔子一样，在现实政术上主张贬刑而尚德，而为了使此一主张获得天道的支持，于是以阳为德，以阴为刑；以阳为经，以阴为权，刑的设施乃不得已而用之。[4]不仅如此，他还本于经、权的观念进而主张"阳为德，阴为刑。刑反德而顺于德，亦权之类也"[5]，希望朝廷的刑罚能出于人道的考量，以德教化百姓，而不纯是为了报复与惩罚。而适用刑法，虽有反于德，但倘若终将有利于德政的落实，这是"权"，不必加以反对。

至于何谓"经"？何谓"权"？董仲舒的说法是：

> 《春秋》有经礼，有变礼。为如安性平心者，经礼也。至有于性，虽不安，于心，虽不平，于道，无以易之，此变礼也。[6]

3　参阅《春秋公羊传·桓公十一年》。

4　参阅（汉）董仲舒《春秋繁露·阳尊阴卑》。

5　参阅本章注4。

6　参阅（汉）董仲舒《春秋繁露·玉英》。按性与心为本质，道虽缘性出，实由后起。《礼·丧服四制》云："有恩有理，有节有权，取之人情也。恩、理、节，经也。权，制则变也。"详参（清）苏舆《春秋繁露义证》，北京：中华书局，1992年，页74。

这里之所谓"经礼",乃世人在一般情况下所奉行者,有拒变的特性,很难适应特殊情况;因此经礼之外,还须要能通权达变,而通权达变时所本的一个原则,就是在道理上能站得住脚,即"于道,无以易之",可见"道"的内涵大于"经礼",也是人生临特殊处境时可以灵活运用、自由抉择的依据。[7]

不过,自由抉择并非绝对,它有一定的范限,这是经、权理论的精义所在,董仲舒说:

> 器从名、地从主人之谓制。权之端焉,不可不察也。夫权虽反经,亦必在可以然之域。不在可以然之域,故虽死亡,终弗为也。[8]

所谓"在可以然之域",即为合道,也就是道理上所容许的。董仲舒又以《论语》子夏所说:"大德不逾闲,小德出入可也。"解释经、权:

> 故诸侯在不可以然之域者,谓之大德,大德无逾闲者,谓之正经。诸侯在可以然之域者,谓之小德,小德出入可也。权,谲也,尚归之以奉巨经耳。[9]

经是"大德",在不可以然之域,就是说,在任何情况下都必须遵守的大原则,不可以轻易变更。权是"小德",在可以然

---

[7] 参阅本章注2,韦政通,前揭书,页138。

[8] 参阅本章注6。

[9] 参阅本章注6。

之域，也就是在这个范围之内可以行权。一旦行权，必然要违反一些原则，但违反这些原则的目的，是为了要实现更高的原则，此即董仲舒所谓"权，谲也，尚归之以奉巨经耳"之义。

准此以解，所谓经、权理论，可以说是董仲舒天人哲学中的方法论。在《春秋繁露·精华》中，他说：

> 《诗》无达诂，《易》无达占，《春秋》无达辞，从变从义，而一以奉人。

于同书《竹林》篇中又说：

> 《春秋》之道，固有常有变，变用于变，常用于常，各止其科，非相妨也。

《春秋》有变科，有常科，各因时地而用之。不可以常而概变，亦不可骛变而忽常。就是借用这种权变的方法，突破文字的藩篱，以达到借古喻今，以史言天，以经折狱的目的。事实上，董仲舒对《公羊春秋》的阐释，不过是想由文字以求事故之"端"，由"端"而进入于文义所不及的"微眇"，由"微眇"接上了"天志"，再由"天志"以贯通所有的人伦道德，由此以构成自己的哲学系统，所以，在许多地方都加上了一层特殊的转折，这从董仲舒以经决狱的实例探讨中亦可窥知其奥妙之所在。因此，如果说，董仲舒春秋折狱的理论基础，是源于经、权理论的运用，是耶？非耶？

二、自然法论的折狱理念

两千多年来，"自然法"此一观念，在人类思想及历史上发生过既深且巨的影响，于法律思想更是如此。可以说，一部西洋法律思想史，从希腊罗马时代，一直到19世纪初叶为止，主要是一部自然法演进史。在大约二千五百多年的法思想史中，哲学家与法学家均花费心血于探究永恒不变的"正义"，即自然法的课题。当然，因各个时代所面临的问题不同，法学家们对自然法论强调的重点也各有所偏。但综合而言，可列述四点重要特征[10]：

（一）自然法的内容是主张一定的法价值判断。

（二）这种价值判断，无论其渊源是自然、启示或理性，均具有普世妥当性与永恒不变的性质。

（三）这种价值判断对人类而言，是认识可能的。

（四）这种价值判断一经认识把握，其效力往往强于与其相矛盾的实定法。

也可以说，从其发源时起，自然法的理念，就代表一种追求绝对正义与永恒价值的努力；依照自然法学派的见解，法律规则是来自事物的本质，即适于人类的理性；而人在本质上，无不希求绝对的正义与真理，实定法及现存的制度，一日不能满足此种希求，自然法的观念即一日有其必要[11]。

在传统中国法理思想中，虽未曾有如西洋独树一帜的自然

---

10 参阅 Vgl. G. Radbruch, *Rechtsphilosophie* (Von Erik Wolf. Sechste Aufl. 1965) op. cit, s.106。转引自林文雄《老子法律思想的研究》，载《台湾大学法学论丛》第4卷第2期，1975年4月。

11 详参 Heinrich A. Rommen, *The Natural Law: A Study in Legal and Social History and Philosophy*, N. Y., Vail-Ballou Press, Inc.; St. Louis, B. Herder Book Co., 1947, p. 266。另参马汉宝《自然法之现代意义》，载《西洋法律思想论集》，台北：汉林出版社，1977年，页171以下。

法学说的发展，但只要细加体察，也不难发现甚多与西方自然法相类似的理念。一般而言，自古以来，华人社会文化中即相信宇宙间有一定的自然法则，如统治者能将此自然法则认识并运用于现实的政治与法制，即可达到最理想的境界。此即所谓天道、天理、天则等观念，尤其儒家先圣后贤向即重视于此，如理、义、礼、中庸等概念，几与西洋自然法的概念颇相暗合。

因此，自然法的理念，可说存在于全人类的心感之内，而无古今中外之殊，虽然可能因不同的时代文化背景，而有不同的形相，但其核心理念则一。

历史也告诉我们：一个法律制度，如不能满足公平正义的基本要求，即不能为社会图长治久安；但如无组织完备、秩序井然的司法系统，公平正义也难以达成。而真正的公平正义常须就个案予以个别的处理。唯任何社会，倘欲放弃一个固定而明确的标准，将公平正义的实施，一概责成司法者就事论事、自由裁量，事实上流弊也大。所以，公平正义有赖固定的规范，俾使同类的事件可获同样的处理；亦即法律之前，人人可得平等是。然特殊个案，若强要依硬性的一般原则处理，有时又不免失诸公平，此时，自有个别考量的必要。

基于这样的想法，我们来检视一下董仲舒的春秋折狱思想，到底他据以断狱的理想标准是什么？

从第二章前述董仲舒的六个案例看来，他企图从道德的伦理规范区别正邪，而认为人类行为符合道德者，便为正或善，否则即是邪或恶，应当被禁止。可见，仲舒视道德为人类行为的最高原则，具有绝对的价值，因此，他所坚守的乃是儒家道德理想主义的标准。在春秋折狱个案中；处处见他引用经义，解释道德，来判断行为人的"动机"是为善或为恶，并据以为定罪论刑的基准。

董仲舒说："《春秋》之好微与，其贵志也。"[12] "志"与"功"相对，"志"是行为人的主观犯意，"功"是行为人的效果。强调伦理动机者，总以为人的行为必须正本清源，本固则枝叶自繁，源清则水流自畅；判断行为的善恶，不在其效果，而在其心迹或存心。所以仲舒又说：

> 《春秋》之听狱也，必本其事而原其志，志邪者不待成，首恶者罪特重，本直者其论轻。[13]

由此，遂助成中国古来"原心论罪"的司法传统。

以上一章董仲舒所断之案例一"拾儿道旁"来说，如果说，藏匿人犯均应坐罪是实定法律条的规定，那么"其父攘羊"，依法律的固定标准而言，应获同样的处理。可是，依自然法的理念，似乎应以"父子相隐"方符人性伦常。此时，实定法与自然正义产生了冲突，该何去何从？为示尊重人性、崇尚情理，后世立法者不得不权衡从事，而制定出"亲亲得相首匿"的律条。可是，无穷的人事，如苍穹白云，若养父子相互隐匿呢？若尊亲属隐匿卑亲属呢？罪该何当？法律又不足以周其事。仲舒的"螟蛉子"之喻，可说根于"自然正义"理念而来，它解决了人世间"法律兼顾伦理"的要求。

---

12 参阅（汉）董仲舒《春秋繁露·玉杯》。

13 参阅（汉）董仲舒《春秋繁露·精华》。

若以这个角度来论春秋折狱，往好的一方面看，董仲舒折狱所以据《春秋》义法，显然在形式的法规范和作为法规范基础的社会秩序之间，他较侧重于后者，且试图从《春秋》这部经典去寻求那社会秩序的原理。也可以说，董仲舒对人类的社会行为规范较不重视客观的法则，而侧重人心之德为其依据，所以，在他所存留下来的折狱案例中，内在动机比起外在行为要被强调得多。

当然，对于《春秋》或其他被公认具有劝诫价值的典籍，其所记载具体事实的经义，于法律有阙漏时，在实定法与自然法正义有冲突之际，引而用之，较之依抽象的逻辑推理，以求其法理的适用，要来得切实而平允。这或许就是董仲舒乃至于汉之儒吏处理罪法案件，好引经典以寻法理的缘故吧？而究其实，董仲舒引经折狱的理想，无非是在追求伦理上的正义与公平而已。倘依此观点以论春秋折狱，那么，它在自然法上的客观价值就突显出来了。

叁、春秋折狱与法律的儒家化

法律与伦理道德的合与分、分与合，是法律思想史上的千古难题之一，西洋的自然法学派与实证法学派互为消长如是，传统中国的儒法两家法理思想的论争亦复如是。以上一章春秋折狱案例的析解为基础，本节将回顾传统中国法制，探究如何由"儒法之争"到"儒法合流"，儒法调协之后，"法律儒家化"的形态又为何。

一、从儒法之争到儒法合流

泛泛而言，原始儒家尚德崇礼而主柔，汉儒郑玄说："儒之言，优也，柔也"。儒者以德为体、礼为用，强调"克己复礼为仁"。礼以复性，乐以陶情，所以制礼作乐为政治之本；《论语·子路》说："礼乐不兴，则刑罚不中，刑罚不中，则民无所措手足。"《论语·为政》又说："导之以政，齐之以刑，民免而无耻；导之以德，齐之以礼，有耻且格。"可见，儒家虽并不排斥法律，但有其本末先后。法家则重刑贵霸而主刚，先秦法家几乎全部排斥德礼思想，主张以吏为师。法者，使人畏刑而不敢犯，治乱固易收速效，而非心服，儒家视其为非长治久安之道。

表面观察，儒法之争也是"人治"与"刑治"之争，立于极端相反的立场，似无融合协调的可能。但深入以观，礼与刑的价值，并不在礼与刑存在的本身，而在因其所生的醇化作用；申言之，儒法两家的立场都是想尽人事而求治平，所不同者，一用柔道，一用刚道；一尚王道，一尚霸道；所谓"儒法之争"，如是而已。从实际上看，自西汉以后，百家诸子的争辩渐趋于沉寂，儒法之争也弭于无形，而形成所谓的"儒学的法家化"或"法律的儒家化"[14]。以下拟从春秋折狱这个角度来观察其演变历程。

秦亡汉兴，而法家在秦代所建立的部分法制却延续下来。有

---

[14] "儒学的法家化"、"法律的儒家化"、"儒家法学"、"儒家思想法典化"、"儒学官学化"等，名称虽异，内涵则一。"儒学的法家化"一词，见余英时《反智论与中国政治传统》，载《历史与思想》，台北：联经出版事业公司，1981年，页31以下。"法律儒家化"（Confucianization of law）一词，参阅 T'ungtsu Ch'u, *Law and Society in Traditional China*, Mouton and Co., The Hangue, 1965, P. 227. 陈顾远则名之为"儒家法学"，参阅《儒家法学的价值论》，载《法令月刊》第9卷第2期，1958年2月。

趣的是，何以在秦皇时代已不容存身的儒学，经过几十年，到了汉武时代，不但卷土重来，而且竟"定于一尊"？这不能不说是思想史上的一大异数，而这"异数"的出现，说明了在这数十年当中，儒学的本身和客观的政治情势都发生了重大的变化。论者曾说：

> 孔门的儒学是守经抱道而不从权的，开口不离仁义道德，激烈反对功利主义，汉代既然承继了秦皇的专制政体，非三代可比，故与孔子儒学不免有格格不入之处。而新兴的"齐化的儒学"，则兼具了传统齐学的权变精神，吸收了原由齐学衍化出来的部分百家思想，引进或创立一些新理论，使儒家学说得与汉代实际政治相应。于是，被冷落了七十年的儒家学说，遂突然被武帝所赏识，也就有罢黜百家、独尊儒术的诏命。然究其实际，武帝所接受的乃是齐化的儒学。[15]

若是，"儒学的法家化"只是汉代儒学变质的片面，其全貌应该是"儒学的齐化"。但我们所关心的是，在中国法律发展史上，礼与法的关系如何由礼法相争，转变为以礼制法？学者所谓"法律的儒家化"或"儒学的法家化"到底系何所指？当代史学家余英时曾说：

> 所谓"儒学法家化"，其意义不是单纯地指儒家日益肯定刑法在维持社会秩序方面的作用。远在先秦时代，荀

---

15 参阅李则芬《从叔孙通、公孙弘、董仲舒三人看儒家的齐化》，载《东方杂志》第14卷第3期，1980年9月，页31—40。

子《王制》和《正论》两篇，已给刑法在儒家的政治系统中安排了相当重要的位置。汉初儒家的法家化，其最具特色的表现，乃在于君臣观念的根本改变。汉儒抛弃了孟子的君轻论，荀子的从道不从君论，而代之以法家的尊君卑臣论。[16]

余氏之言，重点或另有所指。如果从单纯面观察，可以说，自汉以后，刑书成为明刑弼教的工具，律统的支持者并不纯粹是法家，而是儒家，儒者日益肯定刑律在维持社会秩序方面的功能；因此，儒家的道德规箴与法律或刑罚结合，成为一种官式的制度，这是"儒学法家化"最简单的脚注。正如瞿同祖所说：

> 所谓"儒法之争"，主体上是礼治、法治之争；更具体而言，即差别性行为规范及同一性行为规范之争。至于法治、人治与刑治之争则是次要的。……儒家固然主张以德治、人治的方式来推行礼，但如以法律制裁的力量来推行礼，自无损于礼之精神及其存在，其目的仍可变通达到。儒家并未绝对排斥法律及刑罚；但对于礼的维护，则始终不肯放弃。[17]

这种见解，言简意赅，有其深义在。

---

16 参阅本章注14，余英时，前揭书，页32以下。
17 参阅瞿同祖《中国法律之儒家化》，载《国立北京大学五十周年纪念论文集》，文学院第四种，1948年。

二、法律儒家化的形态

汉代儒家思想变质，其症结何在？"法律儒家化"又以如何的形态出现？先从历史面观察，论者说：

> 自从荀子三为稷下祭酒，传孔子学说于齐国之后，儒学在齐国之内，必然经过与其传统文化相冲击、相混合的过程。而汉初思想混乱，百家互为影响，齐国儒学就把百家思想的部分理论，渗进儒学之内，而出现齐化的儒学。这个新面目的儒学，替儒家夺取了中国思想盟主的宝座，高据二千年之久。然亦因这面目的哲学，渗进了百家思想，而孔门儒学遂变了质。[18]

或许，可以这么说，造成儒学变质的基本原因，是由于汉朝一开始就承袭了秦朝中央集权的专制体制，于是，始终憧憬三代政治的孔门儒学，与汉代的现实政治之间，有扞格不入之难。盖宇宙间不曾发现过没有法律的人类社会，即使最鄙视法律的老子，却也不能否定法律。[19] 孔孟的儒学，虽非反对法律的存在，但其重德礼而轻法律，也是事实，这种抱定人人能为尧舜的政治理想，自属不切实际，其结果只有失望；而齐化的儒学，以阴阳五行学说，把人君神化圣化，又引进法家思想，强调尊君卑臣，正好弥补了这个缺陷，起了调和作用，所以一拍即合，立即受到

18　参阅本章注15，李则芬，前揭文。
19　参阅本章注10，林文雄，前揭文。

人君的尊崇。而且，只要君主专制政体一天不变，齐化儒学的思想也就一天不会失势。

现代人都说：中国君主专制的传统，在精神上是靠儒家支持，然乎？否乎？朱熹（1130—1200）曾说：

> 千五百年之间，正坐如此，所以只是架漏牵补过了时日。其间虽或不无小康，而尧、舜、三王、周公、孔子所传之道，未尝一日得行于天地之间也。[20]

这是有史实验证的，孔子继承尧、舜、禹、汤、文、武、周公之道而集其大成。孔子而后，儒大别为孟、荀二派，孟子直祧东鲁，称鲁学派，荀子则称齐学派。梁启超（1873—1929）也说过：

> 孟传大同，荀传小康，汉代经师，不论今文家或古文家，壹皆盘桓荀子肘下，孟学绝而孔学衰。[21]

孔子重仁，本乎性，如春风之被乎万物；孟子重义，本乎情，如夏日之炎炎可畏；荀子重礼，本乎欲，而主性恶，如秋而有肃杀之气；因性流为情，情流为欲，层次深浅不同。孔子以大同为最高理想，汉以后，君主专制，去大同甚远，而历代帝王，对孔子又多面从心违，汉武帝从董仲舒建议，独尊孔子，亦不过

---

[20] 参阅朱熹《答陈同甫》，载《晦庵先生朱文公文集》卷三十六，台北：台湾商务印书馆，1965年。

[21] 参阅梁启超《自叙》，载《清代学术概论》，台北：台湾商务印书馆，1994年，页1。

阳儒阴法。自汉至宋以迄明、清，可以印证上述朱子的话说："孔子所传之道，未尝一日得行于天地之间也"。

可是，孔子之道，虽不见用于君主，但其流传于民间，如水银泻地，无孔不入。一般读书人及士大夫，无不宗儒学为修己治人的根本。所谓"礼失而求诸野"，历代行政、立法及司法大权虽操之君主，但实际运作仍须假手于经生、儒者之手。

再从制度面观察，先秦时代，具体法典尚未完成；但秦汉以后的情形就不同了。每一朝代均有法典，内容亦日益详备；改朝换代之际，法律的制颁和改年号同样的重要。国家需要规范，法律具有维持秩序，排难解纷的功能，已成为客观的事实。尤其，汉以后，历朝法典几乎都出自读书人之手，而读书人应试做官后，自牧令至封疆大吏，都有司法的职责；问题是，读书人所熟习的儒家的经籍，祖述尧舜，宪章文武而师孔孟；但听讼又成为做官人不可回避的职责。在为自己的宦途想，这批读书人自不会再反对用法，而高唱德治、礼治的"迂论"[22]。

不过，这批读书人终究是奉儒家为正统的，所以，儒家的礼教或道德理念，就不期然而然地弥漫于传统律典，这是中华法系的一大特色。法国汉儒艾斯卡拉（Jean Escarra，1885—1955）说："中国古代立法皆为孔家概念所支配。"[23]这种说法，多少是可以找到根据的。盖历代中国法典的制颁若出于法家之手，儒家的思想断不会掺杂在法典中；唯这批做官的读书人，既把握住支配立法

22　参阅瞿同祖《中国法律与中国社会》，台北：崇文书局，1974年，页243。

23　Jean Escarra, *Le Droit Chinois: Conception et évolution, institutions législatives et judiciaires, science et enseignement* (S Editions Henri Vetch. Pékin, Paris Librairie du Recueil Sirey, 1936)。引自谷口知平译《エスカラ支那法》，载《东亚研究丛书》第十卷，东京：有斐阁，1942年，页77以下。

的机会，于是以礼的原则和道德的观念，附以法律的制裁，灌注到律条之中，儒家的目的也就以变通的方式达到了。

简要地说，从春秋折狱之盛行，董仲舒等儒者接受了法家"法律"条文，但却为其提供了儒家的思想为其理论基础，这是"法律儒家化"的开端与典型体现。

肆、春秋折狱论评

表面上，春秋折狱的运用类型大致可粗分为二：一为董仲舒的春秋折狱案例，另一为董仲舒以外文法吏的引经决狱实例；其中，又可再细分为关涉政治性的案件与非关政治确信的寻常刑案。实际上，春秋折狱仿效《公羊春秋》褒贬的笔削法，迂回地以善因恶果、恶因善果、恶因未果以及恶因恶果等类型，作为定罪量刑的理论根据，并以之为推阐律意的方法。而究其实，整个问题的关键乃在司谳者的"证据"如何取得，证据力的强弱及其虚实如何权衡。

一、关于董仲舒的春秋折狱

董仲舒以一介儒臣，引《春秋》之义，推阐法理，其功过如何？自来传为美谈者有之，而非议者犹多。当然，如以现代"罪刑法定"的原则为着眼，自多值得批判之处。不过，毕竟时空不同，儒家的德治、礼治观，曾经完成它在中国历史上的使命，而汉代经术之治效，却也是不容否认的。

如果细察两汉所遗存下来的春秋折狱案例，经一番较客观与实证的探讨后，似可将其分为董仲舒"原味的"春秋折狱，以及董仲舒以后诸多文法吏"变调的"春秋折狱两大类，[24]对于后者，容当于次节中再加论列，至于前者，自应作另一角度的评价。

（一）从罪刑法定原则及法解释学的观点

首先，从近代"罪刑法定原则"及"法解释学"的观点看，董仲舒的春秋折狱是否完全破坏"罪刑法定"？是否将"法制精神"破坏殆尽？这当然要先了解西汉一代是否体制上有此"规定"或有此"精神"。

汉兴，不是采行尧舜禹的三代之制，而系沿袭秦的君主专制，皇帝握有绝对的制法权。如果说，法家所主张的法律要素，是要公布、要明确、要普及于人民；君主及司法者均要行动于法律范围之内，均要依法行事及依法审判，这种主张有可能贯彻吗？在专制政体之下，皇帝集行政、立法、司法等大权于一身；

---

[24] 所谓"原味"或可称为"正常"，即指不破律而言；而所谓"变调"或可称为"不正常"，即指故意违背律令，故出故入人罪。唯论者曾提问："究竟是董仲舒还是文法吏的决狱才是'正常的春秋折狱'，亦即何者的司法理念较为接近《春秋》之原意？董氏及其同道的作为，似乎是不满当时司法之过于强调客观行为，忽视动机和目的（即诛名而不察实），乃借用《春秋》之'原心定罪'以调和之，同时亦觉察到'原心定罪'有过于强调主观条件的倾向，乃借用法家之客观条件以调和之，所成就者，实非'《春秋》折狱'，而是'《董氏版春秋》折狱'，与《春秋》之原意不一定完全相符。文法吏之所作所为，的确与'《董氏版春秋》折狱'不符，但跟《春秋》之原意是否偶有相合？当然，究竟《春秋》之原意为何，就好像孔子诛杀少正卯和反对公开制定法，见仁见智了。无论如何，汉代对《春秋》之诠释不只一家一派，董仲舒之诠释最后得行其道，而文法吏之诠释不得行其道，遂使中国传统的定罪量刑得以兼顾客观与主观条件。"以上参阅柳立言主编《传统中国法律的理念与实践》，《序》，台北："中央研究院"历史语言研究所，2008年，页7。

制法权在君，废法权也在君；君主承认的便是法律，他感觉不便时，不承认它，它也就随之失去了法律的资格。因此，可以说，只要皇帝的钦定立法权存在，就不可能有司法的独立性。司法无独立性，哪来近代严格意义的"罪刑法定"？

我们也就不必苛责儒吏之引经以断狱，因为君主专制下是没有真实之"法治"（Rule of law）可言的，即使对君主负责的司法者想守法，他们也无法制止君主的不法。

并且，在传统法律观念中成长的人民，对过于严格的法律解释和对于程序法的重要性，他们是无法理解的。西汉开国不久，朝廷就有《九章律》的制颁。高祖七年（前200），下令对于"县道官狱疑案"，各谳所属二千石官，二千石官不能决定时，移廷尉决定，廷尉不能定时，具为奏所当比的律令，请皇帝作最后裁定。[25] 基于此，在法律未规定的场合，即可比而科之，而科比就是比附科刑，也就是当今的类推适用，而凡对被告不利之类推适用，自为现今罪刑法定原则所不容。但在当时，这种层层比附，除了弥补律条的不足，的确能解决实际的难题，至少给人民感觉到衙门里没有不能解决的问题。良以法律有时而尽，在现存实定法毫无依据的情况下，如认为有其必要，唯有依据"社会理念"及"事理"，创造规范，以济其穷。

事实上，在君主专制政体之下，皇帝虽可不顾法律，甚至变更法律；但作为其臣下的司法者，仍须受法律的约束，在律无明

---

25 详参《汉书·刑法志》："高皇帝七年，制诏御史：'狱之疑者，吏或不敢决，有罪者久而不论，无罪者久系不决。自今以来，县道官狱疑者，各谳所属二千石官，二千石官以其罪名当报之。所不能决者，皆移廷尉，廷尉亦当报之。廷尉所不能决，谨具为奏，傅所当比律令以闻。'"

文时，纵使引用经义以当比，仍须识大体，衡量情与理，并使一般人容易接受，最低限度也要自圆其说，否则为故出故入人罪，也要负法律上的绝对责任。而从上一章董仲舒六个案例看来，他并没有明显地排斥法律明文，大都只是引经以济法条的不足。换言之，在律有明文时，引"春秋经义"以解释律文，它并无法扮演破律的角色；在律无明文时，却担起"创造性补充"的漏洞填补功能。尤其，汉律条文每罪所科之刑，除另有加减例外，皆系绝对一刑，并无"相对之法定刑"可言。而定律皆从简要，科条有限，天下之情伪无穷，刑既唯一，罪亦难为伸缩解释，正律之不足以周应，欲达"罪刑法定"之要求，戛戛乎其难哉！在这一观点上，董仲舒的春秋折狱，虽非严格遵守"罪刑法定"的精神，但其亦非完全抛开法律，完全违背法律可比。何况，依当今罪刑法定的原理，刑法固不能类推适用，比附援引入被告于罪，但比附援引的结果，苟对被告有利，并不在禁止之列。

章太炎（1869—1936）对春秋折狱可以说是"深恶痛绝"，但他仍不得不说出一段极富深义的内心话：

> 余观汉世以降，以儒生为吏者，多傅《春秋》。其义恣君抑臣，流毗而及于民。仲舒之用决事比，其最傲矣。自是可称道者，特旌旗之以文无害之名，而不能谓之有益于百姓。[26]

王充（27—97）生于东汉，可能亲历春秋折狱，可说是一位

---

[26] 详参章炳麟《检论卷九·商鞅》，载《章氏丛书》上册，台北：世界书局，1982年，页627。

目光如炬，辨虚证妄且不为传统儒家学说所笼囿的学者，他说：

> ……文吏治事必问法家，县官事务莫大法令。……夫五经亦汉家之所立，儒生善政大义皆出其中。董仲舒表《春秋》之义，稽合于律，无乖异者。……论者徒尊法家，不高《春秋》，是暗蔽也。[27]

沈家本也说："使武帝时，治狱者皆能若此，酷吏传亦不必作矣。"[28] 此为董仲舒春秋折狱立制的正面意义，而有待于说明者一。

（二）从实质内容的妥当性观点

其次，从董仲舒春秋折狱的实质面看，论者或谓西汉儒臣之好引《春秋》以断狱，主要是为了逢迎君意而附会歪曲经义，进而助长其恶，这种说法对董仲舒而言是否公允？

董仲舒的生平及其对西汉学术，甚至对整个传统中国文化的影响，史家自有公论，这里只想站在"经义断狱"这个角度论仲舒，虽所见者小，容或有助于更深刻了解汉代法制真相。董仲舒《春秋折狱》二百三十二事，很可惜失传了，但综观本书上一章前揭的六个案例，其引经断狱，极为平恕，并看不出有任何为迎合上意，而附会歪曲经义的迹象。相反的，几乎以宽仁是减，而无助法之威。特别是在经义理论中推求衡平，以舒缓律令之过于

---

27 参阅（汉）王充《论衡·程材篇》，载《四部丛刊初编》子部，台北：台湾商务印书馆，1965年，页98—99。
28 参阅（清）沈家本《沈寄簃先生遗书（甲编）》下册，台北：文海出版社，1964年，页771。

严苛，而免趋于极端，经义判决中有时且充分表现出天理、人情与国法合一的理想境界。

而汉代法律的颁布，远在武帝表彰六艺、独尊儒术之前，汉律乃承接《秦律》而来，法家立法色彩极浓，汉儒虽不反对刑律的存在，但时而须借经义折狱的方式来加以调整。董仲舒是专治《春秋》，以阴阳五行解释王道微旨的大臣。他以德刑与阴阳四时比拟德刑之不可偏废，犹之不可独阳而无阴，也不可但有春夏而无秋冬。阳不得阴既不能独成岁功，于是，他承认法律有其功能，非教化所能完全替代。他说："庆赏罚刑，异事而同功，皆王者之所以成德也。"[29]他也强调"刑者，德之辅。"[30]凡此赏罚并用的主张与董仲舒一贯的法律理想并不矛盾，盖只要"循名责实"、"应用得体"、"赏罚分明"，刑罚当可以辅教化之不足，使民知所去就，以成人性之善。所以，董仲舒并不反对刑罚，他所坚持的只是德主刑辅的法律理想，在儒家伦理纲常原则未能正式入律之先，企图用儒家的仁德来舒缓法家立法的严刑峻罚。

可以说，董仲舒不但在哲理上表现其对于德刑不偏废的态度，事实上，他以《春秋》决狱，是以儒家的经义应用于法律的代表性人物。以儒为体，以法为用，实是真正沟通"德"与"法"，融合儒法两家思想于一炉的实行家。同时，董仲舒之所以引《春秋》以断狱，在其主观愿望上，很可能是想因势利导，逐渐以"德"化"刑"。甚至可以说，他希望《春秋》这部经典有一天能成为汉代的法典，这样他自己的"春秋学"自然就能发挥代圣立

29　参阅（汉）董仲舒《春秋繁露·四时之制》。

30　参阅（汉）董仲舒《春秋繁露·天辨在人》。

言的效果[31]。

更具体地说，董仲舒乘时势所趋，一方面承认专制政体的合理性，一方面又想给予此政体一个新的理想与内容，这两种企图都要经由《公羊春秋》来加以完成，而春秋折狱不过是其表现方式之一而已。也可以这么说，董仲舒在春秋折狱案例上所表现者，除了在法理上伸张春秋大义之外，也可能意图借由儒家春秋大义来平衡当时一般官吏实地里一味尊崇法家的作风倾向。但历代以来批判春秋折狱者，多半偏向于把董仲舒的理想视为专制的护符，认定他巧妙地用儒家的外衣包住了法家"尊君卑臣"的政治内核，逢君之欲而长其恶，而忽略了董仲舒在专制体制下，事实上他也用心勠力地想延续并弘扬儒家的理想，这不能不说是一大憾事，此有待于说明者二。

二、春秋折狱的流变、批判及其再思考

自董仲舒以降，春秋折狱事例愈演愈烈。循吏断案，或本君子恺悌之心，尚能体《春秋》圣人之道，一本敦厚之旨，原心以邀宽减，而延续仲舒之风。但酷吏者流，引经决狱，常攀附"经义"的美名，而造成使一事而进退于"二律"与"二经"之间，从而，春秋折狱变了质，也离了谱。"引经失义"与"借名专断"的不正常春秋折狱登场，历代学者对春秋折狱严加非难[32]。

31　参阅本章注2，韦政通，前揭书，页60以下。
32　历代学者对春秋折狱之批判，详参（宋）马端临《文献通考》卷一八二；章炳麟《检论·原法篇》；刘师培《儒家法学分歧论》，载《国粹学报》"社说"，第29期，页2—4。本章注28，（清）沈家本，前揭书，页609。陶希圣《中国政治思想史》第二册，台北：食货出版社，1972年，页153—156。本章注14，余英时，前揭书，页36。

（一）历代学者"诛心"的批判

宋马端临论《春秋决事比》时曾沉痛地说：

> 决事比之书与张汤相授受，度亦灾异对之类耳。（武）帝之驭下，以深刻为明；汤之决狱，以惨酷为忠。而仲舒乃以经术附会之。王（弼）、何（晏）以老庄宗旨释经，昔人犹谓其罪深于桀、纣，况以圣经为缘饰淫刑之具，道人主以多杀乎？其罪又深于王、何矣。又按汉《刑法志》言，自公孙弘以《春秋》之义绳下，张汤以峻文决理，于是见知腹诽之狱兴。汤传又言，汤请博士弟子治《春秋》、尚书者补廷尉史。盖汉人专务以春秋决狱，陋儒酷吏遂得因缘假饰。往往见二传中所谓"责备"之说、"诛心"之说、"无将"之说，与其所谓巧诋深文者相类耳，圣贤之意岂有是哉！[33]

清代刘师培更是痛诋春秋折狱的"黑暗事实"。他说：

> 及百家罢黜，儒术日昌，由是取士之道，别有儒术之一途。而儒与吏分，自贾生明申、商之术，兼习诗书、左氏春秋，其所上之书，则以徒恃法令，不足成郅治之隆。……由是于法令之外，别立礼义德教之名，自是以降，以吏进身者，侈言法令，而以儒者进身者，则侈言礼义德教。及董仲舒对策大廷，谓王者承天意以从事，任德教而不任刑；又谓

---

[33] 参阅（宋）马端临《文献通考》卷一八二，载《十通》第七种，台北：台湾商务印书馆，1987年。

教化立则奸邪皆止，揆其意旨，不外黜法而崇儒。及考其所著书，则又援《公羊传》以傅今律，名曰引经决狱，实则便于酷吏之舞文。时公孙弘亦治《春秋》，所对之策尚德缓刑，约符仲舒之旨，然谙习文法吏事，缘饰儒术，外宽内深，睚眦必报。此则外避法吏之名，内行法吏之实，以儒术辅法吏，自此始矣。又《汉书·儿宽传》言张汤为廷尉，尽用文史法律之吏，宽以儒生在其间，会廷尉有疑奏，掾史使宽为之，汤上宽所作奏，上以奏非俗吏所为，汤由此向学，以宽为奏谳掾，以古法义决疑狱。又张汤传言汤与赵禹共定律令，务在深刻，舞智以御人，时上方向文学，汤决大狱，欲傅古义，乃请博士弟子治《尚书》《春秋》者，补廷尉史。……由二传所言观之，则武帝以前之儒生与文史法律之吏，择术殊途，及宽、汤进用，由是引儒生以补法官，援古义以断今狱。

刘氏又说：

夫儒生者，嫉法吏为深刻者也，及其进用，则断狱刻深，转甚于法吏，其何故哉？盖法吏者，习于今律者也，有故例之可循，不得以己意为出入，故奉职循理，可以为治。儒生者，高言经术者也，掇类似之词，曲相附合，高下在心，便于舞文，吏民益巧，法律以歧，故酷吏由之，易于铸张人罪，以自济其私。[34]

---

34 参阅刘师培《儒学法学分歧论》，载国粹学报社编《国粹学报》第29期，原刊光绪三十三年五月，重版于《国粹学报》第五册，台北：文海出版社，1970年。

刘氏的议论，深刻地影响到后世治法制史的学者，民国时期的杨鸿烈在引述刘氏之言后，接着说：

> （章）、刘两氏痛揭儒者假仁义德化的以经治狱的黑暗事实，真算得是"诛心"之论，尤其刘氏能"探本寻源"指出儒者深刻的理由，使读者不能不相信司法专业化的重要。这也可见董仲舒说汉武帝罢黜百家，使儒者独霸以后，在法律上因"越俎代庖"而生的弊害一斑了。

杨氏又说：

> 从董仲舒到北朝"以经决狱"，那样视"经义"的效力等于或高于法律，牵强附会，异说纷纭，失掉法律的两个必不可缺的要素——即"公平"与"确定"。[35]

沈家本也认为"汉人治狱，每越乎范围之外，浅识者尚以经义相矜，是未尝深考之耳。"[36]近人陶希圣对春秋折狱也颇多指陈，他说：

> 儒者所谓"论心"，完全依于宗法及身份等级的伦理观。所谓"论心"，即定罪不依法律而依伦理。如此则虽有法典与令文，而与无法或秘密法相等。还有，《春秋》并不是法

---

35 参阅杨鸿烈《中国法律思想史》，台北：台湾商务印书馆，1975年，页44。
36 参阅本章注28，（清）沈家本，前揭书，页609。

典，乃是一部史书，所用以断狱的，是史实记录的解释，所以牵强附会，无所不至，秦代以来的法治论从此破坏了。[37]

当代历史学者余英时引述清朝戴震（1723—1777）的话"酷吏以法杀人，后儒以理杀人，浸浸乎舍法而论理。死矣，更无可救矣！"余氏说："人死于法，犹有怜之者；死于理，其谁怜之！"接下去说："汉代的'经义断狱'比戴东原所说的还要可怕，人不但死于法，而且同时又死于理，这才是'更无可救矣'！"又说："其实法律只能控制人的外在行动，'经义断狱'才能深入人的内心。硬刀子和软刀子同时砍下，这是最彻底的杀人手段。"[38]余氏另外也说："两千年来，中国知识分子所遭到的无数'文字狱'，不正是根据'诛心'、'腹诽'之类的内在罪状罗织而成的吗？追源溯始，这个'以理杀人'的独特传统是和汉儒的'春秋断狱'分不开的。换句话说，它是儒学法家化的一种必然的结果。"[39]

凡此种种对"经义断狱"的严厉批判，对董仲舒以外诸多变调的"不正常春秋折狱"而言，自深入得理；但春秋折狱难道真的只是有弊无益？难道它真的将法治精神破坏殆尽？它最大的流弊到底在哪？

---

37 参阅本章注32，陶希圣，前揭书，页153—156。
38 参阅（清）戴震《孟子字义疏证》，北京：中华书局，1982年，页174。另参本章注14，余英时，前揭书，页126。
39 参阅本章注14，余英时，前揭书，页36。

（二）另一角度的评价

自董仲舒之后，部分用《春秋》之法引经义以断狱的，如张汤，其为廷尉时，因疑狱固常请教于仲舒，但他只是攀附所谓"古义"的美名，而自行其是，以人主的旨意为狱，"即上意所欲罪，予监吏深刻者；即上意所欲释，予监吏轻平者"。又如仲舒弟子吕步舒者流，以《春秋》谊断淮南狱，但见其以苛刻为能，借名专断，而不见其用《春秋》别善恶，与其师相比，其差距又何止千里！这些，其实董仲舒早就设想过，前已提及：

《春秋》之听狱也，必本其事而原其志。志邪者不待成，首恶者罪特重，本直者其论轻。[40]

可见，董仲舒理想中的经义断狱，法吏必须遵守两大原则：一为"本其事"，要详查犯行的客观事实；二为"原其志"，要推究行为人的主观犯意。但遗憾的是，他苦心孤诣所培成的春秋折狱学，在当时及后世所见诸实行的，不过是其粗糙的部分，至于精到的部分，则未尝落实过，甚至反被误用到极处。

这种不正常的经义断狱，借引经义而故入人罪，造成所谓"儒者往往喜舍法律明文，而援经诛心为断"[41]，竟成"一吏胥之天下，而经义尽为虚设耳"的局面，固与董仲舒倡导春秋折狱有关，但其错不在经义本身，也不在董仲舒个人，而应归之于舞文酷吏

40　参阅（汉）董仲舒《春秋繁露·精华篇》。

41　参阅本章注26，章炳麟《检论卷三·原法篇》，载前揭书，页544。

的"不通经"。盖溯自汉武帝"招进张汤、赵禹之属，条定法令，作见知故纵，监临部主之法，缓深故之罪，急纵出之诛"以来，所谓国家之败由官邪，冤狱之成由有司，刀笔奸吏引《公羊春秋》以深文周内，其本身已不知《春秋》之义何属，真可以说是《春秋》的罪人了，又怎可归咎于《春秋》经义？因此，可以说，这批酷吏才是真正的"经之蚊虱，法之秕稗"。

固然，古之经义自不能尽适合于今日，唯适合于当时的经义，却不能不认其具有法制的启导与补充的价值。综观董仲舒及其后"正常春秋折狱"之儒吏者，率皆通经之士，或有居官时始习律令者，见律之不周，则本诸经，体圣哲之心，求犯人以生路，而能播其仁于众，这种辅律不及的正面功能，是不应轻易抹杀的。今人往往站在现代"罪刑法定"的立场，而严厉批判春秋折狱之漫无标准，如系对于那批"不通经"的陋儒奸吏而言则可，因他们个个外披儒者之衣，内被皇帝擒服，成为谀臣，是真正的法律叛徒、春秋罪人；但如将引经破律之事实及后果的历史责任，完全推到董仲舒一人身上，则显失平允。

其次，时人论断春秋折狱往往从近代法律实证的观点出发，所以，有必要对当今大家所熟悉的近代法实证主义，作基本的界说。

西洋的法实证主义产生于18至19世纪的所谓"启蒙时代"，其学说理论深受当时流行的自然科学，尤其主倡社会学实证主义之孔德（Auguste Comte，1798—1857）理论的影响。也可以说，实证法学派的产生，是基于对自然法的反动及对形而上学的排斥。[42]

---

42 参阅戴东雄《从法实证主义之观点论中国法家思想》，台北：作者印行，1979年，页5以下。

法实证主义以法学家耶林（Rudolf von Jhering，1818—1892）为主要领导人，其间派别林立[43]，而以法律实证主义派（der Gesetzespositivismus）为最极端。本书在此无法奢谈各家派别的学说立论，只简要地提出法实证主义共同的一些基本特征：（1）法律以实定为基础，亦即以实证或实定为法律概念的出发点；（2）强调法律的安定性，亦即法律的价值观念，在于社会秩序的具体实现及其安定性；（3）强调法律的时间性，亦即法律应受到时间与环境的限制。依此，近代法实证主义所最强调的是法的安定性与法的明确性，底下分从这两个角度稍作详析。

1. 从法的安定性观点

自法的安定性言，法实证主义者主张法律应以实定为基础，而实定的目的，与其说在于探讨法理念与法本质，毋宁说在于说明人类在共同社会生活中何以需要法律。强调此种见解的结果，当然法律的安定性就被格外的重视。而法的安定性表现于刑法方面的，理应贯彻"无法律即无犯罪"、"无犯罪即无刑罚"的原则，亦即必须遵循罪刑法定的精神，做到毋枉毋纵的地步。

若依此标准来检讨春秋折狱，则其遭到法实证主义倾向者的非难是必然的。盖引经义以断案，审判官所注重的是主观的价值判断，而非客观的成文构成要件；因之，判断的结果常随个案的特殊而不同。所谓"原情定罪，其弊必至于以意为轻重"，此岂儒者用刑所以见讥于后世者欤？陈顾远（1896—1981）有一段言

---

[43] 法实证主义可归纳为四种学派如次：一、社会实证主义（der soziologishe Positivismus）；二、心理实证主义（der psychologische Positivismus）；三、规范实证主义（der normative Positivismus）；四、法律实证主义（der Gesetzespositivismus）。

论，正可以用来说明这个问题，他说：

> 古代刑官之断狱鞫囚负有严重之责任，故在刑狱方面为适应时代环境之需要，自不必拘束一格，极尽其灵活之运用。凡后主所是者固不必即疏为令，而在汉代之比附律令，奇情他比，亦达其变化之能事。且由两汉迄于六朝，并以经义折狱称盛，不免将自然法或其条理法适用于极点。"

从中可以窥知，传统中国法制特征之一即为审断负责，并具有灵活运用的倾向，两汉引经决狱或可为其代表。问题是，其流风所及，是利？是弊？

我常想"春秋诛心"的断狱方式，固然可议，但它有时可以不受"恶法亦法"的拘束，从而，可以追求超越法内涵的仁义价值。事实上，从上一章实际案例中，不难看出有些个案甚至是出于"从轻判决"，曾救活不少人命，比起任刑重罚的罪刑擅断，有其应予肯定的另一层面的意义。然而，不可否认的缺点是，儒臣法吏对于"诛心"的价值标准不一，仁苛之见，往往造成同案异罪乃至且同罪异罚，而无从维持法的安定性。

2. 从法的明确性观点

再从法的明确性来说，近代法实证主义所要求的，是法定构成要件必须明确客观，而且法律的修改要受到严格的限制。若再以这个观点来衡量春秋折狱，又给法实证主义者一个批判的口

---

44 参阅陈顾远《中华法系之简要造像》，载《法令月刊》第22卷第3期，1971年3月，页3—6。

实。因为，汉代律令虽然发达，但由于发展过速，律条大都缺乏客观明确的标准，于是有司断狱，往往无法征引律条以对；加上汉律条文多简而要，自无法适应变化万千的犯罪情态。

尤其，汉承秦制，并无所谓近代意义的"权力分立"制度，皇帝集行政、立法、司法大权于一身。制法在君，废法也在君，试问：当遇到法不便于君时则如何？那法还有存在的余地吗？如此，法须与君便，法就不是"法"了。有了这个漏洞，"法的支配"（Ruled by law）本身也被专制君主破坏殆尽了。

因此，我们可以说，只要皇帝的立法权存在，就不可能有司法的独立性；司法无独立性，我们就不必指望法律的明确性，因为君主专制下是没有真实的"法治"（Rule of law）可言的。即使对君主负责的司法者想守法，他们也没有方法制止君主的不法。所以"德治与法治不是好不好的问题，而是能不能的问题"[45]。儒者在君主专制之下，若站在"正义立场"援引经义以决狱，一以防君主之暴，一以制法吏之酷，自有其不得已的苦衷，也有其不得不然之势，我们实在无须过度苛责。

让我们再从"春秋大义"这个角度来看，据司马迁《史记·太史公自序》里所闻于董仲舒的春秋学，以为"《春秋》者，礼义之大宗也"，以礼说《春秋》，尤为人所未发。《春秋》拨乱反正，道在别嫌明微。世人往往知《春秋》近于法家，而不知《春秋》通于礼家；知《春秋》之法可以治已然的乱臣贼子，不知《春秋》之礼足以禁未然的奸臣贼子。固然，古之经义自不能尽适合于今日，唯适合于当时的经义，却不能不认为具有法制的启导与价值

45　参阅王伯琦《近代法律思潮与中国固有文化》，台北：法务通讯社，1989年，页65。

补充的作用。观董仲舒及其后"正常的春秋折狱",儒吏者,率皆通经之士,或有居官时始习律令者,见律之不周,或见律有悖于经,乃引经以解律或举经比附作漏洞补充,这在专制人治体制之下,事所常有,然为世所诟病者此也。

我向来以为,"不正常的春秋折狱"借引经义而故入人罪,造成所谓"借名专断"与"引经失义"的局面,其责任不在经义本身,而应归之于舞文酷吏的"不通经"。所谓国家之败由官邪,冤狱之成由有司,盖若刀笔酷吏引《公羊传》经义以深文周内,则其本身已不知《公羊传》之义何属,真可说是《公羊传》的罪人了,又怎可归咎于《春秋》经义呢?盖经者,常也。在当时,经被认为是民族生命、文化精神的结晶,它所蕴含的道理,可以说具有超越性、共同性和普遍性,而宇宙万物不外乎理耳。若于法律范围之内,贤者循吏居其位而能播其仁于众,常本诸经,并体圣贤之心,求犯人以生路,如董仲舒及其他循吏之"正常的春秋折狱"事例,率皆本于此。所以,世人对于现存两汉的春秋折狱案例,宜作深入的实证分类,即省察其为"正常"或已变调的"不正常"春秋折狱,而不宜全盘非难,尤其对于那些具有辅律不及正面功能的正常案例,更不宜轻易一笔抹杀。[46]

今人站在近代法实证的立场,而批判春秋折狱之漫无目标,这种说法如系对于"不通经"之陋儒酷吏的曲经附会而言则可;

---

[46] 马小红曾指出:"在'经义折狱'中,法条对经义的退让,并不意味着法的整体地位的卑微,或其仅仅是皇权的工具,道德的附庸。相反,'经义折狱'充分地体现的是中国古人的法理念和价值观:与法条相比,中国古人更重法的精神;与形式相比,古人更重法的实质;与法的'制恶'作用相比,中国古人更重法的'扬善'作用。将正面的诱导与教化引入法的体系中,通过形式的变通而弘扬法的精神正是中国古人的智能所在。"参阅马小红《"经义折狱"与中国传统法的精神》,载中南财经政法大学法律史研究所编《中西法律传统》第五卷,北京:中国政法大学出版社,2006年,页221。

如系对于"通经"之贤者循吏"以经辅律"或"以经补律"而言，似嫌过苛。不过，从另一角度看，法律有两个不可或缺的要素，即普遍性与确定性。论者曾说：

> 法律有普遍性及确定性；所以在其适用时，必须运用逻辑的方法；道德则无普遍性及确定性，所以其适用必须就个别的具体情形而衡量，决不容以逻辑去推演。因为道德规范之可以逻辑方法推演者，应即成为法律，已不是道德。法律原则倘不用逻辑去推论，而要顾虑到个别情况，则既丧失其普遍性及确定性，当然就不成其为法律了。[47]

以此观点，春秋折狱的最大流弊，或许就出在这两大要素的有时或缺，盖"经义"，虽不能说它完全缺乏普遍性与确定性，但在适用时，却必须就个别具体情形去衡量，而不易以逻辑之推演。在这种情形之下，还能有法律确定性存在的余地吗？法的确定性既不存在了，莫说司法者是陋儒酷吏，可以因法之不备而欺以诈伪，亦可借此而出入其间，纵使司法者个个都是尧舜，恐亦无法理得件件得当，这是可以想见的。尤其，不肖奸吏，借此以济其私，又与专制体制相结合，极易流为"以理杀人"，这种演变是要求道德裁判落实于现实制度必然的结局。

清代的袁子才（1716—1797）对于当时律与例的冲突，曾洞烛其弊地说：

---

[47] 参阅王伯琦《近代法律思潮与中国固有文化》，台北：法务通讯社，1981年，页87。

> 律者，万世之法也。例者，一时之事也。万世之法有伦有要，无所喜怒于其间。一时之事，则人君有宽严之不同，卿相有仁刻之互异，而且狃于爱憎，发于仓卒，难据为准。[48]

引经折狱虽有别于援例断狱，但其结果则有相似之处。申言之，经义断狱利弊互见，遇到圣君贤吏，则春秋"圣人仁民"之心充塞于判决里，可得刑罚之中，甚至邀宽典于其心之不可诛。但天下情伪无穷，若不得其人，则"心裁"动机可能不同，各有所见，也各有所偏，所以常常有一事而进退于"两义"之间。若想要准确地去捉摸被告的动机与意图，除"神"以外，恐怕很少人能做得到。何况"动机"属于纯粹主观的层次，很难作客观的认知，它不像"行为"那样的客观具体，因此也就很难"本其事"而"原其志"。在断案的刹那间，司法者若"原其志"原得不当，在没有健全而独立之司法制度的两汉，将使恶人借"动机"而逍遥法外，司法者则借"诛心"而出入其间。尤其，有所谓"志邪者不待成"的一面，这种不必有具体着手实行行为的事实，只需有犯罪嫌疑的"动机"或"意图"即足以成罪，其流弊自不言可喻。

---

48 参阅（清）袁枚《答金震方先生问律例书》，载《小仓山房尺牍》。引自杨鸿烈《袁枚评传》，台北：崇文书局，1972年，页260。该文收于王志英主编《袁枚全集》（全八册），南京：江苏古籍出版社，1993年。

伍、结语

站在时光隧道里,不同的时空有不同的立场。依近代法实证主义学派的见解,一向认为法律应经国家权力机关制定,而司法者仅在于适用法律,不能自创法律,此乃就法治国家(Rule of law)而言。盛行春秋折狱的两汉,乃人治时代,君主的权力高于法律,甚至高于经义,其引经以决狱,仍须得君主的认可,是君主势力侵入法律。酷吏借经义以曲护君主固是事实,而循吏儒臣借经义以舒缓刑罚的苛酷与补充法律的不足,也是事实。

当然,我们论断一件事或一个制度,不能过重主观,而完全忘却它的时空背景。我们要是纯粹用现代眼光来看,那么,无论哪一个国家,过去的政治、法律、社会和其他一切制度,都有不少不合理的成分,而且有很多难以索解的地方。[49] 两汉儒者的礼刑合一法律观曾经完成它在中国法制历史上的使命,我们无须以近代"法治"眼光,过度抨击它的不合法治精神。而汉代法制亦有昌明一面,虽不能言春秋折狱有其"功",但经术之治效,却也是不容否认的。

事实上,在君主专制政体下,"法之善者,仍在有用法之人。否则,空言立法,方策俱在,徒虚器耳。大抵用法者得其人,法即严厉,亦能施其仁于法之中。用法者失其人,法即宽平,亦能逞其暴于法之外"[50]。春秋折狱所暴露问题的结局正是如此,运用

---

49 参阅丘汉平《先秦法律思想》,台北:三民书局,1965年,页93。
50 参阅本章注28,(清)沈家本《历代刑法考·刑制总考》,前揭书,页3。

得当，则天下苍生披其露；否则，循吏偏于理，酷吏严于威，整个法制破坏，宰制由人矣！

第四章
春秋折狱"原心定罪"的刑法理论

壹、序说

　　古典中国的刑律及其审判,对于犯罪成立的基本态度,究竟是侧重外部行为的实害结果,还是偏重行为人内部的主观意志?《公羊春秋》的"微言大义"及其所延伸出来两汉的春秋折狱,堪称是最具典型的论证范例。

　　以当代刑法学原理言,春秋折狱犯罪理论的归类,究属主观主义乎?客观主义乎?日本对古代中国法制历史造诣颇深的两位学者,在观点上有了原则性的差异。

　　1959年10月,在日本召开的"法制史学会研究大会"上,日原利国对该问题提出了报告,题目是"论汉代刑罚的主观主义"（漢代の刑罰における主観主義），他在开端中说道："关于汉代刑罚的主观主义，和所谓的《春秋》之义是可以相提并论而无法分离的。……"之后，日原氏又以"春秋公羊学汉代的展开"（春秋公羊学の漢代的展開）为题，发表宏论。[1] 在文中，再度重申关于春秋公羊学在刑法理论上是属于主观主义的观点。

根据日原氏的见解，春秋折狱最重要的一句话就是"原心定罪"。他更进一步地指出，春秋折狱是较侧重行为的反伦理性，而不注重其违法性；较注重行为人的精神状态和心理条件，而不注重其实害的程度。同时，他也认为责任就是恶性，其本质是具有非难可能性。具体的犯罪事实，只不过是作为推断行为人恶性征表的材料而已；而刑罚的裁量是处罚行为人的危险性、恶质性。总括而言，日原氏认为春秋折狱的犯罪理论，相当于近世的主观主义近代派的征表主义。

仁井田陞（1904—1966）对于日原氏的见解不甚赞同，他认为，关于春秋公羊学的"原心定罪"或"必本其事而原其志"，表面上，看似重视行为人的内部心意。但深入以观，所谓"原心"、"本其志"，又无非要从行为的客观要件来加以考察，亦即要本其客观事实来作为犯罪论、责任论的依据。例如"志邪者不待成"，何以知其"志邪"？这就必须从行为的各个阶段（预备、阴谋）来做具体的认知。又例如"首恶者罪特重"，在一般共犯的场合，首犯（造意）和从犯（随从）可罚性的评价不同，从而刑罚亦有差等。此外，他也指出，当时刑罚目的论采的既是应报思想，在犯罪理论上本就有客观主义的倾向。

---

[1] 参阅日原利国《春秋公羊学の漢代的展開》，载《日本中国学会报》第12期，1960年。收入氏著《漢代思想の研究》，东京：研文出版，1986年，页103—136。

仁井田陞又提出了几点思考方向，首先，他提到"行为未完成前形式的问题"，亦即"志邪者不待成"的准备行为。日原氏引古语所谓"一般而言，礼者禁于未然之前，而法者禁于已然之后"。然而"原心定罪"将未然的心意也作为处罚的对象，如果说"预想的结果行为不重要"，而只是"致其意"，这是令人无法理解的。另外，仁井田陞又引《周礼·秋官》的话语来论证"责任能力的问题"，说明精神状态及年龄等，也是古中国刑律作为追究刑事责任的基础要件。关于这些思想或规范，也不应只以"原心定罪"一词轻轻带过而忽略事实的真相。最后，他提到"犯罪行为的环境论"问题，古代中国犯罪的成因，或由于经济贫困，或由于行为人的素质，或由于社会的大环境，凡此，无不影响到行为倾向，而在论罪科刑时，也不能不考虑这些因素。所以，若一概认定春秋折狱是绝对地纯采主观主义，不无商榷的余地。[2]

一段六十多年前的法史争议往事，外邦学人对传统中国法文化探讨如此之深入且细腻，着实令人感佩。谁是？谁非？

贰、刑法史上主观主义与客观主义的论争

人类自有刑法规范以来，各种理论最终要解决的，无非是"归责"的问题，而各种学说的相持不下，所涉及的也不外是"归责对象"的争执。西方近代法律史上如此，传统的中国刑律也不

---

[2] 参阅仁井田陞《中国古刑法ことに春秋公羊学の刑法理論》，载《補訂 中国法制史研究 法と慣習·法と道徳》，东京：东京大学出版会，1980年，页609—618。

例外。历史不只是案牍上的供品，它有时也会启发我们融通新旧的视野。

一、欧陆近代刑法史上的主客观流派之争

从法制历史面考察，西方古代各民族的刑法，起初并未区别"有意犯"与"无意犯"，而只重视行为所生的实害结果，倘行为阶段尚未发展到实害的程度，并不予以处罚，所谓"未遂犯"的概念并不明朗，如日耳曼法谚就说："人被处死，因其行为。"[3] 而早期的罗马法，虽有未遂之名，并无处罚之实。详言之，罗马法虽将犯罪行为分为预备、未遂与既遂三个阶段，但只处罚既遂，而不处罚其他阶段的行为。嗣以法律文明推演，特别是受到伦理思想的影响，对行为的评价，乃渐由行为的外部结果扩及于行为人的内在心意，是以后期的罗马法，才开始对某些类型的犯罪行为，一有犯罪意思的活动，即得由裁判官予以斟酌处罚的规范。

严格说来，"未遂犯"的概念，降至中世纪末期，才在意大利刑法学上逐渐形成，德国第14世纪的《都市条例》出现处罚犯罪的"企行"。所谓"企行"，乃系"思量并见诸行动而未克完成"之义，亦即"有犯意、有行为，而无犯罪之终了"，但对

---

[3] 日耳曼法因视结果为犯罪意思之表示，故无犯罪意思之未遂行为，原则上不处罚，但不无例外。其一为现行犯，对于此种情形无论未遂或既遂，均受同一之处遇，例如夜间侵入住宅窃盗或着手于放火之行为，任何人均可加以捕杀，一如其既遂。其二即将今日入于未遂概念范围内之多数行为，规定为独立犯罪，即视为危害和平之罪，例如在他人之前拔刀者，无论其意图杀害、伤害或恐吓对方，均须支付一定之偿金。属于此种罪名者尚有阻塞道路、决水、无故侵入住宅、毁损女人之名誉等。对此等罪名，有时更区别多种不同阶段之未遂犯。详参蔡墩铭《唐律与现行刑法之比较研究》，台北：中国学术著作奖助委员会印行，1992年，页181。

于所谓"预备"与"着手实行"的阶段行为，仍未明白加以划分。及至1532年德国著名的《卡罗利纳法典》（Constitutio Criminalis Carolina）颁行，才在第一百七十八条中将"有助于犯罪既遂之外部行为的企行"列为未遂犯的要件，显然，此际已注意到客观的标准，但就"预备"与"着手实行"该如何断其界限仍属不明确。

近代刑法学者，对于刑事责任评价的对象，究应以犯罪的客观事实为凭，还是应以行为人的主观意念为准，仁智互见，争议了将近两百年，大抵有客观主义与主观主义之分：

客观主义　谓行为人的内心状况，非法律所能过问，必有外部的行为影响及于他人特定的生活利益，法律始可加以干涉。依此立论，刑事责任应以行为人的行为作基础，刑罚轻重应视行为所生的实害大小而定，至于行为人的人格如何，则不予考虑。申言之，一定的行为发生一定的实害结果时，该行为即属犯罪。俗谓"恨其罪，而非恨其人"，就是这种想法。纯粹依此理论而制定的刑法，是属于所谓的客观主义刑法、结果刑法或行为刑法。

主观主义　谓刑事责任的基础及犯罪责任本身的结构，存在于行为人的主观性格。详言之，刑罚所以加诸行为人者，非徒以其行为对法益已生实害，而实因行为人对法秩序产生敌对的态度，是以刑事责任应以行为人主观的意念为基础，刑罚轻重恒受行为人反社会的动机及其性格所左右。换句话说，行为是否成立犯罪，应视其心意可受非难的情况及社会危险性如何而定。实害的发生，并非犯罪成立的唯一要求，重要的是，行为自体所征表的犯罪意思。此诚如德国刑法学者李斯特（Franz von Liszt,

1851—1919）所谓："应受处罚者系行为人，而非其行为。"纯粹依此理论而建构的刑法，属于所谓的主观主义刑法、意思刑法、人格刑法或行为人刑法。

何以在刑事法学上，犯罪理论有此两个派别的对立？不妨先从历史的发展来加以观察。当16、17世纪之际，西洋社会渐渐进入国家组织强盛的阶段，在王权绝对的原则下，政治措施与法律制裁专以威吓擅断为事，当时刑法的第一要务，无非充当为治民之具，在巩固政权这一点上，可以说充分发挥到极致，而于个人自由的保障，则显然欠缺。于是，有18世纪自由主义的兴起，倡议"罪刑法定"的精神，认为国家对个人违反规范行为的实施处罚，唯以法律有明文规定者为限，借以消除恣意的擅断，而强调人权的实质保障，由是刑法的客观面乃特受重视，而有所谓"客观主义"的论调[4]。考其内容不外乎下列二点：

1. 为保障个人自由

很显然的，客观主义主张依实害的发生为犯罪之要件，而机械式地限制国家刑罚权的发动，借以确保个人的自由。

2. 为现实主义

认为犯罪系现实的存在，与行为人的人格无关，将附有结果的行为，视为与人格独立的事实，依犯罪行为的情状如何而定刑罚的轻重。

4　参阅韩忠谟《刑法原理》，台北：作者印行，1982年，页38—42。

不过，如果仔细观察，同属客观主义的犯罪概念，尚可分为古典学派、新古典学派与目的行为论等。各派的持论，犹非完全相同。古典学派的犯罪概念由于过偏自然科学的思考，已不再被重视。其后，可说是新古典学派与目的行为论对立的局面，二者的争执在于"故意"是否应列为构成要件阶层的主观要素。依目的行为论，故意在犯罪成立要件的体系上不属于违法性或有责性，而属于构成要件该当性。唯依新古典学派的犯罪概念，故意仍属于有责性，亦即其一旦经过责任判断而予以确认时，则应成立故意责任。对于这两说的争论，值得注意的是，症结在于受犯罪判断的行为，应否加以限制？有学者认为："对此吾人认为似有将其予以限制之必要，俾使犯罪判断集中于需要判断之行为，对于不需要判断之行为，则应予以排除，不必列入犯罪判断之对象。"[5]

不过，就刑法的任务而言，个人自由的保障固属重要，但对于维持社会秩序的一面，也是不容忽视的。欧陆法律思潮在近代几经推移，初由国家绝对主义转入个人自由主义，迨个人的权利地位获得法律的确认后，又渐感若过度重视个人自由，对于团体利益的促进不但有所窒碍，也无法因应新兴社会情势的需要；于是，在19世纪后期，观念再变。刑法的运用，对于主观一面，又较趋重视，关于刑罚的有无及其分量的轻重，主张应以行为人的主观性格为依归，至于行为及其实害结果如何并无过分强调的必要，由是，乃有所谓"主观主义"的兴起，观其内容也不外乎下列二点[6]：

---

[5] 参阅蔡墩铭《中国刑法精义》，台北：汉林出版社，1977年，页43。

[6] 参阅甘添贵《古典学派与近代学派于现代刑法理论之影响》，载《刑法之重要理念》，台北：瑞兴图书股份有限公司，1996年，页1—52。

1. 为保障社会安全

主观主义系以显示犯意的行为自体属于犯罪，当有发生法益侵害危险时，国家刑罚权即可发动，以资预防实害结果的真正发生。

2. 征表主义

即将犯罪与行为人的人格结合观察，认为犯罪乃行为人反社会性格的表征。

事实上，19世纪新兴起的主观主义，并未忽略"行为"在犯罪概念上的地位，只因为维护法律秩序的必要，特别重视刑法运用的主观面而已。采此立场者，除若干国家现实的立法外，尚包括为数不少的刑事司法实务家及刑法学者。唯自19世纪以后，理论的发展尚不仅止于此，最堪注意者，为研究犯罪学及刑事法学者基于自然科学的观察，着眼于行为人的社会危险性，以为犯罪行为不过为危险性格的征表，在论定刑事责任上无足轻重，从而主张"行为人责任"以排斥"行为责任"，并认为现行刑法应作彻底修正，以"行为人"为目标，厘定其责任，借以达成防卫社会的目的，此一刑事学派的思想与主观主义相结合，致其立场又与前述古典学派的主观主义迥然有异，堪称为近代学派（新派）的主观主义。

由此可见，客观主义与主观主义虽属刑法学界习用之词，而从其发展过程考察，它们本身的概念内涵并未完全确定。当今通说的犯罪基础理论，以特别预防为中心，赋予法官较宽广的自由裁量权限，同一犯罪行为，往往就行为人的性格为个别相异的处罚，以实现"刑罚个别化的原则"。此外，如缓刑、假释及累犯加重等制度的建立，以及关于未遂犯、共犯的主观说等，也无非建立在主观主义的理论基础上。观乎近代各国刑法改革的趋势，也莫不有此倾向。但究其内实，有主观主义与客观主义的对立，毋宁说是由于19世纪末叶以来，犯罪问题的科学调查日益精进的结果所促成，苟无对于行为人予以实证研究的科学存在，也就没有主观主义犯罪理论的权舆，从而也不至引起主观主义与客观主义理论的两相对立。

二、古代中国法上的主观说与客观说

从以上欧陆刑法发展的历史看来，观察犯罪是否成立的重点，起先只是侧重在外部的行为结果，后来才次第重视内部的心意。反观古典中国刑事法，倘依近现代刑法犯罪理论，属客观归罪乎？抑或主观归罪乎？

（一）先秦时期的法理观

就帝舜时代的法理念言，论者有举《尚书·尧典》所载"眚灾肆赦，怙终贼刑"一语为例，而以"主观主义"视之者。[7] 所谓"眚灾肆赦"，其实包含过失、正当防卫及紧急危难行为之救护等三种观念。"眚"与"终"是一组对立的概念，"眚"为过失，言无意犯罪者；"灾"为不幸，谓正当防卫及基于救护等紧急危难的行为；"肆赦"则为刑之免除，亦即对于过失、正当防卫及紧急危难的救护等行为，得免除其刑，而不计及结果的实害如

7　参阅徐朝阳《中国刑法溯源》，台北：台湾商务印书馆，1969年，页118以下。

何。至于所谓"怙终贼刑",孔颖达解曰:"怙恃奸诈,欺罔时人,以此自终,无心改悔,如此者当刑杀之。小者刑之,大者杀之。"[8]明代思想家丘濬则解为:"有心失理为恶,怙终是也,人之有所恃而又再犯者,当谳之。知非其过也,当典刑者则坐以典刑,当鞭扑者则坐以鞭扑。"[9]

简要地说,行为人既不以初犯的刑罚为戒,且怙恶不悛,即应从重科刑,此或可说是传统中国刑法注重行为人性格的源起。

在《尚书·虞书》中也记载了皋陶对舜说过的一段话:

> 帝德罔愆,临下以简,御众以宽;罚弗及嗣,赏延于世。宥过无大,刑故无小;罪疑惟轻,功疑惟重;与其杀不辜,宁失不经;好生之德,洽于民心,兹用不犯于有司。[10]

过失所犯,虽大必宥;不忌故犯,虽小必刑。《尚书·康诰》更记述了武王对康叔的告诫之辞:

> 人有小罪非眚,乃惟终,自作不典;式尔,有厥罪小,乃不可不杀。乃有大罪非终,乃惟眚灾适尔,既道极厥辜,时乃不可杀。[11]

---

8 参阅(唐)孔颖达《尚书注疏》,载《景印文渊阁四库全书》第五四册卷二,台北:台湾商务印书馆,1986年,页640。另参屈万里注译《尚书今注今译》,台北:台湾商务印书馆,1986年,页12—13。

9 参阅(明)丘濬《大学衍义补》卷一〇八,京都:中文出版社,1979年,页1121。

10 参阅《尚书·虞书》,载《十三经注疏》第一册,台北:艺文印书馆,1997年,页55。本段所引《尚书·虞书》之言,有学者认为系出于《大禹谟》,该篇属于《伪古文尚书》,用以说明晋、唐以下法律思想的渊源依据则可,但不能视为汉代或更早的法律思想。

11 非眚,即非过失,也就是故意犯罪;式尔,亦为故意如此。

王符《潜夫论·述赦》进一步阐释说：

> 言恶人有罪虽小，然非以过差为之也，乃欲终身行之，故虽小，不可不杀也。何则？是本顽凶思恶而为之者也。乃有大罪非终，乃惟眚灾，适尔，既道极厥罪，时亦不可杀。言杀人虽有大罪，非欲以终身为恶，乃过误尔，是不杀也。若此者，虽曰赦之可也。[12]

可见，上古中国对"过误"与"屡犯"是区分得很明白的，而对其处置也有轻重之别。《仪礼·乡射礼》云："射者有过则挞之。"根据郑玄的解释，"过"是指"矢扬中人"，但因为射箭之人"本意在侯，去伤害之心远"，属于过误伤人，所以能得到从轻论处。[13]

虽然只是片言只语，尧舜时代的刑法理念似已有侧重"主观归罪"的倾向，但此与上述西方近世之所谓"主观主义"仍不可相混。近世欧陆的主观主义，着眼于"如何的危险"，而帝舜时代的主观说，则侧重在"如何的意思"，殆不计加害之点，自始至终，均听正义的要求，因果报应、罪恶必罚，这是尧舜刑法的最大特色之一。

---

12 参阅（汉）王符《潜夫论·述赦第十六》，北京：中华书局，1997年，页102。
13 旌各以其物。无物则以白羽与朱羽糅，杠长三仞，以鸿脰韬上二寻。凡挟矢，于二指之间横之。司射在司马之北。司马无事不执弓。始射，获而未释获；复释获；复用乐行之。上射于右。楅长如笴，博三寸，厚寸有半，龙首，其中蛇交，韦当。楅，繋，横而奉之，南面坐而奠之，南北当洗。射者有过则挞之。众宾不与射者不降。取诱射之矢者，既拾取矢，而后兼诱射之，乘矢而取之。宾主人射，则司射摈升降，卒射，即席而反位卒事。鹿中，繋，前足跪，凿背，容八算；释获者奉之先首。大夫降，立于堂西以俟射；大夫与士射，袒熏襦，耦少退于物。司射释弓矢视算；与献释获者释弓矢。礼射不主皮，主皮之射者，胜者又射，不胜者降。主人亦饮于西阶上。以上详参《仪礼·乡射礼》，载《十三经注疏》第四册，页149。

再就西周时期的法理思想讲,《周礼·秋官》载:

> 司刺:掌三刺、三宥、三赦之法,以赞司寇听狱讼。壹刺曰讯群臣,再刺曰讯群吏,三刺曰讯万民。壹宥曰不识,再宥曰过失,三宥曰遗忘。壹赦曰幼弱,再赦曰老旄,三赦曰蠢愚。以此三法者求民情,断民中,而施上服、下服之罪,然后刑杀。[14]

很清楚的,《周礼》对于犯罪行为是出于"不识"、"过失"还是"遗忘",作了明确地区别,对于是"偶犯"还是"怙恶不悛"这个问题相当重视,而对其惩处,也有着很显著的轻重之分。例如:

1. 受理机关不同

过误犯罪,情节轻微者,由地官的司牧"以礼防禁而救之";情节较重的,由秋官的司圜"收教"之。而故意犯罪,则由秋官的司刑定罪科刑,且由秋官的掌戮负责执行。

2. 处理程序有异

过误犯罪,例得减免;而故意之举,则无此等待遇。

3. 处理结果等差

对于"过而杀伤人者",由地官的调人充当调停人,进行和解;而对于故意杀伤人者,则根据"杀人者死,伤人者刑"的对等应报原则,由秋官的掌戮在"市"上执行刑罚。

---

14 参阅本章注10,《周礼·秋官司寇》,载《十三经注疏》第三册,页539。

至于《周礼》对怙恶不悛之徒的处罚，除了对累犯由挞扑直至关入圜土，《秋官司寇·大司寇》对越狱脱逃者格杀勿论外；《地官司徒·调人》云："凡杀人有反杀者，使邦国交雠之。"[15]郑司农说："有反杀者，谓重杀也。"同句郑玄注："反，复也。复杀之者，此欲除害弱敌也。"前者以"重杀"释"反杀"，只强调"反杀"是再次杀人。后者虽着眼于"除害弱敌"这个动机，但亦兼顾到"复杀"的客观事实。也就是说，后者认为"反杀"之所以遭到严禁，不只在于它违背了自古相沿的"复仇不除害"的惯例，还因为它的性质是惯犯。对于有"反杀"罪刑的人，不论初次杀人系出于何种主观情状，都以严刑相待。

以上《周礼》这些言论的主旨与《尚书》《仪礼》《春秋》等先秦典籍的相关记载，其基本精神是一致的，这或可说明儒家刑罚思想的一种"主观论"倾向。[16]相较之下，法家法理观则反于是，往往不计行为的动机为何，只根据其行为结果，机械式地作为论罪科刑的准据，可以说，是一种"客观论"的体现。

（二）秦汉以降的律典规范

而就秦汉以降的法制史料观察，在《秦律》中也并不是凡具有刑事责任能力的人，在任何条件下所实施侵害法益的行为，

---

15 参阅本章注10，《周礼·地官司徒》，载《十三经注疏》第三册，页214。"调人：掌司万民之难而谐和之。凡过而杀伤人者，以民成之。鸟兽，亦如之。凡和难：父之雠，辟诸海外；兄弟之雠，辟诸千里之外；从父兄弟之雠，不同国；君之雠视父，师长之雠兄弟，主友之雠视从父兄弟。弗辟，则与之瑞节而以执之。凡杀人有反杀者，使邦国交雠之。凡杀人而义者，不同国，令勿雠，雠之则死。凡有斗怒者成之，不可成者则书之，先动者诛之。"

16 参阅西田太一郎《中国刑法史研究》，东京：岩波书店，1974年，页123以下。

都一律认定为犯罪。通常在实施行为之后，还要进一步考察行为人在实施行为时的主观心理状态，只有客观上实施了构成要件的行为，同时在主观上又具有故意或过失者，才会被认定为犯罪行为。因此，《秦律》大体上是兼顾了犯罪的客观行为与主观心理状态并重的原则。

举例来说，在《睡虎地秦墓竹简》中，有关故意与过误行为的刑责，罪名毫不相混，刑罚也有重轻之别。《法律答问》曰：

> 甲告乙盗牛若贼伤人，今乙不盗牛、不伤人，问甲可（何）论？端为，为诬人；不端，为告不审。

甲控告乙盗牛或杀伤人，倘调查之后，乙并无此等事实，甲应如何论处？如系故意，以诬告他人论处；不是故意，则以控告不实论。据此可知，控告不实因控告者的主观心态而有"端"（故意）与"不端"（过误）的差别，致有"诬人"与"告不审"的不同罪名。

又如官吏审理案件，倘"罪当重而端轻之，当轻而端重之"，即故意重罪轻判或轻罪重判，而恣意出入人罪的，是谓"不直"。至于"当论而端弗论，即其狱，端令不致，论出之"。即应当论罪而故意不论罪或减轻罪情，而使行为人不该当于犯罪构成要件的，称为"纵囚"。行为性质不同，罪名有别，刑罚自然有异，这可以从下列两个案例看出端倪：

> 夫盗千钱，妻所匿三百，可（何）以论妻？妻智（知）夫盗而匿之，当以三百论为盗；不智（知），为收。

夫盗三百钱，告妻，妻与共饮食之，可（何）以论妻？非前谋（殹）也，当为收；其前谋，同罪。夫盗二百钱，妻所匿百一十，何以论妻？妻智（知）夫盗，以百一十为盗；弗智（知），为守臧（赃）。[17]

丈夫盗窃一千钱，在其妻处藏匿了三百，妻应如何论处？妻如知道丈夫盗窃而藏钱，应按盗钱三百论处；倘不知情，以收藏论。又丈夫盗窃三百钱，告知其妻，妻和夫共同用这笔钱饮食，妻应如何论处？没有预谋，应论以收藏；如系预谋，与其夫同罪。丈夫盗窃二百钱，在其妻处藏匿了一百一十，妻应如何论处？妻如知道丈夫盗窃，应按盗钱一百一十论处；不知情，以守赃论。在这里，刑罚的科处是以行为人"知"或"不知"的主观心理状态为依据的，在科刑上，采取故意从重，过误从轻的原则。可见，《秦律》对犯罪行为系出于故意或过误，是认真加以区分的。

汉兴，律统承袭秦制，对于故意、过误的行为，也分别予以处遇。据《后汉书·郭躬传》，汉明帝永平年间（58—75）曾有一案：

有兄弟共杀人者，而罪未有所归。帝以兄不训弟，故报兄重而减弟死。中常侍孙章宣诏，误言两报重，尚书奏章矫制，罪当腰斩。帝复召躬问之，躬对："章应罚金。"帝曰："章

17　以上三段有关《法律答问》引文，分别详参刘海年等译注《睡虎地秦墓竹简》，载刘海年、杨一凡总主编《中国珍稀法律典籍集成》第一册（甲编），北京：科学出版社，1994年，页557—558、546。

矫诏杀人,何谓罚金?"躬曰:"法令有故、误,章传命之谬,于事为误,误者其文则轻。"帝曰:"章与囚同县,疑其故也。"躬曰:"'周道如砥,其直如矢。''君子不逆诈',君王法天,刑不可以委曲生意。"帝曰:"善。"迁躬廷卫正,坐法免。[18]

由此看来,东汉确有宽宥过误者的律令,而溯其所自,当沿袭西汉。又《汉书·刑法志》载文帝诏云:"吏坐受赇枉法,守县官财物而即盗之,已论命,复有笞罪者,弃市。"所谓"已论命",指前案已经判决,"复有笞罪"则指又犯新罪。据此诏也可看出,汉律对于惯犯所采取的惩处也是非常严厉的。

再以汉律本身言,有所谓"贼杀、谋杀、故杀人者,弃市论。斗、兵刃伤人者,完城旦论。贼伤者,加一等。过误者,减等"。而上引《后汉书·郭躬传》亦云"法令有故有误",合斗、戏、谋、贼、过失,此或为后世"七杀"之所本,[19]凡此,也不无深寓"主观说"的色彩。

以上之所以冗长叙述这段东西方刑法史上"客观说"与"主观说"相关的发展历史,主要是想了解汉代以前的刑法思想与刑事实定法,对于犯罪行为的评价基点,究竟侧重在何端?有无区分"主观归责"与"客观归责"的概念,而这些问题与本文底下所要探讨的课题是有相当关联性的。

---

18 参阅范晔《后汉书·郭躬传》,台北:洪氏出版社,1973年。
19 参阅张鹏一《汉律类纂》,东京:东京大学东洋文化研究所藏书,出版地及年月不详,页5。另参《二年律令释文注释》,"贼杀人,斗而杀人,弃市。其过失及戏而杀人,赎死;伤人,除"。参阅张家山二四七号汉墓竹简整理小组编著《张家山汉墓竹简(二四七号墓)》,北京:文物出版社,2001年,页137。

叁、公羊学派影响下春秋折狱罪刑适用的特色

从先秦的"儒法之争"到汉武以降的"儒法合流",究竟儒家的"德治"、"礼治"王道理想如何与法家功利现实的霸道"刑治"理念相结合?何以致之?从春秋折狱的运用这个角度切入观察,或许会有另一番体悟。

一、动机论与结果论的对立——其心可诛乎?其行可诛乎?

一般说来,在论定行为的刑事责任时,可以有两种不同的观照方式。一是,这种行为何以会发生?即追究行为的动机、意图与目的。另一是,这种行为引发如何的危险或实害?即判断的主要对象是行为的事实与程度。简要说,这是个应当符合道德法则上的行为动机,还是构成法益实害结果的问题,是"动机论"与"结果论"的对立,或可名之为"诛心论"与"非行论"的两组概念。

当然,在伦理学上,动机与结果是行为的二个契机,具有"二而不二"的辩证关系。但是,在道德价值的评判上,重视行为人的心理状态与重视行为外在事实的这两种立场,并不是不可区分的。换个角度说,前者是根据行为的基础,也就是依据意志是否符合道德法则加以评判;后者则是考虑行为的实害结果,要

求行为人要对行为负责。[20]

　　一般多认为,《公羊春秋》往往忽略外在行为的结果，只偏重潜藏在行为背后的内在心意，高举彻底的"动机论"旗帜，此即所谓的《春秋》之义"原心定罪"、"原情定过"或"赦事诛意"等。事实上，如果仔细翻阅《公羊传》，既无"原心定罪"之语，也无"原情定过"这句话，它究竟是透过什么样的形式被诠释的？如此疏释，用意何在？

　　依当代刑法学观点，所谓"动机"，亦称犯罪的远因，即行为人决定犯罪意思的间接原动力，如迫于饥寒而行窃、激于义愤而杀人，饥寒与义愤皆为犯罪的动机。又如同样是杀人行为，其动机可能不同，或为复仇、或为谋财，然凡杀人者，不问动机如何，成立杀人罪之故意则一。详言之，故意与动机有如下的区别：

　　（一）开启犯罪之故意者为犯罪的动机，动机实为故意的原动力。因动机而生故意，因故意而有行为。动机是静态的存在，建立于外界的刺激；而故意则是动态的存在，建立于对构成犯罪事实的认识。

　　（二）故意在刑法上，得为一般抽象的审查；动机则须就个案为个别具体的审查。就一般之犯罪言，故意为法律上构成犯罪的主观构成要件要素；动机原则上与犯罪之成立无关，而仅为裁判上量刑的标准。

　　（三）故意的内容，于各个犯罪之类型中，有其一定之目的，

20　参阅［日］日原利国《心意的偏重——关于行为的评价》，载［日］籾山明主编《中国法制史考证》（丙编第一卷），页555。该文译自同氏著《春秋公羊伝の研究》第三章，东京：创文社，1976年，页99—146。

所以故意的判断，于行为人着手实行之际存在为限；然其动机如何，往往因人而异，其存在并无时间的限制，通常存在于行为之前。

除动机、故意外，在当代刑法原理上，另有所谓"意图"者。意图即期望，乃指行为人出于特定之犯罪目的而努力谋求构成要件的实现，或希求构成要件所预定的结果发生，以达成其犯罪之终局目的的主观心态，学说上称为"主观的构成要件要素"。故意虽亦为主观的构成要件要素，但属犯罪的近因。故意之认识对象为构成犯罪的事实，意图则建立于犯罪事实以外的企求。换句话说，意图所涉者与客观构成要件无关，乃犯罪后之将来所可能发生的事项，例如窃盗罪之不法所有意图，乃指于取得动产后，就该客体以所有权人自居而行使支配管领力。故意是犯罪成立的一般要件，得为一般抽象的审查；就目的犯而言，意图是属犯罪的特别构成要件要素，其有无必须加以检验。兹将三者之异同，列表如下：

	故意	意图	动机
1	主观之构成要件要素	主观之构成要件要素	量刑之斟酌情状
2	犯罪之近因	犯罪之终局目的	犯罪之远因
3	建立于对构成犯罪事之认识	建立于对犯罪事实以外之企求，即犯罪后之将来可能发生之事项	建立于受外界之刺激及内在之心念
4	得为一般抽象之审查	目的犯始须加以检验	故意犯中依具体个案决定
5	存在于行为时	存在于行为时	存在于行为前
6	欠缺故意，影响故意犯犯罪之成立	欠缺意图，影响目的犯犯罪之成立	故意犯虽难以想象动机之不存在，但动机不明并不影响犯罪之成立

虽然法史学的研究要尽量避免今古混谈，尤要防止以今论

古，吊诡的是，有些刑法上的原理原则却是亘古迄今息息相通的。当代如此，近世、中古乃至上古时代也无非如此。

以此观点考察两汉春秋折狱的案例，可以发现，实际上同样也有故意、动机与意图的不同情境。所谓"善事源于善意，恶事源于恶意"，善善恶恶之际，仍然存在着正面与负面的差异。但只将正面心意与负面心意笼统地概括为善或为恶，是比较粗疏的；《公羊春秋》更进一步地根据意志的不同而区分善之轻重、恶之深浅；而春秋折狱所衍生的"原心定罪"命题，其实就充分反映了此一原则。

从本书第二章所解析的汉代春秋折狱实例来看，上述第三节中案例五"淮南王案"与案例十一"赦事诛意"所引用的"君亲无将，将而诛之"，到底是考察行为过程中的那一个阶段？按"君亲无将，将而诛之"的"将"，一般疏解为"将有叛逆之心"，亦即，已有意图但尚未化为实际行动之际。而叛逆本身可作为一种行为，也可作为一种目的，故"将"可能属于故意，也可能为"意图"。又造反本身具有高度的政治性，所以除了故意与意图外，也可能附带有政治动机，例如"外国援助"或其他"政治确信"等。而第二章中案例二"薛况之狱"的薛况指使杨明砍伤申咸一案，廷尉论薛况以伤害，其理由为"（薛）原况以父见谤发忿怒，无它大恶"，即以薛况决意的内在原因，也就是以动机作为论罪科刑的依据。

这样看来，倘若假借当今的刑法理论，则《公羊传》所说的"如其意"、"成其意"或"致其意"等[21]，其"意"系指意图而言，

21　关于《春秋公羊传》"如其意"、"成其意"的分析，请参阅本章注20，日原利国《春秋公羊传の研究》，页101以下。

所重的"志"与所原的"心",基本上是以究明行为人的意图为原则。我们也发现,在汉代援引春秋经义、经例断案时,在所谓人臣"无将"等政治性案件方面,通常侧重的是意图的因素,倒是在其他无关政治确信的寻常刑案,比较有进一步探讨行为人动机的倾向。因此,在这里,有必要再仔细厘清的是,两汉的春秋折狱究竟是不是"唯动机论"或"唯诛心论"?董仲舒曾说过一段很深刻的话:

> 《春秋》之听狱也,必本其事而原其志。志邪者,不待成;首恶者,罪特重;本直者,其论轻。是故逢丑父当斩,而辕涛涂不宜执;鲁季子追庆父,而吴季子释阖庐,此四者罪同异论,其本殊也。俱欺三军,或死或不死;俱弑君,或诛或不诛。听讼折狱,可无审耶!故折狱而是也,理益明,教益行;折狱而非也,暗理迷众,与教相妨。教,政之本也。狱,政之末也。其事异域,其用一也,不可不以相顺,故君子重之也。[22]

不以行为的实害结果为准,而根据行为人的动机、意图来判定是否成罪,就这一点,纯粹从刑法学的观点言,的确颇能救济行为人因过误等行为所造成的后果,甚至可以舒缓刑律某些严酷僵硬的条文。不过,所谓"本其事",就是要查清包括事实结果在内的全部客观情状及其原委;所谓"原其志",就是要在客观

---

22 参阅(汉)董仲舒撰,(清)凌曙注《春秋繁露注·精华第五》,台北:世界书局,1975年,页68—69。另参(清)苏舆《春秋繁露义证·精华第五》,北京:中华书局,1992年,页92—94。

事实的基础上，推究行为人有无主观恶性及其程度的深浅；而主观因素不外包括行为的意图、动机、目的等。基于这样的认识，董仲舒继续对"志邪者"、"首恶者"、"本直者"，分别情状，进行了层层推进，最后才得出"罪同异论，其本殊也"的结论。可见，董仲舒心目中理想的"原心定罪"，并非只是针对某一具体个案，而是针对所有的断狱诉讼所作出高度理论性的概括原则，其结论是：故意和一贯为恶，危害性大，刑罚应重；过误和偶然为恶，危害性较小，刑罚可轻甚或得免。

从刑法理论上讲，主观恶性的有无及其深浅，又必须以案情及行为人的一贯表现来综合考察。显然，董仲舒在这里以《春秋》之义作为判断心志的善恶标准，既强调要先查明客观事实，又必须考虑行为人的内在心意。严格说来，这已不是纯粹的动机论者，其真正的用心所在，或许是想对当时文法吏不知绳于法之外、不弛于法之内现实的一种矫枉。更精细地讲，主要是针对定罪量刑不注重主观因素，只讲客观实害时弊的一种反思，是想要宣扬论罪科刑须主客观因素兼并考量的理念。

而世人之所以常将"唯动机论"以喻春秋折狱，事实上，与《盐铁论·刑德》中"文学儒生"所说的"这句话"很有关系：

　　故《春秋》之治狱，论心定罪。志善而违于法者免，志恶而合于法者诛。

按照这种说法，"原心论罪"是一种"诛心论"，在判断行为是否成罪的时候，它看重的完全是行为人的内在动机，而不管行为的外在结果。凡是"志善"的，即使行为该当犯罪构成要件,也可免除其刑;反之,如果是"志恶"的,即使行为并不符合犯罪构成事实,也要定罪。这样,司法者就可以恣意地以动机的"善"或"恶"来左右案情。不必说,这种疏释显然忽略了董仲舒所主张"必本其事"的前提要件。因此,倘若仅据此来说明春秋折狱是唯动机论,不无断章取义之嫌。

其实,文学儒生所说的"这句话",是很容易让人误解的,那是法吏与儒生精彩的片段对话。在出现"这句话"之前,"文学儒生"首先列举了当时繁法严诛、遍布罗网,百姓容易陷于恢恢法网的现实窘境,进而抨击了定罪科刑不讲主观因素,甚至连客观情况也不考虑的时弊,指出:

> 深之可以死,轻之可以免,非法禁之意也。法者缘人情而制,非设罪以陷人也。

在"这句话"之后,"文学儒生"又指出,如果将主观上并无多大恶性而又没有构成犯罪事实该当行为的人定罪,就是司法者太过了,儒生说:

> 念伤民而未有所害,志不甚恶而合于法者,谓盗而伤人者耶?将执法者过耶?何于人心不厌也?古者伤人有创者刑,盗有赃者罚,杀人者死。今取人兵刃以伤人,罪与杀人同,得无非其至意欤?[23]

---

23 以上有关《盐铁论》中的三段引言,详参卢烈红注释《新译盐铁论》卷十《刑德第五十五》,台北:三民书局,1995年,页693—706。

通观"文学儒生"的这段论述,其实,论点和董仲舒的主张并无太大差别,强调的仍是定罪量刑要主客观兼重,而并非唯动机是论。

我向来主张,评价春秋折狱应该将董仲舒的引经折狱案例和其他文法吏分开来论,同时,也要区分"政治确信案件"与其他"寻常刑案"。以董仲舒现存的六个实例看来[24],由于全部无关政治,在定罪量刑时,他并非全置客观事实于不顾,也并非唯动机是问,实在也看不出他有"抛开事实,不顾结果"之嫌。虽然在做结论时,可以清晰地嗅出,他是比较倾斜于主观面的考量,但这种强调"志"的善恶是合宜的,不能因此而得出唯动机论的结论。讲白些,它只不过是想跳脱当时僵化而严酷的律条,主张从案件的实际出发,综合考量行为人主客观方面的情状而后作最后的裁决。

再回头细看本书第二章中的案例,"原心定罪"是大原则,这是事实,此固可说是"主观面"的被重视。但如第二章第三节"董仲舒以外的春秋折狱"案例二薛况"意恶功遂"之狱,同样是殴杀伤,却因伤害程度、方法、地点、主体、客体及责任形式(谋、故、斗、戏、过失等)之不同,而异其结果,这不是很显然的置重于"客观面"吗?是则言春秋折狱专属于动机论者,恐怕未尽适切。

究其根柢,人格不仅是代表个人的心意作用,事实上,也是一切生理、心理以及社会环境交互作用的产物,此一综合状态

---

24 有关董仲舒现存的六则春秋折狱案例详析,请参阅黄源盛《董仲舒春秋折狱案例研究》,载《台湾大学法学论丛》第21卷第2期,1992年8月。另详参本书第二章《两汉春秋折狱案例探微》第二节"董仲舒春秋折狱案例"。

虽关系个人一身，终仍不失为客观事实。台湾刑事法学者韩忠谟（1915—1993）曾说：

> 如谓刑法依据人格及其对社会之关系，以确定责任，则其标准，严格言之，实系客观的、社会的，而非主观的、个人的。……而刑法若应以道义责任为基础，则关于行为之主观的意思，当然亦系论定责任之重要标准。基此意义，刑法无非为社会伦理观念之反应，而刑事责任又不外为意思责任。……因此，在运用上，自须同时对行为及行为人，作道义之评价。此种评价，涉及人格之全体，举凡精神的、身体的、乃至行为的及社会环境的因素，均须斟酌及之，亦即规范面与主观面密切关联，本无从强为分割。[25]

由是观之，客观主义虽以外部现实之行为及其实害结果为侧重点，但仍不能无视行为人之心理的、内部的要素。反之，主观主义虽重视行为人内部要素的危险性、反社会性，但也不能轻视行为结果及其实害程度。可以说，两者的性质并非绝对的对立。何况，自古迄今，刑事裁判当中，行为人主观构成要件的检讨往往还是要借助客观构成要件的该当与否来判断。主张客观主义者，其所谓"行为"，本来即系指"人的行为"而言，初亦未将"人"置于行为之外，董仲舒等所作"正常的春秋折狱"亦可持如是观。

25　参阅本章注4，韩忠谟，前揭书，页42。

二、伦理义务与法律责任的牵混——未然之罪应如何论处？

世所公认，《春秋》是儒家重要的经典之一，其特色是重视行为的意志，字里行间笔削褒贬，不仅审察意志的有无，进而区分意志善恶深浅、轻重的不同情状，据此以评判行为的价值。而行为毕竟是心意作用的表征，起心动念之间直接体现为外在行为的善或恶。如果评价的基准唯"意志"，将不免陷于伦理义务与法律责任纠缠不清的情境之中。

也许想问，在儒者的理想世界里，为何要如此看重"意志"呢？《春秋》的整个价值体系，意志是精粹的价值观念，因为良善意志的本身就是价值，被无条件地视为善；不良意志的本身是反价值的，应当被断绝或被禁止。至于善与恶的意志本身就是价值，又该如何论证？为了自圆其说，《公羊传》采用了种种迂回笔法。粗疏以言，对良善或恶劣意志的表述，通常体现为以下几种情况：（1）善因恶果；（2）恶因善果；（3）恶因未果；（4）恶因恶果。后人透过各种类别分析《春秋》的笔法，也许能够揭示出良善或不良意志其本身就是价值的理论依据。事实上，"原心定罪"的思想远在西周之世即已萌芽，而将其明确提出，并成为一个定型的司法范畴和原则，无疑地，是由汉儒所倡议，可以说，两汉是"原心定罪"在理论与实践上具体落实的时代，这种发展可以从底下三个面向来观察其底蕴。

其一，把"原心定罪"与《春秋》直接挂钩。《春秋》表面上只是一部简略的编年体鲁史，北宋的王安石（1021—1086）甚至说它是毫无义例的"断烂朝报"，可《公羊传》学家并不这么看。汉儒或有这样的主观愿望,认为孔子作《春秋》,是为万世作经,不是为一代写史,目的是为"后王立法",甚至是为汉制法,其所隐含的"微言大义",是治国理民的"宪章",也是折狱决事的指导思想,而"原心定罪"则是下位概念。董仲舒所谓的"春秋之听狱也,必本其事而原其志"等,巧妙地结合了这两者间的关系。这样一来,先秦古典的"议事以制"[26]、"原情"、"论心"等刑事司法原则就完全被吸纳进了儒家的法理思想体系之中,从而,一方面改铸和丰富了儒家"法"理思想,同时,也为儒家法的理想与现实生活结下了不解之缘。

其二,汉儒从理论上系统地阐明了"原心定罪"首要重视行为人的主观心念,论罪须分清故意与过误、首恶与随从等。董仲舒的"志邪者不待成"、"首恶者罪特重",都是这样的理论命题。追究行为人的主观意念,并区分故意、错误、过失、造意、随从等,虽在《尚书》中已见端倪,但将它们作为"原心定罪"的具体内容,并在理论上作系统阐发,又纳入春秋折狱体系之中,这或许是两汉儒吏有心的安排。

其三,汉儒进一步明确提出了宗法伦理是"原情"或"论心"的主要依据。《礼记·王制》篇说:

> 司寇正刑明辟,以听狱讼。必三刺,有旨无简不听。附

---

[26] 《左传·昭公六年》:"昔先王议事以制,不为刑辟,惧民之有争心也。"所谓"不为刑辟"者是刑书掌握在统治贵族手中,未曾公布,不让人民知道法律的内容。孔颖达曰:"郑铸刑书而叔向责之,晋铸刑鼎而仲尼讥之,彼铸之于鼎以示下民,故讥其使民知之。"《左传·昭公六年·疏》。所以铸刑书的重要意义在于法典之公布,而不在于制定。法律未公开以前如何审理狱讼呢?援用叔向的话意即是"议事以制"。参阅杜正胜《传统法典始原——兼论李悝法经的问题》,载许倬云等《中国历史论文集》,台北:台湾商务印书馆,1986年,页431。

从轻,赦从重。凡制五刑,必即天论,邮罚丽于事。凡听五刑之讼,必原父子之亲,立君臣之义以权之。意论轻重之序,慎测浅深之量以别之。悉其聪明,致其忠爱以尽之。疑狱,氾与众共之;众疑赦之。必察小大之比以成之。[27]

司寇之官要负责审定刑书,明断罪法。凡是制定五等轻重的刑罚,必须考虑到天伦关系,同时认罪科罚必须配合事实,查明罪行之大小,以之适用律条方成定谳。凡是受理五等刑的罪案,必须体察父子之亲和君臣之义,考虑其是否为"孝"为"忠"而犯法,以心证其情节轻重的层次,仔细探究其罪行浅深的分量,不可一概而论。讲穿了,"原父子之亲",即是以原孝之心来论罪;"立君臣之义以权之",乃是原忠之心以定罪。这样,"原心定罪"在一定意义上就变成了"原孝定罪"、"原忠定罪"等等,从而为宗法伦理渗入法律生活,开启了方便之门。所以,自汉以后刑律的儒家化,其实,也可以说是宗法伦理的法律化。[28]

《公羊春秋》漠视行为的事实与结果,偏重内在心意,据此以评判行为的价值,被世人说是彻底的动机主义或心情伦理,这是可以理解的。因为《公羊传》不仅仅是审核动机的纯与不纯、意图的有无与强弱,在此基础上书写"如其意";另外,还根据有意图,或尚未着手实行,或已着手实行但中途受挫而中止,或因其他障碍事由,或不易而不能行其事等复杂情况,以其笔法"成其意"、"致其意"来体现。而为了验证意志的存在与价值,即便是现实未

---

27 参阅孙希旦《礼记集解·王制第五之三》,台北:文史哲出版社,1972年,页335—336。
28 以上三点申论,原始创意可参阅俞荣根《儒家法思想通论》,南宁:广西人民出版社,1992年,页582—583。

发生或已中止的行为，也成为一字之褒、一字之贬的评价对象。较特别者，它又主张在未然之前要事先贬绝恶劣意志，斩断"将然未形之时"才是上上之策，若"将"——事未形而意先至者必诛。

这种极度偏重意志的特殊论断，很显然，是受到战国末期时代氛围的影响。在实力决定一切的年代里，光凭善意并无法推动历史，与善意遭到践踏的现实相比，在精神世界中执拗地尝试昭示的，不正是善意吗？而必须洞悉的是，"弑君三十六，亡国五十二"，原因就在于没有在"未然之前"根绝所有的细微之恶。"原心定罪"中的"将而必诛"理论的提出，不也正源出于此？[29]

问题是，春秋折狱的流弊或许就出在这里。"原心定罪"的主张固然有"原心而不诛"的一面，更重要的，它还有"志邪者不待成"的另一面。而武帝以降的汉代诸多酷吏，对后者尤多所发挥。不必等待行为的着手实行，只需司法者认定行为人怀有不良的意图、动机、决意或阴谋，便足以判定罪行，甚至置人于死地——这种主张实践的极致，其后遗症自不言可喻。难怪东汉时王符（约85—约163）要沉痛地指出：

> 先帝制法，论衷刺刀者，何则？以其怀奸恶之心，有杀害之意也。圣主有子爱之情，而是有杀害之意，故诛之，况成罪乎！……先王议狱以制，原情论意，以救善人，非欲令兼纵恶逆以伤人也。[30]

---

29 参阅《春秋繁露义证·度制》《春秋繁露义证·盟会》《春秋繁露义证·灭国》。另请参阅本章注20，日原利国，《春秋公羊传の研究》，页596—597。

30 参阅本章注12，（汉）王符，前揭书，页102。

先王们"议狱以制",根据行为人的动机来量刑,目的无非是要挽救那些偶发犯以及过失犯等,决不是要放纵恶逆之徒来残害百姓。问题是,如何"原心"?心证的形成,宽狭端在人为,这种能轻易导致"欲加之罪,何患无辞"的"诛心论"主张,是否给予司法者过多自由裁量的空间?司法者是否因而滥用司法权力,而走上严刑重罚之路? [31]

前面已屡屡说过,《春秋》之义的"原心定罪"原本有着良善的立意在,它固然主张应追溯未然犯的恶意动机或意图而认定有其罪,却也主张应追溯已然犯的良善动机而断其无罪或轻刑其罪。但关键在,司法者在实际运用此项原则时,两者间的比重是否等同?日原利国说:"《春秋》之义的变质,不外是受到公羊学的歪曲影响。"[32] 此话或有太过责怪公羊之嫌,却也有几分道理在。因为过度强调"志"的善恶,很容易抛开客观事实和律条立意的框架;不问行为与结果,只讲动机与意图,容易陷于"以理杀人"而出入人罪的情境。只不过,这果真是董仲舒倡议春秋折狱的初衷吗?

至于对"未然之罪"实施惩罚,是否是汉代春秋折狱之后才有的事?在汉代之前的律令是否对"已然"之前的决意、阴谋、预备、未遂等犯罪形态都不处罚?倒是有必要再进一步厘清。

有论者指出,汉代之前,中国社会确实对行为的"未然"、"未形"已相当重视。但是提到"未然"、"未形"时,总是强调"防范"、"禁防",而不是"惩罚"。其方法有二:一是对已然犯"杀一以儆百",二是以"礼"禁绝于未然。论者进一步指出:"惩

---

31 参阅日原利国《漢代の刑罰における主観主義》,载《爱知学芸大学研究报告》第11期,1962年。收入本章注1,氏著,前揭书,页89。

32 参阅本章注31,日原利国《漢代の刑罰における主観主義》。

罚未然"、"原心定罪"在公羊学家还只是理论阶段；到了张汤手中，才立刻成为"整治人"的实际苛法，而汉代以后有"惩罚未然"的刑法出现，若追本溯源，还真不得不承认是公羊学家的"原心定罪"立说所致。[33]

这种说法，是耶？非耶？由于汉律早已散佚，难窥全貌，就现存的史料看来，如果详细翻读秦汉法制文献，或许会另有一番见地。不论古今，故意犯的犯罪行为，自其发展阶段言，始于内心意思的决定，继而表现于外，或为阴谋，或为预备，更进而达于着手实行，其未完成构成要件者为未遂犯，其已完成者为既遂犯，图示如下：

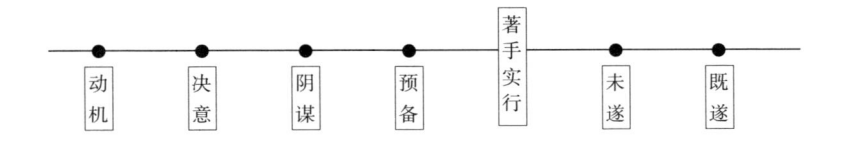

| 动机 | 决意 | 阴谋 | 预备 | 着手实行 | 未遂 | 既遂 |

而任何故意的犯罪形态，通常都先有一定的动机，由动机而生犯罪决意，亦即实施犯罪的内部意思。此纯系行为人主观的内心状态，在未有见诸行动以前，当代刑法基于"思想无罪"的原则，不能认为犯罪。然而，在古典中国刑法里，却不难找到将"犯罪决意"也作为独立的犯罪类型而予以惩处的例子。《周礼·秋官·野庐氏》云：

> 掌达国道路，至于四畿，比国郊及野之道路、宿息、

---

33 参阅卢瑞容《儒家"通经致用"实践之考察——以西汉朝廷"春秋决事"为中心的探讨》，载《文史哲学报》(台湾大学文学院)第47期，1997年，页135—136。

井、树。若有宾客，则令守涂地之人聚柝之，有相翔者则诛之。凡道路之舟车擎互者，叙而行之。凡有节者及有爵者至，则为之辟。禁野之横行径逾者。凡国之大事，比修除道路者。掌凡道禁。邦之大师，则令扫道路，且以几禁行作不时者、不物者。[34]

可见，仅仅是徘徊观望，并不一定是意图行窃，充其量只有伺机寇盗的意向，还谈不上为实施窃盗行为而进行准备，即不免要受"诛"。李悝《法经》(前407) 中也有"窥宫者膑，拾遗者刖"，乃处罚其"为盗心焉"；把"非所宜言"列为犯罪类型，似也是始于秦、汉律之际。

至于预备犯罪，是指行为人着手实行犯罪行为前所为的一切准备举动，它为实施犯罪制造了有利条件，是介于犯意表现和着手实行犯罪之间的一个阶段。古典中国刑律对于预备犯罪的惩处有其发展过程，实际上，秦汉之间对于预备犯罪阶段已有了认知和处罚的相关规定。《睡虎地秦墓竹简·法律答问》有"臣妾牧杀主，可(何)谓牧？欲贼杀主，未杀而得，为牧"[35]的律文，解释成"奴婢谋杀主人，何谓'谋'？企图杀害主人，尚未杀就被捕获，叫做谋"。《汉书·梁孝王传》有"乃与羊胜、公孙诡之属谋刺袁盎，……王乃令胜、诡皆自杀"的记载，再如，"嗣章武侯窦常生……坐谋杀人未杀，免"，也是典型的犯罪预备行为须坐罪的案例。秦汉皆有"谋反"罪名，魏晋南北朝时期，一直沿

---

34 详参本章注10，《周礼·秋官司寇》，载《十三经注疏》第三册，页548。
35 参阅本章注17，《中国珍稀法律典籍集成》第一册(甲编)，页574。

用汉律关于处罚谋反罪的规定。

如《三国志·魏书·文帝纪》载，黄初"五年春正月，初令谋反大逆乃得相告，其余皆勿听治；敢妄相告，以其罪罪之"[36]。

再以《睡虎地秦墓竹简》来说，在盗窃犯问题上，只要是实施了以盗窃为目的行为，亦即有了盗窃的犯意，无论是既遂或未遂、得财多或少，甚至得财与否，都构成盗窃犯罪。《法律答问》中有：

"扶篅（钥），赎黥。"可（何）谓"扶篅（钥）"？扶篅（钥）者已扶启之乃为扶，且未启亦为扶？扶之弗能启即去，一日而得，论皆可（何）（也）？扶之且欲有盗，弗能启即去，若未启而得，当赎黥。扶之非欲盗殹（也），已启乃为扶，未启当赀二甲。[37]

译成白话，"扶钥，赎黥。"什么叫"扶钥"？撬门键的人已经撬开才算撬，还是没撬开也算撬？撬而未能撬开就走了，当天被捕获，以上各种情形应如何论处？答曰：撬门键目的在于盗窃的，未能撬开就走，或未撬开而被拿获，都应赎黥。倘撬门键目的不在盗窃，要已开才算作撬，未开则应罚二甲。

行为人已着手于犯罪行为之实行而未完成，或虽已完成，而未发生预期的结果，是为"未遂犯"。尽管传统中国刑律中尚未区分障碍未遂、不能未遂与中止未遂等不同类型，但惩罚未得逞

36　参阅《三国志·文帝纪第二》，台北：洪氏出版社，1984年。
37　参阅本章注17，《中国珍稀法律典籍集成》第一册（甲编），页553。

犯罪由来已久。《法律答问》中另有"甲谋遣乙盗,一日,乙且往盗,未到,皆赎黥"。即是惩罚未得逞犯罪的一例。用当代的话说:"甲主谋派乙去窃盗,一天,乙去行窃,还没走到,就被拿获,甲乙都应判处赎黥。"从科刑看,允许赎免刑罚,已含有较既遂犯从轻的认知。《秦律》对犯罪既遂与未得逞的处罚原则,基本上为后世历代的立法例所继受。[38]而《二年律令》中也有"谋贼杀、伤人,未杀,黥为城旦舂"、"杀人,及与谋者,皆弃市。未杀,黥为城旦舂"等明文规定。

综上所述,如果说,在汉代之前,找不到"惩罚未然"的法令记录,似有误会。其实,在汉之前的古中国刑律早有着对预备及阴谋的惩罚。[39]因此,倘若把对"未然"、"未形"实施惩罚的历史责任完全归诸春秋折狱的"始作俑者",这有待商榷!

问题的症结到底在何处?对违反价值的不良企图于将然之前加以惩处,目的在于禁绝"事未形而意先至"。对不属于行为事实范畴的内在心理活动的探究,《春秋》的论断运用可说臻于极致。而春秋折狱"原心定罪"之所以遭后世诟病,关键就在它过度强调"心意"的作用,只要论意志就以"致其意"、"成其意"加以表彰,在现实政治中它被运用于决狱,便易走偏锋,也很容易沦为严厉的道德论断。巧的是,这番危险现实的凸显出现,与汉王朝阳儒阴法的刑事政策同时来临,这既可以与刑罚紧密相

---

38 例如《唐律·贼盗》"窃盗"条:"诸窃盗,不得财,笞五十。一尺杖六十,一匹加一等;五匹徒一年,五匹加一等,五十匹加役流。"《唐律·贼盗》"强盗"条:"诸强盗,不得财,徒二年,一尺徒三年,二匹加一等;十匹及伤人者,绞;杀人者,斩。"其他如诈欺财物未得者,从盗不得财之法;与化外人私相交易未入未成者,各减三等治罪;私度越度冒度关塞而未得度者,减等治罪,等等。

39 参阅本章注2,仁井田陞,前揭书,页201—202。

连，又能从中寻求到适用刑罚原则的经典依据，或属世间因缘！

当把《公羊传》伦理的道德判断运用于法律评价的范畴时，它是将道德原理直接套用到法律制裁上，因而使法律的安定性受到挑战。按当时的观念，"施于已然之后"的是律，犯罪是需要对违法负责的行为，然而如果漠视形式违法性，不管是否该当于"违法"的构成要件事实，只追究意志的善恶，重视罚于"未然之前"，这种犯罪理论是无比危险的，因为当法律缺乏安定性、可预测性，政治权力又恣意超越行为事实而介入行为人格时，枉出枉入的裁判层出不穷，那也是再自然不过的事！

另一方面，"罪同异论"本是《春秋》之义衍义的当然结果。若具体考察外在行为，即使事实相同的，往往也会存在着不同的意图、动机或目的，这应当就是"其本殊，其罚异"吧！但这也相当容易被歪曲运用，心理层面的事实本来就很难证明，其中可上下其手、罗织入罪的空间容易被无限加大，如"主意所不欲，因而毁之；主意所欲，因而誉之"，被利用为迎合权力者的手段，流弊自然丛生；尤其被用于压制不兼容的势力上，例如谋反、谋大逆等所谓危害政权存立的政治性案件，严厉诛罚于未然，或是以"大逆不道"等罪名处置权力斗争的对手时，"君亲无将，将而诛之"是最灵活而有效的理论依据。这是伦理评价与法律责任混同所衍生的必然后果，也就是我所谓借名专断、引喻失义的变调的"不正常春秋折狱"类型。

肆、春秋折狱罪同异论的理论基础与方法

向来，法制历史上对于犯罪行为的"同罪异罚"或"异罪同罚"，率多出于身份差等、行为因果程度不同，甚或意识形态差异等因素的考量；也因为如此，常招惹来相当贬抑的批判，两汉春秋折狱尤为其中之最。究竟"罪同异论"的法理论基础何在？论证的方法又为何？这是个值得关心却少见有深刻论述的课题。

一、"原心定罪"刑罚适用的理论基础

从本书第二章所列十八则发生在汉代的案例，可以得出，探求行为人的主观意念，是论罪科罚的重要指标，之所以如此，应与当时的学术思潮有关。尤其，在董仲舒的力推下，汉武尊儒崇孔，表彰六艺，经学之风趋于鼎盛，就这样，儒者读书致用，以经术润饰吏事，整个思想界风行草偃，形塑了两汉主流法文化的走向。

从理论上说，先秦儒家法理思想虽然体大精博，但确有难于具体落实之苦，甚至有"迂远而阔于事情"的讥评。秦行法家政治，国祚短暂，这是法家思想的历史性失败。但汉初的几十年间，其影响犹存，而黄老思想又当道一时，尽管原因错杂多端，但儒家实践面力道不足，无疑地是一个致命伤。汉儒以"原心定罪"诠释罪刑论断，大大弥补了儒家法理思想在这一方面的欠缺，跨出了以儒入律运作的重要一步，意义至为深长。《汉书·循吏传》说：

> 孝武之世，外攘四夷，内改法度，民用凋敝，奸轨不禁。时少能以化治称者，惟江都相董仲舒、内吏公孙弘、儿宽，居官可纪。三人皆儒者，通于世务，明习文法，以经术润饰吏事，天子器之。仲舒数谢病去，弘、宽至三公。

"明习文法，以经术润饰吏事"一语，将经术与律令之用，表露无遗。知律令而不知经术，是为刀笔俗吏；知经术而不知律令，则为不通事物的俗儒，两者皆为汉人所不取。[40]其精义究竟何在？

首先，以《春秋》为"一王之法"，这无形中就确立了《春秋》等儒家经典的法律位阶。"一王之法"，夸大地讲，其实就是"圣人之法"、"先王之法"，也就是"理想至法"，从而取代了先秦法家所传承下来的"律统"。《春秋》以及其他儒家经典的"微言大义"乃成为评价、取舍《秦律》和汉家当世之法的最高准则，也成为创制新法制的上阶指导理念。

其次，《秦律》在法统上是属于法家之法。刘邦初定天下，"汉承秦制"，萧何所制的《九章律》仍脱离不了法家的路线。法律须由执政者钦定或认可方有其效力，汉代儒吏当然无制法之权，他们之所以力捧《春秋》，或许是想作为变通策略的凭借，向执政阶层争一点议政权、议法权。"春秋折狱"、"原心论罪"的提出，由于有了可操作性作基点，又得到层峰当局的认可，儒家由是获得了解释法律之权，并趁机进一步利用和发展了古典中国的"议事以制"理念，将春秋折狱的司法成果制为"典范"，

---

40 参阅邢义田《秦汉的律令学——兼论曹魏律博士的出现》，载《秦汉史论稿》，台北：东大图书公司，1987年，页297。

打开了法律儒家化的闸门。汉儒这一法律儒家化策略的运作,在中国法律史上不啻为扭转乾坤的一步,它使法家的法统由秦二世而亡所带来的政治上的挫败,进而成为法制上的失败,彻底改变了古代中国法的价值指向和法文化的发展路线。[41]

相较而言,先秦儒家是相当重视心志的,《论语·八佾》曾记载林放问礼之本。子曰:"大哉问!礼,与其奢也,宁俭;丧,与其易也,宁戚。"《论语·阳货》中又谓:"礼云礼云,玉帛云乎哉?"可见儒家强调礼节端在敬意,而非物质。董仲舒承继进而阐扬这种理念,他说:

> 志为质,物为文。文著于质,质不居文,文安施质;质文两备,然后其礼成;文质偏行,不得有我尔之名;俱不能备,而偏行之,宁有质而无文。[42]

显然,董仲舒认为人的心志是本质,一般事物为文饰,而本质重于文饰,所以志贵于物。从而,《春秋》书法所排列行道的次序,即"先质而后文,右志而左物"。深受《公羊传》熏染的他,曾说:"《春秋》之好微与,其贵志也。《春秋》修本末之义,达变故之应,通生死之志,遂人道之极者也。"[43]这种见解除了影响其解经的角度,也发展出一套独特的"贵志"与"原心"的思想体系。

《春秋》本系对历史事实的评价,董仲舒既然认为《春秋》重在探寻心志,于是将这种判断方法灵巧地转化到对犯罪事实的

---

41 参阅本章注28,俞荣根,前揭文,页583—584。
42 参阅本章注22,(汉)董仲舒撰,(清)凌曙注《春秋繁露注·玉杯第二》,页16—17。
43 参阅本章注22,(汉)董仲舒撰,(清)凌曙注《春秋繁露注·玉杯第二》,页22。

适用上,"原心定罪"的原则于焉生成,而其适用的基准,最主要的还是前面已述他自己说过的"《春秋》之听狱也,必本其事而原其志。志邪者,不待成;首恶者,罪特重;本直者,其论轻"那段话。

所谓"必本其事而原其志",意即审理案件时当以犯罪的客观事实为根据,进而深入推究行为人的心志。这是认定事实、适用法律的基本方向。质言之,"原心定罪"强调司谳者在论罪科刑时,并非一昧针对行为人客观的实害结果而断,尚应考虑行为人的主观因素。行为人的内在心态不同,当然会影响罪名的成立与否和刑罚的轻重,这也就是"圣君原心省意,故诛故贳误,故贼加增,过误减损"[44]的衍申,而在此逻辑推理下,乃产生了下述三个规范评价的原则:

其一,"志邪者不待成",就文义解释言,系指内心具有邪念之徒,不必等待行为成为事实才定罪。唯若以现今眼光,当再细分为二:一为具犯罪之意图、决意、阴谋或预备者,即使尚未着手于犯罪构成要件的实行,也不免于罪。所谓"君亲无将,将而诛之"或本于此理。二是行为人已着手于犯罪构成要件之实行,虽尚未见有预期的危险或实害结果发生之未遂行为,也不免要遭受刑罚。

其二,"首恶者罪特重",即在数人共同犯罪的场合,由于强调打击"志邪",所以"首恶者"较其他共犯的罪刑为重,所谓《春秋》之义,诛首恶而已"、"《春秋》之义,功在元帅,罪止首恶"即本此意。在本书第二章第三节案例十二"罪止首恶"

---

44 参阅(汉)王充《论衡集解》,台北:世界书局,1962年,页239。

一案中，《公羊传》于僖公二年灭夏阳之役，特书"虞师、晋师灭夏阳。虞，微国也，曷为序乎大国之上？使虞首恶也"。是《春秋》之于共犯，分别首从。又如案例八"造意首恶"一案中，称"（孙）宝到部，亲入山谷，谕告群盗，非本造意。渠率皆得悔过自出，遣归田里"。凡此，均说明于普通首从关系外，凡涉及聚集多众之附和随行者，比起首恶，予以宽典。

其三，"本直者其论轻"，此乃相对于"志邪者不待成"而言。系指行为人的动机、目的纯正，合乎伦常义理，或由于过失、或由于错误，而有违法行为时也可以从轻论处，甚至犯的是重罪也可以获邀宽宥。

综上看来，"原心定罪"的实质，是强调根据行为人的动机、意图、目的等主观要件来论罪科刑。至于一个人的心理状态是否正当，是衡量本直"还是"志邪"的主要标准，则是儒家所提倡的宗法伦理观念。而这些标准，其实就是儒家经典中所谓的"微言大义"，汉儒透过"原心定罪"将伦常义理渗入司法审判之中，现实上达到以伦理率法的愿望。可以说，引经折狱、原心论罪是中国法制历史上实现纳礼入律、礼刑合一的先导阶段；从这个意义上看，"春秋折狱"与"原心定罪"几乎是同义语。引经折狱是事情的表象，"原心论罪"是问题的核心。不过，还是不要忘了，董仲舒不光只是强调"心志"，他也强调一个"必本其事"的客观要件，否则，整个论断将会流于偏颇。

二、罪同异论的评判基准及其流弊

已如前述，无论中外、无论古今，刑法理论史上，有关主观说与客观说的争论,所涉及的主要是"归责对象"的争执,究竟是要针对行为实害的结果,还是要针对行为人的内在恶性。随着"犯罪人"概念的产生和发展,致使"同罪异罚"和"异罪同罚"的现象越趋显著,因而导致了犯罪概念的多元化。董仲舒曾说:

> 《春秋》,大义之所本耶?六者之科,六者之旨之谓也。然后援天端,布流物,而贯通其理,则事变散其辞矣。故志得失之所从生,而后差贵贱之所始矣。论罪源深浅,定法诛,然后绝属之分别矣。立义定尊卑之序,而后君臣之职明矣。[45]

所谓"论罪源深浅",即是强调行为人犯罪动机的深浅,而决定刑罚的轻重,同犯一法,情有深浅,或轻而难原,或重而可恕。于小罪之间,或情有大恶;于大罪之间,或情有可恕。然后,什么应该断绝、什么应该连续,自然就能分别了。自荀学脉络下之齐化儒学起,不再视刑罚为言之不祥的禁忌,而益加正视刑罚的正面意义,源本公羊齐学的董仲舒自然也不例外;所稍异者,汉儒转而更加强调"罪源"的探究。此种侧重"原心定罪"以及"首恶务重"的主观说,影响传统中国法制极其深远,倘若将传统中国法制的相关规范参而观之,便不难知晓关涉伦常的所谓"不忠"、"不孝"之罪,何以如此之重。

儒家谓义者宜也,因此对于制度面的建构,所着眼的是分配的正义而非平均的正义。《礼记·中庸》云:"亲亲之杀,尊贤之等,礼所生也。"这种等差有序,昭穆相当,各如其分,才是儒

---

45 参阅本章注22,(汉)董仲舒撰,(清)凌曙注《春秋繁露注·正贯第十一》,页116。

家所冀望"不齐而齐"的社会;"惟齐非齐"不仅为儒家礼制思想的理念,同时也是刑罚思想的通理。[46]刑罚世轻世重,惟齐非齐,其间鉴别之道即在于行为人的主观意志,而其方法即必须推原行为人内在动机,其轻重本当因时制宜,这也是董仲舒念兹在兹的"本其事而原其志"。《尚书·吕刑》上说:

> 上下比罪,无僭乱辞,勿用不行;惟察惟法,其审克之。上刑适轻下服,下刑适重上服,轻重诸罚有权。刑罚世轻世重,惟齐非齐,有伦有要。罪惩非死,人极于病。非佞折狱,惟良折狱,罔非在中。察辞于差,非从惟从。哀敬折狱,明启刑书胥占,咸庶中正。其刑其罚,其审克之。狱成而孚,输而孚;其刑上备,有并两刑。[47]

可以想见,春秋折狱贵在推见至隐,从行为人的动机、意图入手,其所肇致的实害程度反成其次,动机善恶有时甚至可以凌越客观事实的基础。本书第二章第二节"董仲舒春秋折狱案例"有关"误伤己父"的案例中所提及的许止及赵盾"弑其君"两个春秋典故,即是儒者最好为征引的案例,董仲舒也曾援此两例为对比,说明"原其志"的重要:

---

[46] 从《尚书·吕刑》观之,儒家对于所谓"惟齐非齐",本是站在"刑罚"合理性的角度而为立论,然而因"礼者为异",此种"惟齐非齐"的思想,也影响儒家礼制的建构,荀子即将"惟齐非齐"之理引申到礼制的诠释上,盖取其异事同理之道也。《荀子·王制》:"分均则不偏,势齐则不壹,众齐则不使。有天有地,而上下有差,明王始立而处国有制。夫两贵之不能相事,两贱之不能相使,是天数也。势位齐,而欲恶同,物不能澹则必争,争则必乱,乱则穷矣。先王恶其乱也,故制礼义以分之,使有贫富贵贱之等,足以相兼临者,是养天下之本也。《书》曰:'惟齐非齐。'此之谓也。"

[47] 参照本章注10,《尚书·周书·吕刑》,载《十三经注疏》第一册,页302—303。

今案盾事而观其心，愿而不刑，合而信之，非篡弑之邻也。按盾辞号乎天，苟内不诚，安能如是？是故训其终始无弑之志。挂恶谋者，过在不遂去，罪在不讨贼而已。臣之宜为君讨贼也，犹子之宜为父尝药也。子不尝药，故加之弑父；臣不讨贼，故加之弑君，其义一也。所以示天下废臣子之节，其恶之大若此也。故盾之不讨贼，为弑君也，与止之不尝药为弑父无以异。盾不宜诛，以此参之。[48]

以现行刑法体系言，动机乃引发外在行为的内在原因；同一行为可以由不同的动机所导致，而不同行为也可能源自同一动机。所有的故意犯均有其内在动机，然而此等动机于现行刑法架构下仅止于量刑事由，并不影响犯罪的成立。[49]以动机论断犯罪情节轻重，本属合情合理，而其权衡本来即深受普世价值理念的影响，司谳者引用社会伦理观作为判别的标准，也是古今通例，未尝相殊也。问题在于，如果将"动机"的重要性推到极致，动机之善恶甚至足以影响犯罪的成立与否，其后果的严重性就不难想象了。姑不论有伦有要的理想，实际上于司法践履上果真能否贯彻？或是否被曲解其意而流于纵滥？这是不能不深思的。

原情定罪作为鉴别的标准，本系用以达到"刑罚世轻世重，

---

48 参阅本章注22，（汉）董仲舒撰，（清）凌曙注《春秋繁露注·玉杯第二》，页24—25。
49 台湾地区现行"刑法"第五十七条系纯从犯罪之情状为观察，应注意事项共有十款，作为科刑轻重之标准。其中，第一款将犯罪动机、犯罪目的明定为量刑事由，用以作为判断行为人之犯罪性与行为罪责之依据。动机为目的之内在原因，目的则为动机之具体倾向。犯罪之动机与犯罪之目的往往密不可分，因此于刑罚裁量上，多须一并加以审酌，而其审酌，则深受社会成员之整体价值理念影响，因此法官必须使用社会伦理的标准，评估动机与目的的伦理价值。

惟齐非齐，有伦有要"的理想境地，此本为轻重有权、随时制宜思想的作用。然而一旦涉及攸关专制皇权生存的政治案件时，则主政者利在除恶务尽，终顾不得所谓"有伦有要"的要求，盖防微杜渐，才是最符合政治利益的做法。因此，凡是涉及皇室安危的案件，"君亲无将，将而诛之"的大帽子一扣下，相关人等便很难全身而退。董仲舒言："盖圣人者，贵除天下之患。贵除天下之患，故《春秋》重而书天下之患遍矣。"所以认为《春秋》"弑君三十六，亡国五十二，细恶不绝之所致"，因此必须"诛恶而不得遗细大"。他显然将《春秋》的义理作了相当程度的引申：

> 凡百乱之源，皆出嫌疑纤微，以渐寖稍长至于大。圣人章其疑者，别其微者，绝其纤者，不得嫌以蚤防之。圣人之道，众隄防之类也。谓之度制，谓之礼节，故贵贱有等，衣服有别，朝廷有位，乡党有序，则民有所让而不敢争，所以一之也。[50]

从春秋折狱诸实例中，凡涉及违犯君臣大义的"政治性案件"，都可以瞥见这种杜微之道的影子。当然，这种方式滋生流弊自是当然，因此，历代以来以极端负面的看法审视春秋折狱者所在多有，其间，宋马端临《文献通考》即为著例。他说：

> 孝武即位，外事四夷之功，内盛耳目之好，征发烦数，百姓贫耗，穷民犯法，酷吏击断，奸宄不胜，于是招进张汤、

---

50 参阅本章注22，（汉）董仲舒撰，（清）凌曙注《春秋繁露·度制第二十七》，页185。

赵禹之属，条定法令，作见知故纵、监临部主之法，缓深故之罪，急纵出之诛，其后奸猾巧法转相比况，禁网寖密。律令凡三百五十九章，大辟四百九条，千八百八十二事，死罪决事比万三千四百七十二事。文书盈于几阁，典者不能遍睹，是以郡国承用者驳。或罪同而论异，奸吏因缘为市，所欲活则傅生议；所欲陷则予死比，议者咸冤之。自公孙弘以《春秋》之义绳下，张汤以峻文决理，于是见知之法生，而废格沮诽穷治之狱用。汤奏颜异九卿，见令不便，不入言而腹非，论死，是后有腹诽之法。又作沉命法，曰群盗起不发觉，发觉而弗捕，满品二千石以下至小吏主者皆死，天下岁断狱以千万数。[51]

清代章太炎也大肆批判道：

晚世名家礼官既绝，一并于儒，故定律者多在荐绅，独董仲舒为春秋折狱，引经附法，异夫道家儒人所为，则佞之徒也。何者，法律繁苛未足以娆民，娆民者在亿察无征之事。……仲舒之折狱二百三十二事，援附经谶，比于郦侯、叔孙，其文已枝。同时张汤、赵禹所增朝律、越宫律，监临部主、见知故纵诸篇，皆不若依附春秋甚也。以是教汤使一事而进退于两律，后之廷尉利其轻重异比，上者得以重秘其术，使民难窥；下者得以因缘为市，然后弃表埻之明而从縿

51　参阅（宋）马端临《文献通考·刑考二》，台北：新兴书局，1963年，页1415。

游之荡，悲夫经之虮虱，法之秕稗也。[52]

两位不仅针对春秋折狱作出"诛心"之责难，更对汉代"决事比"之流弊有感而批。事实上，春秋折狱于方法论上，本运用所谓"类比转化"的技巧，将系争案例之依据比引儒家经典，运作之弹性决不亚于"决事比"，彼等将两者合参以断，给予极为负面的评价，这是春秋折狱"同罪异罚"往往成为后世诟病之所在。

而我推测，董仲舒倡"罪同而论异"的初衷，是想推原行为人的犯罪动机，经审慎评估之后才重轻异判，绝非要凡事恣意妄为。而何以汉代春秋折狱，原意虽善，终不免流于奸吏缘饰之道？其理无他，端在人为，儒家经典其论庞杂，其义悠远。既无法要求所有职司审判者皆能通晓，更无法强求司谳者皆有过人的道德修为。司马迁在《史记·太史公自序》中说：

> 夫儒者，以六艺为法，六艺经传千万数，累世不能通其学，当年不能究其礼。故曰"博而寡要，劳而少功"。若夫列君臣父子之礼，序夫妇长幼之别，虽百家弗能易也。

遇到疑难案件，想要司谳者找出适当的律条，本就不易，遑论要在简约而含义深奥的经文中找出妥适的"经义"作为裁判的依据。事实上，春秋折狱真正的问题关键在"证据"如何取得，"心证"如何形成。清末民初的法学者董康（1867—1947）曾说：

52　参阅章太炎《检论卷三·原法》，载《章氏丛书》上册，台北：世界书局，1919年，页544。

> 质成讼狱，端贵平亭，而平亭要点，除证据，无他之轨涂可循，吾国关于刑事向持法定证据主义；证据厥维物与人二种，二者之证据力强弱及其虚实，全凭司谳者从实施行为以权衡之，谓为心证，固无不可。盖法律之规定有限，而人情之变幻无穷，仍须于习惯及条理间，予以裁量之权，昔人所谓以经义断狱者，庶几近之也。[53]

这段话点出了问题的核心，非常平允。而我常想，春秋折狱的结果造成"罪同异论"、"异罪同罚"，这与董仲舒原先所设想的"罪同异论"，恐不免有相当的落差。究其实，《春秋》笔法虽含有评价的色彩，毕竟并非如法律般地以规范语句表达的概念，审判者对于经义适用于个案时，势须将之转化为规范语句表现出来，此即何以《晋书·刑法志》会说："叔孙宣、郭令卿、马融、郑玄诸儒章句十有余家，家数十万言，凡断罪所当用者，合二万六千二百七十二条，七百七十三万二千二百余言。"即在说明转化过程势不可免。然而，此一转化推衍过程，往往即是问题之所在，所转化后的经义，究竟是以《春秋》的褒贬为褒贬，抑或是以"注经者"还是"审判者"自己的褒贬为褒贬？[54]这就因缘难定了。

其实，以当代刑法理论中的"征表主义"来说，认为犯罪乃行为人反社会性格的征表，为此，也赋予司法者有着相当自由的

---

53 参阅董康《集成刑事证据法》，台北："中央研究院"历史语言研究所傅斯年图书馆藏，出版地及年月不详，页1。嗣收于《董康法学文集》，北京：中国政法大学出版社，2005年，页747。

54 参阅张永鋹《汉代春秋折狱之法律思想及方法论探微》，载《政治大学历史学报》第19期，2002年，页15—69。

裁量空间。同一犯罪，可以就行为人的"性格"为个别相异的处罚，以实现所谓的"刑罚个别化的原则"或"犯人罪责个别化原则"。泛泛说来，这与春秋折狱所谓的"罪同异论"也有几分神似，无非都想体现对犯罪行为时主观情境的考量，这本是合乎人情事理的。从某种意义上说，这还表明了审判技巧的精致化，是法律文明正面发展的倾向。因为在论罪科刑时，既要注意其内在恶性，也要重视其实害程度，只有将两者紧密结合起来，才有可能对案件做出恰如其分的评价。遗憾的是，无论是"眚灾肆赦，怙终贼刑"、"宥过无大，刑故无小"，还是"意恶功遂，不免于诛"、"赦事诛意"之类的所谓"春秋大义"，都将动机与后果（即"意"、"志"与"功"、"事"）割裂开来，片面夸大行为人主观恶性的重要性，忽视犯罪后果的社会危害性，而内心世界情境的调查，本属难事，一念之间或可正反翻盘、生死一线，就这样，不期然而然地坠入了"罪刑擅断"的泥沼而终无法自拔！

伍、结语

世人常将春秋折狱的流弊归咎于董仲舒，认为春秋折狱的特点是"原心定罪"：对动机不良的，即使行为没有违背法律也应论罪；如果动机、目的纯正，即使行为违法，也可免刑或从轻论处。此等论断，确实吗？

事实上，董仲舒春秋折狱虽然强调主观条件"志"，但并非唯"志"是问，他所希冀的，或许是提醒主客观的并重斟酌。他在评论执法司寇一职时，曾这样说过：

> 司寇尚礼，君臣有位，长幼有序，朝廷有爵，乡党以齿，升降揖让，般伏拜谒，折旋中矩，立而磬折，拱则抱鼓，至清廉平，赂遗不受，请谒不听，据法听讼，无有所阿，孔子是也。为鲁司寇，断狱屯屯，与众共之，不敢自专。是死者不恨，生者不怨，百工维时，以成器械。[55]

罪与刑须得其宜、得其义，这种见解中肯十足。虽然如此，在他内心深处，二者的分量的确是不等同的，比较之下，看重的还是主观条件，而判断当事人"志"之善恶的标准是儒家的伦常义理。重视主观条件实际上是董仲舒"大德小刑"思想的具体反映，主观的善恶表明了德育教化的程度。或许非如此，难以矫正当时法家用刑过酷的客观归罪论；非如此，也不足以体现儒家正统法理思想的统治理想。而透过这般灵巧的理论与实践，终于让儒家思想尽可能渗入司法的领域，进而企图结合"经"与"律"，互摄"礼"与"法"；并在一定程度上展露出刑罚宽厚与人道的一面，就现存董仲舒所遗留下来的六个引经断狱实例看来，也无非在求融洽于情法之间而已。

从刑法发展史看，"原心定罪"要求厘清行为的故意和过误、惯犯和偶犯、造意和随从，并强调在定罪量刑时要考虑行为人的动机、意图和目的等，作为一种刑法思想，这是先进而成熟的。遗憾的是，它的弊病在于后来的部分舞经酷吏虽承用其名，却私

---

[55] 参阅本章注22，（汉）董仲舒撰，（清）凌曙注《春秋繁露注·五行相胜第五十九》，页306。

心逞欲，过度强调行为人的主观恶性，甚而无限上纲到"道德裁判"的层次，从而忽视甚至无视行为的客观事实，定罪量刑的基准因此走样，冤案、假案、错案于焉造成。不过，奸吏因缘为市，故入故出人罪，只是"原心定罪"恶的运用的一个面向，是一种"不正常的经义折狱"，它为酷吏滥施刑罚开了方便之门，尤其是"政治确信"的案件，血迹斑斑可考。

其实，"原心论罪"也可以有好的运用的一面，正如同《后汉书·何敞传》所说：

> （何）敞疾文俗吏以苛刻求当时名誉，故在职以宽和为政。立春日，常召督邮还府，分遣儒术大吏案行属县，显孝悌有义行者。及举冤狱，以《春秋》义断之。是以郡中无怨声，百姓化其恩礼。[56]

董仲舒及部分儒吏所留存下来情理法兼顾的案例也历历可证，这就是本书所再三肯定的"正常的春秋折狱"。

从刑事司法实务面观察，不论古今，人的行为系主观与客观的综合体，而犯罪行为无非是行为人人格的现实表露。因此，倘无视外部行为结果，仅以行为人的内部心意作为论罪对象，显然有所偏；同样地，若不论行为人的内在心意，而仅就外在行为作评价，也不免失诸于倚。董仲舒以儒家经义作为刑事审判的间接法源，而兴起后世以儒家经义为指导思想的审判风潮，直迄南北朝而未歇，这种断案方式，既维护了帝国统治的基本原则，又达

56　详参《后汉书·朱乐何列传》。

到"通经致用"的圆融理想,在无关乎"政治确信"的一般刑事案件,大都是主张从轻科刑的,并未见有太多"援经以诛心"苛酷无度的实际案例。至于像马端临、章太炎等所指摘的当时那种"儒者往往喜舍法律明文而援经诛心为断"的现象,固然与董仲舒倡导春秋折狱有关,但这也是汉武帝"招进张汤、赵禹之属,条定法令,作见知故纵、监临部主之法,缓深故之罪,急纵出之诛"[57]的结果,主要的历史责任实不宜归诸董仲舒一人头上!

回顾两汉春秋折狱的犯罪理论,主观乎?客观乎?日原利国与仁井田陞两氏的论辩,就如同当代刑事法主观主义学派与客观主义学派的争议,很难有一确切定论;这不是谁对谁错的问题,而是观察切入点的侧重不同,如此而已!

57　详参《汉书·刑法志》。

下篇 《唐律》法意与儒家伦理

第五章

《唐律》中的礼刑思想

壹、序说

　　唐承隋业，其刑律又因袭开皇遗绪，上稽魏晋北齐之大成，下立宋明清之楷模。尤其，唐高宗时太尉长孙无忌等人所撰的《永徽律疏》，本着"网罗训诂、研核丘坟"的精神，对《永徽律》进行全面而深刻的诠释，其体系之完整，释疑析难之精密，条分缕别，句推字解，而又文词茂美，堪称是中华法系的一大杰作。

　　唐朝自高祖开国，国势既盛，享祚且长，难能可贵的是，着力建制立法，奠定法制根基。基本刑典确立后，继起诸皇，又频频加以损益。因此，法典屡有纂修，门类也很纷繁。综计唐朝统治的二百八十九年间（618—907），更易二十一主，其中，十四主均有修法，在帝制中国法制历史上，一朝君主立法修律之多，应属唐朝为最，可惜多已失传。[1]

一般说来，唐朝的法典，是以律、令、格、式诸典为主要。[2]当今完整流传的《唐律》，系指高宗永徽四年（653）所完成的《永徽律》，通行的《唐律疏议》，也就是《永徽律疏》三十卷。此律分为《名例》《卫禁》《职制》《户婚》《厩库》《擅兴》《贼盗》《斗讼》《诈伪》《杂律》《捕亡》《断狱》等十二篇，本为五百条，但今传之《唐律》则为五百零二条[3]。

有关《唐律》的研究，海内外论著已多，本书所侧重者，明显较侧倾于"法学史"的面向；而本章系属下篇中的"导论"性质，既无法，也无意对《唐律》作全貌性的介绍，仅想针对律本条的立法原理及《律疏》的背后精神作一探讨。盖历来论者多谓"唐律一准乎礼"，其律条及疏议深受传统的纲常名教所支配，是儒家式的法典，是家族伦理法，甚至认为，《唐律》是一部"儒教国家"的法典，是一种"礼教立法"，[4]是耶？非耶？

---

[1] 有关《唐律》的渊源、编纂沿革、篇章结构等，参阅刘俊文《序论》，载《唐律疏议笺解》上册，北京：中华书局，1996年，页1—36。另参陈寅恪《隋唐制度渊源略论稿》，台北：台湾商务印书馆，1998年，页120—123。

[2] 所谓"律、令、格、式"，《唐六典》"刑部郎中员外郎"条云："凡律以正刑定罪，令以设范立制，格以禁违正邪，式以轨物程事。"《新唐书·刑法志》曰："唐之刑书有四：律、令、格、式。令者，尊卑贵贱之等数，国家之制度也。格者，百官有司之所常行之事也。式者，其所常守之法也。凡邦国之政，必从事于此三者。其有所违及人之为恶而入于罪戾者，一断以律。"

[3] 今本多作五百零二条，据闻是因为《职制》《斗讼》律中各有一条在传抄过程中被析为了二条，实质内容并无增多。参阅戴炎辉《唐律通论》，台北：正中书局，1977年，页2。

[4] 徐道邻论《唐律》有云："吾人今日读唐律，其最使人值思者，即礼教之法律观。"戴炎辉更进一步指出，"血族名分"、"亲属一体"等观念的道德人伦主义，厥为《唐律》最大特质之一。其他中外学者，亦多持此见解者。详参徐道邻《中国法律制度》及《唐律中的中国法律思想和制度》，以上二文收于氏著《中国法制史论集》，台北：志文出版社，页1—20，页56—57，1975年。另参本章注3，戴炎辉，前揭书，页18以下。

贰、礼本刑用思想的形成与时代背景

"礼教立法"有称之为"礼刑合一"、"礼主刑辅"[5]者，而我则较常以"礼本刑用"名之。为避免争议，讨论本课题之前，有必要对"礼本刑用"一词先做界定。所谓"礼本刑用"，其用语来自"德礼为政教之本，刑罚为政教之用"这句话的启发，而考其实质内涵有二：其一，礼、刑虽是两种形式的社会生活规范，但礼是刑的精神真谛，刑律的功能是在辅助礼教的不足。申言之，"礼"为法制的终极目的，"律"只不过为实现"礼"的一种手段。其二，刑以礼为指导原则，刑律的内容是从礼教中取得价值的。礼不但高居于律之上，并且深入律文之中，使礼的规范法律化，形成所谓"出礼入刑"的礼法观[6]。而如此"礼本刑用"的思想渊源及其形塑又系从何而来？

---

5 论者说："将礼的要素融入法典，始于汉代。由于汉代承续秦代法家政治之后，因此汉初犹重刑名。汉武帝以后实施儒术独尊，其实仍然儒法并用，法制之运作，可称为礼刑合一，尤其东汉以后。惟汉去先秦不远，所以孔孟的德礼为主、政刑为辅说，以及周代的明德慎罚思想，仍深影响汉儒的立论，甚至以经折狱。具体实施德礼为主、政刑为辅的立法思想，当始于西晋泰始律令（268），完备于隋唐律令，尤其唐高宗永徽四年（653）颁行《唐律疏议》以后。礼主刑辅的立法原理，所以能够在晋唐间落实的原因，在于西晋立法者多为儒家，同时以服制入律；至隋唐律进而确立'一准乎礼'的立法原则。唐高宗撰修《律疏》，承续汉、晋以来据礼经解律、断狱，乃至以礼注律，其效力相当于律。《唐律》及其《律疏》遂成为后世制律的蓝本。所以传统法文化的定型，主要是实施礼主刑辅的立法原理，关键时期即在晋唐间的立法。"参阅高明士《法文化的定型：礼主刑辅原理的确立》，载柳立言主编《中国史新论·法律史分册——中国传统法律文化之形成与转变》，台北："中央研究院"历史语言研究所、联经出版事业公司，2008年10月，页98—99。

6 参阅徐道邻《唐律中的中国法律思想和制度》，载本章注4，氏著《中国法制史论集》，页58以下。

一、源于天道的人文秩序精神

在西洋的近代思想中，宇宙自然与社会秩序是分开的，客观秩序与主观之理是相对的。他们始终认为"自然"是一个独立的，与人类社会相对立的客观存在。而传统的中国思想则异于是，它强调天人合一，讲求人与自然的整合，相信宇宙间只有一种秩序，人文社会秩序与自然宇宙的运行应相互感通。

事实上，传统中国社会所谓的"社会秩序"，可以说，就是"礼的秩序"，也就是"伦常秩序"。从"人"到"礼"到"天"是一体的，从"理"到"社会秩序"到"宇宙自然"是一贯的。天人是合一的，主观与客观不是对立的，同一个"理"之中，就包含了天、地、人三者一贯之理。[7] 而在这种观念下发展出来的固有刑律，其刑罚基础，便含有源于"天"的浓厚色彩。而所谓"天"，乃指自然理则中之"天道"、"天理"、"天讨"、"天罚"、"天秩"、"天常"等这类型的含义。也可以说，天理、人情、国法三者，在当时被认为是维持社会秩序的三大要素。然人情留于王道，国法来自天理，其实乃公平正直的理性。所谓"天理昭昭，国法恢恢"，足见法律源于天理，自不能有悖于天理，而天理、人情又与礼有着深刻的关联在。《隋书·刑法志》序说：

> 夫刑者，制死生之命，详善恶之源，翦乱诛暴，禁人为非者也。圣王仰视法星，旁观习坎，弥缝五气，取则四时，莫不先春风以播恩，后秋霜而动宪。是以宣慈惠爱，导其萌

---

[7] 参阅陶希圣《中国法系之文化的功能》，载《中国法学论著选集》，台北：汉林出版社，1976年，页62。

芽，刑罚威怒，随其肃杀。仁恩以为情性，礼义以为纲纪，养化以为本，明刑以为助。

《唐律·名例》篇首之《疏议》也说：

《易》曰："天垂象，圣人则之。"观雷电而制威刑，睹秋霜而有肃杀，惩其未犯而防其未然，平其徽纆而存乎博爱，盖圣王不获已而用之。

宇宙自然现象与世间法律制度在不同角度、不同层次相互联系，法律秩序借重自然天运，天道运行阐释法律秩序，构成了传统中国法律的一个重要特征。可以推知，《唐律》的刑罚法源，理论基础亦托借于"天道"，盖论罪用刑，立法制典，须依于天心，本于天理，而实际运用于法制者，乃依理性以立法；明白地说，即具体的伦常关系。从而，《唐律》法律思想的整体结构，可谓立于天、地、人三才一体的思想之上。《疏议·名例》篇首说得很透彻：

夫三才肇位，万象斯分。禀气含灵，人为称首。莫不凭黎元而树司宰，因政教而施刑法。其有情恣庸愚，识沉愆戾，大则乱其区宇，小则暌其品式，不立制度，则未之前闻。故曰："以刑止刑，以杀止杀。"刑罚不可弛于国，笞捶不得废于家。时遇浇淳，用有众寡。于是结绳启路，盈坎疏源，轻刑明威，大礼崇敬。

不过，此之所谓依据天道之"天"，并无冥冥中具裁夺命运作用之宗教神秘的色彩，乃指自然理则而言。考察《唐律》，自宜以整体观为前提，也就是应该认识"礼"与"理"，因为它与《唐律》几乎混为一体。天地自然的法理是传统中国法制的法源，《唐律》亦复如是。

看来，《唐律》立法者的法理观，认为人间的社会秩序是自然宇宙现象的一环。然而，这套儒家理论的关键在于"万象斯分"之后，人间的规范也随之成立，儒家称之为"伦"、"理"、"纲"、"常"。但这套秩序原理不会想当然耳地被实践，其间，必须经过人为的努力，而此人事的尽力，必须由贤德者建立政权、推动法制。故人为的法制的存在有其必要性，包括立法与司法在内。[8]

二、儒学法律化思想的支配

历史告诉我们：先秦诸子，儒家以"礼"为规范，积极于化，而以王道任之；法家则以"法"为目的，特别重刑，而以霸道主之。刑礼分庭，王与霸、刚与柔对立，此乃儒法之争的原始。但从汉武帝罢黜百家，独尊儒术起，变通过的儒家思想取得了正统的地位，儒家重礼的思想也成为朝廷既定的政策。礼仪的推广经由大一统政治力量的支援，变得更普遍而牢固，礼的影响也就更深入人心。这种情况经长期演变，儒家的宗法伦理思想，就不期然而然地支配了唐代的立法。

---

[8] 参阅甘怀真《唐律中的罪的观念：唐律·名例律篇目疏议分析》，载高明士主编《唐代身份法制研究——以唐律名例律为中心》，台北：五南书局，2003年，页171—185。

如果，再从当时立法者的出身来观察，更能深体其意。盖唐代中国的刑典出自儒吏，而非来自法律家之手，这些读书人虽然不反对"法治"，但到底是奉儒家为正统的，当他们编制法典时，有些行为规范本来详细规范于礼书中，他们将这些礼的规范掺入法条的构成要件中，加诸刑罚的制裁效果，就成为刑律，儒家的出礼入刑论、明刑弼教之说，也就以变通的方式达到目的了。[9]论者曾说：

> 隋唐时代，随着律令法制的完成，其国家社会已成为礼教中心世界，或曰"礼化"世界。在此背景下，隋唐诸礼典的完成，绝非偶然。其目标，在缔建一个遵礼守法的社会，也就是一个礼教的社会。[10]

而本章一开头便提过，《唐律》沿袭自《隋律》，《隋律》又是绍承魏晋律而来，关于魏晋律的儒家化，在曹魏《新律》已启其端，它将《周礼》之"八辟"编入正文，刑制也是"更依古义制为五刑"，而所谓"古义"，不外乎是指儒家传统的经义。至于西晋制定《泰始律》(268)，一般认为是中国法制历史上首次完成儒家化的法典。《晋书·刑法志》说："峻礼教之防，准五服以制罪也。"说明泰始律令是引礼入律，同时依据五服伦常关

9　参阅瞿同祖《中国法律与中国社会》，台北：里仁书局，1982年，页408以下。
10　参阅高明士《导论：唐律研究及其问题》，载高明士主编《唐律与国家社会研究》，台北：五南书局，1999年，页16。

系来定其罪刑。[11]

再说《北齐律》，有服虔、郑玄派之熊安生等参与工作，而熊氏，李延寿之《北史》说他：

> 少好学，励精不倦。从陈达受《三传》，从房虬受《周礼》，事徐遵明，服膺历年，后受礼于李宝鼎，遂博通《五经》。然专以《三礼》教授，弟子自远方至者千余人。[12]

或可推知，《北齐律》是立法者据礼以为律。再观乎唐之《贞观律》与《永徽律》，是由房玄龄、长孙无忌等人主修，采取"寓经义于刑律"的立法原则，在律本文或疏议中，处处可见"经典古义"的身影，也是纯乎儒者之言，可以说是"儒家的法"。其实，从中也不难理解其因缘变化，盖"礼"由儒家言之，实为一切"规范"的总称，有拘束内在的伦理自律，有出礼入刑的实证他律，也有安邦治国的政事仪律。法家至唐时表面上已经式微，儒家趁此得势，"礼本刑用"的局面，乃由呐喊中而真正落实矣！

---

11 就法制历史的意义言，晋泰始律令呈现更重要的里程碑，在于将律典与令典定位为对等关系，过去令文不过是律文的副法或追加法，此时已成为规定制度的行政法，具有王化、教化意义。《晋书·刑法志》说："故不入律，悉以为令。施行制度，以此设教，违令有罪则入律。"自此以后，令典不再带有罚则，违令有罪，依律惩罚。参阅本章注10，高明士，前揭书，页16。

12 参阅《北史·儒林下》。北齐重修律、令、五礼，熊安生确定参加五礼之编纂，但是否参加律令编纂，尚待查考。

三、外儒内法与泛道德思想现实政术的运作

如果，再从秦汉以后的法制实际面来看，历代人君治国理民，大多好标榜儒家之治，行王道、揭仁政。一面极力标榜"导之以德，齐之以礼"；然而，在现实政治情境中，这种理念并无法收到预期的功效，于是，另一方面，仍不得不紧抱法家功利的、刑罚的实际路线。不仅如此，酷刑论调的气焰也未见降低。以西汉为例，刑罚可以应用，但不必公开主张。口谈礼教，而行用刑赏，乃以王霸之道兼杂而用。试看《汉书·刑法志》中的一段：

> 《洪范》曰："天子作民父母，为天下王。"圣人取类以正名，而谓君为父母，明仁爱德让，王道之本也。爱待敬而不败，德须威而久立，故制礼以崇敬，作刑以明威也。

霸道的法家与王道的儒家兼而取之，这种外儒内法的政策应用，很明白，已然走上"阳儒阴法"的路线，而影响历代的现实政术非常深远，唐代又何独不然？

可以想见，《唐律》中的刑法制度，乃融合了刑罚制裁与伦常道德的两极，而以礼教为积极因素，以律条为消极因子，其结果为礼教的法律化。一方面采取儒家伦理道德或礼教责任的实质，另一面则采用法家施行此等责任的程序，皇帝乃集政教于一身[13]。如是，法律规范与伦常礼教俨然形成法律运作过程中的阴阳

---

13 参阅吴经熊著，黎登鑫译《中国法律与政治哲学》，载《中国人的心灵——中国哲学与文化要义》，台北：联经出版事业公司，1984年，页200以下。

两面。

要言之,《唐律》的立法者认为,法律是落实礼教思想最有利也最便捷的途径。《唐律疏议》说得相当干脆:

> 德礼为政教之本,刑罚为政教之用。犹昏晓阳秋相须而成者也。

其下还有饶富风趣的脚注:

> 《论语》:"道之以德,齐之以礼"。德礼犹晓与阳,刑罚犹昏与秋。言德礼与刑罚,犹昏晓相须而成一昼一夜,春阳与阴秋相须而成一岁也。

很显然,法制上以"礼"为常经,以"刑"为变则的法文化形态,表露无遗。

而中国文化自周秦以降,是建立在农业上面的,唐代乃是典型的以农为主的社会;多数农民,聚其宗族,耕其田畴,既没有可以无限发达的工业,也就没有可以无限发达的商业。而农业社会的结构,系以家族制度为基干,它不是人的个体,而是人的血缘集合体。家既然是血缘的团体,成员之间存在着伦理的"情",卑幼对尊长有一种自然的"敬"。儒家把这种自然之情纳入社会规范之内,此即"孝悌"的伦理观念。而"天下之本在国,国之本在家……",家齐而国治的观念也扩而充之地应用到实际的社会制度上来。申言之,昔日的政治封建与伦理的宗法社会,仍保留而未大破坏,于是从前的礼教生活秩序,仍深植人心。固然,儒家的理论，一部分颇合皇帝的胃口，但是，儒家的伦理与哲学，也实在适合于传统中国农业社会。

这样的社会结构及意识形态交织下，伦常礼教的条目有时即可视为法律条文。在社会价值判断上，有时"不守礼"远比"不合法"还要严重得多。如此一来，泛道德观念使"礼"与"法"有时几乎难以分别。

叁、礼本刑用观的确立及其具体内容

人类文化的演进，需要乃理想的根源。理想者，事实之母；而事实又为典章制度的先导。就中西法律发展历史而言，亦复如是。基于国家民族、文化背景、社会结构，乃至于自然环境的差异，都可能形成不同的法制。盖法制乃是统治社会的一个理念、一种手段，所以，一个国家或一个民族地区的法制，其精神表现，恒与社会组织的形态相配适而贯通之，这不仅表现于法理思想，同时也反映在实定法之上。

前面提过，《唐律》的一贯精神，乃刑以辅教，法以济礼，刑律系为完成礼教功能所用的一种手段。而"礼教"的主要内涵是宗法伦理，即以三纲五常为核心的名教观念与道德准则。此或可说明《唐律》中刑事思想的最高指导原则，亦为古代明刑弼教的典范遗意。不过，值得一提的是，所谓《唐律》的"礼本刑用"，并非指律条的内容尽为身份伦理规范。当然，也不是所有的伦理规范都是律文的内容，只能说，儒家的纲常名教与伦理道德渗透到律条中去，甚至洋溢在《疏议》行间，使整部《唐律》及《疏议》弥漫着"出礼入刑"的色彩。而礼的精神最基本的主干有二：一曰"异贵贱"，一曰"别尊卑"。反射到《唐律》，则集中表现为差等制和家族制，二者犹如两根巨大的支柱，贯穿于《唐律》的始终，支撑着《唐律》的整个法律体系。[14]

一、罪刑因身份而异

《唐律》为了维持礼教的权威性，并为了尊重宗法人伦，对于破坏纲常名教的行为，认为难以原宥，所加的刑罚也较重。但如其行为与礼教无关者，往往又从轻认定，避免处以重刑。要言之，伦常礼教不但为立法精神的准绳，也是论罪科刑的依据。《唐律》的罪名与礼教的规范，形影相随。尤其，定刑因身份而异，同一犯罪事实行为，因等级贵贱而刑有轻重，兹列举显著者诸端：

（一）十恶

《名例》十恶条"一曰谋反、二曰谋大逆、三曰谋叛、四曰恶逆、五曰不道、六曰大不敬、七曰不孝、八曰不睦、九曰不义、十曰内乱"。

《唐律》以上述十种犯罪类型刑责最为重大，故称"十恶"。事实上，"十恶"的部分罪名，秦汉时期已经出现，《北齐律》首

14　参阅本章注1，刘俊文，前揭书，上册，页36。

先成立了"重罪十条",隋代《开皇律》正式使用"十恶"之名。《唐律·名例》因之,《唐六典》称:"乃立十恶,以惩叛逆,禁淫乱,沮不孝,威不道。"[15]《疏议》中也说:

> 五刑之中,十恶尤切。亏损名教,毁裂冠冕,特标篇首,以为明诫。

"十恶"之所以为重罪,就是因为致使"名教"的运作有所亏损,且破坏了天子所代表的士大夫文明。细查"十恶"之中,谋反、谋大逆、谋叛与大不敬,系直接损及帝王人身、权力和尊严的行为,为维持"君臣之大义",并为巩固权位,不得不严其罪刑,这是可以想见的。至若恶逆、不孝、不睦,则系卑亲属犯尊亲属,有违"人道之大伦",所以被认为罪大恶极。不道与不义,或因其以卑鄙的手段犯罪,或因其行为犯上,有违"生人之大义"。而内乱,"若有禽兽其行,朋淫于家",是"紊乱礼经"的严重犯罪行为,以此亦不能不论以重罚。

可以这么说,《唐律》之所以将以上十种类型列为最具谴责

---

15 参阅《唐六典》卷六"刑部郎中员外郎"条。又"十恶"的类型如下:"谋反",谓谋危社稷。"谋大逆",谓谋毁宗庙、山陵及宫阙。"谋叛",谓谋背国从伪。"恶逆",谓殴及谋杀祖父母、父母,杀伯叔父母、姑、兄姊、外祖父母、夫、夫之祖父母与父母者。"不道",谓杀一家非死罪三人,支解人,造畜蛊毒、厌魅。"大不敬",谓盗大祀神御之物、乘舆服御物;盗及伪造御宝;合和御药,误不如本方及封题误;若造御膳,误犯食禁;御幸舟船,误不牢固;指斥乘舆,情理切害及对捍制使,而无人臣之礼。"不孝",谓告言、诅詈祖父母、父母;及祖父母、父母在,别籍、异财,若供养有阙;居父母丧,身自嫁娶,若作乐,释服从吉;闻祖父母、父母丧,匿不举哀;诈称祖父母、父母死。"不睦",谓谋杀及卖缌麻以上亲,殴、告夫及大功以上尊长、小功尊属。"不义",谓杀本属府主、刺史、县令、现受业师;吏卒杀本部五品以上官长;及闻夫丧匿不举哀,若作乐,释服从吉及改嫁。"内乱",谓奸小功以上亲、父祖妾及与和者。

性的犯罪行为，究其根柢，主要系违犯了"君为臣纲"、"父为子纲"、"夫为妻纲"等君权、父权和夫权等原则，以及与名分之教、人伦之教所不容的违反宗法伦理道德观念。因此，"十恶"是"常赦所不原"的重大犯罪，均处绞、斩或流等重刑，亦不得请议、收赎或减轻。例如：

1.《贼盗》"谋反大逆"条规定："诸谋反及大逆者，皆斩；父子年十六以上皆绞，十五以下及母女、妻妾、祖孙、兄弟、姊妹若部曲、资财、田宅并没官，男夫年八十及笃疾、妇人年六十及废疾者并免。伯叔父、兄弟之子皆流三千里，不限籍之同异。即虽谋反，词理不能动众，威力不足率人者，亦皆斩；父子、母女、妻妾并流三千里，资财不在没限。其谋大逆者，绞。"甚至连"口陈欲反之言，心无真实之计，而无状可寻者"亦流二千里。

《疏议》解释反逆罪中的"谋反"罪之所以为"大恶"的原因，说道：

> 然王者居宸极之至尊，奉上天之宝命，同二仪之覆载，作兆庶之父母。为子为臣，惟忠惟孝。乃敢包藏凶慝，将起逆心，规反天常，悖逆人理，故曰"谋反"。

2. 同类犯罪，属"十恶"者处刑从重。例如子孙于祖父母、父母，情有不顺而殴者，即属"恶逆"，处斩。唯若子孙违犯教令，而祖父母、父母殴杀者，仅徒一年半。再如奸通罪，一般常人和奸，男女各徒一年半；有夫者，徒二年。妻、妾罪等。但如系子孙与父祖的妾通奸，则属"内乱"，处绞刑。

3. 属"十恶"者不得享有减免刑罚的各项规定。《唐律》规定官僚贵族犯罪可分别享有议、请、减、赎、官当等各种礼遇，但"犯十恶者，不用此律"，虽遇大赦，"犹除名"。凡谋反、谋大逆、谋叛等罪，一律不得适用"同居相为隐"及"存留养亲"等减刑原则。

（二）八议

《名例》八议条"一曰议亲、二曰议故、三曰议贤、四曰议能、五曰议功、六曰议贵、七曰议勤、八曰议宾"[16]。

唐代官人，享受特殊待遇最优者为八议之人，即与皇室有亲属关系，或对于帝王权位的延续具有直接或间接贡献者，此等之辈，一旦犯罪，只要不在"十恶"之列，均得享有"议、请、减、赎、当免"的特权。《疏议》上说：

> 《周礼》云："八辟丽邦法。"今之"八议"，周之"八辟"也。《礼》云："刑不上大夫。"犯法则在八议，轻重不在刑书也。其应议之人，或分液天潢，或宿侍旒扆，或多才多艺，或立事立功，简在帝心，勋书王府。若犯死罪，议定奏裁，皆须取决宸衷，曹司不敢与夺。此谓重亲贤，敦故旧，尊宾贵，尚功能也。以此八议之人犯死罪，皆先奏请，议其

---

[16] "八议"的事类如下："议亲"，谓皇帝袒免以上亲及太皇太后、皇太后缌麻以上亲、皇后小功以上亲。"议故"，谓故旧，即谓宿得侍见，特蒙接遇历久者。"议贤"，谓有大德行，即谓贤人君子，言行可为法则者。"议能"，谓有大才艺，即谓能整军旅，政事，盐梅鼎鼐，师范人伦者。"议功"，谓有大功勋，即谓能斩将搴旗，摧锋万里，或率众归化，宁济一时，匡救艰难，铭功太常者。"议贵"，谓职事官三品以上，散官二品以上及爵一品者。依令："有职掌者为职事官，无职掌者为散官。"爵，谓国公以上。"议勤"，谓有大勤劳，即谓大将吏恪居官次，夙夜在公，若远使绝域，经涉险难者。"议宾"，谓承先代之后，为国宾者。

所犯，故曰"八议"。

可见，《唐律》规定的八议极其详密，而《疏议》此处之所以引《周礼》，意在说明"八议"一语乃源自《周礼》的"八辟"。《周礼·秋官司寇·小司寇》所提的"八辟"，与《唐律》的"八议"完全相同，同样是指"亲"、"故"、"贤"、"能"、"功"、"贵"、"勤"、"宾"，凡具有此八种身份者，犯罪皆可以减免刑罚。由此得知《唐律》"八议"条的法源即是《周礼》，对于《周礼》的文字也未作任何调整。此外，又本于《礼记·曲礼上》"刑不上大夫"的理念，论罪科刑伴随身份而异。

（三）宗法伦理犯罪

《礼记·哀公问》有一段记载：

> 民之所由生，礼为大，非礼无以节事天地之神也。非礼无以辨君臣上下长幼之位也。非礼无以别男女、父子、兄弟之亲，婚姻疏数之交也。

长幼亲疏有别，可说是礼的又一精神，而《唐律》乃将身份伦理作为主要的立法基础。除了上述中的"十恶"重罪系由宗法伦理而生，其他许多论罪科刑原则也依宗法伦理而定。例如：

1.《职制》"大祀不预申期及不如法"条："诸大祀不预申期及不颁所司者，杖六十；以故废事者，徒二年。……即入散斋，不宿正寝者，一宿笞五十；致斋，不宿本司者，一宿杖九十；

一宿各加一等。中、小祀递减二等。"所谓"大祀",据《祠令》:"昊天上帝、五方上帝、皇地祇、神州、宗庙等为大祀。"亦即依礼,祭天地、宗庙、神州等大祀期,应宿正寝,不得为秽恶之事。违者,依律,一宿笞五十,一宿加一等。

2.《户婚》"居父母丧生子"条:"诸居父母丧生子者,徒一年。"谓在父母丧期的二十七个月内[17],不得有妊娠生子之事。

3.《户婚》"居父母夫丧嫁娶"条:"诸居父母及夫丧而嫁娶者,徒三年;妾减三等。各离之。知而共为婚姻者,各减五等。不知者,不坐。"谓父母之丧,终身忧戚,三年从吉,自为达礼。又夫为妇天,尚无再醮。在父母及夫之丧,二十七个月之内,若男身娶妻,而妻、女出嫁者,各徒三年。此在民事上系属婚姻的障碍,必须延至服满。若知情而与此等人共为婚姻者,亦予处罚。居丧之人,并入十恶中之"不孝"或"不义"。

4.《户婚》"父母被囚禁嫁娶"条:"诸祖父母、父母被囚禁而嫁娶者,死罪,徒一年半;流罪,减一等;徒罪,杖一百。"祖父母、父母既被囚禁,固身囹圄,子孙嫁娶,此事亦为名教所不容,故应坐罪。

---

17 《唐律·名例》"免所居官"条《疏议》:"在父母丧生子者,皆谓二十七月内而怀胎者。若父母未亡以前而怀胎,虽于服内而生子者,不坐。纵除服以后始生,但计胎月是服内而怀者,依律得罪。"《礼记·间传》:"斩衰三升,既虞卒哭,受以成布六升、冠七升;为母疏衰四升,受以成布七升、冠八升。去麻服葛,葛带三重。期而小祥,练冠縓缘,要绖不除,男子除乎首也,妇人除乎带也。男子何为除乎首也?妇人何为除乎带也?男子重首,妇人重带。除服者先重者,易服者易轻者。又期而大祥,素缟麻衣。中月而禫,禫而纤,无所不佩。"孔颖达疏:"中月而禫者,中间也,大祥之后,更间一月而为禫祭。二十五月大祥,二十七月而禫。"《礼记·三年问》:"三年之丧,二十五月而毕,若驷之过隙,然而遂之,则是无穷也。"由此可见三年之丧,历二十五月而毕,此为"大祥"。大祥之后应身着素缟麻衣一个月,至二十七月时,举行禫祭,才能完全除去丧服。详参《礼记》,载《十三经注疏》第五册,台北:艺文印书馆,1997年,页955、956、957、961。

5.《户婚》"同姓为婚"条:"诸同姓为婚者,各徒二年。缌麻以上,以奸论。"此之"同姓"系指"同宗共姓"。同姓不婚禁止的理由,主要有二:一为避免同姓不育,所谓"同姓不婚,惧不殖也","男女同姓,其生不蕃",以防断嗣绝种,宗支不继。另一为附远厚别,即对外合二姓之好,对内重人伦之别,其中尤重伦理等差的考量。认为同一血统的男女进行肉体交媾,是不吉不伦的。《唐律》似较强调第二个理由。

此外,在罪刑加减方面,亦随伦理身份而有不同,此即《疏议》中所谓"尊卑贵贱,等类不同;刑名轻重,灿然有别"。诸如:

6.《斗讼》"殴詈祖父母父母"条:"诸詈祖父母、父母者,绞。殴者,斩。过失杀者,流三千里;伤者,徒三年。若子孙违犯教令,而祖父母、父母殴杀者,徒一年半;以刃杀者,徒二年。故杀者,各加一等。即嫡、继、慈、养杀者,又加一等。过失杀者,各勿论。"祖父母、父母至尊,子孙犯之者,处以极刑,詈已坐绞,殴者自皆斩。反之,杀子孙只处徒刑。可见,同一犯罪类型的行为,卑幼犯尊长者加重,尊长犯卑幼者则减免。

7.《斗讼》"殴缌麻兄姊等"条:"诸殴缌麻兄姊,杖一百。小功、大功,各递加一等。尊属者,又各加一等。"即弟殴兄姊的,处徒刑三年,反之,兄殴弟妹的,处徒刑二年半。

8.《斗讼》"妻殴夫"条及"殴伤妻妾"条:"诸妻殴夫,徒一年;若殴伤重者,加凡斗伤三等;死者,斩。""诸殴伤妻者,减凡人二等;死者,以凡人论。"夫犯妻与妻犯夫的悬殊待遇,亦系礼教立法下"夫为妻纲"的观念所使然。

二、据礼释律的运用

《唐律》不仅有许多律条系专为保障礼教而设，且常于律疏中引用礼经或礼教规则来诠释律文。故在《疏议》中常可见到"依礼"、"据礼"、"准礼"及"礼云"等用语，例如：

（一）《名例》"十恶"条："四曰恶逆。谓殴及谋杀祖父母、父母，杀伯叔父母、姑、兄姊、外祖父母、夫、夫之祖父母、父母。"对于"夫"，《疏议》有如下的问答。问曰："外祖父母及夫，据礼有等数不同，具为分析。"答曰："……夫者，依礼有三月庙见、有未庙见，或就婚等三种之夫，并同夫法。其有克吉日及定婚夫等，唯不得违约改嫁，自余相犯，并同凡人。"[18]

依据律疏所言，新婚的女子与其丈夫的关系有三种：一是新妇入夫婿家，若众姑既殁者，则三个月后，夫婿带新妇入祖庙祭拜，犹旧姑犹存时。二是未满三月，尚未带新妇入庙祭祖者，则未为妇。三是由于婚嫁之双方住居遥远，轿迎新娘行列，从新娘家出发到达夫家，途中的一种状态，亦即"完成婚姻的过程或阶段"。虽然说在礼仪上，这三种丈夫与妻子的关系并不相同，但依法都具有夫妻关系。

（二）《名例》"十恶"条："七曰不孝。谓告言、诅詈祖父母父母，及祖父母父母在，别籍、异财，若供养有阙；居父母丧，

---

18 有关《疏议》的问答，典故出自《仪礼·士昏礼》。《礼记·曾子问》："孔子曰：'嫁女之家，三夜不息烛，思相离也。娶妇之家，三日不举乐，思嗣亲也。三月而庙见，称来妇也。择日而祭于祢，成妇之义也。'曾子问曰：'女未庙见而死，则如之何？'孔子曰：'不迁于祖，不祔于皇姑，婿不杖、不菲、不次，归葬于女氏之党，示未成妇也。'曾子问曰：'娶女，有吉日而女死，如之何？'孔子曰：'婿齐衰而吊，既葬而除之。夫死亦如之。'"至于"就婚"，有认为系指入赘婚者。详参孙希旦《礼记集解》，台北：文史哲出版，1982年，页473—475。

身自嫁娶,若作乐,释服从吉;闻祖父母、父母丧,匿不举哀,诈称祖父母父母死。"善事父母曰孝,既有违犯,是名"不孝"。其中关于《职制》中的"闻祖父母、父母丧,匿不举哀。"《疏议》中说"依礼:'闻亲丧,以哭答使者,尽哀而问故。'父母之丧,创巨尤切,闻即崩殒,擗踊号天。今乃匿不举哀,或拣择时日者",皆入"不孝"。因此,援引《礼记·奔丧》之礼来说明听闻亲丧之时,据礼所应表达的哀痛。[19]

又如"不孝"条中的"若供养有阙"条《疏议》引"礼"云:"孝子之养亲也,乐其心,不违其志,以其饮食而忠养之。"其有堪供而阙者,祖父母、父母告乃坐。

(三)《户婚》"许嫁女辄悔"条:"诸许嫁女,已报婚书及有私约而辄悔者,杖六十。虽无许婚之书,但受聘财,亦是。"其中关于"已受聘财",《疏议》说:"婚礼先以聘财为信,故《礼记·内则》云:'聘则为妻'。虽无许婚之书,但受聘财亦是。聘财无多少之限,即受一尺以上,并不得悔。"

男女的夫妻关系在传统法制言,并不是以婚礼为缔结之始,而是在男方下聘就已成立,所以,女方若在下聘之后悔婚,即属违律。这种认定方式从《礼记》时代即已开始,唐代据此观点而纳入律文。

(四)《名例》"老小废疾"条:"诸年七十以上、十五以下及废疾,犯流罪以下,收赎。"《疏议》曰:"依周礼:'年七十以上及未者,并不为奴。'今律:年七十以上、七十九以下,十五以

---

19 《礼记·奔丧》:"奔丧之礼。始闻亲丧,以哭答使者,尽哀,问故,又哭尽哀。遂行,日行百里,不以夜行。唯父母之丧,见星而行,见星而舍。若未得行,则成服而后行。"详参本章注18,孙希旦,前揭书,页1219—1220。

下、十一以上及废疾,为矜老小及疾,故流罪以下收赎。"又同条中之律疏问答。问曰:"既称伤人收赎,即似不伤者无罪。若有……殴己父母不伤,若为科断?"答曰:"其殴父母,虽小及疾可矜,敢殴者乃为'恶逆',或愚痴而犯,或情恶故为,于律虽得勿论,准礼仍为不孝。老小重疾,上请听裁。"[20]

《唐律》对于老、小、疾人犯罪虽设免负刑责或减轻刑责的规定,此或出于爱幼养老及恻隐观念的刑事政策,但若发生殴父母情事,依礼仍属"不孝",而须特别上请。

(五)《职制》"匿父母及夫等丧"条。问曰:"居期丧作乐及遣人作,律条无文,合得何罪?"答曰:《礼》云:"大功将至,辟琴瑟。"郑注云:"亦所以助哀。"又云:"小功至,不绝乐。"[21]《丧服》云:"古者有死于宫中者,即三月为之不举乐。"况乎身服期功,心忘宁戚,或遣人作乐,或自奏管弦,既玷大猷,须加惩诫,律虽无文,不合无罪。从不应为之坐,期丧从重,杖八十;大功以下从轻,笞四十。缌麻、卑幼,不可重于释服之罪。"

律疏的问答是在讨论居丧期间忘哀作乐的问题,《疏议》首先引《礼记·杂记》为据,闻大功以上亲人丧,心情哀恸,当然不能忘哀作乐。汉儒郑玄认为如此可以增加哀戚的气氛。但小功以下的亲人丧则不加禁止,以其服轻也。

---

20 《名例》"老小废疾"条规定:"诸年七十以上、十五以下及废疾,犯流罪以下,收赎。八十以上、十岁以下及笃疾,犯反、逆、杀人应死者,上请。盗及伤人者,亦收赎。九十以上、七岁以下,虽有死罪,不加刑。"

21 《礼记·杂记下》:"凡弁绖,其衰侈袂。父有服,宫中子不与于乐。母有服,声闻焉不举乐。妻有服,不举乐于其侧。大功将至,辟琴瑟。小功至,不绝乐。"郑玄注曰:"大功将至,辟琴瑟,亦所以助哀也。"亦有论曰:"愚谓大功将至,谓他人有大功之丧者也。已于其将至而为之辟琴瑟,君子不夺人之丧,忠恕之道也。大功且然,则重者可知。小功至不绝乐者,服轻也。"详参本章注18,孙希旦,前揭书,页1014—1015。

此外，综观《唐律》各本条，有所谓"不应得为而为"、"轻重相举"及"比附论罪"等条文，《疏议》阐释此等律条时，常用"理法"、"理合"、"合理"等字汇，其意为解释须"合理"，而合理自以"合礼教"为最后依凭。可以说，《唐律》在律文的引用及解释方面，并非受严格的"罪刑法定"所拘束，而具有相当的弹性[22]。

肆、礼本刑用观的基本精神与特质

《唐律》礼本刑用观的确立及其具体内容，大致如上所述，接下来，自然想问，它所演绎出来的基本精神及特质究竟为何？

一、义务本位

18世纪以来，由于受到启蒙思想与理性主义的影响，欧陆近代型刑法于焉产生，尤其，法国大革命之后，在个人主义、自由主义思潮下，基本权利与人权保障的概念特受重视；而孕育于中古7世纪左右的《唐律》，立法思想的指导原则系以礼教为本，以人伦纲常为中心，所以整部法典几以义务、伦理为本位。也因此，尽管《唐律》被公认为是比较法制史上难得的"圆熟"之作，

---

22 详参黄源盛《唐律轻重相举条的法理及其运用》，载《当代基础法学理论——林文雄教授祝寿论文集》，台北：学林文化，2001年11月，页265—292。另参同氏著《唐律不应得为罪的当代思考》，载《法制史研究》第5期，2004年6月，页1—59。

不过，深入以观，类似当今刑法上的"法益保护"及民法上的"私权利益"等观念，均不甚注重，因为这是从"个人权益"而产生的，自义务本位者看来，并无重大的意义，此与西方罗马法系以权利为本位，迥乎其异。也因此，自唐而降，以权利关系为中心的独立"民法典"迟迟未能出现。[23] 盖多数民事关系，均归于自律律人的礼所支配，仅将少数必须强制遵行的民事关系，以刑罚法规的方式规定于刑律中而已。有人说："唐律系基于伦常礼教之立法，以刑事法为中心，而行政法次之，民事法最轻。"[24] 此种现象，其实不仅《唐律》独然，《宋刑统》《明律》《清律》也莫不如此。

因为持这种义务为本位的立法观，民事也以道德、伦常为尚，刑律之外的独立民事法典是否存在，也就没有受到太大的重视。即诉讼本质为民事者，也是为出于礼，而入于刑。能调解则尽量调解，如不能，即以刑罚逼之使服，此《周礼注疏》所谓"狱事重于讼事者也"，由此，亦可见唐代法制社会的主要轮廓。[25]

《唐律》的基本观念，既是一种礼教的法律观，而礼教的目的，则在维持社会的和谐良善关系，所以《唐律》也表现出一种很发达的社会义务观念，例如《杂律》"见火起不告救"条："诸见火起，应告不告，应救不救，减失火罪二等。"又如《捕

---

23 关于中国古代民法不发达的原因，参阅潘维和《中国民事法史》，台北：汉林出版社，1982年，页56—65。另参怀效锋《中国古代民法未能法典化的原因》，载《罗马法·中国法与民法法典化》，北京：中国政法大学出版社，1995年，页193—201。

24 参阅本章注4，徐道邻《中国法制史论集》，页40。

25 狱为断狱，属于刑事，如命、盗、奸等案是也。讼为诉讼，属于民事，如纯粹之户婚、田宅、钱债等案是也。但刑事民事应为独立之观念，互不混淆。刑律之罪篇，有特别构成要件为之规律，以处罚违法行为者。旧律之所谓"户婚、田宅"等，应系指此而言，而非隶于民事性质之要件，方科加刑罚也。关于这点，旧律观念不清，为其一大缺点。参阅张金鉴《中国法制的特质及其演进》，载《政治大学学报》第15期，1967年5月。

亡》"邻里被强盗不救助"条："诸邻里被强盗及杀人，告而不救助者，杖一百；闻而不救助者，减一等。力势不能赴救者，速告随近官司，若不告者，亦以不救助论。"凡此，均为义务本位的精神。禁止人民有妨害社会秩序及公共利益的行为，其法条散见于《户婚》《杂律》《贼盗》及《卫禁》等篇中[26]，表现出很明显的社会义务意识，用以保障各种社会公益，并防止公共危险的发生。《唐律》甚至把防止犯罪的责任，也托付给社会本身，规定人民于有犯罪行为发生的场合，或被请求有协助防范的义务，[27]或不须被请求，即应负主动防范的义务。例如《斗讼》"知谋反逆叛不告"条："诸知谋反及大逆者，密知随近官司。不告者，绞。知谋大逆、谋叛不告者，流二千里。知指斥乘舆及妖言不告者，各减本罪五等。"又例如《斗讼》"出监临知犯法不举劾"条："同伍保内，在家有犯，知而不纠者，死罪，徒一年；流罪，杖一百；徒罪，杖七十。"

二、家族主义

传统中国向来以家族为社会组织单位的基础，国家则为家族的扩大形态。因之，文化法制方面深受家族制度的影响，而家族

---

26 例如《杂律》"无故于城内街巷走车马"条："诸于城内街巷及人众中，无故走车马者，笞五十。以故杀伤人者，减斗杀伤一等。"《杂律》"在市人众中惊动扰乱"条："诸在市及人众中，故相惊动，令扰乱者，杖八十。以故杀伤人者，减故杀伤一等。"《杂律》"失时不修限防"条："诸不修隄防，及修而失时者，主司杖七十。毁害人家、漂失财物者，坐赃论减五等。以故杀伤人者，减斗杀伤罪三等。即水雨过常，非人力所防者，勿论。"

27 例如《捕亡》"道路行人不助捕罪人"条："诸追捕罪人而力不能制，告道路行人；其行人力能助之而不助者，杖八十。"

生活的父慈、子孝、兄友、弟恭的伦常礼则，往往也成为社会生活的行为规范。因此，家人之间的"父父子子、兄兄弟弟、夫夫妇妇"的身份关系，不但是人民生活准绳的依据，也为唐代律典所严密规定。具体地说，父尊子卑、兄尊弟卑、夫尊妻卑，《礼记·大传》所谓"亲亲也，尊尊也，长长也，男女有别"，在《唐律》中表现得淋漓尽致。这是唐代立法的社会背景，而在这种情况下，《唐律》的实际适用，自然深受礼规范的拘束。因为注重伦常礼教，律文之中皆融合着家族礼制的思想。论者曾说："礼规范和制定法的关系，乃领导原则和补充条款。礼以第一次规范领导法的规范；而法以第二次规范受礼的评价。"[28]这种见解，有其见地。

而在浓厚家族主义的观念下，个人人格价值理念并无独立生存的空间，个体必须为全家或全宗尽心尽力地付出，权利义务也是单向式的，此在《唐律》条文中，比比可见。以卑幼须恭顺尊长言，凡子孙詈祖父母、父母者，绞；殴者，斩；过失杀者，流三千里。反之，若子孙违犯教令，而祖父母、父母殴杀者，徒一年半；以刃杀者，徒二年。故杀者，各加一等。至于过失杀者，各勿论。[29]再如《户婚》"子孙别籍异财"条："祖父母、父母在，而子孙别籍异财者，徒三年。"又《名例》"犯死罪应侍家无期亲成丁"条："犯死罪非十恶，而祖父母、父母老疾应侍，家无期亲成丁者，上请。犯流罪者，权留养亲。"其次，《斗讼》"子孙违反教令"条："诸子孙违反教令及供养有阙者，徒二年"等。

---

28 参阅戴东雄《从法实证主义之观点论中国法家思想》，台北：作者印行，1979年，页175以下。

29 参阅《唐律·斗讼》"殴詈祖父母父母"条。

凡此在当代法律理念认为系属伦理道德问题者,《唐律》上即视为犯罪,此为家族主义的当然结论。因此,行为人常因家族关系而罹罪或免罪,家族关系或成为刑罚加重或减轻的原因。甚至有无辜之人,因与犯人有家族身份关系,而获缘坐者。

此外,《唐律》对于是否允许"复仇",缺乏明文,似有意规避礼刑两难的问题,也或系基于"子报父仇,教人免死"之例,所以奖励孝道、重视家族,亦为专制时代,家父长制法律之下的自然归趋。[30]不过,在司法实务的运作上却常因此陷于进退失据的窘境。又婚姻之目的乃为家为宗,结婚的男女不论成年与否,毫无自由意志可言,必须听从父祖之命,否则即为违犯教令,而须受徒刑的处罚。由此可知,在尊长与卑幼法律地位如此悬殊的社会情境下,卑幼是毫无独立人格可言的。

三、男权中心

传统中国的礼教及刑律,皆重男系而轻女系,婚姻关系以夫为中心,因此,在礼教法律观生长下的人民,是谈不上男女平权观念的。远从《礼记·昏义》所谓:"昏者,将合二姓之好,上以事宗庙,而下以继后世也,故君子重之。"可见婚姻的目的,除了自身民族生命的延续之外,还有一层含义,即是作为家族之间关

---

[30] 在儒家经典中,对于有关"复仇"思想的阐释,说得最详尽的,首推《礼记·檀弓上》所载:子夏问于孔子曰:"居父母之仇如之何?"夫子曰:"寝苫枕干不仕,弗与共天下也;遇诸市朝,不反兵而斗。"曰:"请问居昆弟之仇如之何?"曰:"仕弗与共国;衔君命而使,虽遇之不斗。"曰:"请问居从父昆弟之仇如之何?"曰:"不为魁,主人能,则执兵而陪其后"。《礼记·曲礼上》则曰:"父之雠弗与共戴天,兄弟之雠不反兵,交游之雠不同国。"详参本章注18,孙希旦,前揭书,页181。

系的联结。所以,婚姻所具有的建立社会关系的功能也是由家庭(或家族)来包办的;而一般家族在组构婚姻时,在"合二姓之好"的考虑下,理所当然地会形成"门当户对"的组合选择。换一种说法,祭祀祖先与传递香火乃成为传统社会宗族生活的核心。为达该目的,须立嫡以为宗祧继承人,而立嫡原则有三,即男系、直系及嫡长。立嫡的男系具有排他性的原则,女子自始即被排除在外。因此,生男在当时社会受到重视,而育女则非"子"。

就夫妻关系来说,在《唐律》上,妻的人格为夫所吸收。夫为尊长,妻为卑幼,夫对妻有所谓的教令及惩戒权,称之为"夫权"。夫惩戒妻如不逾越适当范围时,不受刑罚;反之,妻只要詈骂夫,即加以处罚。在同居义务上,妻背夫逃亡,应杖一百;反之,夫背妻逃亡,并无刑责。《疏议》并云:"妇女从夫,无自专之道。"《户婚》"义绝离之"条规定:"即妻妾擅去者,徒二年。因而改嫁者,加二等。"显然夫的法律地位高于妻。《唐律》又承礼制,定"七出"为弃妻之要件。[31]在贞操义务上,亦课以妻较夫为重的责任。夫不但可纳妾,且纳妾人数不受限制;反之,妻不得有相同的权利。在离婚关系上亦表现夫妻的不平等,离婚为夫的专权,反之,妻则不得弃夫。依《唐令》的规定,有所谓"七出",是片面离妻的七项事由,即有无子、淫泆、不事舅姑、

---

31 据《仪礼·丧服》贾公彦疏"出妻之子为母"句说"七出"。此外,在《大戴礼记·本命》篇中,也有"七出"的记载。及至《唐律·户婚》"妻无七出而出之"条规定:"诸妻无七出及义绝之状而出之者,徒一年半。"《疏议》曰:"伉俪之道,义期同穴,一与之齐,终身不改。故妻无七出及义绝之状,不合出之。七出者,依令'一无子、二淫泆、三不事舅姑、四口舌、五盗窃、六妒忌、七恶疾'。"义绝,是强制离异的法定事由,《疏议》说:"夫妻义合,义绝则离。"义绝的事由是:"殴妻之祖父母、父母及杀妻外祖父母、伯叔父母、兄弟、姑、姊妹,若夫妻祖父母、父母、外祖父母、伯叔父母、兄弟、姑、姊妹自相杀及妻殴詈夫之祖父母、父母,杀伤夫外祖父母、伯叔父母、兄弟、姑、姊妹及与夫之缌麻以上亲、(转下页)

口舌、盗窃、妒忌、恶疾时,夫可将妻休弃。而妻只有在经持舅姑之丧、娶时贱后贵,及有所受无所归等"三不去"的事由下,始能免于被休弃。[32]在如此礼教观下的社会,男女或夫妻的地位,是相当悬殊的。

"七出"之设,要皆基于性别的身份等差思想,于今看来,殊有违男女平等的原则,其中尤以"恶疾"及"无子"列为弃妻的原因,是否合乎天理与人道?颇堪玩味。

四、道义责任

《唐律》各本条,多属于刑罚制裁条款,亦即偏向于罪恶的惩罚。如果要问:行使刑罚权的目的何在?恐将人言啧啧。理论上,《唐律》因吸纳儒家礼教内涵,以"仁、爱、矜、恕"为最高立法原则,标志恤老慈幼之道,人之行为,苟有逾礼触法者,原则上皆构成犯罪;然本于"仁爱矜恕"的精神,对于老幼疾弱者,实质上亦轻宥处罚。[33]例如源于《周礼》的幼弱、老耄、愚蠢犯罪,或免其刑,或减其刑,或赦其罪,称为"三赦"。又不识、遗忘、过失往往得减轻其刑,称作"三宥"。凡此理念,固然与现代刑事责任的理论有间,也与法理上的意思自由、个人主观道义者不尽同趣。不过,此乃发轫于儒家固有的仁政与恕道精

(接上页)若妻母奸及欲害夫者,虽会赦,皆为义绝。"妻虽未入门,亦从此令。

32 《唐律·户婚》"妻无七出而出之"条规定:"虽犯七出,有三不去而出之者,杖一百,追还合。"惟依唐律令,纵有三不去的事由,但妻犯义绝、淫泆、恶疾及奸者,则仍得离妻。

33 《唐律》关于恤老慈幼律文的规定,在《名例》中有"老小废疾"条及"犯时未老疾"条,关于收赎、上请及不加刑之规定,又及"官户部曲"条、"老小及废疾不合加杖"之规定。此外,《贼盗》"造畜蛊毒"条有老幼废疾免流之文。《斗讼》"囚不得告举他事"条(转下页)

神,也反映出慎刑思想的一面,充满着礼教色彩。

关于"徒刑"之设,《疏议》说:"徒者,奴也,盖奴辱之。《周礼》云"其奴男子入于罪隶",又"任之以事,置以圜土而收教之"。徒刑的目的,在于奴辱,即剥夺其名誉。国家拘束犯人自由,要使犯人作业,同时施以教化,类似当代自由刑的制度。又《唐律》为鼓励人民悔改自新,设有自首制度,以"过而不改,斯成过矣;今能改过,来首其罪"。作为自首免刑的理由,故在《名例》"犯罪未发自首"条规定:"诸犯罪未发而自首者,原其罪。"且遵循儒家的人道观念,《疏议》于《进律书表》上说:"轻刑明威,大礼崇敬。"又说:"惩其未犯而防其未然,平其徽纆,而存乎博爱,盖圣王不获已而用之。"凡此,《唐律》的慎杀、戒斩、从轻法及二罪以上俱发,从一重处断,可以说是恤刑主义的具体表现。

向来礼教的作用在于"以礼守己,以德服人",上述《唐律》上的恤刑思想的诸般规范,无非乃本于这种意旨而设。不过,值得注意的是,《疏议》上所引用的,有时仅是理念而已,传统法律的有效性与实效性是有相当差距的,综观有唐一代的法制实际,率仍本于应报威吓思想者多,不可不察。

伍、礼本刑用观评述

无论古今,立法定制的背后通常隐藏着有所谓"上位规范义务",其间上下位规范的冲突及矛盾,到底应该如何调整?讲具

(接上页)及《断狱》"八议请减老小"条,亦有老小不得告官及不合拷讯等规定。

体些,法律与伦理道德之间的分合界线究该如何对待?这是法学命题上典型的千古难题。

一、道德·礼与刑的纠葛

理论上,法律与伦理道德之间的构造关系,是以高度复杂的方式互相牵连,彼此互有影响,若以两个圆分别代表法律及伦理道德,则两者间的关系,可以简单地分成三种形态:(一)两圆重叠,即意味着法律与伦理道德两者之范围完全一致;(二)两圆部分相交集,即法律与伦理道德间只有部分的规范内容相同,此一分类又因交集部分的大小,得分为大部分重叠与小部分交集两种;(三)两圆完全分离,此乃认为法律与伦理道德并无相通之处,各有其独立的规范领域。图示如下:

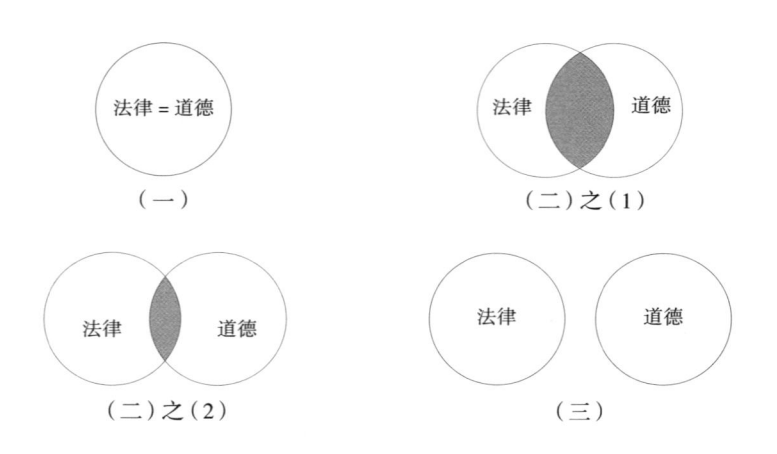

(一) 法律=道德

(二)之(1) 法律 道德

(二)之(2) 法律 道德

(三) 法律 道德

此外,有以为,法律是道德的一部分,且是最低限度的道德,如下图(四)所示。也有认为,法律与道德相邻接,法律的底层最接近道德，是为维持社会秩序所必要而强行的最小限度的社会生活规范；愈往中上层部分，法律中的道德成分趋淡，到了最顶层部位，甚至是所谓"无道德色彩的法规范领域"，如下图（五）所示。另有主张，法律与道德本是"同气连枝"，都是植基于事物的当然道理、事物的本性使然而来；以一棵树木为例，一干而多分，同气而异息，两者都出自"人伦的客观道理"的土壤之中，而最接近土壤的主干部位，是道德色彩较浓烈的法律规范领域，愈往上层的枝叶部位，则法律与道德的关连色彩渐次分离，终至毫无关系，详如下图（六）所指[34]。

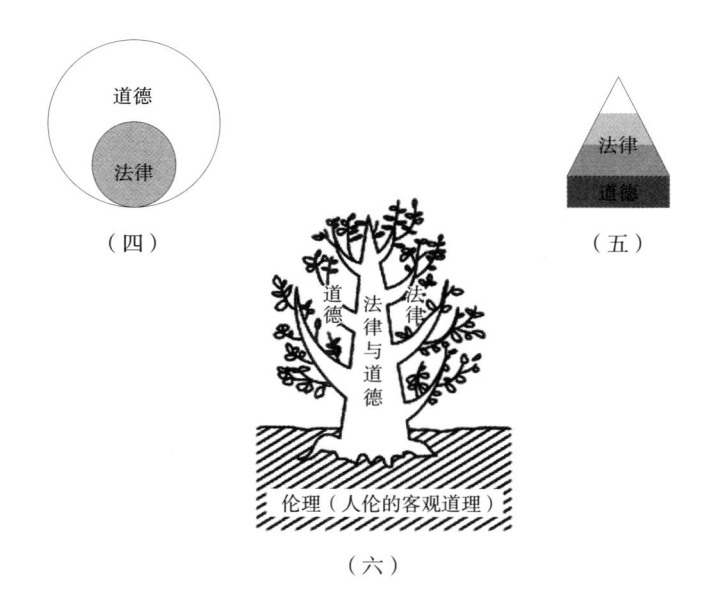

（四）

（五）

（六）

其实，不论何种分类法，伦理道德与法律规范内涵之间，确实有很多相同的因子，这可以从法律的历史发展过程找到一些线

34　参阅真田芳宪《法学入门》，东京：中央大学出版部，1996年，页228—250。

索，特别是刑法。众所公认，刑法乃是最低限度的道德规范，较诸其他法律，刑法与伦理道德实在具有较密切的关系，因为刑罚规范无法脱离社会现实，也无法抛开人伦的客观道理而不论，因此，为数不少的"应为"或"不应为"内容是源自道德规范的要求。但"实定法"与"道德法"两者间的性质与目的毕竟不完全一致，表现在规范的要求上，也未必相同。简单点说，"道德法"追求至善，其存在具有恒定性；而"实定法"讲求实效，常受到时空环境与价值观的转变而迁移。

从当代看来，法律与伦理道德乃至礼教间仍有其相通之处，因为法律、伦理道德与礼教具有共同出发点——"求善"，即企图塑造一个良好的社会秩序；但此相通处并非在枝节处，而在根干部。盖社会越进步，文化越发达，法律思想形成也越趋多元，当然，对法律规范的需求也越多，但此法律规范，并不完全以道德责任作为立法基础；换言之，随着社会的高度发展，有些原以道德义务为法律规范者，随着社会的演进或道德观的更易，必须从法律中加以剔除。这显示今日法律与伦理道德、礼教间的关系，不再像过去那般的紧密，但这并非法律否定伦理道德、礼教的存在价值，而是据守具有法律规范价值者，才以法律定之的原则。事实上，不论今古，道德仍存有为人"内在规范"的价值，毕竟法律所规范者，仅是具有为法律的必要者，无法担当一切行为的完全规范。[35]

在中国法制史上，西周以来即标榜所谓的"以德配天"、"明德慎刑"。自汉以降，儒生也不断鼓吹制律必须本于礼的主张，

35　参阅 A. P. d'Entreves 著，李日章译《自然法》，台北：联经出版事业公司，1992年，页85。

而逐渐落实。例如董仲舒对策时就提出教化论，而有所谓"任德教而不任刑"、"节民以礼，故其刑罚甚轻而禁不犯者，教化行而习俗美也。"[36]在此前提下，《礼记·缁衣》上孔子所说的："夫民教之以德，齐之以礼，则民有格心。教之以政，齐之以刑，则民有遁心。"在《论语·为政》，孔子也说："道之以政，齐之以刑，民免而无耻。道之以德，齐之以礼，有耻且格。"此番政法哲学原理，乃成为政教的圭臬。东晋初，李充好刑名之学，深抑虚浮之士，尝着《学箴》，曰：

> 先王以道德之不行，故以仁义化之；行仁义之不笃，故以礼律检之。[37]

此即以礼律来实现仁义之政。至隋初制定刑律时，进而确立以"礼主刑辅"原则来定律，《隋书·刑法志》序说：

> （圣王莫不）仁恩以为情性，礼义以为纲纪，养化以为本，明刑以为助。

《唐律》承继《隋律》，在《名例》篇，《疏议》序曰：

> 德礼为政教之本，刑罚为政教之用，犹昏晓阳秋相须而成者也。

---

[36] 参阅《汉书·董仲舒传》。另详参高明士《从律令制的演变看唐宋间的变革》，载《台大历史学报》第32期，2003年12月，页1—32。

[37] 参阅《晋书·李充传》。

这是提示《唐律》及其律疏内容，系以礼本刑用原则来编纂，即此所谓的"礼教立法"。从长远宏观的角度看，《唐律》"礼本刑用"的立法原则，实是自汉以来的一大突破，也是隋唐律与汉、晋律较为不同之处。观其立法目的，可以说是制律或注律诸臣，想要突显礼在律中的作用，而以更贴近儒家的主张来显现其内涵，虽然在现实上仍无法摆脱君权至高无上的威势，但其用心良苦，概可想见。

总的说来，战国时代至秦汉时期，是由礼刑二分走向礼刑合一，同时由于成文法典的发达，而使礼刑思想融入律令，此时之令为律的追加法。西晋以后，由于士族门阀势盛，施政以及订定法制，走向儒家化，于是令成为规定制度，不带罚则，乃与律二分。律、令、礼三者间的关系，成为纳礼入律、入令、违礼、违令由律处罚，直至隋唐，法典体系大备，乃形成独具一格的中华法律文明。[38]

徐道邻（1906—1973）在《唐律通论》中曾说：

> 吾人于今日读《唐律》，其最使吾人值思者，即其以礼教为中心之法律观是也。……说者或谓宋元明清之所以采用《唐律》者，皆为其一准于礼之故，其说允否，姑不具论；然《唐律》之可以为礼教法律论之典型，则固可得而言也。盖不独三宥、八议、十恶之制、大祀不正寝、子孙别籍、亲丧生子、同姓为婚之罚，皆渊源于礼制。而律疏解律，则往

38　参阅本章注36，高明士，前揭文。

往直取证于礼经矣。[39]

很明显,所谓"礼",是介于道德与法律之间而为其桥梁,一边挨于道德,另一边嵌入法律,以礼为进入道德之门,使道德透过礼而获得法律的支援,不至于流于空疏无补。同时以道德为实施法律的目标,亦使法律透过礼而获得道德的滋润,不致陷于刻薄寡恩。关于法律、道德与礼的关系,可用下图(七)加以说明:

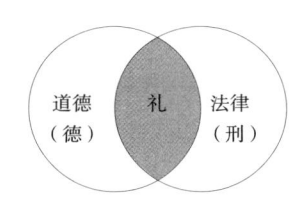

道德　　礼　　法律
(德)　　　　　(刑)

内面性←　　→外面性
(自律性、义务的片面性)　(强制性、权利义务的相对性)

(七)

不过,"礼"者,有所谓丧、祭等集中反映当时社会结构、各项制度和观念形态等之"礼之仪"(即礼之数),也有强调诸礼的精神实质和用礼之目的的所谓"礼之义"。而"礼之仪"的内涵也有广有狭。自其广义言,礼与法几同其领域;自其狭义言,礼仅限于冠婚丧祭宴会及其他交接的仪式;而嵌入法律的礼,则为广义的礼之中而为维持社会秩序所不可或缺的部分。

以这种观点论《唐律》,可以说,唐代当时的社会秩序,系

39　参阅徐道邻《唐律通论》,台北:台湾中华书局,1958年,页32。

建筑在五伦常理的基础之上,所以,这一部分的礼,就是维护五伦秩序的基本条款。凡违反者,刑必罚之;法之所禁,必皆礼之所不容;而礼之所允,刑必无涉,这就是所谓的"出礼入刑",而为礼本刑用的关键。也可以这么说,《唐律》的立法精神,就静态的纯粹面观之,虽仍有"礼"与"刑"两种不同形式的社会生活规范。但就动态的实践面言之,礼是刑的精神真谛,刑以礼为指导原则,刑又以强制手段维护礼的尊严。"刑"是牢牢地受"礼"的规准。因此,如果说《唐律》的立法根基为"礼本刑用"的形态[40],自有其道理在。

二、积极面与再反思

综上所说,《唐律》不仅风华绝代,其礼本刑用观,影响极为深远,几乎穿透了唐以后的整个旧律时期,尤其,宋明理学取代汉唐儒学而居主流地位后,伦常礼教的意识形态更是获得前所未有的深化。其为功为过,虽见仁见智,而它所具的历史意义却值得认真思量。

就积极面来说,约如下述:

其一,《唐律》的礼本刑用,系将基本的道德规范,订为礼制,礼制中最基本的事项,又于刑律中系以罚则,凡违反之者,科以刑罚。论者有谓:

---

40 诸者或谓此为"礼刑合一"一元化的倾向,参阅林咏荣《礼刑合一的作用及其评价》,载《中西法律思想论集》,台北:汉林出版社,1984年,页195以下。不过,严格说来,"礼刑合一"与"礼本刑用"二者间仍有语言逻辑上程度的差异。

这样的道德规范，既甚为明确，而罚则复有鞭策的威力，人民行为自必循一定的轨道，而趋向于良善，而所谓"纳民轨物"，就是这种意思。这种法律的作用是积极的，亦即以刑法制裁为手段，达到德礼实践的目的。礼与刑相辅而行，相得而益彰，比起空空洞洞的提倡道德，恐怕有效多了。[41]

这种说法主要筑基于礼是道德的基本规范，其范围较之道德为狭，且礼着之于文，至少比道德具体而明确些。特别是，礼与刑相辅，凡出礼者入于刑，使民知所趋避，以礼移民心于隐微，以刑彰善恶于明显。于是基本的道德，因外在的压力，易于实践，而法律的作用也变得较积极些。

其二，传统中国社会，五伦秩序的建立，系以家为起点，而《唐律》是以维护伦常为重心，尤其对家的组织以及家属与家属的关系，都有具体的规定。这种家族主义自其好的一面来说，家的秩序因之而整齐，推而及于国乃至天下，亦无不整齐。家的组织健全，社会问题也就相对减少，国法秩序也因之得以获得维系。

其三，伦常道德是传统中国礼教的泉源，违反礼教之行，刑罚便根据道德对于犯罪而施予应报。孔子曾说："为下无礼，则不免乎刑。"[42] 东晋葛洪（283—363）的《抱朴子》上也说："加仁

---

41 参阅本章注40，林咏荣，前揭文，页209以下。
42 参阅（汉）韩婴《韩诗外传》卷三，载《四部丛刊正编》第三册，台北：台湾商务印书馆，1979年。

不悛，非刑不止，刑为仁佐。"[43]《荀子·王制篇》更痛畅地说："听政之大分，以善至者待之以礼，以不善至者待之以刑。两者分别，则贤、不肖不杂，是非不乱。贤、不肖不杂则英杰至，是非不乱则国家治。"凡此，都可能间接影响到《唐律》的立法宗旨，以"德礼为政教之本，刑罚为政教之用"。礼是禁于将然之前，刑则施于已然之后，前者之作用在于预防，导民向善，具有积极性与辅导性。后者的作用在于惩戒，禁人为非，具有消极性与治疗性。若抛开礼而专任刑罚，不免流于消极苛刻的一面。以保健言，应该是预防重于治疗，所以《唐律》的礼刑相辅，从这个角度看，有其合理性。

要问的是，传统的礼教法律制度，何以能实行于中国社会达两千余年而无遭遇重大障碍？或谓：

> 在过去，礼统摄整个社会生活，而构成社会实际的行为规范。由于以礼制法极为成功，自西汉以至逊清，历朝法典均以礼教为依归。立法行法，要在维持并促进礼教，法的规则与礼的教条二者关系，二千年来可说是天衣无缝。[44]

我也认为，一个国家所制定的实定法，必有其立法的理想，也要有其行法效果实际的考量。否则，法律的实效性是堪虑的，盖以礼为内涵，以法为外貌；以礼彰显恤民的仁政，以法渲染人

---

43 参阅（晋）葛洪撰，（清）孙星衍校《抱朴子·外篇·用刑》，载国学整理社辑《诸子集成》第八册，北京：中华书局，1954年。

44 参阅马汉宝《法律道德与中国社会的变迁》，载《中国法学论著选集》，台北：汉林出版社，1976年，页40以下。

间的正义；以礼行法，减少推行法律的阻力；以法明礼，使礼具有凛人的权威。这一点，很可以借上述《唐律》的礼本刑用观的礼法关系来加以说明。这也难怪清代名儒纪昀（1724—1805）在编纂《四库全书总目·唐律疏议提要》时要说：

> 论者谓《唐律》一准乎礼以为出入，得古今之平，故宋世多采用之。元时断狱，亦每引为据。明洪武初，命儒臣同刑官进讲唐律。后命刘惟谦等详定《明律》，其篇目一准于唐。[45]

当然，礼刑合一，如其重点不仅在于强调礼的内容，而在于糅合礼与刑相辅的方式，并透过这种方式来突显伦常规范与道德规范，其思想仍具有现代意义。盖近世以来，世界法学思潮对于权利主义及个人本位的过度膨胀，又不得不再回头省思法律与伦理道德究该如何结合及调适的问题，从东西方法律与伦理道德的分合演进看来，《唐律》关于礼本刑用的功能，实也有其深刻的时代意义在。

不过，若以今日的眼光来看，《唐律》礼本刑用观的特征反而提供我们几个再省思的据点。

其一，强迫性道德体制的形成。《唐律》的礼教法律观所给予刑法者，可以说，不是道德理由，而是实效的考量。申言之，

---

[45] 参阅（清）永瑢、纪昀等《钦定四库全书总目·史部·政书类二》，《唐律疏议提要》卷八二，载《景印文渊阁四库全书》第一至五册，台北：台湾商务印书馆，1983年。清王友亮在《书唐律后》中亦云："今汉律久佚，惟唐律俱存，计篇十二，计卷三十，国朝定律，参稽旧制，损益以归于大中，煌煌乎！遵行万世而无弊，所取资者，独于唐律居多。"详参（清）贺长龄、魏源等编《清经世文编·刑政》，台北：世界书局，1964年。

刑法的存在乃是基于现实的需要及基于全体利益的考虑而产生的。说得更清楚些，《唐律》的礼教法律制度，其形式乃受"阴阳儒家"的影响有以致之。将伦理道德与刑罚制裁两极化为施政的正反两面，伦常礼教立为行为的准则，法律则赋予惩罚违犯者的权力。论者曾评道：

> 道德与法律如此结合，结果形成一种强迫之道德体制，个人之自由权利几乎无能在此一体制下伸张发展。因之，不论《唐律》有多优异，但均限于当时深中人心的阴阳儒家，宇宙开创论的架框里。[46]

当然，礼本刑用观乃是经由他律的权威机构而强迫施行的社会伦理规制，此一结合与纯乎儒家视人为自律自主之道德主体的理想，并不吻合。而实施此一制度的结果，礼束缚人心的效用大，培养自主的道德人格少，礼的发展因而僵化。所以说，礼主刑辅制纵非乏善可陈，但仍暴露其缺陷。

综观帝制中国，自汉代专制王权建立以来，立法制礼的实际权力操于帝王之手。而其用心，无非在使人民效忠君王，维持政权于不坠。因此，《唐律》对于皇室的保障规定最为详密；对于王权的禁忌，也规定得非常严厉，显现神圣不可侵犯的权威。盖礼既以严上下之分，重天泽之辨，序尊卑之别为目的。罪即以"十恶"为首，尤以治谋反、谋大逆、谋叛之罪为最重。二千多年来的中国法制历史，"礼"的势力要比"法"的势力大得多。

46　参阅吴经熊《古中国与现代中国政治法律传统中个人之地位》，载本章注13，前揭书，页331以下。

有人曾说："中国人固然成就了礼义大国，但道德自主的创造力就相对的萎缩了；这可以说是中国近百年来现代化途中迭遭挫折的一个主要原因。"[47]然乎？否乎？

其二，重视家族伦理，缺乏独立的个人观念。前已屡屡提及，《唐律》显著特性之一，在于它为义务本位而非权利本位制度。虽然就逻辑言，权利与义务是相对的；不过，《唐律》无疑偏重义务，由于偏重义务，法律就无法脱离伦理道德而独立。因此，造成《唐律》在性质上偏属于社会防卫的制裁机能，而欠缺个人法益的保护观念；也为此，刑事犯罪与民事不法的界限并不清楚，即使违约与债务不履行等，在今日看来是纯粹民事的问题，也要受刑事的制裁。例如《杂律》"负债违契不偿"条规定："诸负债违契不偿，一匹以上，违二十日笞二十；二十日加一等，罪止杖六十。三十匹，加二等；百匹，又加三等。各令备偿。"违约就是无仪，无仪就是违反"朋友有仪"之礼的规定。

其次，另出现一个明显的现象，在礼教法律制度下，个人并不是独立的个体，血统以及婚姻为个人创造了一面"人伦之网"，将他或她网在其中，动弹不得。也由于重视家族主义与男权为中心，个人在家庭中有重重的牵制，男女两性在法律地位上，毫无平等可言。

---

47 参阅张瑞穗《仁与礼——道德自主与社会制约》，载《天道与人道》，台北：联经出版事业公司，1982年，页163。

陆、结语

　　从法制历史的演进看，传统中国刑律自汉代儒法合流，引礼入律以来，儒家的伦理纲常一直成为立法与司法的基本指导原则，礼刑结合是贯串于中华法系发展过程的一条主轴。论者对于礼与刑分分合合的经过，曾这样分类："最先是儒家崇礼而视法为末节时代；次之乃儒家谈法而谋以礼正律时代。到了《唐律》则儒家战胜而律沦为小道时代。"[48]此种说法，是否的论，或仍有争议。值得一提的是，南宋理学家朱熹对所谓"明刑弼教"作了新的阐释，似有意提高礼、刑关系中刑的地位。不过，如果从《唐律》以迄《大清律例》的传承看来，我们可以明显地觉察到，在实际的立法与司法实践面，"礼"的确常居于上位规范，领导"法"的规范；而"法"则以下位规范受"礼"的评价。此种关系，说它是"礼主刑辅"也好，是"礼本刑用"也罢。其中，"礼"是纲，"刑"是目，纲举目张，"刑"要受"礼"的制约，始终处于次要、辅助的地位。

　　时至有清末季（1902—1911），清廷在外压与内迫双重严竣情势下，进行了史上前所未有的变法修律工程。修订法律大臣沈家本与日籍修律顾问冈田朝太郎（1868—1936）联手主导，草拟《大清新刑律》，企图引进近现代欧陆法律思潮，强调个人本位、权利本位及自由主义，将法律与伦常道德作适度的区隔，虽掀起

---

[48] 参阅陈顾远《中国法制史概要》，台北：三民书局，1977年，页367—373。

一场激烈的"礼法论争"[49]，但礼教与法律混同的局面，已渐被拉开，自此步入一个新的历史情境。

---

49 参阅黄源盛《大清新刑律的礼法争议》，载《法律继受与近代中国法》，台北：元照出版公司，2007年，页199—230。

第六章

《唐律》中的"不应得为"罪

壹、序说

"不应得为"罪是传统中国刑律中一条抽象概括性的罪名，其含义系指"律"、"令"虽无专条禁止，但据"理"不可为的行为。此类行为，包罗万象，难以概举，要之，皆属违反当时代"礼"与"理"的社会价值观念者。也就是说，一切违背伦理义务的反道义行为，或违反基本生活秩序的举止，若不能运用"轻重相举"条，又毫无"比附"之余地时，为落实情罪平允的实质正义理念，皆可归入"不应得为"，而援引此条予以科罚。

一般认为，《唐律》立法的指导思想是以礼教为正轨，而以法典为助力，律文不过为贯彻礼教的辅助而已。这种论点，是耶？非耶？从法思想的渊源看，唐律的刑罚基础，哲学上固可托于"天人感通"之道，而实际应用于法制者，乃具体的伦常关系，此于律疏常引经证律或阐述律意，可见一斑。至于《唐律》为保障礼教、义理而设立的罪名，更是俯拾可见。尤其，为避免法律空隙及保持弹性，又特别制定了"不应得为"条，在英文翻译上，有人将它译为"Catch-all Statute"，其用意也令人遐思。

"不应得为"罪形式上列在《杂律》篇之末，属于所谓的"正条"，唯其内容则大异其他正条之趣。不禁想问：有关"不应得为"条，其法源可溯自何时？立法理论根据何在？律令无明确犯罪的构成要件，其"应"与"不应"的判定界限究竟应落在哪？违反事理"情轻"与"理重"的基准又在哪？是否完全责由断狱司官价值判断？此举能否免于皇朝王政的考虑，而终将落入礼教纲纪的恢恢巨网之中？如何从《唐律疏议》本身的疏释例示，来正确解说其含义？而从现存的片断判文中能否窥见其运作实态？从当今刑法观念，可能联想到哪些相关问题？尤其，本条常被认为是阻断传统中国法制朝西方近代刑法"罪刑法定"精神发展的重要因素，果如其然乎？如何从本条窥知《唐律》立法中罪的概念与礼、理、刑三者之间的关联性？又能从本条看出《唐律》立法技术的优劣吗？它对后世的中国法制产生了哪些影响？

一连串的疑问，不易得解，而中外法史界相关的论述相当罕见。[1]我于2004年6月间撰写《唐律不应得为罪的当代思考》一文，

---

[1] 有关本主题的相关论著，中文单篇的专题文献未之能见。日文资料论述较深刻者有中村茂夫《不応為考－「罪刑法定主義」の存否をも巡って》，载《金泽法学》第26卷1号，1983年；岩崎二郎《罪刑法定主義と不応為及び援引比附》，载《神奈川法学》第5卷2号，（转下页）

发表于台湾的《法制史研究》，[2]引起不少回响；事隔多年，有关此一主题逐渐受人关注，也有一些新文章出现，乃重整梳理，再加损益分合，主轴仍然不变，尝试深入律意，举例阐释，并参酌近世刑法原理，企图作较详尽的申义与论理。其间，偶有借助当代法学用语以解明历史上法律现象者，并非想以今艳古，而是考虑到避免阅读上的障碍。

贰、"不应得为"罪的历史渊源及其理论基础

揆诸中外法制历史，任何一条法律规范的背后，总有其历史面、制度面以及思想面等因素作用于其间，《唐律》中的"不应得为"条自亦不例外。

一、律条溯源

传统中国，历朝历代刑律列举犯罪类型的同时，几乎都有一概括性构成要件的罪名；依目前史料看来，"不应为"的根源理应甚古，其中，《尚书大传》似最早提及此一相关概念，该书在

（接上页）1976年。至于英文资料有 Derk Bodde and Clarence Morris, *Law in Imperial China: Exemplified by 190 Ch'ing Dynasty Cases, Translated from the "Hsing-an hui-lan". With Historical, Social, and Juridical Commentaries*, Harvard University Press, 1967, pp. 440–442, 530–531. Fu-mei Chang Chen(张富美), *On Analogy in Ch'ing Law*, Harvard Journal of Asiatic Studies, vol. 30, 1970, pp. 213–214.

2 详参黄源盛《唐律不应得为罪的当代思考》，载《法制史研究》第5期，页1—60。

整理周代刑法罪名时曾说：

> 决关梁、逾城郭而略盗者，其刑膑；男女不以义交者，其刑宫；触易君命，革舆服制度，奸轨盗攘伤人者，其刑劓；非事而事之，出入不以道义，而诵不详之辞者，其刑墨；降叛寇贼，劫略、夺攘、矫虔者，其刑死。[3]

翻成白话来讲，突破关防，逾越外城而掠夺强盗者，砍去膝盖骨作为刑罚；男女交媾不合礼义者，男子以去势、女子以幽闭作为刑罚；触犯改易君主命令、更革车舆服饰制度、作乱、强盗、窃盗而伤人者，以割去鼻子作为刑罚；不该做的事而做了，进退出入不以道德礼义为依据，而讲诵不详的文辞者，以黥面作为刑罚；投降于叛逆寇贼、强劫掠夺因强取而杀人者，处以死刑。上述所谓"非事而事之，出入不以道义，而诵不详之辞"是三个非常抽象的用语，具有很大的弹性，而其中"非事而事之"，用当代的话说，是一种不确定的法律概念。

史书中也明白记载，承自《秦律》的汉代律令文献中存有"所不当得为"的概念：

> 又诸盗及杀人犯不道者，百姓所疾苦也，皆不得赎；首匿、见知纵，所不当得为之属，议者或颇言其法可蠲除，今

---

[3] 参阅《尚书大传》卷四，载《四部丛刊初编·经部》，上海：商务印书馆，1967年。另参《太平御览》卷六四八引《尚书大传》。有关"不应得为"罪的由来，详参(清)沈家本《汉律摭遗》卷八"所不当得为"条，载《沈寄簃先生遗书(甲编)》下册，台北：文海出版社，1964年，页658。

因此令赎，其便明甚，何化之所乱？[4]

昌邑哀王歌舞者张修等十人，无子，又非姬，但良人，无官名，王薨当罢归。太傅豹等擅留，以为哀王园中人，所不当得为，请罢归。[5]

延年奏言："商贾或豫收方上不祥器物，冀其疾用，欲以求利，非民臣所当为。请没入县官。"奏可。[6]

在张家山汉墓竹简中，也可以找到"不应得为"的相关材料。例如：

诸诈增减券书，乃为书故诈弗副，其以避负偿，若受赏赐财物，皆坐赃（赃）为盗。其以避论，及所不当（得为），以所避罪罪之。所避毋罪名，罪名不盈四两，及毋避也，皆罚金四两。[7]

---

[4] 此段译成白话为：又诸如强盗及杀人犯不循正道者，是百姓最深切的痛，均不得判以赎刑；藏匿人犯、纵放人犯、于法不当为之类的犯罪，议论者有认为法律处罚太重应除去此科条，现在因而下令得处以赎刑，明显是便利罪犯，如何教化他们的乱行？参阅《汉书·萧望之传》，台北：洪氏出版社，1976年。

[5] 此段译成白话为：昌邑哀王有张修等十人为其歌舞，此十人没有为哀王生育子嗣，也不是哀王的姬妾，但皆为良人，既然没有官名，哀王死后应当罢除工作归回家乡。太傅豹等人却擅自留守，作为哀王的园中人，于法不当，请求将他们罢除归去。参阅《汉书·五子传》。

[6] 此段译成白话为：田延年上奏说："商人有的预先搜购墓穴中的不祥器物，期望人有急用时，能取得暴利，此非民臣应有的作为，请求将那些东西没入县官。"参阅《汉书·酷吏传》。

[7] 参阅《二年律令》"诈增减券书"条，载张家山二四七号汉墓竹简整理小组编著《张家山汉墓竹简（二四七号墓）：释文修订本》，北京：文物出版社，2006年，页17。

从上面四段引言考察，或可佐证汉代早已有所谓的"不当得为"律条，其意为"于法不当然也"[8]，降至《唐律》乃有所谓"不应得为"罪的绵延承袭。

二、处罚根据

帝制中国的法律观念，凡言及"法"者，大多偏向于刑罚，亦即偏于罪恶的制裁，而国家行使刑罚权的目的到底为何？学说与典章纷纭，各执其义。虽说刑罚目的主义各种学说分类的产生，在于近代中外的法律学者。然按其性质，仍可在固有的典籍制度中，找到与各种学说、主义类同的言论。

一般说来，有关刑罚存在的本质理论，不论今古，大致上有所谓的"应报主义"与"目的主义"之别，目的主义暂时不谈，至于应报主义又可再细分为三：

其一，神意应报说。此说以"神"为正义的渊源，犯罪即违反神意。违反神意，即不能免予天讨。刑罚者，即上天对于犯罪而施以相当的应报。也可以说，刑罚是由国家代行神权，有罪必罚，不得违背。如是，国家的刑罚，成为奉行天意，代天行罚。不但有罚的权限，且负有罚的义务，盖所以维护正义也。

其二，道德应报说。道德是传统中国礼教的泉源，此说乃以道德的观念，为应报主义的原因，亦即违反道德之行，刑罚便根据道德对于犯罪而施以应报，盖世人对于犯罪所生之不平，若不回复，则无以弥补道德上的缺憾。例如在《韩诗外传》里，孔子

---

[8] 参阅程树德《九朝律考·汉律考四》"不当得为目"，台北：台湾商务印书馆，1955年，页19。

云："为下无礼，则不免乎刑。"《抱朴子·用刑》说："加仁无復，非刑不止，刑为仁佐。"荀子在《王制》《法行》更痛畅地说："听政之大分，以善者待之以礼，以不善至者待之以刑。"又说："礼以待善，刑以待不善。"凡此都是把道德上的礼、仁、善的观念，做道德报复主义的根据，如此说来，刑罚便是依据道德而行的。

其三，法律应报说。此说以为犯罪为违反法律的行为，刑罚即依据法律对于犯罪者而施以应报。因此刑罚的标准，应以报复或反坐为原则。《汉书·刑法志》说："大刑用甲兵，其次用斧钺；中刑用刀锯，其次用钻凿；薄刑用鞭扑。大者陈诸原野，小者致之市朝。"凡此思想与近代的法律应报主义，是很相当的，盖此说对于罪恶轻重，应用何刑，各有律条可据。换言之，均含有应报主义的痕迹，也莫不出于反坐的思想。

从以上三种说法看来，《唐律》中的"不应得为"罪，其处罚根据的理论基础，似乎比较接近"道德应报说"与"法律应报说"。也可以这么讲，道德对于刑法的影响，不外有下列诸点：（一）传统刑法中"恶行"的概念，大多源于道德义务，即道德增加了法律的权威性，并强化人民服从法律规定的责任感。（二）刑法上"责任"一词，使在道德上具有正当理由的"恶行"，被排除在犯罪构成要件行为之外。（三）法律为确保其权威性，必须获得社会上道德信念的支持，借社会心理的确信，以增强法律的权威。（四）实际犯罪中存有道德的"恶性"与"责任"等概念，但在科处刑罚的量刑上不得加诸道德义务，以避免刑罚有所偏失。[9]

其实，观乎古今中外的法律发展历史，任何一个法律体系的

9　参阅 Dennis Lioyd 著，张茂柏译《法律的理念》，台北：联经出版事业公司，1992年，页56。

建立、任何一部法典的制定，乃至抽离的单一条文的设计，概念上或多或少、或显或隐的都具有计划的"内涵于法律的目的"。问题是，现实生活上，法条有限，人事无穷，想要用有限的法条来规范无穷的人事，法律在本质上即显露其规范机能的"不完整性"；另一方面，或因立法技术上的困难，或缘于立法政策上的考量，也或由于社会情势变迁等理由，欲求完整、清晰、逻辑严密并具有预见性、前瞻性的法典，实际上也是不太可能的。

就在这种因缘下，"不应得为"罪条的设计乃应运而生，从法典编纂体例及实际的运作面看，《唐律》以律、令、格、式，并夹以制、敕、例等为审判法源，又以轻重相举、比附援引等方法，已显乎其谨慎之至。而在《杂律》篇之末更增以"不应得为"条著为律用，其益加周密"庶补遗阙"的立法企图。如果说，本条是整部《唐律》有关罪与罚的灵魂原则，并不为过！

必须一提者，《唐律》该条之设，目的原仅在适用于"杂犯轻罪"的案件，于重罪巨案无涉，范围已受限制。换言之，在律令无条，比较重的犯罪要以比附来论罪，诸多情节较轻微的，有悖情理、事理、义理而应罚时，始得援引"不应得为"条，而其适用时机当随法制的是否完备而消长。又因此等行为，纵有侵害人民的生活利益，应非严重的违法行为，故决罚但分两等，为笞四十或杖八十。

叁、《唐律》"不应得为"罪的义理与适用事例

传统中国的刑律发展到唐代,基本上已有"中国式的罪刑法定"格局[10],立法设计时,对各种犯罪类型的构成要件和刑罚范围均极尽能事地想作详尽规定,其中第九编为《杂律》,《疏议》云:"诸篇罪名,各有条例,此编拾遗补阙,错综成文,班杂不同。"即把不能归于其他各篇章的犯罪行为汇集一起,罗列于此,故称《杂律》。观其内容,十分庞杂,诸如坐赃致罪、国忌作乐、私铸钱、交易不公、通奸、失火、赌博、犯夜、私造度量衡、借贷和雇佣契约、市场管理、堤防、水运、城市交通、公共危险、公共卫生、违令等等,犹恐律条不能将所有的犯罪包罗详尽,还在本篇的最后一条另外规定了"不应得为"罪。

就整部《唐律》看来,有关"不应得为"罪,除了本条的基本规定外,另有所谓"变体"的规范,例如《职制》"置官过限及不应置而置"条:"诸官有员数,而署置过限及不应置而置,一人杖一百,三人加一等,十人徒二年。"《职制》"事应奏而不奏"条:"诸事应奏而不奏,不应奏而奏者,杖八十。应言上而不言上,及不由所管而越言上,应行下而不行下,及不应行下而行下者,各杖六十。"又如《杂律》"不应入驿而入"条:"诸不应入驿而入者,笞四十。辄受供给者,杖一百。计赃重者,准盗论。"凡此,可以说都是"不应得为"罪的特别规定。

限于篇幅,以下仅针对"不应得为"罪基本规定的律意及其

---

10 参阅黄源盛《传统中国"罪刑法定"的历史发展》,载《法律继受与近代中国法》,台北:元照出版公司,2007年,页315—344。

相关例示作较详细的析解。

一、律文释义

《唐律·杂律》"不应得为"条（第四百五十条）规定："诸不应得为而为之者，笞四十。（谓律、令无条，理不可为者。）事理重者，杖八十。"

《疏议》曰：杂犯轻罪，触类弘多，金科玉条，包罗难尽。其有在律在令，无有正条，若不轻重相明，无文可以比附。临时处断，量情为罪，庶补遗阙，故立此条。情轻者，笞四十；事理重者，杖八十。

根据上述律文及律疏，理论上，"不应得为"罪在适用时，必须遵循底下几个原则：

（一）本条系杂犯轻罪、临时处断的规定，"不应得为"之所以得由司谳者"量情为罪"，必限于"笞杖"之刑之罪，始有其适用；[11]若逾此范围，即与量情为罪的要件不合，除人主得为权断外，不得由司谳者径行临时酌情处断。

（二）有律条可以依据的，基本上应依律条处断。本条仅系针对违反伦理义务及违反基本生活秩序的反道义行为所作的概括处罚规定，顾虑到现有律令若无正条，恐将挂漏侥幸，才以概

---

11 张富美认为，不应得为条，类似现代法律制度中有关"违警犯"（police offense）或"轻罪"（misdemeanor）的行为。参阅本章注1，Fu-mei Chang Chen（张富美），*On Analogy in Ch'ing Law*, p. 214. 另外，岩崎二郎亦同此见解，参阅本章注1，岩崎二郎，前揭文，页12。

括规定的方式，使司谳者得对于违反义理的反社会行为，量情为罪，以补阙漏。

（三）律条无规定者，可以用"举轻明重"或"举重明轻"的法理先作当然解释，也可以援引相类似的律条比附论罪。必也，别无当然解释之余地，又无类似条文可供比附援引者，始有其适用。显然，"不应得为"与轻重相举的论理解释及别有比附明文的类推适用，性质上并不相同。

（四）不能比附律条的，有令文可以依据的，应按照违令条的规定处理。凡是违"令"的笞五十，违"式"的减一等，笞四十。没有令文可以依据的，才按照"不应得为"论处。本罪止两等，情节轻的笞四十，事理重的杖八十。

换个说法，在唐代，对某种行为要处以"不应得为"罪，须具备下列五个要件：（一）必须是触及"杂犯轻罪"的案件；（二）律文中并无对该种行为作处罚规定，无法根据律条的有关罪名断罪；（三）律文中也找不到与该种行为相类似的规定，无从作轻重相明的当然解释，也无法比附律文中的有关罪名以断罪；（四）令文中也无与该种行为有关的规定，无法根据律的违令罪以断罪；（五）该种行为确实违反伦理义务或基本生活秩序，若不动用刑罚加以制裁，无以应人间正义的要求。

理论上，《唐律》之所以设"不应得为"罪，简单说，实由于立法者难以掌握万千变化的人事状况。如不用这种概括性条款"以不变应万变"，实在无法符合当时统治者君临天下以治万民的需求。也可以说，如果没有运用这种"不确定法律概念"来调剂，整部律典势将沦于僵化，甚至窘于与时更转。

二、律疏定例举隅

依上述律文规定，"不应得为"罪若成立，其处罚视行为本身违反"情理"或"事理"的情节轻重，分为两等科处：凡"情轻者"，笞四十；凡"事理重者"，杖八十。该厘清的是，"不应得为"的涵盖面既然如此宽泛，"应"与"不应"如何定其界限？而"情轻"与"理重"的分界又在哪里？

或许，本条在实际操作面真的易起困扰，《疏议》才不厌其详地列举事例加以解说，约略统计，于《疏议》或《问答》中提到"不应得为"者，约有三十一处，其中有单言"不应为轻"者，有单言"不应为重"者，也有并言"不应为或重或轻"者。偶尔，也有见该犯罪类型无处罚未遂的明文，而适用不应为条论处者。底下仅择其中十则，分成三种态样，并依《疏议》著有定文者，因例举隅，以明其用。

（一）不应得为轻

例一

《唐律·名例》"犯罪未发自首"条（第三十七条）规定：

> 诸犯罪未发而自首者，原其罪。其轻罪虽发，因首重罪者，免其重罪。即因问所劾之事而别言余罪者，亦如之。即遣人代首，若于法得兼容隐者为首及相告言者，各听如罪人身自首法；其闻首告，被追不赴者，不得原罪。即自首不实及不尽者，以不实不尽之罪罪之，至死者，听减一等。

犯罪未发之际，行为人本可秘而不宣，借以逃避刑责。然若事后有悛悔之心，并赴官司坦承犯案，表明愿意接受制裁，当可邀宽典。《唐律》对于行为人于罪发前自动到官署陈述所犯，得视情节减罪或免罪。有疑义的是，自首若有"不实"或"不尽"者，究应如何论处？以谋杀罪的对象言，《疏议》曾假设一例：

> 谋杀凡人，乃云是舅；或谋杀亲舅，复云凡人，姓名是同，舅与凡人状别。如此之类，若为科断？

《疏议》答曰：

> 谋杀凡人是轻，谋杀舅罪乃重，重罪既得首免，轻罪不可仍加。所首姓名既同，唯止舅与凡人有异，谋杀之罪首尽，舅与凡人状虚，坐是"不应得为从轻"，合答四十。

依律，自首有减有免，而决定于首罪的程度、动机以及性质。依法理，舅是缌麻尊长，据《贼盗》"谋杀期亲尊长"条规定："谋杀缌麻以上尊长者，流二千里。"而"谋杀人"条也规定："谋杀人者，徒三年。"可知谋杀凡人是轻，谋杀舅罪乃重。今若有人谋杀凡人而自首不尽，谓谋杀亲舅，亦即自首内容重于所犯，依法谋杀亲舅较谋杀凡人为重，行为人既已自首坦承谋杀亲舅，重罪既得因自首而免除其罪，刑罚较轻的谋杀凡人罪就不必再加罪。不过，亲舅与凡人毕竟有别，仍要依"不应得为轻"条，处答刑四十。

例二

《唐律·擅兴》"私使丁夫杂匠"条（第二百四十七条）规定：

> 诸丁夫、杂匠在役，而监当官司私使，及主司于职掌之所，私使兵防者，各计庸准盗论；即私使兵防出城、镇者，加一等。
>
> 《疏议》曰：丁夫、杂匠，见在官役役限之内，而监当官司私役使；"及主司"，谓应判署及亲监当兵防之人，于职掌之所私使；"各计庸准盗论"，谓从丁夫以下，各计私使之庸准盗论。即杂使计庸不满尺者，从"盗不得财"，笞五十。兵、防并据城隍内使者，若私仗出城、镇，加罪一等，谓计庸加准盗论罪一等。即强使者，依职制律："强者加二等，余条强者准此。"若强使兵、防出城者，即亦于本罪加一等上累加。虽称丁夫、杂匠及兵、防，非在役限内而使者，丁夫、杂匠依上条"日满不放"笞四十，一日加一等，罪止杖一百；兵、防从"代到不放"，一日杖九十，三日加一等，罪止徒一年半。

《唐律》对于监当主司利用职权，私自役使丁夫、杂匠，以及主司私使兵防，令出城镇的行为，认为应成立私使丁夫、杂匠及兵防罪的刑罚。根据律文及律疏，私使丁匠及兵防罪分为两类，一类是监临官在丁匠兵防役限内私使者，另一类是在丁匠兵防役限外私使者，其处罚原则各不相同。凡属役限内私使之类，因其妨害国家役使，损害国家法益较大，故罚重。

唯上述处罚仅适用于监当官司犯者，假如原系监临而现非本部监临官之私使，究应如何论处？

《疏议》举例说：

> 计庸重者，若见是监临官，依"役使所监临"之罪；其非本部官者，依"不应得为"，从轻，笞四十。庸多，得罪重者，依职制律：去官而受旧官属、士庶馈与，若乞取、借贷之属，各减在官时三等。非监临官私使，亦于准盗论上减三等。

依上述之意，其非本部官，又计庸少者，依"不应得为"法从轻，笞四十。计庸多者，罪仍准盗论，但因现在非监临，故比附于"去官受馈与"法而减三等。

（二）不应得为重

例三

《唐律·卫禁》"向宫殿射"条（第七十三条）规定：

> 诸向宫殿内射，（谓箭力所及者）宫垣，徒二年；殿垣，加一等。箭入者，各加一等；即箭入上阁内者，绞；御在所者，斩。
>
> 《疏议》曰：射向宫垣，得徒二年；殿垣，徒二年半。箭入者，宫内，徒二年半；殿内，徒三年。即箭入上阁内者，绞。御在所者，斩，谓御在所宫殿。若非御在所，各减一等；无宫人处，又减一等。皆谓箭及宫、殿垣者。

专制皇权时代，帝王所在森严无比，向宫殿射箭，直接威胁到帝室的人身安全，故立法明禁。根据律文及律疏，此罪的处罚原则：向宫殿射箭者，依箭射入、箭射及、箭应及而射不到、箭不应及四种情况，分作四等。凡箭射入宫内者徒二年半，殿内者徒三年，上阁内者绞，御在所者斩；箭射及宫垣者徒二年，殿垣者徒二年半。

质疑的是，若箭力应及宫、殿而射不到者，究应何论？

《疏议》曰：若箭力应及宫、殿而射不到者，从不应为重。不应及者，不坐。

所谓"射不到"，意指宫殿本在箭力射程范围内，但因行为人的技术不佳或有其他障碍情事存在，而无法达成预期目标之意。此种情形虽属未遂形态，仍具有抽象的危险性，依"不应得为重"论处杖八十。至于宫、殿不在射程范围内者，因无具体的危险性，则不予处罚。为详明，请参看下表：

犯罪事实	罚则	加重规定	减轻规定
射向宫垣	徒二年	御在所者斩	非御在所，各减一等；无宫人处又减一等
射向殿垣	徒二年半		
箭入宫内	徒二年半		
箭入殿内	徒三年		
箭入上阁内	绞		
箭应及而不到	从"不应为重"	无	
箭不应及	不坐	无	

从当代刑法理论言，未遂犯是否应予处罚？若要处罚，其刑罚与既遂犯相比较，应该是必要减轻，或是任意减轻？这关涉到

主观主义刑法学与客观主义刑法学的争论。前者认为未遂犯虽无犯罪结果之发生，但行为人的恶性已表现于实行行为上，基于犯罪之处罚根据在于"行为人性格之危险性"，故主张未遂犯与既遂犯应同其刑罚。而后者则强调犯罪之处罚根据应侧重在"结果发生之客观实害"，因此，未遂犯与既遂犯宜异其刑罚。

《唐律》的立法，究为主观重于客观？抑或比较重视客观具体的实害？仍多歧见。关于未遂，在《名例》篇并无通例规定，但在各别条文，则有处罚未遂。以本条来说，明明已预见"箭力应及宫殿而射不到"，何以不独立设立刑罚，却以"不应为重"论处？而向宫殿射箭可以处斩，明明是大罪，何以力有不及便能转为"杂犯轻罪"？单从本条看来，在未遂犯的处罚根据上，《唐律》显然较偏向客观主义刑法学的看法。

例四

《唐律·户婚》"以妻为妾"条（第一百七十八条）规定：

> 诸以妻为妾，以婢为妻者，徒二年。以妾及客女为妻，以婢为妾者，徒一年半。各还正之。

《唐律》在礼教立法的指导纲领下，特重身份差等的处罚原则，若有颠倒妻、妾、婢在家庭中地位的行为，包括以妻为妾、以婢为妻、以妾为妻及以婢为妾等。此类行为被认为是违反尊卑名分，破坏宗法伦理秩序的，《疏议》所谓"若以妻为妾，以婢为妻，违别议约，便亏夫妇之正道，黩人伦之彝则，颠倒冠履，紊乱礼经"，故律设此专条予以惩禁。

根据律文，乱妻、妾及婢位罪分为两种情况：其一是以妻为妾，以婢为妻，此种情况罪质较重，处罚从严，犯者科徒二年；其二是以妾或客女（部曲之女）为妻，以婢为妾，此种情况罪质稍轻，处罚较宽，犯者减一等，科徒一年半。所以如此，是因为妻与妾之别乃尊卑等级有差，《疏议》所谓"妾通买卖等数相悬"；妻、妾与婢之别乃良贱身份不同，《疏议》所谓"婢乃贱流本非俦类"。显见混乱良贱与混乱尊卑罪质不同，前者重于后者，故以婢为妻者科徒二年，以妾及客女为妻者科徒一年半；同样是混乱尊卑，抑尊为卑性质重于以卑乱尊，故以妻为妾者科徒二年，以妾及客女为妻者科徒一年半；同是混乱良贱，以贱充尊罪质重于以贱充卑，故以婢为妻者科徒二年，以婢为妾者科徒一年半。《唐律》贯彻区分良贱与尊卑原则的严格、周密，由此可见一斑。[12]

关于此律，有疑问者：或以妻为媵，或以媵为妻，或以妾作媵，或以媵作妾，各得何罪？

《疏议》答曰：

> 据《斗讼律》媵犯妻，减妾一等。妾犯媵，加凡人一等。余条媵无文者，与妾同。即是夫犯媵，皆同犯妾。所问既非妻妾与媵相犯，便无加减之条。夫犯媵，例依犯妾，即以妻为媵，罪同以妻为妾。若以媵为妻，亦同以妾为妻。其以媵为妾，律令无文，宜依不应为重，合杖八十。以妾为媵，令既有制，律无罪名，止科"违令"之罪。

12　参阅刘俊文《唐律疏议笺解》上册，北京：中华书局，1996年，页1016—1021。

以上《疏议》根据《斗讼》"妻殴詈夫"条"余条媵无文者，与妾同"的规定，以妻为媵，罪同以妻为妾，科徒二年；若以媵为妻，亦同以妾为妻，科徒一年半。各还正之。至于以媵为妾，律令既无明文，宜依"不应为重"条，处杖八十。图示如下：

违律事实	罚则
以妻为媵	类推以妻为妾，徒二年
以媵为妻	类推以妾为妻，徒一年半
以媵为妾	律、令无文，依"不应为重"，杖八十
以妾为媵	科以"违令"

例五

《唐律·户婚》"违律为婚离正"条（第一百九十四条）规定：

> 诸违律为婚，当条称离之、正之者，虽会赦犹离之、正之。定而未成，亦是。聘财不追；女家妄冒者，追还。

《唐律·户婚》各条明定婚姻成立的要件，违律者即予处罚。其中有情重、情轻之分，主要包括两种：一为刑事处罚，一为民事处分，前者即是科刑，后者即是强制改正、强制离异之类。而专制皇权时代，常有赦降之典。刑事处罚遇赦得免，有例可循；民事处分遇赦是否继续执行，《名例》无文。故律设此条，专明其例，以为准则。

律文规定，凡违律为婚，依法应强制改正或强制离异者，虽遇赦降，仍须继续执行。《疏议》解云："违律为婚，虽会大赦，称离之者，犹离之；称正之者，犹正之。"即使违律为婚仅"定而未成"，亦不得例外。《疏议》解说："假令杂户与良人为婚已定，监临之官娶所监临女未成，会赦之后，亦合离、正。"推其意，会赦之后，亦不准成婚。所以如此，或因违律为婚所建立者乃为非法的婚姻关系，赦降并不能改变其性质，故必须强制解除。

至于应离正而不离正，究应如何处置？

《疏议》曰：违律为婚，谓依律不合作婚而故违者。……若女家妄冒，应离、正者，追财物，还男家。凡称离之、正之者，赦后皆合离、正。《名例律》云：会赦，应改正，经责簿帐而不改正，各论如本犯律。应离之辈，即是赦后须离，仍不离者，律无罪条，犹当不应得为从重，合杖八十。若判离不离，自从奸法。

关于拒绝执行强制离、正，《疏议》补充规定，凡会赦仍应改正而拒绝执行者，依《名例》"会赦应改正征收"条："各论如本犯律。"即各依本条重新执行赦前的刑事处罚。凡会赦仍应离异，而不离者，律虽无罪条，依"不应得为"条："事理重者杖八十。"即另外科杖八十。若经判离而仍不离，即依奸法另外科刑。换言之，凡会赦拒绝离、正者，皆须重新考虑刑事处罚，以杜绝侥幸。图示如下：

裁定事项	罚则
应改正，而不改正	依《名例》，论如本犯律
应离而不离	律无罪文，依"不应得为从重"，杖八十
判离而不离	以"奸法"论罪科刑

例六

《唐律·诈伪》"父母死诈言余丧"条第三百八十三条规定：

> 诸父母死，应解官，诈言余丧不解者，徒二年半。若诈称祖父母、父母及夫死，以求假及有所避者，徒三年。伯叔父母、姑、兄姊，徒一年；余亲，减一等。若先死，诈称始死及患者，各减三等。

礼教立法下，孝道最被强调，此条前段规定父母死诈言余丧而不解官罪，后段规定诈称亲属死有所求避罪的刑罚。所称"诈言余丧不解官罪"，系指官人父母死，依礼应解官居服，而"心贪荣任"，谎称余丧，逃避解官的行为；至于"诈称亲属死有所求避罪"，乃指父母及亲属健在无病，而为求休假或有所规避，谎称父母及亲属已死或患病的行为。此类行为与《职制》"匿丧不举罪"、"冒荣居官罪"，以及《户婚》"居丧嫁娶罪"、"居丧生子罪"、"居父母丧生子"等条类同，均属违犯礼教行为，唯其表现为虚假欺伪，故列于《诈伪》篇内。

律文规定，诈言余丧不解官罪科徒二年半。若与《职制》匿丧不举罪相比，匿丧不举科流二千里，重于此罪二等。此或由于匿丧不举者亲情已然全无，不孝之极；而诈言余丧者"已经发哀"，总算略尽孝道。虽同违礼教，但程度仍然有差。

兹有疑问者：有人嫌恶前人，妄告他人父母身死，其妄告之人，合科何罪？

《疏议》答曰：父母云亡，在身罔极。忽有妄告，欲令举哀,若论告者之情,为过不浅。律令虽无正法,宜从不应为重科。

父母往生,乃受身不堪之极。竟仅以嫌恶前人,即父母健在,率尔妄称已死事者,科以"不应为重",杖八十,宜也。

例七
《唐律·厩库》"犬杀伤畜产"条(第二百零六条)规定:

> 诸犬自杀伤他人畜产者,犬主偿其减价。余畜自相杀伤者,偿减价之半。即故放,令杀伤他人畜产者,各以故杀伤论。

行为人不管控或故放所养犬畜,抵蹴噬啮他人畜产,致有杀伤的行为,构成故放畜产杀伤他人畜产罪。此类行为虽同属杀伤马牛畜产,但与行为人直接杀伤者究有不同,故立专条,特明其例。

根据律文,放纵犬畜杀伤他人畜产罪分为下列两种:一、失于控制,致使所养犬畜杀伤他人畜产。凡属此种情况,因其并非出于故意,有类过失,故免予追究刑事责任,仅令负民事赔偿之责。赔偿方法是:其犬噬啮杀伤他人畜产者,犬主各偿减价;其余畜自相杀伤者,畜主各偿减价之半。所以如此,盖因犬能噬啮,主须制之,为主不制,致有杀伤,责任全在犬主;余畜自相抵蹴,致有杀伤,则双方畜主各有失制之责,不可全咎一方,故前者偿减价,而后者偿其半也。二、故意放纵犬畜,杀伤他人畜产。凡属此类,因具未必故意之犯意,同于故杀伤罪,乃各以故杀伤他人马牛畜产法论处，即是杀他人马牛者科徒一年半，计赃重或伤他人马牛或杀伤他人余畜者各计减价准盗论；同时令偿减价，价不减者，加笞三十。

至于两主故放畜产相斗，致有杀伤者，法无明文，应如何处断？

《疏议》答曰：

> 两主放畜产而斗，有杀伤者，从不应为重，杖八十，各偿所减价。

两主故放畜产相斗致有杀伤的行为，其意或在嬉戏，且双方和合，律疏认为各从"不应为重"，科杖八十，并各偿所减价。图示如下：

双方责任	处罚原则	
过失 （主人失于管控）	直接被狗咬伤者：偿其减价	
	其余因惊慌自相抵杀或蹋死者：偿其减价之半	
故放 （以故杀伤论） 徒一年半	直接被狗咬伤者：计赃应重	
	其他畜产若有受伤	计减价，准盗论，各偿所减价
		价不减者，笞三十
放畜产互斗	从"不应为重"，杖八十，各偿所减价	

有趣的是，畜主放畜相斗，严格来讲，并无损害第三者的法益，也无侵害社会的利益，律疏却明示要处罚此举，其必要性与合理性何在？所据是何"理"何"礼"？是否流于"只见惩罚不见罪行"？以常理推之，两畜相斗，互有杀伤是可以预期之事，畜主放畜相斗，显示明知有杀伤之可能而甘愿为之，却于事后控

诉，已属"无理"，即使处犯者以"不应得为"之罪，亦宜从轻，今却从重，科杖八十，实在不知轻重之间应如何预期。

（三）不应得为或重或轻

例八

《唐律·职制》"匿父母夫丧"条（第一百二十条）规定：

> 诸闻父母若夫之丧，匿不举哀者，流二千里。丧制未终，释服从吉，若忘哀作乐（自作、遣人等），徒三年。杂戏，徒一年。即遇乐而听及参预吉席者，各杖一百。
>
> 闻期亲尊长丧，匿不举哀者，徒一年。丧制未终，释服从吉，杖一百。大功以下尊长，各递减二等。卑幼，各减一等。

五服亲丧，匿而不举哀，或丧制未终释服从吉，或忘哀作乐，自属违礼的行为，《唐律》也为此规定匿丧不举哀及丧制未终释服作乐罪的刑罚。所谓"匿丧不举哀"，指闻祖父母、父母及余亲之丧，隐匿而不即举哀的行为；"释服作乐"，指为祖父母、父母及余亲服丧未终，即改换吉服，忘哀作乐的行为。此类行为被认为非礼不孝，严重违背伦常道德，《疏议》所谓："父母之恩，昊天莫报，荼毒之极，岂若闻丧？妇人以夫为天，哀类父母，闻丧即须哭泣，岂得择日择时？"故律视为重罪，列入"十恶"；同时设此专条，置于《职制》之篇，以为居官者之大诫。

根据律文及律疏，匿丧不举哀及释服作乐罪的罪与罚，随亲疏尊卑身份等级之不同而异。以构成要件言，在父母及夫丧中有五种行为列入此罪：（1）匿不举哀；（2）丧制未终释服从吉；（3）丧制未终忘哀作乐；（4）丧制未终从事杂戏；（5）丧制未终遇乐而听及参预吉席。而在期亲以下丧中只有三种行为列入此罪：（1）匿不举哀；（2）丧制未终释服从吉；（3）丧制未终忘哀作乐。换句话说，在期亲以下丧中从事杂戏、遇乐而听或参预吉席等并不成立犯罪。以刑罚言，在父母及夫丧中犯上述之行为处罚最重，期亲丧中有犯次之，大功以下各递减期丧有犯二等，卑幼各减尊长一等。

有疑问者：闻丧不即举哀，于后择日举讫，事发合得何罪？《疏议》答曰：

> 依礼："斩衰之哭，往而不返；齐衰之哭，若往而返；大功之哭，三曲而偯；小功、缌麻，哀容可也。"准斯礼制，轻重有殊，闻丧虽同，情有降杀。期亲以上，不即举哀，后虽举讫，不可无罪，期以上，从"不应得为重"；大功，从"不应得为轻"；小功以下，哀容可也，不合科罪。若未举事发者，各从"不举"之坐。

依法理，所谓"匿不举哀"，乃隐匿丧情，直至事发前，全不举哀之意；亦即事发生之后始举哀者，亦成立此罪。但如闻丧当时虽未举哀，后来改过，择日举哀，只要在事发前举讫，即不得定为匿不举哀罪，科流二千里，而须按照《疏议》补充规定：期亲以上科以"不应得为重"，杖八十；大功科以"不应得为轻"，笞四十，小功以下则免予处罚。此处"重"与"轻"的划分，明显是依身份亲疏之"礼"而定。

例九

《唐律·户婚》"居父母丧主婚"条（第一百八十一条）规定：

> 诸居父母丧，与应嫁娶人主婚者，杖一百。

虽说婚礼乃吉事，但在父母丧期内为嫁娶人主持婚礼的行为，仍被认为是忘哀不孝，与"居丧嫁娶"、"居丧生子"条，性质类同，俱属于违礼悖德之行。故虽于公共法益及个人法益均无妨，仍在必惩之列，而成立居父母丧而为应嫁娶人主婚罪。

本条律文极简，依规定，居丧"与应嫁娶人"主婚者，科杖一百。所谓"应嫁娶人"，系指合法嫁娶之人。至于居丧为非法嫁娶之人主婚应如何处罚？律文未言，《疏议》补充阐明："若与不应嫁娶人主婚，得罪重于杖一百，自从重科。"盖为非法嫁娶之人主婚，虽在平时亦有罪。[13]若在丧时，则违法罪外又增违礼之罪，二罪俱发，自当以重者论。[14]

不解的是，"居父母丧"为应嫁娶人主婚，科杖一百，至于"居夫丧"为应嫁娶人主婚或为应嫁娶人媒合，究应如何论处？

《疏议》答曰：

> 若居夫丧而与应嫁娶人主婚者，律虽无文，从不应为重，合杖八十。其父母丧内为应嫁娶人媒合，从不应为重，杖八十；夫丧从轻，合笞四十。

13　参阅《唐律·户婚》"嫁娶违律"条。

14　参阅《唐律·名例》"二罪从重"条。

据礼"夫为妇天",居夫丧参与吉事,自是违礼的行为。故援"律虽无条,理不可为"的法理来论处。理论上,《唐律·户婚》"嫁娶违律"条,本有媒人减罪的规定,上述情形亦比照各减主婚之罪论科。

即居夫丧者,为应嫁娶人主婚,从"不应得为重",杖八十;至于居夫丧为应嫁娶人媒合者,从"不应得为轻",笞四十。由此或见父权犹重于夫权,其"重"与"轻"的分界点也在此。图示如下:

丧制	对象	行为	处断
父母丧	应嫁娶人	主婚	杖一百
		媒合	依"不应为重",杖八十
	不应嫁娶人	不论	坐"嫁娶违律"
夫丧	应嫁娶人	主婚	依"不应为重",杖八十
		媒合	依"不应为轻",笞四十
	不应嫁娶人	不论	坐"嫁娶违律"

例十

《唐律·卫禁》"宫门等冒名守卫"条(第八十条)规定:

> 诸于宫城门外,若皇城门守卫,以非应守卫人冒名自代及代之者,各徒一年。以应守卫人代者,各杖一百。京城门,各减一等。其在诸处守当者,各又减二等。余犯应坐者,各减宿卫罪三等。

本条规定宫城门外各处守卫冒名相代的违法行为。按"守卫人"系指在宫外各处,如宫城门、傍城助铺所、皇城门、京城门及内外捉道守铺或其他"守当之处",防守戍卫之人。此类人若有冒名相代或兵仗远身、擅离职掌等失职违纪之事，将使宫外各要害处所警卫工作陷于混乱，安全堪虑。故律设此条，专为守卫人有犯者立例。

根据律文，"冒名守卫罪"，依其所守卫之处在安全上的重要性，分为三级：第一级是在宫城门外及皇城门守卫者，第二级是在京城门守卫者，第三级是在"诸处守当者"。有疑问者，此条所规定之守卫人冒名相代罪，与宿卫人冒名相代罪同，亦是以冒代人已至被代者职掌之处作为构成要件。若冒代之人未至被代者职掌之处即被发觉，应如何处断？

《疏议》答曰：

> 以非应宿卫人自代，重于阑入之罪。若未至职掌之处，事发在宫、殿内，止依阑入宫殿而科。如未入宫门事发，律无正条，宜依不应为重，杖八十。其在宫外诸处冒代，未至职掌处，从不应为轻，笞四十。

这里是属于未遂犯从"不应得为"条坐的特殊类型，依上述，仅言"自代"而不言"代之"者，基于刑法上"必要共犯"的法理，原则上代之者亦应同其处罚。至于冒名相代之"未遂"情形，若未入宫门即事发，情节较重，依"不应得为重"，杖八十。至于在宫外诸处冒代，尚未到职掌处即事发，情节较轻，依"不应得为轻"，笞四十。此处情节"重"与"轻"的分界，显然着重在"场所"的危险性质。

综合上述，《疏议》的十个"举例"，它其实只作了许多的"补充规定"，这些补充规定，固然是《疏议》对于"不应得为"条的运用范例，但只是对该律文未备之处，作"罪行"与"刑度"的漏洞补充，而并未标示出本条在个别条文中是否为"理不可为"上的准则或是"从轻从重"的裁量标准。因此，若实际遇到律令没有规定的情况，是否该当本条，究应从轻或从重，仍然没有一定的规范可以遵循。申言之，这些补充规定既然见于《疏议》，并经皇帝批准而有与律文相同之效力，可说已经成为另一种"明文"，而只是以"不应得为"的刑度为其处罚的标准，在该条律文以及《疏议》的规范之内，就司法者而言，并无衡情论理或是量刑轻重的裁量空间。

三、运用实态

唐代判文，至今还留存于世者，并不多见。因此，关于"不应得为"罪在实际司法上应用的情况，无法得知明显的图像。所幸，敦煌出土唐高宗麟德年间《安西都护府判集》残卷中存有判文一道；另外，在张鷟（648—722）的《龙筋凤髓判》一书中，也可找到一则类似"拟判"，聊供参考。

案例一、郭微答挞屯卒案

郭微先因傔从，爰赴二庭，遂补屯官，方牒万石。未闻检校之效，遽彰罪过之踪。答挞有情，岂缘公务；所为无赖，只事阴私。握手足即破三人，役正副便轻一命。人闻驯燕，何昧而被嗔；兵下养驹，何好而抑买。城局专行粗杖，岂是使人之方；牛子无事再答，难见牧群之失。况营农之务，本资气力；悦喻之法，诚表难容。寒耕热耘，沾体涂足，高宗所以遁野，帝舜由是号天。带经之荣，于兹见矣；敬饬之贵，岂为别途？常合免诸，以诚其事。何得不思其位，不恤其忧，浪有预忏，漫行威福？略问并今符会，元情实可重科。但为再问即臣，亦足聊依轻典。按《杂律》云：诸不应得为而为之者，笞卌……[15]

分析：

唐高宗（649—683在位）继太宗而立，隔年纪元永徽，遵照太宗遗命，诏太尉长孙无忌等人删定律令格式之不便者。前后历时近二年，方才完成，是为《永徽令》，麟德（664—665）乃高宗后来年号。安西都护府设在高昌，与在今乌鲁木齐东北吉木萨尔地段设的北庭都护府分别管理天山南北麓，皆为唐代重要军府。

唐高宗麟德年间，郭微原为侍从，后到二庭补为屯官，徒领公帑，却未尽忠职守，漫行威福，常用鞭笞挞屯卒，不为公事

---

15 此判文引自敦煌所出唐高宗麟德年间《安西都护府判集》残卷（现藏法国巴黎国家图书馆，编号：P.2754），原格式为：
71 郭微先因傔从，爰赴二庭，遂补屯官，方牒万石。未闻检校之效，
72 遽彰罪过之踪。笞挞有情，岂缘公务；所为无赖，只事
73 阴私。握手足即破三人，役正副便轻一命。人闻驯燕，何昧而被嗔；
74 兵下养驹，何好而抑买。城局专行粗杖，岂是使人之方；牛子
75 无事再笞，难见牧群之失。况营农之务，本资气力；悦喻之法
76 诚表难容。寒耕热耘，沾体涂足，高宗所以遁野，帝舜由是号
77 天。带经之荣，于兹见矣。敬饬之贵，岂为别途？常合免诸，以诚其
78 事。何得不思其位，不恤其忧，浪有预忏，漫行威福？略问并今符
79 会，元情实可重科。但为再问即臣，亦足聊依轻典。按《杂律》云：
80 诸不应得为而为之者，笞卌……
以上参阅唐耕耦主编《中国珍稀法律典籍集成》第一册（甲编），"敦煌法制文书"部分，北京：科学出版社，1994年，页273—274。

只因个人私心。犯小错就处以严峻刑罚，行事不合常理。在城局专行粗杖，管理方式失当。牛子并未有具体过失，即滥行鞭打。务农本在力气，丝毫不体恤其辛劳。司谳者认此等行为，难得人心，完全不合情理，实在难以容忍。情理俱恶，合当惩治。但律无正条，难以比附，乃依"不应得为"罪下判。

本案依其情节，惩处应杖八十，念其审讯时认罪，态度较好，量情后乃改而从轻，科笞四十。此直接援引律文"不应得为"条的案例，极为罕见，由于律令无专条禁止，但据理不可为，为弥补律文的漏洞与缺陷，一切违反价值观念的行为只要正文没有明列，都可并入此条，涵盖范围广泛，但情理轻重界线很难界定，所以定罪科刑时弹性很大。而高宗治下，如此轻治郭微此案，大唐岂有认罪便即从轻之律？不无疑问。

从法理上看，本案是否因律令无专条禁止，故而论以"不应得为从轻"？对此，或有不同见解。按《斗讼》"威力制缚人"条："诸以威力制缚人者，各以斗殴论；因而殴伤者，各加斗殴伤二等。即威力使人殴击，而致死伤者，虽不下手，犹以威力为重罪，下手者减一等。"似乎便是在对此种情形作惩治，构成要件纵然并不完全相符，也应可以比附。《疏议》曰："威力使人者，谓或以官威，或恃势力之类，而使人殴击他人。致死伤者，威力之人虽不下手，犹以威力为重罪，下手者减一等。假有甲恃威力，而使乙殴杀丙，甲虽不下手，犹得死罪；乙减一等，流三千里。若折一指，甲虽不下手，合徒一年；乙减一等，杖一百之类。甲是监临官，百姓无罪，唤问事以杖依法决罚致死，官人得杀人罪，问事不坐。若遣用他物、手足打杀，官人得威力杀人罪，问事下手者减一等科。"本案，郭微身为屯官，擅用威福，鞭挞属下屯卒，不论是亲自动手，或使人为之，依本条而言，既符合以"官威、势力"为之的要件，对主使者与动手者，也各有处罚。其所以适用"不应得为"，倒像是原本该依律而科，但是因为其"犯后态度良好"而予以减刑，反而无所适从，只好依"不应得为"条并从轻予以笞四十。

案例二、不应言而上言罪案

案由：

上林监杨嗣请增置宫馆于上林中，御幸游戏田猎所诣即上下辇，成宴暂劳永逸，永久安稳。

判：

八川浩荡，控丹水以疏津；九岭参差，绕黄山而作固。相如健笔，高谈上苑之芳；子云清词，盛述长杨之丽。露寒鹓鹊之观，古迹似存；宜春属玉之轩，余基尚在。储胥枌诣，便开御幸之涂；清暑甘泉，实曰微行之处。探封峦于汉制，侈未及奢；获林光于秦余，俭而不陋。何必广开禁御，虚费人功？优旃发使鹿之讥，张昭有射彪之谏。大夸宫馆，外取笑于由余；广设缘垣，内兴嗟于贡禹。杨嗣诣谀佞士，轻薄邪人，矜奔竞之褊怀，昧公方之大体。奉圣君于尧舜，善迹无闻；陷人主于桓灵，丑声先著。镇之以静，则俗阜财殷；挠之以烦，则政荒人散。不应言而上言，法有正条；不应为而有为，刑兹罔赦。宜从贬论，以肃朝章。[16]

分析：

上林苑，为官署名，西汉武帝元鼎二年(前115)置水衡都尉，"掌上林苑，有五丞"，为皇帝的私藏之府。东汉初，并入少府。东汉水衡督卫称上林苑，置令一人。隋唐时，称上林署，属司农寺，掌管苑囿园池，种植果树蔬菜，以供朝廷祭祀之用，有令二人，丞四人。

有唐一代，"不应言而上言"罪是因向皇帝进言有违法定程序的一种特殊犯罪类型。本案杨嗣奏请增置宫馆于上林中的进言，该当何罪？

依《唐律·职制》"事应奏而不奏"条规定："诸事应奏而不奏，不应奏而奏者，杖八十。应言上而不言上，不应言上而言上，及不由所管而越言上，应行下而不行下，及不应行下而行下者，各杖六十。"所谓"不应言上"者，《疏议》曰："依律、令及格、式，不遣言上而辄言上。"此类行为性质上为失职罪，危害中央集权的统治秩序，故为律所不容。律文规定，奏上行下违法罪的处罚分为两等：凡应奏请皇帝者不奏，或不须奏请皇帝者妄奏，或应奏待皇帝批覆者不待批覆擅行，各杖八十；凡应申报上司不申而不应申报上司妄申，或应待上司批覆而不待批覆擅行，或应逐级申报而越级申报，或应通报下司不通而不须通报下司妄通，各杖六十。所以如此，盖因涉及皇帝专擅之外复有不敬者，故其罚重

---

[16] 参阅（唐）张鷟撰，（明）刘允鹏注《龙筋凤髓判》卷二"苑总监二条"（二），载《景印文渊阁四库全书》第八八九册，页889—890。

于常犯。[17]

　　本案张鷟首先借司马相如《上林赋》与扬雄《长杨赋》之笔，描述上林苑景致之盛，汉代宫室造景，于今犹存。接着，从实用性与秦汉建制说明并无再兴土木之必要；且此举无助于威严，只是取笑于外蕃与国人。最后，论断本案杨嗣陷朝廷与人主于丑名，认为"镇之以静，则俗阜财殷；挠之以烦，则政荒人散"。乃援引上述"不应言而上言"之律条，另援引"不应得为"条作为判案的依据。据判文：上林苑"清暑甘泉，实曰微行之处。探封峦于汉制，侈未及奢；获林光于秦余，俭而不陋。何必广开禁御，虚费人功？"在张鷟看来，倡俭止奢是臣下进言的宗旨，而杨嗣在上林苑条件尚好的情况下，竟进言"增置宫馆于上林中"，是属"不应言而上言"，同时，又据《杂律》"不应得为"条，论处杨嗣应杖六十。最后则依例予以贬黜，或有防唐朝重蹈隋末大兴土木导致败亡的覆辙的警示用意在。

肆、从近世刑法原理联想《唐律》"不应得为"罪

　　法律文化有其时间度、空间度及事实度的各种面相，古今异制，本不宜强加比拟；不过，当代人读古典刑律，倘能今昔辉映，借今观古，或可另有一隅之得。

17　有关本案例之详解，参阅黄源盛《法理与文采之间——读〈龙筋凤髓判〉》，载《政大法学评论》第79期，2004年6月，页26—29。又参刘俊文，本章注12，前揭书，上册，页79。另参戴炎辉《唐律各论》下册，台北：成文出版社，1988年，页114—115。

一、从"不应得为"罪透视《唐律》罪刑法定的虚与实

《唐律》是否采类似当今刑法上的"罪刑法定"？这是个见仁见智的老课题。[18]问题是，不论中外，在专制皇权时代，怎么样的行为属于犯罪，应科处如何的刑罚，完全操在执政掌权人之手。直到西方近代市民阶层抬头，为防止残酷刑罚权的恣意行使，以保护市民的权利与个人的自由，乃产生所谓"无法律即无犯罪，无法律即无刑罚"（Nullum crimen sine lege, nulla poena sine lege）的"罪刑法定"思潮。

至于近代罪刑法定的理论根据，一方面固来自民主主义及自由主义的形式上"法安定性"理念；另一方面，主要系根据保障人权的"正当性"与"合目的性"的实质法理念而来。而在该理论基础下，乃衍生出"罪刑法定主义"的几项重要次原则：

（一）罪刑成文法原则：不成文的习惯或法理等不得作为刑事审判的直接法源。（二）禁止溯及既往原则：不得根据行为后所实施的刑罚法规来处罚施行前的行为。（三）禁止类推适用原则：不得使用对被告不利的比附援引，以补充法律的漏洞。（四）罪刑明确性原则：犯罪的成立要件及其解释，必须在一般国民可得预测可能性范围内；同时，否定绝对不定期刑的存在。

假如，我们以"限制君权"和"适当的法律程序"作为它的一个原始目的，那帝制时期的中国自无"罪刑法定"可言。而中国古代罕谈天赋人权，《唐律》有无蕴含保障人权之意，实也成疑问；但若以近世对司法权的限制而言（三权分立），唐代颇有

---

18 参阅高明士《导论：唐律研究及其问题》，载高明士编《唐律与国家社会》，台北：五南书局，1999年，页40—46。

巧合之处。再如单就以上述近代以降"罪刑法定主义"所衍生出的诸项次原则来作为衡量的基准，可以看到，《唐律》在形式上的确也曾试图想建构所谓"罪刑法定"的理念，例如：《断狱》规定："诸断罪皆须具引律、令、格、式正文，违者笞三十。"《疏议》也补充说明："犯罪之人，皆有条制，断狱之法，须凭正文。若不具引，或致乖谬，违而不具引者，笞三十。"

乍看之下，这与当今"罪刑法定"的要求，有何不同？不过，问题在，《断狱》又规定："制敕断罪，临时处分，不为永格者，不得引为后比。若辄引，致罪有出入者，以故失论。"《疏》文云："事有时宜，故人主权断制敕，量情处分。"法律规定，这种"权断"之权只有皇帝享有，其他人不得仿行。只有当权断的制敕，经过编修公布，成为"永格"之后，其他司法官吏在审判中才能引用。如此一来，在规定断罪要完整引用律、令的同时，却又承认皇帝对个别案件下制敕"断权"的合法性，而不问这种"临时处分"是否与刑律的规定相一致，实际上，这无异于对前者的根本否定。[19]

其次，《唐律》本文虽未明白规定得为比附，但比附之制，屡见于律疏，[20] 其中有关于通例的比附、罪名的比附，也有关于

---

19 参阅钱大群《唐律研究》，北京：法律出版社，2000年，页76—79。
20 例如《名例》各条有关的规定，依《疏议》的解释，可得比附于其他相类情形者，如十恶比：《名例》"十恶"条规定，殴告夫及大功以上尊长、小功尊属者，应入"不睦"条。若咒诅大功以上尊长、小功尊属，欲令疾苦者，未知合十恶以否？依《贼盗》"憎恶造厌魅"条，《疏议》云："疾苦之法，同于殴伤。谋殴大功以上尊长、小功尊属，不入十恶。如其已疾苦，理同殴法，便当'不睦'之条。"即假如咒诅之目的在"欲以疾苦人"，并已造成疾苦之后果，则犯于大功以上之尊长及小功尊属者，列入十恶之"不睦"，显然是将"已疾苦"比附"殴伤"。详参黄源盛《释滞与擅断之间——唐律轻重相举条的当代诠释》，载《法制史研究》第13期，2008年6月，页1—42。

刑罚加减的比附。总的看来，《疏议》明显是以事类相似者比附援引以科断。我们也观察到，为避免比附事项悬殊的弊病，《唐律》确也企图对比附加以某种程度的限制。如《断狱》"辄引制敕断罪"条规定，皇帝的"制敕断罪，临时处分"，如果"不为永格者，不得引为后比"。倘有司法官吏擅自引用，而"致罪有出入者，以故失论"。又如《断狱》"赦前断罪不当"条规定："即赦书定罪名，合从轻者，又不得引律比附入重，违者各以故、失论。"足见，唐时虽有比附之事，而设限仍算严格。

然而，观察传统法制，不能不注意到规范的有效性与实效性问题，这两者间有时是有相当差距的，唐刑书虽为"律"、"令"、"格"、"式"，并禁止法官妄自比附，唯君主有司法大权，不受刑书拘束，权断制敕，量情处分的事例屡见不鲜。例如魏征（580—643）在贞观十一年（637）时就曾批评道：

> 顷年以来，意渐深刻，虽开三面之网，而觉见渊中之鱼，取舍在于爱憎，轻重由于喜怒。爱之者，罪虽重而强为之辩；恶之者，过虽小而深探其意。法无定科，任情以轻重；人有执论，疑之为阿伪。故受罚者无所控告，当官者莫取正言。不服心，但窃其口；欲加之罪，其无词乎？[21]

唐中宗神龙元年间（705）正月，赵冬曦（677—750）亦曾上书痛论"比附"、"轻重相举"及"不应得为"条之非：

---

21 参阅（唐）吴兢撰，（元）戈直校注《贞观纪要》卷五《论公平》（内文为"公平"），载《四部丛刊史部》第131—134分册，台北：台湾商务印书馆，1966年。

臣闻夫今之律者，昔乃有千余条。近者隋之奸臣，将弄其法。故著律曰："犯罪而律无正条者，应出罪，则举重以明轻；应入罪，则举轻以明重。"立夫一条，而废其数百条。自是迄今，竟无刊革，遂使死生罔由乎法律，轻重必由乎爱憎；受罚者不知其然，举事者不知其犯，臣恐贾谊见之，必为之恸哭矣！夫立法者，贵乎下人尽知，则天下不敢犯耳，何必饰其文义，简其科条哉？夫科条省则下人难知，文义深则法吏得便；下人难知，则暗陷机阱矣，安得无犯法之人哉？法吏得便，则比附而用之矣，安得无弄法之臣哉？臣请律令格式，复更刊定其科条，言罪直书其事，无假饰其文，以准、加减、比附、原情及举轻以明重，不应得为而为之类，皆勿用之。[22]

虽然不能单以魏征与赵冬曦两人的议论，作为论证的基础，而赵冬曦把"比附"、"轻重相举"及"不应得为"条相混并提，理论上也不无可议。[23]但仍隐约可见，唐代在司法实际运作上似仍无当今"严格意义"的罪刑法定可言。

再仔细体察《唐律》规范的内容，概为"王者之政"、"罪名之制"；通篇从"十恶"、"八议"以下，结合礼制、名教、纲纪伦常等价值观念，正为巩固君主专制的统治秩序而设。这与近代西方在民主思潮、民权主义内涵下所产生的"罪刑法定"自然两不相干。具体地说，中国在专制皇朝时期，行政、立法及司法三

22　参阅（宋）王溥《唐会要》卷三九《议刑轻重》，北京：中华书局，1955年。

23　参阅本章注20，黄源盛《释滞与擅断之间——唐律轻重相举条的当代诠释》，载前揭书，页1—42。

权均统于一尊，体制上无所谓权力分立，法制上自无所谓"罪刑法定"。且所谓"法定"，系指经立法机关通过的法律，而犯罪的成立及其刑罚，须根据成文法律，不得根据习惯、法理，更不得类推适用。在旧律上，如此严格意义的"罪刑法定"根本未曾存在。可以说，中国的旧刑律，即使有时表现出"罪刑法定"倾向的一面，也只不过是基于法家的霸道意识与儒家王道精神融合的法律文化结晶，强调君权，掌控官吏。在司法运作实务上，其被视为裁判上的德政，是种施舍，是种宽恕，并不是近世个人主义、自由主义下的产物，更不是想贯彻严格意义的罪刑法定。

在前面，我们整理了《疏议》对"不应得为"条的十则运用阐释，也看了两道"不应得为"罪的实例，总觉得犯罪的构成要件极其含糊笼统，理论上，对无法律规定的任何"犯行"，只要认为应受罚，都可找到处罚的根据，而且形式上都有"法条"依据："不应得为而为之"。它与近代西方罪刑法定中构成要件需明确的要求当然不相符合，为今日刑事法思想所排斥，也毋待深论。也或许如此，近代以来西方刑法理念所主张的"罪刑法定主义"，在传统中国法制史出现的契机，即因此受到阻扼。法史学家戴炎辉（1909—1992）评"不应得为"条时曾说"此条可谓为遵儒教之以德礼坊民之意，以戒侥幸之徒而设。唯若滥用之，则启开擅断之弊端，所谓罪刑法定主义大见减色。"[24]刑法学者蔡墩铭（1932—2014）也以为："何者为不应为，则一任法官自由认定，法无标准，虽科刑时仍有条文之依据，但法官裁量权过大，不能

24　参阅戴炎辉《唐律通论》，台北：正中书局，1970年，页11。

不视为罪刑法定原则之漏洞。"[25]此等论断,尚称中肯。

不过,更深入观察,"不应得为"条,究其实,仅系针对"杂犯轻罪"的反伦理道义行为而设,而为了弥补其空疏,另又以律疏不厌其详地定例阐明,不能不说仍具有某种程度的严谨性。可以这么讲,在唐代社会,非礼无法、违理入刑,是常规。"不应得为"的界限,在当时,依据其"礼"、其"法"及其生活中的"活法",或许是能厘清的。因此,若有司法官吏据此条断狱,是否不应妄加批评其"不依律条正文"?[26]

平情而论,我们可以抨击"不应得为"条法意深刻、立法苛严,混淆了"罪"与"非罪"的界限,但却不见得单据此条就足以全盘否定《唐律》"罪刑法定"倾向的存在。如果想要在传统中国法制中,探寻阻碍西方罪刑法定主义出现的因子,与其归咎于"不应得为"条,倒不如责之于比附援引方法的不当使用。而再追究根底,其实,君主专制的统治及儒家的人伦秩序必须维护,这恐怕才是背后真正的原因吧!

二、从"不应得为"罪考察《唐律》罪与礼、理、刑三者间的关系

不分中外,法律发展史上的第一页概非刑法莫属,也许要问,世间何以需要设立刑律?泛泛说来,古今刑法各有其基本的

---

25 参阅蔡墩铭《唐律与近世刑事立法之比较研究》,台北:中国学术著作奖助委员会印行,1972年,页15。
26 参阅俞荣根《罪刑法定与非法定的和合——中华法系的一个特点》,载中南财经政法大学法律史研究所编《中西法律传统》第三卷,北京:中国政法大学出版社,2003年,页1—44。

使命与准则，不仅反映在刑法规范的结构之上，对于刑法任务与角色，也具有本质上的相关性，进而形成刑法规范体系的基本概念，而有其法学上的实证意义。换句话说，刑法的发展，是从其文化的基本任务出发，而在实践上发挥刑法的特性，从而形成准则与理论概念体系。可以说，刑法的文化任务，源自人性论以及人类社会生活的需要；这虽是"法外的"的因素，而此项因素的发展契机，如何启发蔚成罪与刑的逻辑架构和概念体系，将是本节所要观察的重点。

从当今刑法的作用来看，它有所谓规制的机能。刑法的主要任务在使犯罪行为的规范评价趋于明确，国家以刑罚剥夺人的生命、自由、财产时必须有所根据，必须予以明定，且必须对其规定作相应适当的刑罚。其次，刑法具有保护法益的作用。易言之，就当代刑罚学的观点，犯罪乃行为人明显对于法律所保护法益的不尊重，亦即其行为已经破坏或危及社会共同生活的利益。此种对于法益有破坏或威胁的行为，被当作一种可责的"刑事不法"行为，而以"刑罚"作为反应的手段。问题是，刑法的机能是否仅在于对"生活利益"的保护？抑或也包含对社会伦理等基本价值理念的保护？

如果以上述的论点做基准，而以今衡古的话，该如何来看待整部《唐律》的任务？又该如何来理解"不应得为"之所以成"罪"的法理？《唐律》中的罪与礼、理、刑之间的关系又如何看待？

法律的基本任务在于维护人类的社会生活秩序，而传统中国的法律又率以刑律为主。不过，人类社会的共同生活规范，除了法律之外，事实上，还有种种从远古就传袭下来的社会规范，综合形成一种反映"当为价值体系"文化规范的社会秩序。前面提过,在传统中国社会,从汉代以来,即形成一种礼教规范,作为人之所以为人,在家族、团体及社会生活中行为的准则。凡抵触此种规范者,往往会受到某种伦理道德的非难或社会内在性的惩罚,例如:社会的谴责、舆论的制裁等。但是,这种处罚总是较缺少外部的强制效力。

真正具有外部强制效力的,不外乎是刑律规范,唯到底何种行为才得列入犯罪概念而必须临之以刑?这是个相当学理而又实际的问题。一般说来,犯罪有实质及形式二义。实质意义的犯罪,乃泛指一切的反社会行为,亦即紊乱社会共同生活秩序,侵害个人及公共利益的行为均属之。至于所谓形式意义的犯罪,是须在实定法上明文规定应科以一定刑罚的行为。申言之,立法者从许多反社会行为中,择其值得以刑罚非难者予以类型化,将其规定为法律上可罚的行为。因之,非法律规定为可罚的行为,即使在社会上认为值得非难,仍非属刑法上的犯罪。

就传统中国法制言,汉以后的中国法律,逐渐趋向于与社会观念合一的途径,以为出于礼者,自须临诸于刑,因此,有认为犯罪起源于"失礼"者。[27] 如此说来,假如人人能克己复礼,即无所用其刑。然而"礼"所代表者,其内涵与外延各为何?高明士对于礼的态样及其本质有独到的看法,他认为:从先秦以来到

---

27 西汉儒者的道德哲学总集《大戴礼记·礼察》,论及刑罚的起源说:"凡人之知,能见已然,不能见将然。礼者,禁将然之前;而法者,禁于已然之后。是法之用意见,而礼之所为生难知也。……礼云礼云,贵绝恶于未萌,而起敬于微渺,使民日徙善远恶而不自知也。孔子曰:'听讼吾犹人也,必也使无讼乎!'""婚姻之礼废,则夫妇之道苦而淫辟之罪多矣。乡饮酒之礼废,则长幼之序失而争斗之狱繁矣。聘射之礼废,则诸侯之行恶而盈溢之败起矣。丧祭之礼废,则臣子之恩薄而倍死忘生之礼众矣。"

两汉，有关礼说的发展可归结为以下三方面：礼之义、礼之仪、礼之制。所谓"礼之义"，指礼的义理；所谓"礼之仪"，指礼的仪式；所谓"礼之制"，指礼的制度。秦汉以后，在专制皇权影响下，三者当中，以礼之仪、礼之制较有新的发展，而成为皇权的包装，进而典制化。至于礼之义，除隐含于礼之仪、礼之制中外，亦被吸纳入律典（或曰法、刑）。[28]其实，用通俗的话讲，"礼"不外传统的社会礼俗制度，其中包括礼制、伦理、道德义理与良善风俗等，故称"礼者，众之纪也"。礼成为社会上统一的规范，所以能守礼者，未有不能守法者。

实际上，犯罪一方面乃系违反国家法律，另一方面，主要是它破坏了社会伦理的纲纪。单依以上的逻辑推演，或许可以得出这样的结论：从其违反国家法律以观，不难知悉犯罪概念的形式意义；而从其破坏伦常关系来看，又不难知晓犯罪概念的实质意义。

以这种观点论《唐律》，可以说，唐朝当时的社会秩序，系建筑在五伦常理的基础之上，所以，这一部分的礼，就是维护五伦秩序的基本条款。凡违反者，以刑罚为制裁；法之所禁，必皆礼之所不容；而礼之所许，自必法之所不禁，这就是所谓"出礼入刑"，而为礼主刑辅的关键。也可以这么说，《唐律》的立法精神，就静态的纯粹面观之，虽仍有"礼"与"刑"对立的二元化思想；但就动态的实践面言之，"刑"是受"礼"的规准，而有因时因地而变化的一元化倾向。因此，如果说《唐律》的立法根基为礼本刑用的形态，也有相当充分的理由在，难怪清钦定

---

28 详参高明士《唐律中的"理"》，载黄源盛主编《唐律与传统法文化》，台北：元照出版公司，2011年，页35—40。

《四库提要》总目卷八十二,提到《唐律疏议》时说:"论者谓唐律一准乎礼,以为出入,得古今之平。"

值得玩味的是,《唐律》除了在律条中,有时径以单纯违背道德的行为为犯罪,表现很显著的道义性立法外,且又从礼经或礼教规则层面,应用解释以补充法律的不足,更进一步地,唯恐防范不周,对于律无正文而道理上不应为者,设有概括的保障规定,以杜遗漏而维风教,此即本文所着墨的"不应得为"条之所由设。申言之,许多没有收入律令的礼(行为规范),转化为礼俗后,还在有效地调节人们的社会生活,而且它不同于一般依靠社会舆论、内心信念、菁英人物的威信维持的习惯,而仍然需要有法律强制力为其后盾。所谓"不应得为",就是"律令无条,理不可为者","礼也者,理之不可移者也",理就是礼,"理不可为者",就是礼不允许做的事。可见,"不应得为"条系为以德礼坊民之意,以戒侥幸之徒而设。如此一来,法律与伦理道德绝大部分互相重叠,所有礼教规则已因此条的概括规定,列为法律的内容,在解释上则有相当大的价值补充空间,如果将它称为"礼教的大防线",似也说得通!

如果还要追问"理"到底为何物,孔颖达序《礼记正义》说:"礼者,理也。"另外,《礼记·丧服四制》郑玄注曰:"理者,义也。"然则"义"又如何?《礼记·中庸》引孔子说:"义者,宜也。"朱子解:"宜者,分别事理,各有所宜也。"也就是事理的正当性。说到底,"理"可以说就是规范背后的立法意旨,是要行事"合宜",是要符合亲疏、贵贱、尊卑、长幼的天地秩序,一言以蔽之,是要"恰到好处"。因为"理"是抽象的概括观念,它的范围远大于"礼",即"理"除了义理、事理之外,还包括一些传统的基本治世理念、法律推理乃至佛道之理等内容，所以必须借由具体事实来考量，因而理常与情字连称曰："情理"。所谓"理贵原情，原情入礼，纳礼入法"，自古以来审案的理想境界无非标榜要情、理、法兼顾。有关"不应得为"罪牵涉到理、礼、刑三者间之关系，可图示如下：

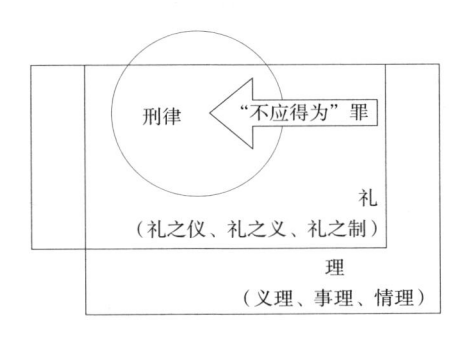

```
┌─────────────────────────────────┐
│     ┌─────┐                     │
│     │ 刑律 │ ⇐ "不应得为"罪      │
│     └─────┘                     │
│                         礼       │
│              （礼之仪、礼之义、礼之制）│
│                                 │
│                         理       │
│                （义理、事理、情理）│
└─────────────────────────────────┘
```

至于《唐律》中"不应得为"的"情轻"与"理重"的分野，实际运用上，其分界或在犯罪行为的"情节"或"情状"，亦即科刑时应以行为人的责任为基础，并应审酌一切情状为科刑轻重的标准，具体来说，包括犯罪的动机、犯罪的目的、犯罪时所受的刺激、犯罪的手段、犯罪行为人的智识程度、生活状况、品行、犯罪行为人与被害人的关系及犯罪行为人违反伦理义务的程度、犯罪所生的危险或损害、犯罪后的态度等。[29]

从本章第三节中的律疏定例及二件运用实例看来，大致上，"不应得为"条是属于"比较衡量型"者为多，亦即为求情罪平允所为的犯情与刑罚的均衡而设。另一种较少数的类型，是属于

---

[29] 实际上，这与当今台湾地区所谓"刑法"第五十七条的规范是古今相通的。

所谓的"叱责惩戒型"者,[30]亦即行为人的行为情节虽属轻微,但仍值得用刑罚施之,借以惩戒。前已屡屡述及,《唐律》之所以有"不应得为"条之设,其最原始企图,可以说在补律条之不足,亦仅在律令未有规定或规定有阙漏的场合,才有其适用。不过,详加检点,"不应得为"罪也并非完全针对纯粹违反礼教价值观念的行为,另外有些是针对一般的刑事犯罪和职务犯罪。[31]而不管是哪一种类型的犯罪行为,仍须进一步厘清的是,"应"与"不应"、"情轻"与"理重"的界限,究竟是"天理"、"事理",还是"法理"、"情理"?问题也许就出在这里,"情理"往往无一定的标准,又无绝对客观的根据,本质上它是属于一种人与人间的情感作用;各个不同的具体案件,其解决之道,端赖司法者"发自良心的一念之间",至其结果往往因人而异,或因事而不同,法律的稳定性也就难于把握了。

三、从"不应得为"罪探究《唐律》的立法技术

再从刑法规范与伦理道德的根源关系看,现代法律随着国家理论的发展,现实上已与其他社会规范分岭出来,进而和国家的强制力相结合而蔚成独立的规范体系。此种规范体系具备三项

---

30 有关不应得为的适用事例,可分为"比较衡量型"与"叱责惩戒型"。详参本章注1,中村茂夫《不応為考ー「罪刑法定主義」の存否をも巡って》,页24。另参川村康《律疏不応為箚記》,载《中国の法と社会と歴史ー小口彦太先生古稀記念論集》,东京:成文堂,2017年,页310。

31 《唐律》中有关"不应得为"罪的类型颇多,例如有关孝道的不应为、有关身份等级的不应为、涉及皇帝生命安危及政权稳定的不应为、涉及吏治的不应为,另外有依法律推理的不应为,甚至有依佛道教之理的不应为等。

特色：法律的不可侵犯性、法律的自主性与法律的规范意志性。反观，《唐律》有所谓"出于礼者入于刑"的规范倾向。可以说，唐代的刑法规范与道德戒律系出自同一根源，均为形成社会秩序重要的因素。刑法乃是"规范之王"，透过刑罚制裁与保护法益的机能，以维护社会团体生活所追求的价值体系，从这个角度观察，如果说，《唐律》本身实也带有"行善"与"行义"的意义，实在也有其理。

《唐律》承《隋律》遗绪，体系相当完整，儒家的恤刑宽仁精神获得具体的展现。尤其高宗永徽四年（653）所完成的《律疏》三十卷，即今日世人所见《（故）唐律疏议》。其释难析疑之中肯，字推句解，条分缕别，堪称圆熟。在《唐律疏议·名例》序曰：

　　德礼为政教之本，刑罚为政教之用，犹昏晓阳秋相须而成者也。

这是提示《唐律》及其律疏内容，系以礼主刑辅原则来编纂，即此所谓的"礼教立法"，而实蕴含着两层含义：其一，法律的作用是在辅助礼教的不足，申言之，"礼"为法制的终极目的，"律"只不过为实现"礼"的手段，礼是以律为其后卫。其二，法律的内容是从礼教中取其价值的，礼不但高居于律之上，并且深入律中，使《唐律》礼化，形成所谓"礼本刑用"的礼法观。从长远宏观的角度看，《唐律》礼本刑用的立法原则，实是自汉以来的一大突破，也是隋唐律与汉、晋律较为不同之处。观其立法目的，可谓为制律或注律诸臣，想要突显礼在律中的作用，而以更贴近儒家的主张来显现其内涵，虽然在现实上仍无法摆脱君权至高无上的威势，但其用心良苦，概可想见。

总的说来，战国时代至秦汉时期，是由礼刑二分走向礼刑合一，同时由于成文法典的发达，而使礼刑思想融入律令，此时之令为律的追加法。西晋以后，由于士族门阀势盛，施政以及订定法制，走向儒家化，于是令成为规定制度，不带罚则，乃与律二分。律、令、礼三者间的关系，成为纳礼入律、入令，违礼、违令由律处罚，直至隋唐，法典体系大备，乃形成所谓的中华法系文明。[32]

至于现代法治社会下的刑法，虽然也负有维护人类社会生活秩序的任务，但是国家刑罚权的行使，其方式与范围，并非漫无限制，更不可任由政府恣意擅断。刑法的功能，固然在于利用限制个人自由的方式，防制恣意性的侵害行为，进而消弭犯罪于无形。可是，这种作用仅能相对的以该国整体文化状况相当的方式，在人权与法益保护的理念下运作。如此对称的任务思想，不但在司法上于适用法律时发挥法益衡平的指导功能，对于刑事立法政策，有关罪的实质概念，实亦深具意义。而传统中国社会为了维护社会秩序，为了倡导文化价值理念，往往提倡社会义务本位与伦理本位的精神，甚至采取"法网恢恢"的概括立法方式，用以防止法律的疏漏，"不应得为"的入罪化，就是最明显的例证。

当今，为了贯彻刑法的保障机能，除了揭示"罪刑法定"的原则以外，刑法类型化的作用，更要求在法律逻辑的体系下，配合"构成要件学说"的运用，建立法律评价的科学性及"预测可

---

32 参阅黄源盛《唐律中的礼教法律思想》，载《政大法学评论》第58期，1997年12月，页1—19。另参高明士《从律令制的演变看唐宋间的变革》，载《台大历史学报》第32期，2003年12月，页1—31。

能性",从而贯彻"法律安定性"的基本价值理念。对于犯罪的处罚,不但要求应有法律明文的规定,且要求该当规定的法规含义,必须具备一定的类型意义,表达特定的立法意旨以及刑法保护法益的范畴,以作为解释及推理的逻辑认知依据。这种思维理论已经形成为现代刑法规范体系的基本架构,也是现代刑法概念特色的一种表现。[33]

犯罪类型化的理论,要求立法者制定刑罚法规时,必须根据特定保护法益的内容及侵害行为的态样,而将可罚行为的类型及刑罚的种类与刑度,具体反映在"构成要件"及"法律效果"的相关规定之中,这也是刑法罪刑法定实践正义的当然要求。因此,欠缺"范畴性"而充满暧昧模糊的概括性法律秩序的规定,虽然形式上看起来也有处罚的法条依据,而其规定内容往往缺乏具体明确的构成要件,以致处罚行为的概念无法加以类别印证,严格说来,自与罪刑法定的原理不符,不得引为犯罪处罚的根据。

具体地说,所谓"概括条款",在乃指立法时,对于某些律条,仅就原则概括作规定,而赋予法官就具体案件有公平衡量,妥善运用之权,以求情罪允协。此种概括条款,法条本身极为抽象,须于具体的个案中予以价值判断,其规范意旨才能具体化。用当代的话来说,乃法律对于某种合法或违法的行为,未具体指明其构成要件,而仅有包括笼统的规定。概括条款见于各种法律领域之内,其在民法或行政法,已属司空见惯,但在今日的刑事立法,则不常见。

现代的刑法,本于法治国思想理念,为保护行为人,乃要

---

[33] 关于刑法概念类型化的作用,参阅苏俊雄《刑事法学的方法与理论》,台北:怀宁出版社,1974年,页166以下。

求刑事立法应具构成要件明确性，以符合罪定法定的要求，故对于含义过分抽象或条文内容极端不明确的刑罚法规，主张须予排除。反之，如果不明确的程度，尚不严重，可从其他情形的例示，而探知其所指为何者，即使规定于刑罚法规之中，亦非完全不能容许。而我们今日在刑法上所见的概括条款，通常可分为二种：其一为构成要件之全部内容属于概括条款者；其二为构成要件之部分内容属于概括条款者。

以今论古，就《唐律》以观，罪名对其犯罪构成要件极为具体化、细分化，此外，对犯罪的处罚，也不采取抽象的、概括的态度，而采取客观的、具体的立法方式。因此，罪名繁杂，科刑上常发生疑义。[34] 反观当今刑事法的各种犯罪类型，其刑度率采相对法定刑立法方式，法官得依法定刑而为伸缩，致宣告刑有为高度刑者，有为低度刑者，而论罪之范围，亦得本于个别案情的需要，就法条为扩张解释、限缩解释，甚至为目的解释或当然解释等，故"罪刑法定"自易严格遵守。而《唐律》基本上是采所谓"一罪一刑"的绝对法定刑主义，条文每罪所科之刑，除另有加减例，皆系一刑，并无"度"之可言；然情伪无穷，科条有限，刑既为一，罪亦难为伸缩解释，正律自不足以泛应。是否因此，对于犯行情节较重者必须以比附援引论科？是否因此，对于诸多情节较轻微的犯罪，"不应得为"罪之出现亦势所必然？更直接地说，"不应得为"条之"罪"的部分构成要件不明确，"刑"部

---

34 例如同其罪质的犯罪，仍依其主体、客体、方法、犯意、处所、数量（日数、人数、赃数等）及其他情况，而另立罪名，各异其刑。阑入及其他所犯，视其为宫、殿、上阁内、御在所、宫城、皇城、诸处守当、州镇戍城、县城等，各立罪名。盗罪亦视其客体而异。于殴伤杀，视伤之程度及方法，再视主客体，复视其犯意（谋杀、故杀、斗杀、戏杀伤、过失杀伤）。参阅本章注24，戴炎辉，前揭书，页25—26。

分则十分明确，但明确之中，只有轻重两等，不是笞四十，就是杖八十，似乎缺乏了中度刑。流弊所及，司法者认为笞四十过轻者，是否因此，就容易入重？

从现代法学的观点，法律为语言文字所构成的社会统治手段，语言文字本身并无固定客观的意义；没有"人为"的目的论的解释，徒有法仍不能以自行。是故，唐代律文虽有意导向于"罪刑法定"，而在以礼教为中心的泛文、泛道德大环境的形势下，却不能不有权宜之变，以"比附"或"不应得为"的立法方式来应对，以显其灵活运用的功效。从本章第三节中有关律疏的例举事例的说明，这种趋向可以看得相当清楚。

前面也再三提过，"不应得为"罪的性质，本质上，是一种构成要件之全部内容均属于概括条款的极端类型，它是一种"空白构成要件的轻犯罪法"，或可称为"轻罪的空白刑法"，是需要司法者对于个案予以价值补充的不确定法律概念。问题也许就出在这里，刑法犯罪类型化，其构成要件的规定应力求明确，尽量避免使用模棱两可或含糊不清的用字与概念。清末修律大臣沈家本就曾说过："律例中一二重要字眼，关系罪名之生死出入，不得有含糊的笼统之词也。"[35]察其用意，不外主张要以明确的构成要件规定，以防止司法者的恣意妄为。《唐律》中"不应得为"条的立法方式，以当今刑法观点，显然欠缺"范畴性"，犯了构成要件不明确之弊，致使其保障的机能大大降低。

在传统中国法文化中，法律的责任与伦理的义务，往往纠缠不清。在"法网恢恢，疏而不漏"的"报应不爽"观念下，刑

35　参阅（清）沈家本《故杀胞弟二命现行例部院解释不同说》，载《寄簃文存》卷三。

法概括规定及比附援引之风的流行,毋宁说是极为自然的事。虽然在当今犯罪构成要件中也有所谓"规范性构成要件要素"[36]的订定,就特定事项的概括立法,刑事立法上固也难以完全避免,但总是设法力求慎重,不可单求立法的简便。尤其对概括条款概念的诠释,必须在相关事理中,求其合乎社会相当性,以为阐明的基础。申言之,司法人员将不确定的法律概念具体化,并非只为同类案件厘定一个具体的标准,而是应个别考量,随各个具体案件,依照法律的精神、立法目的,针对国民的法律生活感情,予以具体化,以求实质的公平与妥当,否则,其后果自是堪虞。本文虽没有足够的史料来佐证唐代"不应得为"条是否被滥用,但司法官吏对"应"与"不应"的是非评价,对违反事理"轻"与"重"的衡量,恐将相当程度地左右犯罪是否成立以及量刑是否得宜的客观判断,甚而造成诸多舞文弄法的"陷入"冤狱。

伍、结语

自唐以降,"不应得为"罪几乎贯穿了整个传统中国刑律。《宋刑统·杂律》(卷二七)中"不应得为"罪之规定一如《唐律》,《明律》沿用《宋刑统》,但将其名称改为"不应为",注文稍易,《笺释》曰:

---

36 所谓"规范性构成要件要素",是指该法律用语的本身即属法律的概念或与价值有关的观念,须透过司法官吏评价之后才能明了立法者所欲表达的含义,是具评价必要性的构成要件要素。

圣王制律之始,以天下事有万殊,虑不足以赅载,故立此条。恐入附于律例以轻重于其间,殆仁之至也。如不善用之,动指为不应为事重,则其陷入也多矣。凡事必干犯伦理,及有害于国,有伤于民,斯为重耳。焉得以小事不应为者而辄引重律比之哉。

清末法学大家薛允升(1820—1901)肯定这种说法,并慨叹有明一代刑章日繁,无事不有条例,而犹有贪其简便,引用此律者,其陷入岂不更多乎?[37]

《大清律例刑律·杂犯》"不应为"条承袭《明律》,律本文微调为"凡不应得为而为之者,笞四十;事理重者,杖八十。律无罪名,所犯事有轻重,各量情而坐之",不作疏文,但本条律下无有条例,为《清律》以律例并行的异数。不过,清初名幕沈之奇的《大清律辑注》在《律后注》中说:

凡人所犯之事,在律例皆无可坐之条,而揆之情理,又不可为,谓之不应得为。不应得为而为之者,笞四十,盖事理之轻者也。若事理重者,则杖八十。世之事变百出,人之情态无穷,律例不能赅载,故着此不应得为之一条,以补其未备。

《律上注》也说:

---

37 参阅(清)薛允升《唐明律合编》卷二七"不应为",台北:台湾商务印书馆,1977年,页624。薛允升赞同《笺释》意见,但不能任意增添专条。他说:"愚按此亦《唐律》也,凡律令无文而理不可为者,皆包举在内矣。即如威逼人致死,男子和同鸡奸,有犯即可照不应为科断,可知后来增添之例,皆不应也。若事事俱有专条,则此律岂非赘疣乎?"

> 律于重大罪犯，莫不详备，而细小事理，不能穷尽人情，各立一法，恐因律无正条，而附会臆断，轻则纵奸，重则伤和，致有太过不及，故补此一律，或笞或杖，随事酌定，不得妄为轻重，此律意也。[38]

从整部《大清律例》看来，这条概括性条文在律典中的位置并不突出，但其适用却极为广泛。[39]某些关于典卖田宅的法例规定适用"不应为重"条，[40]而在涉及命案中"民事纠纷"裁断时，也几乎常援引此一律文。其实，从官司特定的立场看，所有行为皆可依其性质分为"应为"与"不应为"两类。在田土、钱债等领域，区分二者的主要标准是它们是否容易"肇事"、"起衅"。广义上说，律例所禁止的行为皆属"不应为"者，而就"不应为"条言，它要处罚的只是那些极其琐细而为律典不必也不能一一予以规范的行为。因此，讨债、追租、负欠拖延、分家不公、劝解不力、强赎绝产、自力救济、冒昧作保以及某些场合下的从中说合等，都可以受"不应为"条处罚。"不应为"律的适用范围如此之广，或许足以说明它存在着填补传统律典在"民事行为"规范方面缺漏的功能。[41]

如此悠远的"不应得为"条，未见法界有人大肆批判，直

---

[38] 详参（清）沈之奇撰，怀效锋、李俊点校《大清律辑注》（下），北京：法律出版社，2000年，页951。

[39] 有关本条在清代的适用实态，详参《刑案汇览》（正、续、三编），以及"中央研究院"历史语言研究所藏《内阁大库档案》"不应得为"条。另外，可参阅本章注1，中村茂夫《不应为考—「罪刑法定主义」の存否をも巡って》所列举的个案解说。

[40] 比如《大清律例·户律·田宅》关于告找、回赎的雍正八年定例和乾隆十八年定例。

[41] 详参《清代地租剥削形态》，北京：中华书局，1982年。另参梁治平《清代习惯法：社会与国家》，北京：中国政法大学出版社，1996年，页138—139。

到晚清，林则徐（1785—1850）曾罕见地提出废除之议[42]，但终也未能实现。迄至1910年编修帝制中国最后一部传统刑法典——《大清现行刑律》时，依旧存在"凡不应得为而为之者，处四等罚。事理重者，处八等罚"的条文。而1911年由沈家本及冈田朝太郎所联手草拟完成的《钦定大清刑律》（俗称《大清新刑律》），在近代西方个人主义、自由主义及人权思潮的冲击下，同时也因为有"违警罚法"与"刑法"的双层次立法区分，绵延二千年以上的"不应得为"条，才见消失[43]。

必须讲，在传统中国法制中，虽说并无现代严格意义的"罪刑法定"，但司法官吏断案也并非毫无法律拘束，更不是可任由擅断，仍然要求依"律、令、格、式"等以为依据，否则仍要负"失出失入"的枉法裁判罪，形式上，也有"中国式罪刑法定"的倾向。但是，在钦定法律的制度下，礼教与刑律含混不清，在所谓"礼之所去，刑之所取；出于礼者，入于刑"的情况下，自《唐律》以后，"不应得为"的概括条款，对于犯罪行为的侵害态样、保护法益的类型，毫无描述，完全以礼教或义理、事理、情理为规范内容，其运用之妙，只端视审判者的

---

42 有关林则徐之议，典出何处，尚待查考。日文资料可参阅佐伯千仞《元老院の不応為律廃止論－明治初年における罪刑法定主義》，《立命馆法学》，第75、76号，1967年，页483—484。

43 事实上，"不应得为"罪不仅贯穿帝制中国刑律，同时也大幅影响及周边诸国，其中，以日本为最，在继受中国法时期的律令法时代，《大宝律令》（701）及《养老律令》（718）固不必论，直迄明治三年（1870）的《新律纲领》及明治六年（1873）的《改定律例》，在《杂犯律》内仍存有"不应得为"罪的规定。而在明治九年迄十三年间（1876—1880），元老院对于"不应为"律是否废止，仍多所争议。直到明治十五年（1882）的《旧刑法》第二条，才确立了近代罪刑法定理念，而"不应得为"条终于不复存在。参阅黄源盛《传统中国法对日本刑事立法最后的影响——以〈新律纲领〉及〈改定律例〉为中心》，收入高明士主编《东亚文化圈的形成与发展》，台北：台湾大学历史学系，2003年，页347—383。另参本章注42，佐伯千仞《元老院の不応為律廃止論－明治初年における罪刑法定主義》，页485—486。

用心而已。

　　推原此条的法意，本来在补救律、令的不足，以致执法者在无法"轻重相举"，又"无文可以比附"时，每每援引此律以济其穷。盖若事事俱有专条，则律典岂非赘疣？在今天，刑事被判无罪，民事仍得请求损害赔偿，但在唐宋元明清，一旦判决无罪，犯者可以尽赢，对被害者甚为不公。换个角度想，传统中国始终坚持"有犯罪就要受惩罚"的原则，未尝不是对受害人的一种"保障"。如是，则"不应得为"条的设立不正可以弥补民刑不分的传统法律内在的缺憾？

　　从整个法制历史考察，此律之设，理想与现实的落差互见。自其理想面言，原意本在使礼制价值观念得以具有法的性质与效力，以致全部违礼犯义的行为，即使律、令无文，也可视为违法而予以惩处，从而达到"以德礼坊民"的终极关怀，果真能妥善运用，或能落实情罪平允的实质正义理想。不过，从现实面看，此条之设，显而易见地，对于"应"与"不应"、"情轻"与"理重"的见解可能因人而异，而为司法者提供陷人于罪的一张网罗，轻易打开擅断滥刑的闸门，对于法律的安定性造成莫大的挑战。也为此，中国的刑律真正分别伦理的义务与法律的责任，强调犯罪类型构成要件明确性的立法技术等"罪刑法定"理念，一直要等到清末民初继受欧陆法时期，才曙光乍现。

第七章
《唐律》责任能力的规范与理论

壹、序说

从当代刑事立法的观点，"责任能力"系指行为时，行为人的年龄达一定程度、精神状态成熟且健全，能理解社会规范的价值，并有依其理解而为社会行为，足以使其负担刑事责任的资格而言。换个说法，为使行为人就已实施的违法行为负担责任，首先，以该行为人具有负担刑事责任的资格为必要，此种资格即称之为"责任能力"。观乎现代刑事犯罪的阶层理论，"责任能力"、"责任条件"、"违法性认识"及"期待可能性"并称为"有责性"的四大要素[1]。

考诸外国法制历史，欧陆各国刑法典关于责任能力的法制，直到中世纪以后始成明文。而传统中国刑律关于老、小、疾病之人犯罪得不负或减轻刑责的规范，起源甚早，历代相承不替；不过，其内容或简或略，迄至《唐律》才形成较完备的体系。

传统中国刑律中有关刑事责任能力的条款，其用意究系考虑行为人"无意思自由"的能力，抑或基于"无刑罚适应性"的法理？还是出于"恤刑宽厚"的伦理观念？甚或顾及老小废疾对专制统治的"社会危害性"不大？说法不一，值得探索。

本章拟从法制史学及近代刑法学的观点，首先，考察古代欧陆及唐代中国以前的相关立法例，进而就《唐律》中的规定，寻本溯源，细绎其内容，参稽现代刑法原理，推究《唐律》立法理论基础；并探讨其对后世立法的影响及近世刑事立法的演变，借以阐明刑事责任能力在法律文化史上的意义。

贰、责任能力在刑法史上的发展

法律制度为人类人营社会生活的一环，有其传承性，也有其断裂性，综观古今中外有关"责任能力"在刑事法典中的递嬗衍

---

[1] 关于"有责性"要素的内容，有下列三种不同的说法：（一）责任能力、故意（包括违法性意识或意识可能性）、过失、期待可能性；（二）责任能力、责任故意、责任过失、违法性意识或意识可能性、期待可能性；（三）责任能力、违法性意识或意识可能性、期待可能性（仅含规范层面，而不论事实层面）。个人认为，"有责性"的要素，除责任能力之外，责任条件是由心理要素之故意、过失与规范要素之违法性认识，以及期待可能性所构成。

化，可以体悟其中之所以变与不变的道理。

一、古代欧陆法制

人类社会如何考量责任能力的内容？无责任能力或减轻（限制）责任能力的内容究系如何形成？对于无责任能力人或限制责任能力人应如何处遇始为妥适？此等问题，涉及刑事法学与精神医学、心理学等相关学科之议题，这里先从西洋法制历史的经验说起。

（一）关于责任年龄

在古代西洋社会中，以罗马先有刑事责任思想，唯初期仅以责任限制刑罚的作用，并无其他积极的意义。例如，在古代罗马，对无知幼童的行为，不加以处罚，足证其已认为此等人欠缺刑事制裁的资格，而不能科以刑罚。不过，初期的罗马法不以已届一定之年龄为处罚的前提；洎乎后期，始以未满七岁的行为，认定为无意识的活动，不予处罚。[2]至于七岁以上未满十四岁之人，视其辨别能力如何而定其责任能力之有无，十四岁以上则属于完全刑事责任人。

中古时期的意大利刑法，虽有甚多关于责任年龄的规定，但率皆列在特别构成要件之中，殊少对于普通犯罪为一般抽象的规定。例如，1325年《市政官（Podesta）制定法》规定，所

---

2 参阅蔡墩铭《唐律与近世刑事立法之比较研究》，台北：中国学术著作奖助委员会印行，1972年，页128—130。

有十二至十六岁的犯人，依法院的裁量加以处罚；十二岁以下的少年，只有在犯最严重之罪时，始受处罚，但不适用体罚（Körperstrafe）。又1377年实施于阿斯科利市（Ascoli）的法律，规定十四岁以下的少年，仅受一半罚金的科处；至于十岁以下的少年，则完全免予处罚。不过，在特别构成要件中所表现的责任年龄，其规定极为参差，对于同一事项，在某一地方的法律为不罚，在另一地方的法律，则委由法院自由裁量。但有一明显的趋势，即尽量避免使少年受死刑或身体残废刑的科处。[3]

至于日耳曼法的责任观念，与罗马法相去无几。而古代德国法律，亦无确定的刑事责任年龄制度。在宣告赋科杀人赔偿金或偿金时，对于少年的年龄并不加以考虑，唯在执行之后，可免除和平金（Friedensgeld）的缴纳。源于中世纪后期萨克森（Sachsen）的法律，对于少年犯避免处以刑事罚。例如成书于1230年代左右的《萨克森宝鉴》（Sachsenspiegel），其中记载孩童不须负刑责。在《萨克森宝鉴》地方法的第二编第六五章第一条中规定，一个未满七岁之小孩尚无能力做一件要以生命付出的行为，他若打死人或伤害他人，他的监护人（Vormund）要负赔偿之责，若能证明伤害或损害确实由小孩所为，则该损害应由小孩的监护人与小孩的财产共同赔偿。另外，在地方法的第三编第三章中规定，对于怀孕之妇女至多仅能处以肉刑或头发刑，不能处以更高的刑罚。[4]1532年的《卡罗利那法典》第一百七十九条规定，少

---

[3] Vgl. Dahm, *Das Strafrecht Italiens im ausgehenden Mittelater*, S. 248 ff. 转引自本章注2，蔡墩铭，前揭书，页130—131。

[4] 有关《萨克森宝鉴》的详细说明，参阅陈惠馨《德国法制史——从日耳曼到近代》第四、五章，台北：元照出版公司，2007年，页195—214。

年或残废者的行为是否出于有意,应由鉴定人予以鉴定;又第一百六十四条规定,除非另有原因,十四岁以下的少年,不受死刑的科处。[5]就一般情形而言,德国普通法可以说是继受罗马法的责任年龄法制而来。

(二)关于精神障碍

罗马法上对于相当于今日所谓精神病患者,完全不负刑事责任。中古意大利刑法则已分别"精神病者"与"心神耗弱者"的不同,前者可免除刑罚,后者仅能减轻其刑。而中世纪意大利制定法所称之精神病者,为一种病态或无故意的情形。1454年《制定法》,视精神病者之本质为认识能力的欠缺。因疯狂而杀人者,之所以应免除其刑,乃因无法认识行为的结果。不过,对于此种情形,另采类似保安处分的方法加以处遇。例如,1308年实施于法律规定,有害他人之精神病患者,应加以逮捕,并处以保安监禁,倘其亲属愿予收容者,可免除此项处分。

日耳曼法对精神病患者犯罪时所予的处遇,与未成年人犯罪时略同。在氏族时代,为避免复仇,应令杀人的精神病患者于其痊愈之后,离开原住所。而在一般情形,精神病患者的监护人,对于应支付的赎罪金,须负其责,一如其因自己的行为所发生者同。上已提及的《萨克森宝鉴》中也记载,对于精神病患、智障者或精神耗弱之人,不须负刑事责任,仅使监护人的财产赔偿责任,止于损害赔偿而已。

5　Vgl. His, *Deutsches Strafrecht bis zur Karolina*, S. 7. 转引自本章注2,蔡墩铭,前揭书,页131。

又痴愚之人，虽时而亦有身体刑的适用，但并不受死刑的科处。而为使精神病患者不再贻害他人，最常用者乃采取隔离的拘禁等警察处分。到了中古后期，虽不惜对精神病者科处死刑，但在通常情形，仍常用赦免等方法，以免除其刑。[6]

二、唐代以前的中国法制

从历史沿革言，影响刑事责任能力的年龄及精神障碍等理念与规定，相对于欧陆，在中国起源较早。可以说，中国古来刑罚之设，以待成人，非可施诸童稚，故对于年少者素有慈幼之例；而对于老年人如精神昏愦，或因年老痴呆，而有触犯刑法的行为，亦素有恤老之典；至于对于精神障碍者限制犯罪的成立，亦有矜弱明文。兹依时序引述如次：

（一）先秦时期

西周到春秋战国的法制史实，囿于史料，按理说，本不应追溯及此，不过，翻阅该时期的文献典籍，仍有颇多可观者。

有关周王朝的刑事责任能力，据《周礼·秋官·司刺》说：

> 司刺掌三刺、三宥、三赦之法，以赞司寇，听狱讼。……壹赦曰幼弱，再赦曰老耄，三赦曰蠢愚。

---

[6] Vgl. His, a.a.O.S.9. 转引自本章注5。另参本章注4，陈惠馨，前揭书，页212—213。

再者，中国古代有所谓"籍没"之制，不仅没收犯罪者的财产，且牵连其家属为奴。不过，幼老得不在籍没之列。如《周礼·秋官·司厉》说：

> 其奴男子入于罪隶，女子入于舂稾，凡有爵者，与七十者，与未龀者，皆不为奴。

此处所指的"未龀"，是说未换牙，亦即幼弱。[7] 七十与未龀者不为奴，带有赦耄耋幼弱之意。又《礼记·曲礼上》说：

> 七十曰老而传，八十、九十曰耄，七年曰悼，悼与耄，虽有罪，不加刑焉。

悼者，幼无识虑；耄者，可尊敬；虽有罪，而同不加其刑辟。凡此，或为传统中国法有关责任能力的滥觞。

从以上资料看来，先秦时期似已有关于老小疾病刑事责任的理念与相关规定。盖耄，惽忘也；悼者，怜爱也。耄者，老而智已衰，悼者，幼而智未及。至于生而痴騃童昏的精神障碍者，均不负刑事责任。此种慎刑的精神，最早体现在刑律条文上者，据已知的文献，当推战国时李悝所编纂的《法经》六篇（前406），其《具法》中规定："罪人年十五以下，罪高三减，罪卑一减；年六十以上，小罪情减，大罪理减。"虽上引条文中之所谓"罪

---

7 龀者何？自乳齿变为永久齿之谓也。《说文解字》卷二下云："龀，毁齿也。男八月生齿，八岁而龀；女七月生齿，七岁而龀。"参阅徐朝阳《中国刑法溯源》，台北：台湾商务印书馆，1969年，页115。

高"、"罪卑"、"情减"、"理减",其含义究为何,尚待考释,然据此可知,当时系以逾十五岁、未满六十岁作为完全刑事责任年龄的界限。

(二)秦汉时期

从1975年出土的《睡虎地秦墓竹简》看来,以《法经》为基础而制定的《秦律》,有关刑事责任的"宽刑"规定,仍属不少,分述如下:

1. 对幼少者的规定

秦简《法律答问》中有几项相关规定:

其一,"甲小未盈六尺,有马一匹自牧之,今马为人败,食人稼一石,问当论不当?不当论及赏(偿)稼"。

甲年少,身高不满六尺,有马一匹,自己放牧,现马受人惊吓,吃了别人家的禾稼一石,应论处否?不应追究其刑责,也不必赔偿其所损坏之物。

其二,"甲谋遣乙盗杀人,受分十钱,问乙高未盈六尺,甲可(何)论?当磔"。

甲主谋派乙盗劫杀人,分到十钱,乙身高不满六尺,甲应如何论处?应车裂。

其三,"甲盗牛,盗牛时高六尺,(系)一岁,复丈,高六尺七寸,问甲可(何)论?当完城旦"。

甲窃取他人之牛,行为时身高六尺,囚禁一年,再加度量,身高六尺七寸,甲如何论处?应处以城旦徒刑。

其四,"女子甲为人妻,未亡,得及自出,小未盈六尺,当论不当?已官,当论;未官,不当论"。[8]

女子甲为人之妻,私逃,被捕获,自首。年小,身高不满六尺,应否论处?倘婚姻曾经官府认可,则婚姻有效,应论处;若未经认可,则婚姻不具效力,不必追究其逃亡刑责。

从以上规定看来,《秦律》有关刑事责任并不是以"年龄"为据,而是以"身高"为准。其中尤以"六尺"(约合今一点三八六米)为分野。而据贾公彦《周礼注疏》云,"七尺,谓年二十;六尺,谓年十五"[9],即未满十五岁为小,可以减轻其刑事责任。简文常说"六尺"、"不盈六尺",可能"六尺"在论罪科刑时是一个分界线。

2. 对老者的规定

其一,"免老告人以为不孝,谒杀,当三环之不?不当环,亟执勿失"。

六十岁以上的老人控告子孙不孝,要求判以死刑,应否经过"三宥"的程序?无须经过,要立即拘捕,勿令逃走,俾能节省诉讼时间与过程,以矜免年老之人。[10]

---

8 详参睡虎地秦墓竹简整理小组编《睡虎地秦墓竹简·秦律杂抄》,北京:文物出版社,1978年,页149—243。另参[日]堀毅《秦汉法制史论考》,北京:法律出版社,1988年,页188—189。

9 参阅《周礼注疏》卷一二《地官·乡大夫》,载《四部备要·经部》,台北:台湾中华书局,1968年,页1b。另参《论语》"可以托六尺之孤",郑注云:"六尺之孤,年十五以下。彼六尺,亦谓十五。"详参孙诒让《周礼正义》卷二十一,台北:台湾商务印书馆,1967年。

10 "免老",指六十岁以上之长者,参阅《睡虎地秦墓竹简·秦律十八种》中的《仓律》"免隶臣妾"条注〔一〕。"免",疑即达到免老年龄。《汉旧仪》:"秦制二十爵,男子赐爵一级以上,有罪以减,年五十六免。无爵为士伍,年六十乃免老。"

其二,"百姓不当老,至老时不用请,敢为酢(诈)伪者,訾二甲。……傅律"。

百姓不应"免老",或已应"免老"而不加申报,敢弄虚作假的,罚其缴纳"二甲"。

根据上述两条的记载,前者出自《法律答问》,后者出自《秦律杂抄·傅律》,似可见从战国到秦,与后世相连的"敬老思想"已经开始萌芽。

3. 对有疾者的规定

其一,"疠者有罪,定杀。定杀可(何)如?生定杀水中之谓殹(也)。或曰生埋,生埋之异事殹(也)"。

"麻疯病人犯罪,应定杀。"所谓"定杀",何意?就是投入水中淹死。有人认为是"活埋",唯"活埋"恐与律意未合。

其二,"匿敖童,及占癃不审,典、老赎耐"。

隐匿十五岁以上之未冠男子,或申报"废疾"不实者,里典、伍老应赎"耐"。

其三,"罢癃守官府,亡而得,得比公癃不得?得比焉"。[11]

看守官府的废疾者,若因逃亡而被捕获,可否比照因公致废疾者同样从宽论处?可以比附处理。

以上三条,虽古奥难解,但依稀可见以严刑峻罚著称的秦王朝,对"有疾者"仍有一些相关恤刑的特殊规定。

降及汉世,汉代法制虽然大致继受了秦制,但对于刑事责任年龄的规定,比《秦律》要明确些,且已粗具此制之雏形。如《周

---

11 以上三例,"其一"及"其三"见《法律答问》,"其二"见《秦律杂抄》,详参本章注9,前揭书。

礼·秋官·司刺》，郑玄注引汉律令称：

> 幼弱老旄，若今律令，年未满八岁，八十以上，非手杀人，他皆不坐。

汉惠帝即位之初（前195），即诏云：

> 民年七十以上，若不满十岁，有罪当刑者，皆完之。[12]

意为年七十以上、未满十岁，当受肉刑者，改为"完刑"，即不加肉刑髡剃也，此乃汉朝廷首次对刑事责任年龄的确立。

汉景帝后元三年（前141）复下诏曰：

> 高年老长，人所尊敬也；鳏寡不属逮者，人所哀怜也。其着令：年八十以上，八岁以下，及孕者未乳，师、侏儒当鞠系者，颂系之。[13]

规定年龄在八十岁以上，八岁以下的罪犯，及犯罪后本应拘系的孕妇、盲眼乐师、侏儒，可免戴刑具，不押于牢狱之中，此乃汉代对刑事责任年龄的再确定。

又《汉书·刑法志》孝宣元康四年（前62）的诏书中说：

---

[12] 参阅《汉书·惠帝本纪》。颜师古注曰："若，预及之言也。谓七十以上及不满十岁以下，皆完之也。"

[13] 参阅《汉书·刑法志》。如淳注曰："师，乐师盲瞽者。侏儒，短人不能走者。"颜师古注曰："颂读曰容。容，宽容之，不桎梏。"

> 朕念夫耆老之人，发齿堕落，血气既衰，亦无暴逆之心，今或罗于文法，执于囹圄，不得终其年命，朕甚怜之。自今以来，诸年八十非诬告、杀伤人，它皆勿坐。

此即规定年八十以上者，除犯诬告、杀伤人罪外，其余犯罪行为皆可免予刑罚。

《汉书·刑法志》也记载，汉成帝鸿嘉元年（前20）定令：

> 年未满七岁，贼斗杀人及犯殊死者，上请廷尉以闻，得减死。

汉平帝元始四年（4），在诏书中亦提及：

> 盖夫妇正则父子亲，人伦定矣。前诏有司复贞妇，归女徒，诚欲以防邪辟，全贞信。及眊悼之人，刑罚所不加，圣王之所制也。惟苛暴吏多拘系犯法者亲属，妇女老弱，构怨伤化，百姓苦之。其明敕百寮，妇女非身犯法，及男子年八十以上、七岁以下，家非坐不道，诏所名捕，它皆无得系。其当验者，即验问。定著令。[14]

降及后汉，建武三年（27）七月庚辰诏曰：

> 男子八十以上，十岁以下及妇人从坐者，自非不道，诏

14　参阅《汉书·平帝纪》。颜师古注曰："八十曰眊，七年曰悼。眊者老称，言其昏暗也。悼者，未成为人，于其死亡，可哀悼也。"

所名捕，皆不得系。当验问者即就验。女徒雇山归家。[15]

由上述所引汉代诏令观察，汉之律令对于秦制以"身高"为判定责任年龄的方式，改为以"年龄"为基准；并将老小分为三级，规定节级减免刑事责任。申言之，老则七十以上，当刑者完之；八十非诬告，杀伤人者皆不坐，八十以上非手杀人皆亦不坐；小则未满十岁，当刑者完之；未满八岁非手杀人，它皆不坐；未满七岁，贼斗杀人及犯殊死者，上请。同时，宽刑主张也较前跨出了一步。严格说来，两汉似乎并无绝对的责任年龄观念，只是出于哀怜之意，免除或减轻幼老弱者的刑责而已。

此外，在1983年年底到1984年年初出土的《张家山汉简·二年律令》中，也可见有关于"刑事责任能力"的相关规范多条。[16]

（三）魏晋南北朝时期

魏嫌汉律令过重，依律论者听得科半，其沿用纵赦之法，自系当然。例如对于因过失而犯错的老人、小孩、女人，减少彼等的罚金及杖罚一半。《晋书·刑法志》载：

---

15 参阅《后汉书·光武帝本纪》。另参程树德《汉律考引陈忠传》，载《九朝律考》，台北：台湾商务印书馆，1955年。又参（清）沈家本《汉律摭遗》卷一三，载《沈寄簃先生遗书（甲编）》下册，台北：文海出版社，1967年。另有所谓"狂易"者，谓狂而易性也，与"颠狂"同义，亦属"精神障碍之人"，参阅《后汉书·陈宠传》。东汉安帝时，狂易杀人，得减重论，则与含赦惷蠢之意。
16 详参张家山汉简《二年律令》中之《具律》《告律》《贼律》《傅律》《户律》及《徭律》等篇。另参桂齐逊《秦汉律令关于"刑事责任能力"相关规范试析》，载《华冈文科学报》第26期，2003年9月，页152—156。

> 轻过误老少女人，当罚金杖罚者，皆令半之。

而晋代张裴《上律注表》中指出：

> 若八十，非杀伤人，他皆勿论。

《太平御览》六百五十一引《晋律》说：

> 其年老、小、笃癃病及女徒，皆收赎。
> 诸应收赎者，皆月入中绢一匹，老小、女人半之。

《魏书·刑罚志》载：

> 世祖（北魏太武帝）即位，以刑禁重，神䴥中，诏司徒崔浩定律令。……年十四已下，降刑之半；八十及九岁，非杀人不坐。拷讯不逾四十九。

综上以观，老小、疾病、妇女，依其情状，有时不论其罪，有时收赎上请，有时减半处罚，率皆出于怜宥之意，从轻论处刑责。

叁、《唐律》关于老小疾病的规定及其实例

《唐律》远绍先秦政法理论，并集秦汉魏晋隋律等之大成，

精思妙意，虽采用法家法律体制，而以儒家思想为其主要内容，标榜以"恤刑"为原则，彰显恤老慈幼之道。人的行为，倘有逾礼触法者，原则上皆构成犯罪，虽无绝对无责任能力的存在，然本于矜恕的人道精神，对于老幼疾弱者，实质上往往轻宥处罚。

细察《唐律》各本条，以年龄或精神障碍而特别规定赦宥的情形，除《名例》中有"老小及疾有犯"条、"犯时未老疾"条及"官户部曲官私奴婢有犯"条等规定外。在《贼盗》有"造畜蛊毒"条，《斗讼》有"因不得告举它事"条，另《断狱》有"议请减老小疾不合拷讯"条等规定。除外，在《唐令拾遗·户令》中亦有"反逆相坐没为官奴婢"条，尚可由没官之制及贱民解放制度中，观察得知。[17]

兹仅就上述所举《名例》中之相关条项，先列表图示，再详述其内容于后：

行为主体	责任能力	例外
1. 七十未满，十五以上； 2. 无废疾或笃疾	完全责任能力人	
1. 七十以上，未满八十； 2. 十岁以上，未满十五； 3. 废疾	（减轻责任能力人） 犯流以下罪收赎	犯加役流、反逆缘坐流、会赦犹流者，不用此律
1. 八十以上，未满九十； 2. 七岁以上，未满十岁； 3. 笃疾	（减轻责任能力人） 1. 犯反、逆、杀人应死者上请； 2. 犯盗及伤人者收赎； 3. 余罪勿论	
1. 九十以上； 2. 七岁以下	无责任能力人	缘坐应配没者，不用此律。有赃应备仍备

---

[17] 1.《唐令拾遗·户令》第四十一甲"反逆相坐没为官奴婢"条：【开元七年】凡反逆相坐，没其家为官奴婢（反逆家男女及奴婢没官，皆谓之官奴婢，男年十四以下者，配司农；十五以上者，以其年长，命远京邑，配岭南为城奴）……年六十及废疾，虽赦令不该，并免为番户；七十则免为良人，任所居乐处，而编附之。

2.《唐令拾遗·户令》第四十一乙"反逆相坐没为官奴婢"条：【开元二十五年】今请诸司诸使，各勘官户、奴婢，有废疾及年近七十者，请准各令处分。

一、老小疾病的种类及其优遇

《名例》"老小及疾有犯"条规定：

> 诸年七十以上、十五以下及废疾，犯流罪以下，收赎。（犯加役流、反逆缘坐流、会赦犹流者，不用此律；至配所，免居作。）八十以上、十岁以下及笃疾，犯反、逆、杀人应死者，上请；盗及伤人者，亦收赎。（有官爵者，各从官当、除、免法。）九十岁以上，七岁以下，虽有死罪，不加刑。（缘坐应配没者，不用此律。）即有人教令，坐其教令者。若有赃应备，受赃者备之。

就《名例》本条的规定看来，《唐律》对于责任能力的态样，除了年十五以上、未满七十，且未患有废疾或笃疾者为"完全责任能力人"外，另可分为以下三种态样：

（一）一级老小及废疾

此为年十岁以上未满十五，七十以上未满八十岁，及废疾之人，此等之人所实施的违法行为虽成立犯罪，但只负较轻的责任。相当于现今刑法之减轻责任能力人（或称限制责任能力人）。唯限于流罪以下，始可收赎。[18] 若犯加役流、反逆缘坐流、会赦犹流者，不能适用此律，自不能收赎。

---

18 赎者即以铜赎罪之意，依《名例》"五刑"条之规定：笞刑十者赎铜一斤，而依刑之轻重逐加至绞斩者赎铜一百二十斤，此类似台湾地区现行"刑法"中之"易科罚金"。

废疾者，依《唐令》解释，系指痴哑、侏儒、腰脊折、一肢废，如此之类。而依《名例》"断罪无正条"之"举重以明轻"的当然解释，"残疾"者亦应列在其内。[19]

《名例》"应议应请"条，赎章中有"听赎"的字样，而本条项曰"收赎"，究竟"听赎"与"收赎"有无区别？通常犯十恶罪者，有听赎及不得赎的规定，故措词上用听赎，似可解为"罪人虽无应赎之法，实有可赎之时"的情况下，所采取的特别赎罪措施。即合乎现代"得赎"之意。其他律文如其当徒，官少不尽其罪，余罪收赎；或矜老小废疾，虽犯十恶，皆许收赎。此收赎的规定，系应赎之意，即法定应容许易科罚金的情形。《疏议》曰："此是随文设语，更无别例。"其实，"应赎"与"得赎"，两者亦应有相当的区别。听赎者，必有不得听赎之情形存在。而收赎者，则一任赎罪，无例外限制。[20]

《注文》云："犯加役流、反逆缘坐流、会赦犹流者，不用此律。至配所，免居作。"盖犯加役流者，本属犯死罪而减刑之人，而依本条的规定，合乎收赎者，仅限于犯流罪以下之刑，故犯加役流之罪，不合赎例，注文特以明之。而犯反逆缘坐流者，逆人至亲，义同休戚，处以缘坐，重累其心，故虽老疾，亦不许收赎。至于犯会赦犹流者，为害深重，虽会大恩，犹从流配，自亦不许收赎。足见此等三流，特重常法。唯是否基于恤老慈幼之道，矜其老小，不堪役身，故流至配所后特免居作，仍待探究。

---

19 参照《唐令拾遗·户令》第九条"残疾废疾笃疾"："诸一目盲、两耳聋、手无二指、足无三指、手足无大拇指、秃疮无发、久漏下重、大瘿瘇，如此之类，皆为残疾。痴哑、侏儒、腰脊折、一肢废，如此之类，皆为废疾。"故律文于此曰"废疾"者，然依"举重以明轻"之法理，自应包括"残疾"者在内。

20 参阅苏俊雄《唐律之刑事责任论》，载《刑事科学》创刊号，1960年7月。

至于妇女流法，与上述男子有异。妇人犯加役流，若属老小废疾，亦合收赎，征铜一百斤。妇人年六十以上及疾，犯"反逆缘坐流"、"谋叛已上道"、"杀一家非死罪之人"并"征讨告贼消息"等缘坐之罪，其女及妻妾年在十五岁以下、六十岁以上，亦免流配，征铜一百斤[21]；而妇人犯会赦犹流，唯造畜蛊毒，并同居家口仍配。

（二）二级老小及笃疾

本项系指年八十以上未满九十，七岁以上未满十岁，及笃疾之人。此等之人所实施的违法行为是否成立犯罪，依所犯之罪及应科处之刑而定，类于现今之相对无责任能力人。

所谓"笃疾"者，依《唐令》的解释，系指"恶疾、癫狂、两肢废、两目盲"，如此之类。盖其肢体残缺，较前项之所谓"废疾"者尤有过之，法律特矜悯其情。

本项之人，除犯反逆、杀人应死者，上请（奏请皇帝裁决）；犯盗及伤人等罪，准予收赎外；其余轻罪，免予论究。因盗及伤人者，为惩其贪财忿恨之心，侵损于人，故不许全免。有官当者，各应从官当除免之法处置，此亦可见《唐律》一向重视盗及伤人之法意。

有关上述中所谓"笃疾"者，兹举相关实例两则如下：

---

21 参阅《唐律·贼盗》"谋反大逆"条。

案例一

贞观五年，张蕴古为大理丞，相州人李好德素有风疾，言涉袄妄，诏令鞫其狱。蕴古言："好德癫病有征，法不当坐。"太宗许将宽宥，蕴古密报其旨，仍引与博戏。治书侍御史权万纪劾奏之。太宗大怒，令斩于东市。既而悔之，谓房玄龄曰："公等食人之禄，须忧人之忧，事无巨细，咸当留意。今不问则不言，见事都不谏诤，何所辅弼？如蕴古身为法官，与囚博戏，漏泄朕言，此亦罪状甚重。若据常律，未至极刑。朕当时盛怒，即令处置。公等竟无一言，所司又不覆奏，遂即决之，岂是道理！"因诏曰："凡有死刑，虽令即决，皆须五覆奏。"五覆奏，自蕴古始也。[22]

本案，发生于贞观五年（631），相州人李好德因病而口出狂言，唐太宗诏令审讯他。大理丞张蕴古查得实情后，认定李好德有癫病，证据确凿，依律，李氏即属于"笃疾"之人，乃上奏，不应追究其刑责。太宗原采纳张蕴古之见，不拟治罪，颇能符合"罪刑法定"之精神。不料，张蕴古将此一讯息泄露给李好德，还与他一起博戏。太宗得悉此事，大怒，乃"令斩于东市"。

本案被斩之人是仅指张蕴古，还是包括李好德？未之能详，唯一般以为，似宜解为包含了原犯李好德，故太宗最后的处置，有违律之嫌。然太宗颇能思过而改，事后，对大臣房玄龄说，张

---

[22] 参阅（唐）吴兢《贞观政要·刑法第三十一》。（宋）司马光《资治通鉴》卷一九三，"贞观五年八月"条及《旧唐书·刑法志》。另参桂齐逊《刑事责任能力》，载高明士主编《唐律与国家社会研究》，台北：五南出版公司，1999年，页147—148。

蕴古身为法司，泄漏机密，还与囚者博戏，"罪状甚重"，但根据常律，"未至极刑"，为了避免类似事件重演，因本案而导引出"凡有死刑，虽令即决，皆须五覆奏"之制，亦属难得。

案例二

> 京兆人高丽家贫，于御史台替勋官递送文牒，其时令史作伪帖，付高丽追人拟吓钱，事败，令史逃走，追讨不获。御史张孝嵩提高丽拷，膝骨落地，两脚俱挛，抑遣代令史承伪，准法断死讫。大理卿状上故事，准《名例律》，笃疾不合加刑。孝嵩勃然作色曰："脚挛何废造伪！"命乃异上市斩之。[23]

本案出自唐代张鹫的笔记《朝野佥载》，是描写监察御史张孝嵩审理案件的擅权与暴戾，由《朝野佥载》《资治通鉴》等文献，得悉张孝嵩在玄宗朝时任监察御史之职，唐制，监察御史品秩为正八品上，官品低，但权位重，有监察百官犯罪之权。唐人甚至将御史比拟为毒药，对其权力非常忌惮。

本案中的犯罪行为人令史企图伪造官文书，用作恐吓取财之用。此罪涉及三条律文，即《诈伪》"伪写官文书印"条，刑责为流二千里。"诈为官文书"条，刑责为杖一百。"诈为官私文书求财"条，刑责依赃物价值而定。按《诈伪》"诈为官私文书求财"

23　参阅（唐）张鹫《朝野佥载》卷二，载《景印文渊阁四库全书》，台北：台湾商务印书馆，1983年，页1035。另参（宋）李昉《太平广记》卷二六八《酷暴·张孝嵩》，台北：新兴书局，1958年。至于上述案件是否违律处斩，尚待详究。

条所述，刑责之论定应"准盗论"，也就是说，要按"不得财者笞五十，赃物价值以布匹换算，值一尺即杖六十，之后每增一匹加一等，赃物价值至五匹时即处徒一年，之后每五匹加一等，加到流三千里为止"的原则论罪，此时又依所伪造之文书是否需要用印，而判定是否并发"伪写官文书印"之罪，伪写官文书印者，流二千里。如果"诈为官私文书求财"与"伪写官文书印"二罪并罚，则从重者论罪，罪责在流二千里与流三千里之间。倘若所伪造之文书不需用印，则"诈为官文书"与"诈为官私文书求财"二罪并罚，罪责则在杖一百与流三千里之间。

根据上述律条，本案的高丽是从犯，又已在讯问时被打成两腿残废，按《名例》"老小与疾有犯"条和"犯时未老疾"条的规定，两肢残废之人除非犯反逆、杀人、盗及伤人等罪外，其他犯罪均可纳钱赎罪，不应真正执行其刑，怎也不应处死，而张孝嵩明知律条，却仍横蛮地说："就算这人两腿残废也还是会去诈骗！"悍然下令处死，从这件史事中，隐约可见唐代中期以后司法的混乱情况，初唐制法时的美意，往往不能真正地落实。

当然，本案记载并非没有疑点，唐代执行死刑至少要三次覆奏皇帝，监察御史并无权直接下令执行，而唐玄宗在唐代君主中算是一位英明的君主，且大权并未旁落，应不至于对死刑之执行如此漫不加察。不过，唐代的很多记载中指出监察御史滥用审讯与刑求权，造成大量冤案，由此看来，至少本案故事的前半段应不会偏离事实太远，但高丽是否真被处死，似不能无疑。

（三）三级老小

本项系指九十岁以上，七岁以下之人，合于此项年龄者，因无法实施违法有责的行为，从而不成立狭义的犯罪，[24]类于现今之无责任能力人。唯七岁以下之人，缘坐应配没时，不在免配之列。

若另有教令之人，不因耄悼不加刑而免其刑责，依律规定应坐教令之人。《名例》规定："即有人教令，坐其教令者。若有赃应备，受赃者备之。"《疏议》曰："悼耄之人，皆少智力，若有教令之者，唯坐教令之人。"教令犯罪，即是教唆犯罪。教唆悼耄之人犯罪者，处罚教唆犯。问答云："但是教令作罪，皆以所犯之罪，坐所教令"之人。例如，教令七岁小儿殴打父母，或教令九十耄者砍杀子孙，即以殴打及杀伤凡人罪对教唆者论刑，不得以犯亲之罪加于凡人。如有赃物应备赔偿者，本于类似现今民事"不当得利"之法理，应由受赃者备偿。如老小受赃自用，仍还征老小。申言之，若老小所盗的财物，别人受而将用，由受用者负责赔偿，若被教令者自行受用，则由本人负责赔偿。

本条规定"不加刑"之性质如何？与台湾地区现行"刑法"上之无责任能力人"不罚"之情形是否类同？见解不一。[25]解释上似与"免其刑之执行"较为相近，与"不罚"者不尽相同，盖认为此等人之行为系属有罪，而仅在刑罚上免除其刑而已。

如将"不加刑"解为"免其刑之执行"，则本项之教令犯自

24　参阅根本诚《上代支那法制の研究－刑事篇》，东京：有斐阁，1939年，页227以下。

25　戴炎辉认此系间接正犯，苏俊雄则认为教令者与教唆犯较为相当。详参戴炎辉《唐律通论》，台北：正中书局，1974年，页307；另参本章注20，苏俊雄，前揭文。

以解为教唆犯较为相当。唯有认为耄悼犯罪者，立法例上似特怜其智力未全，爱幼、养老之义。就责任理论而言，应指其责任能力有欠缺，律文特于此规定处罚教令者，则犹似"间接正犯"之情形。[26] 以上两解究该何从？但求律解前后精神之一致，似不必太强调以今解古，免入枘凿之讥。

耄悼所犯如系有色目者，教令者所教令之罪，是否亦有色目？本条《疏议》有关问答谓："但是教令作罪，皆以所犯之罪，坐所教令。或教七岁小儿殴打父母，或教九十耄者，砍杀子孙，所教令者，各同自殴打及杀凡人之罪，不得以犯亲之罪加于凡人。"此谓被教令者，有基于特别身份关系，应加减其刑时，教令者，则仅绳以凡人之罪，不得以特别身份人之罪加以凡人。此与台湾地区现行"刑法"第三十一条第二项共犯与身份的规定"因身份或其他特定关系致刑有轻重或免除者，其无特定关系之人，科以通常之刑"互为一致。

唯唐代在实施此律的过程中，曾透过颁布格、式、敕、令，陆续对上述规定做过一些补正和修正。从中可以看出有关老、小、疾人刑事责任之减免日趋加严。[27]

二、认定老小疾病的时间标准

《名例》"犯时未老疾"条规定：

26　参阅本章注25。
27　详参刘俊文《唐律疏议笺解》上册，北京：中华书局，1996年，页309—310。

> 诸犯罪时虽未老、疾，而事发时老、疾者，依老、疾论。若在徒年限内老、疾，亦如之。
>
> 犯罪时幼小，事发时长大，依幼小论。

犯罪时与事发时或刑之执行时，影响行为人的责任能力因素有变更者，《唐律》以事发后、裁判时为标准，为行为人利益而特设规定。[28] 分为犯罪时未老疾及犯罪时幼小两种情形，说明如下：

（一）犯罪时未老疾而事发时老疾

依现行刑法的通说，责任能力的有无须就行为时决定之，故行为时无责任能力者，纵行为之前后有责任能力，亦不发生刑事责任。至若行为时有责任能力，而行为后应受处罚时丧失责任能力者，是为刑事诉讼法上的问题，仅为停止执行刑罚的原因，于罪责的成立不生影响。而依《唐律》本条的规定，老耄废疾之宥免，系以事发后、裁判时为准，此点与上述现行法责任能力采行为时为准者有所不同。

---

28 《名例》"犯时未老疾"条问答（问曰）："律云：'犯罪时虽未老、疾，而事发时老、疾者，依老、疾论。'事发以后未断决，然始老、疾者，若为科断？"（答曰）："律以老、疾不堪受刑，故节级优异。七十衰老，不能徒役，听以赎论。虽发在六十九时，至年七十始断，衰老是一，不可仍遣役身，此是役徒内老疾，依老疾论。假有七十九，犯加役流事发，至八十始断，止得依老免罪，不可仍配徒流。又依《狱官令》：'犯罪逢格改者，若格轻，听从轻。'依律及令，务从轻法。至于老疾者，岂得配流？八十之人，事发与断相连者，例从轻典，断依发时之法。唯有疾人与老者理别，多有事发之后，始作疾状，临时科断，须究本情：若未发时已患，至断时成疾者，得同疾法。若事发时无疾，断日加疾，推有故作，须依犯时，实患者听依疾例。"

本条第一项第二款的规定，在执行徒刑之年限内，有变为老耄废疾之情事者，就余罪亦得赎免，此点亦与现行责任能力的性质也有异。

（二）犯罪时幼小而事发时长大

对于幼小犯罪者，依本条第二项规定："犯罪时幼小，事发时长大，依幼小论。"显然是以行为时为标准。《疏议》举例说：

> 假有七岁犯死罪，八岁事发，死罪不论。十岁杀人，十一事发，仍得上请。十五时偷盗，十六事发，仍以赎论。

申言之，犯罪时幼小，而事发时长大之情况，概"依幼小论"，即依"老小及疾有犯"条所列三级幼小减免之原则：其七岁以下犯者不论，十岁以下犯者上请，十五岁以下犯者收赎。此或为曲体人情而设，非理之当然。唯立法本意似在虑其犯罪时"智力未全"，与当代刑法责任能力的理念颇相吻合。

三、其他特例

（一）为行为之主体及客体

老小疾病者为行为之主体及行为之客体时，有下述之特例：
依《斗讼》"监临知犯法不举劾"条规定，同伍保内，在家有犯知而不纠其者，死罪徒一年，流罪杖一百，徒罪杖七十。其家唯有妇女及男年十五以下者,皆勿论。《疏议》之意,谓念其不堪告事之故。

《户婚》"嫁娶违律"条规定,违律为婚,其男女被逼,若男年十八以下及在室之女,独坐主婚。盖男女被逼,主婚以威若力,男女理不自由。

《贼盗》"夜无故入人家"条疏议,因醉乱及老小疾患,夜无故入人家者,"若知非侵犯",主人不得杀之,否则论"减斗杀伤二等"。盖知其迷误,或因醉乱,及老小疾患,显非侵犯之故。而此之所谓"因醉乱",是否已有类似当今之"原因自由行为"的概念[29],很值得探讨。

依《贼盗》"略人略卖人"条注,和诱十岁以下之人,视同略人。此类似现今台湾地区"刑法"第二百四十一条第三项规定"和诱未满十六岁之男女,以略诱论"的准略诱罪。

(二)处罚上的特例

谋反及大逆之缘坐,子年十五以下,免死而没官。《唐六典》卷六,尚书省刑部都官郎中员外郎条,记载关于配没的规定[30]:

> 凡反逆相坐,没其家为奴婢。(反逆家男女及奴婢没官,

---

29 行为人利用自行招致之无责任状态或减轻责任状态,以实行所企图之犯罪者,谓之"原因自由行为"。申言之,行为人以故意或过失使自己陷于无责任能力或减轻责任能力之状态,而在此状态中促成构成要件之实现者,在此情况下,无论引起精神障碍或其他心智缺陷之行为,是否出于故意或过失,行为人仍应对其所实施之行为负责,亦称"可控制之原因行为",或称"行为由于放任"。

30 参阅本章注17,前揭书,四一甲令文,页259。

皆谓之官奴婢,男年十四以下者配司农,十五以上者,以其年长,命远京邑,配岭南为城奴。)

依前述《名例》"老小废疾"条规定,年十五以下之幼小,流刑以下之罪,原则上合于收赎。然犯反逆罪者,子在十五岁以下者,依《贼盗》"谋反大逆"条规定,应配没为官奴婢。本令犹规定十四岁以下的官奴婢,应配于司农寺,或其他京城诸司,不得命远京邑,充配岭南之域。

《贼盗》"造畜蛊毒"条注,造畜蛊毒人之同居家口,应流三千里;但八十以上、十岁以下及笃疾,若无家口同流者,即放免。

造畜蛊毒视为左道,危害民生及社会的卫生安全。[31] 故犯者同居家口,虽会赦犹流。唯依上述的条项规定,八十岁以上及十岁以下之老小及笃疾,无家口同流者,放免。盖老小及笃疾,自身犯罪,依《名例》"老小废疾"条,犹尚免流。今以同居共活,有同居家口亦配,然倘无同居家口共去,其老小及笃疾,不能自存,故从放免。

《名例》"官户部曲官私奴婢有犯"条,官户、部曲及官私奴婢之老小及废疾,不合加杖,无财者放免。

唐代社会制度中,官户、部曲、奴婢视为贱民,在民事方面良贱阶级殊异,贱民在法律上为半人半物的性质,可为权利的客

---

[31] 所谓"蛊毒"者,依《唐律·贼盗》"造畜蛊毒"条,《疏议》曰:"蛊有多种,罕能究悉,事关左道,不可备知。或集合诸蛊,置于一器之内,久而相食,诸蛊皆尽,若蛇在,即为'蛇蛊'之类。"《说文解字》卷十三下:"蛊,腹中虫也。"《周礼·秋官》:"庶氏掌除毒蛊,以攻说禬之,嘉草攻之。"注曰:"毒蛊虫物而病害人者。"《左氏正义》曰:"以毒药药人,令人不自知者,今律谓之蛊。"

体，无权利能力或人格可言。唯贱民在刑事上的违法行为，却难卸其刑责。盖贱民在民事上虽无人格可言，然事实上，贱民亦有思想意识，亦应具有是非之心，其犯罪能力与常人无异。但其有老小废疾者，亦给予宥免。依上述条文的规定，老小废疾者，虽有第二项加杖之情形，亦不合加杖；无财者，且得赦免。[32]

（三）诉讼

《唐律·断狱》"议请减老小疾不合拷讯"条规定：

> 诸应议、请、减，若年七十以上、十五以下及废疾者，并不合拷讯，皆据众证定罪，违者以故失论。若证不足，告者不反坐。
>
> 其于律得兼容隐，即年八十以上、十岁以下及笃疾，皆不得令其为证，违者减罪人罪三等。

本条系刑事诉讼上，有关人犯之审讯及证人证据的规定。唐代审问人犯，采取拷讯的方法。然年逾七十、十五岁以下及废疾者，因其老小身残，依律不得拷讯。其犯罪证据，须三人以上，明证其事，始合定罪。如违反律文规定，实施拷讯或采信不足的场合，则以过失出入人罪加以论处。[33]

至于律得兼容隐，其年八十以上、十岁以下及笃疾之人，

32　参阅本章注20，苏俊雄，前揭文。
33　参照《唐律·断狱》"官司出入人罪"条。

以其老小身残，不堪加刑，故并不许为证，亦即特免其做证的义务。《唐律》关于伪证罪，依《诈伪》"证不言情"条的规定，减其所出入罪二等。八十岁以上，十岁以下及笃疾者，依律既不合作证，当不负伪证刑责。此与台湾地区现行"刑法"第一百六十八条对于不得令其具结之人，不负伪证责任者，同其旨趣。

其次，依《唐律·斗讼》"囚不得告举他事"条规定：

> 诸被囚禁，不得告举他事。其为狱官酷己者，听之。
> 即年八十以上，十岁以下及笃疾者，听告谋反、逆、叛、子孙不孝及同居之内为人侵犯者，余并不得告。官司受而为理者，各减所理罪三等。

依上述的规定，除知谋反、谋大逆、谋叛、子孙不孝及同居之内为人侵犯等事，听其告举外，年八十以上，十岁以下及笃疾者，犯余罪并不得告言。如有告言，不合为受，如有官司受理囚禁及老、小、笃疾之辈告诉他事，被认为是破坏司法秩序的行为，须依此律科罚。盖老小及笃疾之辈，于前述《名例》"老小废疾"条规定，犯法既得勿论，为贯彻其赦宥的立法意旨，除有危害社稷、违背孝睦等外，其他罪刑不得告官；有告官受而为理者，即依所受理之罪减三等科之。

《斗讼》"诬告反坐"条注、《断狱》"官司出入人罪"条注疏，诬告老小、废疾，及入此等人于罪时，反坐者及官司，仍依收赎法。

《斗讼》"告期亲尊长"条，老小、笃疾，所犯虽不合论，而卑幼告知者，依法犹坐。除外，《唐敕令》亦有贱民解放令的规定[34]：

> 判官奏：当司应管诸司，所有官户奴婢等，处要典及令文，有免贱从良条，近年虽赦敕，诸司皆不为论，致有终身不沾恩泽，今请诸司诸使，各勘官户奴婢，有废疾及近年七十者，请准各令处分。

其他，唐玄宗开元七年（719）间，也有同样的令文。因犯罪而没配为官户奴婢，其废疾或老耄者，情状堪怜，不合奴隶，敕令特以解放从良。

肆、《唐律》责任能力的理论基础

近现代以来，刑法上有关责任能力的规定义涵，其本质究系为何？说法分歧，各自从不同的角度，发展为不同的理论。

一、当代责任能力的本质学说

从"道义责任"言，责任之基础在于自由意思，以为责任能力乃行为人认识其行为之是非善恶，而以其认识以决定行为的能

34　参阅（宋）王溥《唐会要》卷八十六"太和二年十月敕"条，北京：中华书局，1955年。

力。换言之，责任能力乃"行为之是非善恶辨别能力"或"自由意思决定能力"，故无自由意思者无责任能力，因其不具明辨是非的"辨别能力"，又不具依辨别而行为的"驾驭能力"，故不能科以刑罚，依此说之主张，责任能力即"犯罪能力"。

持"社会责任论"者，认为不论行为人之状况如何，均应就其行为对社会负责，法律对行为人予以处置，乃为防卫社会所必要，只因对象不同，其处置之方法因之而有异。申言之，此说以危害能力为根据，以为责任之基础在于防卫社会，因此，从防卫社会的观点，谓责任能力乃借由刑罚方法足以达防卫社会目的主观能力，强调非难过去所为之行为，依此主张，责任能力即"受刑能力"，或称"刑罚适应性"。

持"折中论"者，以为犯罪人的责任与行为人足以理解社会规范价值的心理能力不可分，而这种能力的具备又必以精神成熟且无障碍者为前提。因此，责任能力包括两种能力：（一）一般人所具有之认识行为在社会上价值的能力；（二）基于此认识而决定其意思的能力，即社会行为能力或社会适应能力。

事实上，"道义责任论"与"社会责任论"在理论上因思想之出发点不同，因而就责任能力有相异之解说，唯两者就责任能力之有无，应视其精神状态是否成熟及其有无障碍以为决定，则属一致，故关于刑法规定在实际上的运用，并无不同。[35]而刑法的"非难"既以刑罚作为手段，也就不能完全忽视刑罚的适应性。

台湾地区现行"刑法"对于责任能力并未作积极明确的规定，仅从反面规定欠缺通常精神状态的事由，凡有此事由者，即无责

---

35 参阅韩忠谟《刑法原理》，台北：作者印行，1982年，页181。另参史尚宽《民刑法上的责任能力》，载《民刑法论丛》，台北：史光华等印行，1973年，页486。

任能力，学说上亦有称之为阻却责任事由者。综观现行"刑法"规定，影响责任能力的事由有三：年龄、精神障碍、喑哑，而此三者明显远绍自传统中国旧律的精神而来。

二、《唐律》责任能力的性质

由本章前述《唐律》关于老小有疾的律条看来，其立法精神，固与现代刑事责任的理论，与哲学上意思自由、个人主观道义者，不尽同趣。然而，若因此而说《唐律》中根本无责任能力理论的存在，亦非持平之论。在此拟从两个角度加以观察：

其一，《唐律》对老小废疾，特予优遇，据《名例》"老小及疾有犯"条的《疏》曰"为矜老小及疾"；又据《名例》"犯时未老疾"条问答及《断狱》"议请减老小疾不合拷讯"条的《疏》曰"以其不堪加刑，故并不许为证"。由此观之，《唐律》对老小废疾之所以予以减轻或免其责任的理由，主要系基于恻隐的观念，而发韧于固有之慈幼恤老的刑事政策。换句话说，以现代刑法学的眼光，《唐律》视责任能力为"受刑能力"，系基于缺乏刑罚适应性的法理而来。

又如前述所陈，唐律令中将"有疾"分为"残疾、废疾、笃疾"三个等级，分别按照其程度相应地减免刑罚。再参以《名例》"犯时未老疾"条中"诸犯罪时虽未老、疾，而事发时老、疾者，依老、疾论。若在徒限内老、疾，亦如之"的规定看来，此亦显系基于"刑罚适应性"的法理而来。[36]

---

[36] 参阅利光三津夫《律令及び令制の研究》，东京：明治书院，1959年，页245。

其二，不过，从另一角度言，据《名例》"老小及疾有犯"条的《疏》曰："悼耄之人，皆少智力。"又释文亦引"三赦"之文说："三曰赦憃愚，谓其识见浅劣者。圣人于此三等，哀其无知，故令赦宥也。"观此立法原意，似亦可认为曾虑及因老耄之"耄乱荒忽"，少年之"神智未周"，废疾者之"精神低落"等因素，亦即顾虑行为人的智力情形与意识能力问题，因此，如将责任能力解为辨别是非的能力，与前述现代刑法责任能力理论中的道义责任论精神也大致类同。

向来学说，认为法律之所以规定使未达一定年龄之人，不负行为的责任，在于未达此项年龄之人，欠缺是非辨别力，而所谓"是非辨别力"实又源于道义自由的传统观念。质言之，因为行为人欠缺是非辨别力，则其行为之意思即非出于自由，遂导致不必对其行为负责任的结论。倘就此点而言，当今各国刑法所规定之各种阻却责任事由，如基于年幼、精神障碍与喑哑之中，以基于年幼一项最成问题。盖似乎不能以其人方满此法定年龄，即认为具有是非辨别力；而未满之前几日，则认为毫无是非辨别力，此在理论上显不可通。本章前述《唐律》除以年龄分为绝对无责任能力与减轻责任能力之外，复承认一种相对无责任能力，须借"上请"的方法，就具体情形加以斟酌，以决定应否科处刑罚，似不失为一种折中办法[37]，其立法例可说相当先进。

再者，《唐律》之顾其怜状，法定赦宥其刑，究与现今责任能力的观念不尽相同。盖赦宥乃事后政治的作用，而责任能力系一般地适用于犯罪人行为时既存的问题，殆缘于今昔法律观念不

---

[37] 参阅本章注2，蔡墩铭，前揭书，页136以下。

同之故。

　　另外,《唐律》内之笃疾,取义较广,包括癫狂之情形[38]。以精神病为不负刑责的原因,在古代中国法制早已有之,例如前述中之"三赦曰蠢愚",亦即谓精神病人的行为,应予赦免。唯立法上并非完全如此,有时仅予减轻而已。前述《唐律》条文亦未视笃疾为绝对无责任能力,可见对精神病人的处遇,古今法律尚有不同。至于因肢体残废者犯罪,所以在旧律上仍得减轻其刑者,似考虑此种人行动不便,有时不免性情乖戾,是以酌予减轻,以免处罚过严。此与现行刑法之对喑哑人得减轻其刑,有异曲同工之趣。

　　就裁判有利于行为人言,《唐律》规定"犯罪时虽未老疾,而事发时老疾者,依老疾论。"又规定:"犯罪时幼小,事发时长大,依幼小论。"这些规定,以断决时为准,与犯罪时无关,说明《唐律》的立法,适用有利于行为人的法律,而表现出矜恤人道的宽刑精神。

　　又就《唐律》及有关敕令,对于恤老慈幼的规定,分别以上请、收赎、不坐、不加刑等赦宥其刑而言,其情形略与现行法上的申请特赦、易科罚金或免除其刑、免其刑之执行者相当。然耄悼者依律虽犯死罪不加刑,且其罪行不合告举,其情形又与现行法上的"不罚"相近。

　　至于反逆缘坐的规定,老悼亦难脱配没罪责,遂有认为历代中国刑律,之所以对老小废疾者宽减,实际上系统治者基于老幼妇疾者,对统治者的社会危害性不大,似不必为此颂为"恤刑"、

38　参阅仁井田陞《唐令拾遗·户令》第九条"残疾、废疾、笃疾",东京:东京大学出版会,1964年,页228。

"仁政"之美名。因此，有以为，传统刑律中可以说几乎没有完全免除刑事责任年龄和免除责任能力的人，盖即使尚在襁褓中的婴孩，若父母犯有谋反、谋大逆之罪，亦得缘坐配没官府为奴。[39] 不过，此乃专制时代为巩固权位或维持社稷安全的措施，系采团体责任原理而来，与采取行为人本位之现代刑法理论自不相合；此或系属特例，似不必为此而流于苛论。

伍、《唐律》责任能力的影响及其演变

《唐律》为宋明清诸律之圭臬，关于老小疾有犯的规定，大致被《宋刑统》《明律》和《清律》所承袭，成为传统中国刑律中关于刑事责任能力较完备、较典型的制度，因此，有必要对其影响及演变进一步加以了解。

一、影响

《宋刑统·名例》"老幼疾及妇人犯罪门"实即前述《唐律·名例》"老小及疾有犯"条及"犯时未老疾"条的翻版，唯其后又引唐刑部式及敕节文二条[40]：

39　参阅乔伟《唐律研究》，济南：山东人民出版社，1985年，页120以下。
40　参阅《宋刑统》卷四"老幼疾及妇人犯罪门"引唐《刑部式》，及同卷同门载唐天宝元年十二月十八日敕节文。详参本章注27，刘俊文，前揭书，页309。

【淮】刑部式：诸准格敕应决杖人，若年七十以上，十五以下及废疾，并斟量决罚。如不堪者，覆奏。不堪流、徒者，亦准此。八十以上，十岁以下、笃疾，并放，不须覆奏。

此是针对原《唐律》老、小、疾人在"律法之外，有殊旨别敕"处以决杖、流、徒之刑者而做的补充规定。依此规定，第一级老、小、疾人律外应决杖及应流、徒者，并"斟量决罚"，其不堪者须"覆奏"；第二级老、小、疾人律外应决杖及应流、徒者，直接放免，"不须覆奏"。

【淮】唐天宝元年十二月十八日敕节文：刑部奏："准律，八十以上及笃疾，犯反、逆、杀人应死者上请，盗及伤人收赎，余皆勿论。臣等众议，八十以上及笃疾人有犯十恶死罪、造伪、劫盗、妖讹等罪至死者，请矜其老疾，移隶僻远小郡，仍给递驴发遣。其犯反、逆及杀人，奏听处分。其九十以上、十岁以下，请依常律。"

此是针对原《唐律》律文规定之第二级老、小、疾人刑事责任之减免所做的修正。依此修正，第二级老及疾人犯本应勿论或收赎之"十恶死罪、造伪、劫盗、妖讹等罪至死者"，不得再勿论或以赎免，而须"移隶僻远小郡"。唯十岁以下小儿，虽犯上罪仍"依常律"勿论或收赎。

北宋庆历年间（1041—1048），宁州有九岁童子，殴杀人，当弃市，宋仁宗以童孺争斗，无杀心，止命罚金入死者家。[41]

《明律》仿《唐律》，亦有大致类同的条项。《明律·名例》"老小废疾收赎"条规定：

> 凡年七十以上、十五以下及废疾，犯流罪以下，收赎。（其犯死罪及犯谋叛缘坐应流）若造畜蛊毒、采生折割人、杀一家三人家口，会赦犹流者，不用此律。其余侵损于人，一应罪名，并听收赎。
>
> 八十以上、十岁以下及笃疾，犯杀人应死者，议拟奏闻，取自上裁。盗及伤人者，亦收赎。（谓既侵损于人，故不许全免，亦令其收赎。）余皆勿论。（谓除杀人应死者上请，盗及伤人者收赎之外，其余有犯，皆不坐罪。）
>
> 九十以上、七岁以下，虽有死罪，不加刑；（九十以上犯反逆者，不用此律。）其有人教令，坐其教令者，若有赃应偿，受赃者偿之。（谓九十以上、七岁以下之人皆少智力，若有教令之者，罪坐教令之人。或盗财物，旁人受而将用，受用者偿之。若老小自用，还着老小之人追征。）

《明史·刑法志》又记载："凡年七十以上、十五以下及废疾者，依律论断。例应充军了哨、口外为民者，仍依律发遣。若年八十以上及笃疾有犯应永戍者，以子孙发遣，应充军以下者免之。"

《清律·名例》"老小废疾收赎"条，亦承自《唐律》，仍分三级：

一级老小及废疾：凡年七十以上，十五以下及废疾（瞎一目、

41　此事参阅（宋）马端临《文献通考·刑考·详谳》，载《十通》第七种，台北：台湾商务印书馆，1987年。

折一肢之类），犯流罪以下收赎。（其犯死罪及犯谋反、叛逆缘坐应流，若造畜蛊毒、采生折割人、杀一家三人，家口会赦犹流者，不用此律。其余侵损于人，一应罪名，并听收赎。犯该充军者，亦照流罪收赎。）

二级老小及笃疾：八十以上，十岁以下及笃疾（瞎两目、折两肢之类），犯杀人（谋、故、斗殴）应死注曰：一应斩绞者，议拟奏闻，（犯反逆者，不用此律）取自上裁。盗及伤人（罪不至死）者，亦收赎（谓既侵损于人，故不许全免，亦令其收赎），余皆勿论（谓除杀人应死者上请，盗及伤人者收赎之外，其余有犯皆不坐罪）。

三级老小：九十以上、七岁以下，虽有死罪，不加刑。（九十以上犯反逆者，不用此律。）其有人教令，坐其教令者，若有赃应偿，受赃者偿之。

其他特例——老小疾病者为行为之主体及客体时，律例有特别规定：（一）其男女被主婚人威逼，事不由己，若男年二十岁以下及在室之女（虽非威逼），亦独坐主婚，男女俱不坐（"婚姻门嫁取违律"条）。（二）和诱十岁以下，虽和亦同略诱法，被和诱者不坐（"贼盗下略人略卖人"条）。（三）奸幼女十二岁以下者，虽和犹强论（"刑律犯奸"条）。（四）谋反大逆之缘坐，于年十五岁以下，免死给付功臣家为奴（"贼盗门谋反大逆"条）[42]。

至于《清律》中的"认定老小疾病的时间标准"，亦仿《唐律》，采恤刑原则，犯罪时、事发时或执行时，责任能力有变更

---

42 《清律·贼盗》"谋反大逆"条附例：凌迟之犯，其子孙讯明不知谋逆情事者，无论已未成丁，均解内务府阉割，发往新疆等处，给官兵为奴。如年在十岁以下者，牢固监禁，俟年届十一岁时，再行解交内务府照例办理。详参（清）薛允升著述，黄静嘉编校《读例存疑重刊本》卷二十五《刑律·贼盗》"谋反大逆"条，台北：成文出版社，1970年。

者，为犯罪行为人利益而特设规定，兹不复赘。

二、演变

晚清（1902—1911）是传统中国旧律解体，继受外国法制的变革期，正如前述，中国刑事立法素有恤幼之例，清末修订法律大臣沈家本所主草的《大清新刑律草案》原拟以未满十六岁为无刑事责任年龄，以未满二十岁为减轻责任年龄。

沈氏认为，刑罚系出于不得已而为最后制裁之手段，未达责任年龄人，因其识虑未足，而是非或有未当，是"可教而不可罚"，是教育的主体，非刑罚的主体，如因非行而将其拘置于监狱内，反易熏染狱中恶习，而难矫正。如责付家族保护管束，又恐生性桀骜，有非父兄所能管教者；或有限于家本贫寒，而无力教育者。《大清新刑律草案》乃仿效欧陆法，于第十一条规定："凡未满十六岁人之行为，不为罪。但因其情节，得命以感化教育。"并拟在各省设置惩治教育的场所，对于少年罪犯，图"以教育涵养其德性而化其恶习，使为之善良之民"，此亦颇符合古来"明刑弼教"之义。

不过，此举激起礼教派的反对，彼等认为：关于惩治教育，"用意甚善，可以仿行。唯原定凡犯罪在十六岁以下，不论大小轻重皆无刑事上之一切责任，一以惩治教育处之，限年太宽，恐滋流弊，此惩治教育之尚须酌定年限也"[43]。

---

[43] 参阅刘锦藻《清朝续文献通考·刑考六·刑制》，台北：新兴书局，1963年。另详参黄源盛《沈家本法律思想与晚清刑律变迁》，台北：台湾大学法律学研究所博士论文，1991年11月，页184。

几经辩驳，最后公布的《钦定大清刑律》，其第十一条修正为"凡未满十二岁之行为不为罪，但因其情节得施以感化教育"。此外，以未满十六岁为减轻责任年龄，另规定"精神病人之行为，不为罪。喑哑人犯罪，得减轻其刑"。

民国元年（1912）《暂行新刑律》沿用《钦定大清刑律》的规定，其第十一条规定"未满十二岁人之行为不为罪，但因其情节得施以感化教育"；同律第五十条规定"喑哑或未满十六岁人或满八十岁人犯罪者，得减本刑一等或二等"。

而其中第十二条亦规定："精神病人之行为不为罪，但因其情节，得施以监禁处分。""前项之规定，于酗酒或精神病间断时之行为不适用之。"就第一项上段规定为精神病人之行为，不为罪，其立法理由谓：精神病人之行为，非其人之行为，乃疾病之行为，故不能加刑，而应投以药石。系采生物学的方法，至为明显，当时的实例亦持此见解[44]。至于第二项所谓"于酗酒或精神病间断时之行为不适用之"，其意即系指精神障碍影响刑事责任能力，其原因应以行为时存在者为限。申言之，行为时之心理因素亦在考虑之列，含有兼采生理学与心理学混合立法方式之意义。[45]

民国十七年（1928）制定的《中华民国刑法》（旧刑法）第

---

[44] 详参民国二年大理院非字第37号判例，载黄源盛纂辑《大理院刑事判例辑存》，总则编（一），台北：犁斋社，2013年，页69—72。

[45] 民国四年大理院上字第351号判例阐述上述条文之意义，谓："查酗酒行为与非故意之行为绝然不同，刑律第十二条第二项及第十三条分别规定，诚以非故意者无行为意思之联络，故不为罪；至酗酒者，行为本为人力所能制裁，其行为意思是否联络，当以犯罪行为时之事实为断，不得以酒后行为尽诿为全无意识，冀免犯罪之责任。"详参本章注44，《大理院刑事判例辑存》，总则编（一），页74—76。

三十条第一项基于刑事政策的考量，为求得当，提高责任年龄为十三岁，未满十三岁人之行为，不罚；十三岁以上十六岁未满者，为限制责任年龄，得减轻其刑。并于感化教育之外，增入由监护人等缴纳相当之保证金，自行监督品行一法。满八十岁人，精神昏耗，其犯罪不能与普通犯罪同认，故得减轻本刑二分之一。另于第三十一条规定："心神丧失人之行为不罚，但因其情节得于执行完毕或免除后，施以监禁处分"；"心神耗弱人之行为减轻本刑，但因其情节得于执行完毕或免除后施以监禁处分"。[46]

民国二十四年（1935）南京国民政府立法院所制定的现行《中华民国刑法》，参酌各主要国家的立法例，提高刑事责任年龄为十四岁，在第十八条规定"未满十四岁人之行为，不罚。十四岁以上未满十八岁人之行为，得减轻其刑。满八十岁人之行为得减轻其刑。"而于第二十条规定："喑哑人之行为，得减轻其刑。"就年龄来说，系采三分主义的立法方式，即分为无责任能力人、减轻责任能力人及完全责任能力人等三种类型。至于有关精神障碍之立法，则采取生理学的立法方式，于第十九条规定"心神丧失人之行为，不罚。精神耗弱人之行为，得减轻其刑。"[47]

---

[46] 参阅《各国刑法汇编》，台北：司法行政部，1980年，页156。

[47] 2005年1月"刑法"修正前，第十九条第一项"心神丧失"与第二项"精神耗弱"之用语，学说及实务见解均认其等同于"无责任能力"与"限制责任能力"之概念。唯："心神丧失"与"精神耗弱"之语意极不明确，其判断标准更难有共识。实务上，欲判断行为人于行为时之精神状态，常须借助医学专家之鉴定意见；又"心神丧失"与"精神耗弱"乃纯属法学上之概念，并非医学上之用语，其意义与精神医学及犯罪学上精神障碍之概念，并无直接之关联性，医学专家鉴定之结果，实务上往往不知如何采用，造成法官间认定不一致的情形，于是作了修正。依目前新修正"刑法"的规定，精神障碍可分为下列二种态样：

（1）非重度精神障碍或心智缺陷之人：犯罪行为人于行为时因精神障碍或其他心智缺陷，致其辨识行为违法或依其辨识而行为之能力，显著减低者，得减轻其刑。（刑十九Ⅱ）

（2）重度精神障碍或心智缺陷之人：行为时因精神障碍或其他心智缺陷，致不能辨识其行为违法或欠缺依其辨识而行为之能力者，不罚。（刑十九Ⅰ）

陆、结语

传统中国刑律与当今的刑法，不论就形式上或实质内容上均有相当大的差异，这是不争的实情，但现行法中或多或少含有固有法制中的立法影子，这也是事实。综观《唐律》有关责任能力的规定，可谓为后世所取法，且深合于现代之法制者，在距今一千三百多年前的唐代，就有如此成熟的立法思想，是很难得的，足以提供后人一连串对法学思想的启发，并可追溯法文化史上的历史意义。盖"一切法律政治，属于创造者恒少，属于顺序发达者恒多，一国民族有其历史焉，有其特殊之心理焉，不能强他国所谓善者，尽类而移植于我国，自亦不能举我国所已有者，尽弁髦而土苴之"[48]。

而从上述的研讨看来，可以获得以下几点认识：

其一，古代欧陆法制中，以罗马法为例，虽亦以年龄及精神障碍等作为刑事责任能力的判断基准，此点与《唐律》并无太大区别。唯罗马法是以人的主观认识和辨别以及控制自己行为的能力，作为区分刑事责任年龄的标准；而《唐律》主要系基于"爱幼养老"的恤刑政策作为确认刑事责任年龄的标准。因此，自唐而降，以《唐律》为典范的历代传统刑律，其刑事责任年龄一般都做双向的划分，即在同一年龄阶段中，同时规定老年犯与幼年犯，将老幼一体对待。此一法制，贯穿了先秦儒家礼法思想中"悼与耄，虽有罪，不加刑"的理念，体现出传统中国伦理法的

---

[48] 参阅王振先《中国古代法理学》，台北：台湾商务印书馆，1966年，页1。

特质。

其二，古来中国刑典即已相当完备，而刑罚法定刑为单一，无法为弹性伸缩，致在固定基准下量刑，有时反而有损罪刑的均衡。尤其，当行为人是老耄、幼弱或身心障碍者，对他们若处以与一般人同质同量的刑罚，显然难堪负荷，因此，历代刑律均予以"宽刑"对待，遂采取调整措施[49]。西周以来的"三宥"、"三赦"之法，自秦汉以降，均为历代所重视。《唐律》既被视为"一准乎礼"的立法宗旨，本于矜恕的恤刑精神，对于老弱、妇人及有疾者的罪刑减免，特为详尽，并为后代所承袭。

其三，关于达一定年龄之老耄者，其犯罪多显现精神状态之"耄乱慌惚"，又鉴于其"暮景残年"，来日无多，实未忍令其负同常人之刑责，此乃基于恤老观点的刑事政策。台湾地区现行"刑法"第十八条第三项谓"满八十岁人之行为，得减轻其刑"，又同法第六十三条规定"未满十八岁人或满八十岁人犯罪者，不得处死刑或无期徒刑，本刑为死刑或无期徒刑者，减轻其刑"等，也可说带有《唐律》恤老的影子。而外国立法，例如日本《大宝律令》（701），亦有过相同之规定，明治以后，始告废止；芬兰、巴拉圭等亦皆曾有类似之规定，但目前已不多见；亚洲国家如韩、泰等国，均未就此订定明文。

其四，现行刑法对于精神耗弱人、喑哑人的行为得减轻其刑，有类于《唐律》中对于限制责任能力者的规定；而重度精神障碍或心智缺陷之人则被列为无责任能力者，似较唐代将"笃疾"者仅视为相对无责任能力者尤为可取。唯聋哑教育已相当发

---

49 参阅本章注8，堀毅，前揭书，页186。

达的今日，是否仍有承认喑哑人为限制责任能力人之必要？值得再斟酌。

其五，关于认定老小疾有犯的时间标准，《唐律》规定："诸犯罪时，虽未老疾，而事发时老疾者，依老疾论。""若在徒年限内老疾，亦如之。""犯罪时幼小，事发时长，依幼小论。"此一规定蕴含着儒家恤刑的精神，也相当程度体现出《唐律》立法技术的缜密。

第八章
《唐律》"轻重相举"条的法理及其运用

壹、序说

先从一则案例谈起,案情是这样的:

陈来传于1949年11月24日夜间,在竹东头前溪畔,用储电池发电,以导电竿接通电流,投入水中,使鱼类触电麻醉浮出水面,以捞鱼网捕之,得鱼约半斤。依照"渔业法"第四十五条规定:"投放药品、饵饼或爆裂物于水中,以麻醉或灭害鱼类者,处一年以下有期徒刑,并科百元以下罚金。"第一审法院认为:"接通电池,投放水中,以麻醉鱼类之方法,较之用药品,其结果有过无不及。"故依该条处断。案经被告上诉,第二审法院亦维持原判,但"最高法院"检察署检察长认为"行为之处罚,以行为时之法律有明文规定者为限,如法律无明文规定,无论何种行为不得用类推解释,入人于罪……渔业法第四十五条所规定应处罚者,既仅限于投放药品、饵饼或爆裂物于水中,以麻醉灭害渔类,并未将投放电流一并加入于内,而电流又非爆裂物可比,是被告此种行为自在不罚之列,原第一审竟用类推解释……适用渔业法第四十五条,论处被告罪刑,原判予以维持,驳回被告之上诉,依上开说明,显难谓无违误。"乃"提起非常上诉,以资纠正。"最高法院接受了非常上诉的意旨,认为"原审适用法律,显有违误",将第一审及第二审判决撤销,改判陈来传无罪。[1]

这个案子,涉及"罪刑法定原则"下是否可以"类推适用"的问题,同时,也牵涉"类推适用"与"当然解释"两者间的分际该如何区辨的问题。在早年,台湾的法学界曾热烈地讨论过,也让我联想起传统中国刑律中的"轻重相举"条。

古往今来,法律的阐释一直是法学实践的核心环节,也是法律制度的重要组成部分。借着对法律的阐明,可使法律具体化、明确化及体系化。尤其,在专制皇朝时期,立法上并无欧陆近代法以来所谓严格意义的"罪刑法定",司法官吏如何在统治者既设的框架内,准确地理解法律条文的含义,释明法典的

---

[1] 台湾"最高法院"三十九年度台非字第七号刑事判决云:"按渔业法第四十五条之灭害渔类罪,以投放药品、饵饼或爆裂品于水中,以麻醉或灭害渔类者为限,并不包括投放电流在内,原确定判决事实栏,以陈来传于民国三十八年十一月二十四日夜在竹东头前溪畔,用储电池发电,以导电竿接通电流,投放水中,使渔类触电麻醉,浮出水面,以捞鱼网捕之,……依此说明,并无适用渔业法第四五条处罚之余地,第一审法院竟以接通电流,投放水中,以麻醉渔类之方法,较之用药品,其结果有过无不及,乃类推解释,依该条处断,原审未加纠正,仍予维持,驳回被告之上诉,其适用法律显有违误,上诉判决确定后,认为违背法令,提起非常上诉,洵属正当。"有关本案之评论,参阅林纪东《刑法与类推解释——由一个案件说起》,载《军法专刊》第1卷第2期,1952年4月。

实质精神和立法意旨，以维护法律在社会生活中的安定性，就格外受到关注。

《唐律·名例》"断罪无正条"规定：

> 诸断罪而无正条，其应出罪者，则举重以明轻；其应入罪者，则举轻以明重。

此即所谓"轻重相举"或称"轻重相明"。该条的立法原意何在？性质到底为何？"释滞"乎？"擅断"乎？与"比附"是否同类？它是否破坏了所谓的"罪刑法定"而不具法律的确定性？又该条律文何以自《大明律》之后即转化别形？是进化？是退步？向来众说纷纭，而莫明所以。

本章拟从法史学及当代刑法诠释学的观点，首先，一探传统中国旧制中"比附"的起源与实态；进而，就《唐律》中的"轻重相举"条的意涵及其实际运用面详加论述；而最主要者，乃想就"轻重相举"条的法理及其性质深入探讨，提出辨析刍议，以厘清该律条律文在法制历史上的衍化意义。

贰、传统中国旧制中的比附

若要深刻厘清"轻重相举"条的法律性质及其实际运用，自然须先从比附的法制渊源及其内涵谈起。

一、唐以前比附法制的源流

传统中国刑律中的"比附",是指在法律没有明文规定的情况下,可以比照最相类似的条款或先前案例来定罪判刑的制度。

比附作为一项刑法的适用原则,源远流长。《尚书·吕刑》中记载:

> 五刑之属三千,上下比罪,无僭乱辞,勿用不行;惟察惟法,其审克之。上刑适轻下服,下刑适重上服,轻重诸罚有权。刑罚世轻世重,惟齐非齐,有伦有要。[2]

传统社会初期,人我社会关系单纯、立法经验不足,大多是就一事一罪制定为一条规范,而随着社会的发展以及犯罪行为的复杂化,以一事一罪为特征的法律条文显然已无法适应实际的需要。于是,援引同类犯罪中最相仿的规定来论罪科刑的办法,在刑事审判中的运用就逐步开展出来。战国末期荀卿(约前313—前238)在其《荀子·大略》篇中所说的"有法者以法行,无法者以类举。以其本知其末,以其左知其右,凡百事异理而相守也"。凡此,或可说就是"法律类推"的雏形。

秦王朝早期的刑事立法中,似已采用了比附的制度。从一九七五年湖北省云梦出土的《睡虎地秦墓竹简·法律答问》的

---

[2] 吕祖谦在注解"上下比罪"时说:"三千已定之法,载之刑书者也。天下之情无穷,刑书所载有限,不可以有限之法,而究无尽之情,要在用法者,斟酌损益之。"《周礼·秋官·大司寇》郑玄注云:"若今律其有断事,皆依旧事断之。其无条,取比类以决之。"参阅曾运乾《尚书正读》,台北:洪氏出版社,1982年,页286—287。

相关记载看来，秦代刑律中的比附可分为"以律文相比附"及"以成例相比附"两种方式。以律文相比附的方法，称之为"比"，即在法无明文规定的情况下，可以比照最相类似的条款论断罪刑。例如："臣强与主奸，可（何）论？比殴主。斗折脊项骨，可（何）论？比折支（肢）。"又例如："殴大父母，黥为城旦舂。""今殴高大父母，可（何）论？比大父母。"[3] 而以成例相比附的方法，则称之为"廷行事"。

汉承秦制，在刑法中普遍运用比附的原则。在汉代，"已行故事曰比"，将比附提升为一种固定的法律形式。在比附的适用上，仍分为"律文相比附"与"成例相比况"两种形式[4]。比附律令以断罪之例，如汉高祖七年（前200）所颁的《谳疑狱令》中称：

> 狱之疑者，吏或不敢决，有罪者久而不论，无罪者久系不决。自今以来，县道官狱疑者，各谳所属二千石官，二千石官以其罪名当报之。不能决者，皆移廷尉，廷尉亦当报之。廷尉所不能决，谨具为奏，傅（附）所当比律令以闻。[5]

---

3 上段文字译成白话为：男奴强奸主人，应如何论处？与殴打主人同论。斗殴折断了颈脊骨，应如何论处？与折断四肢同论。又下段文字译成白话为：殴打祖父母，应黥为城旦舂。如殴打曾祖父母，应如何论处？与殴打祖父母同论。详参刘海年等译注《睡虎地秦墓竹简》，载《中国珍稀法律典籍集成》第一册（甲编），北京：科学出版社，1994年，页573—575。

4 《汉书·翟方进传》："畤庆有章劾，自道：行事以赎论。"注引刘敞云："汉时人言'行事'、'成事'，皆已行、已成事也。"王念孙《读书杂志》四之十二《行事》："行事者，言已行之事，旧例成法也。汉世人作文言'行事'、'成事'者，意皆同。"汉律常称为"故事"。参阅本章注3，前揭书，页556。

5 参阅《汉书·刑法志》。另《二年律令与奏谳书》中也载有："人婢清助赵邯郸城，已即亡从兄赵地，以亡之诸侯论。今阑有送徒者，即诱南。吏议：阑与清同类，当以从诸侯来诱论。或曰：当以奸及匿黥舂罪论。"详参彭浩、陈伟、[日]工藤元男主编《二年律令与奏谳书》，上海：上海古籍出版社，2007年，页339。

比附成案以断罪之例，如《汉书·刑法志》载，汉武帝时定为典型案例的"死罪决事比"，有"万三千四百七十二事"。东汉时所编辑的典型案例汇编，有《决事比》《死罪决事比》《辞讼比》《决事都目》《法比都目》《决事比例》《司徒都目》《廷尉决事》《廷尉驳事》等。[6]

汉代比附原则的应用，虽然便于司法官吏灵活援引，却也造成了法律适用上的恣意性，所谓"奸吏得因缘为市，所欲活则出生议，所欲陷则予死比，是为刑开二门也。"[7]因而在当时，比附的援用就已遭到了批评。西晋惠帝元康元年（291）间，曹掌断狱的三公尚书刘颂在上疏中说：

> 又，律法断罪，皆当以法律令正文，若无正文，依附名例断之；其正文、名例所不及，皆勿论。法吏以上，所执不同，得为异议。如律之文，守法之官，唯当奉用律令。至于法律之内，所见不同，乃得为异议也。今限法曹郎令史，意有不同为驳，唯得论释法律，以正所断，不得援求诸外，论随时之宜，以明法官守局之分。[8]

刘颂上述奏文中，首句被认为是引《晋律》条文。其中，虽未提及"比附"之名，但很明显是以"上请"的方式来解决"律无正条"的问题，意即法吏"得为异议"。

6　详参程树德《九朝律考》上册，卷一，台北：台湾商务印书馆，1973年，页35—38。

7　详参《后汉书·桓谭传》。

8　详参《晋书·刑法志》，另参《晋书·刘颂传》。

二、《唐律》中的比附实态

李唐一代，律令的阐释技巧可说已相当纯熟；在《名例》中，虽无"比附"的律目，但"比附"一词，散见在各篇当中。例如：在《贼盗》"亲属为人杀私和"条中有"金科虽无节制，亦须比附论刑，岂为在律无条，遂使独为侥幸？"之语。再如在《杂律》"不应得为"条中有："杂犯轻罪，触类弘多，金科玉条，包罗难尽。其有在律令无正条，若不轻重相明，无文可以比附。临时处断，量情为罪，庶补遗阙，故立此条。"考其实行比附的理由，据《贼盗》"发冢"条的《疏》说："五刑之属，条有三千，犯状既多，故通比附。"理论上，罪名的律文有限，而世事无穷，不能网罗一切，故有比附的必要。事实上，《唐律》的立法体例，因未采抽象与概括的立法原则，律条至为个别且具体，为避免奸猾狡黠之徒逍遥法外，同时也为补救律条采绝对法定刑的过度僵硬，比附之制乃应运而生。

查阅过《唐律》中比附的类型，有关于通例之一般规定者，有关于犯罪之罪名者，也有关于刑罚之加减者。兹略举数例如次：

（一）关于通例的比附

《名例》各条有关的规定，依《疏议》的解释，可得比附于其他相类情形者：

9　唐代凡原则上可免除其所应承担的罪刑外，关于比附的犯罪类型，率因"条无罪名"、"在律无条"、"律条无文"、"律虽无文"、"律虽无正文"等，然后始"以事类相似者，比附科断"。详参《旧唐书·刑法志》。

1. 如自首比

依《名例》"犯罪未发自首"条规定："诸犯罪未发而自首者，原其罪。"造畜蛊毒既遂者，依《贼盗》"造畜蛊毒"条的规定，其刑为绞；若造畜蛊毒之家，良贱一人先首，事既首讫，得免罪以否？《疏议》曰："犯罪首免，本许自新。蛊毒已成，自新难雪，比之会赦，仍并从流。"即依上述《贼盗》第二项的规定："造畜者同居家口虽不知情，若里正知而不纠者，皆流三千里。"此系以分则、条文的比附，变更通则规定的适用，亦即良贱一人先首，比附于会赦，仍不免罪，亦流三千里。

《唐律》规定犯罪未发而完全自首者，除"常赦所不原"的重大犯罪，如犯谋反、谋大逆、恶逆等罪，虽自首仍不能减免，以及对一些已经造成实际危害后果的犯罪，如斗殴伤人、强奸等罪不许自首外，原则上可免除其所应承担的罪刑。造畜蛊毒虽许自首，但不免罪，其理由是"蛊毒已成，自新难雪"。究该处以何刑？既是自首，不能处该罪的本刑绞，故援引"造畜蛊毒"条的会赦，即"比之会赦"。按唐代的"赦"是免罪，但谋反、谋大逆、造畜蛊毒、杀小功尊属、从父兄姊的死罪，赦时不免罪，而改为流刑，通称"会赦犹流"，因此，造畜蛊毒之行为人虽自首仍处流刑。

2. 如十恶比

《名例》"十恶"条规定，殴告夫及大功以上尊长、小功尊属者，应入十恶不睦条。若咒诅大功以上尊长、小功尊属，欲令疾苦者，未知合恶以否？依《贼盗》"憎恶造厌魅"条《疏议》答曰："疾苦之法，同于殴伤。谋殴大功以上尊长、小功尊属，不入十恶。如其已疾苦，理同殴法，便当不睦之条。"即假如咒诅之目的在"欲以疾苦人"，并已造成疾苦之后果，则犯于大功以上之尊长及小功尊属者，列入十恶之"不睦"，显然是将"已疾苦"比附于"殴伤"。

（二）关于罪名的比附

例如监临主守私借畜产之罪，依《厩库》"监主私借官奴畜产"条《疏》云："其车船、碾硙、邸店之类，有私自借，若借人及借之者，亦计庸赁，各与借奴婢、畜产同。律虽无文，所犯相类。《职制律》：'监临之官，借所监临及牛马驼骡驴、车船、邸店、碾硙，各计庸赁，以受所监临财物论。'计借车船、碾硙之类，理与借畜产不殊，故附此条，准例为坐。"

依上述律文规定，监临主守之官私自借用官有的车船、碾硙、邸店，与官奴婢及畜产私自借的犯罪同，都以"受所监临财物"论处。所以如此，主要的根据是《职制》"受所监临财物"条规定了"监临之官，受所监临财物"之罪；又同律"役使所监临"条规定"监临之官，私役使所监临，及借奴婢、马牛驼骡驴、车船、碾硙、邸店之类，各计庸、赁，以受所监财物罪论"。因为有此监临借奴婢、马牛、骡驴、车船、碾硙、邸店"以受所监临财物"之罪的成例在前，所以就有比附监临主守之官借官有的车船、碾硙、邸店，也"以受所监临财物罪"论处在后，因所犯相类，以当今言，均是属于所谓"非代替物"的缘故。

（三）关于刑罚加减的比附

《贼盗》"略人略卖人"条规定："诸略人、略卖人为奴婢者，绞；为部曲者，流三千里；为妻妾子孙者，徒三年。"若犯本条之罪略人不得者，究应如何论处？律无正文，同条《疏议》乃比附《贼盗》"强盗"条"强盗不得财"之刑，解为略人拟为奴婢不得，又不伤人，以强盗不得财论，徒二年；拟为部曲者，徒一年半；拟为妻妾子孙者，徒一年。

由以上诸例看来，《唐律》于"断罪无正条"律内，虽未明言采比附之制，但整部《疏议》，明显是以事类相似者比附科断。不过，我们也觉察到，为避免比附事项悬殊过大的流弊，《唐律》立法者也企图对比附加以某种程度的限制。如《断狱》"制敕断罪"条规定，皇帝的"制敕断罪，临时处分"，如果"不为永格者，不得引为后比"。倘有司法官吏擅自引用，而"致罪有出入者，以故失论"。又如《擅兴》"主将临阵先退"条规定："即违犯军令，军还以后，在律有条（者）依律断，无条者，勿论。"《断狱》"赦前断罪不当"条也规定："即赦书定罪各，合从轻者，又不得引律比附入重。违者，各以故失论。"足见，唐时虽有比附之事，而设限仍算严格。[10]

10　《唐律·名例》"官户部曲官私奴婢有犯"条规定："诸官户、部曲、官私奴婢有犯，本条无正文者，各准良人。"又《斗讼》"部曲奴婢良人相殴"条规定："即部曲、奴婢相殴伤杀者，各依部曲与良人相殴伤杀法。"小注云："余条良人、部曲奴婢私相犯，本条无正文者，并准此。"此律明言无正文者，定一准法，其于比附之事，相当慎重。

叁、《唐律》"轻重相举"条释义及其运用

在《唐律》诸律条中,最易与"比附"观念相混淆的,恐怕要属"轻重相举"条的规定了,因此,在正式进入讨论两者法律性质之区别前,有必要先对该条的内涵予以阐明。

一、"轻重相举"应用例的态样

综观历代刑律,即使立法者设想得再完备,仍然不可能规范尽天下无穷的人事,尤其,犯罪现象如此纷繁,为使司法实践能达到防卫社会的机能,在"律无正条"的情况下,很自然地产生了上述所谓"比附"的原则。[11]推其原始用意,或有其不得不然的苦衷,本无可厚非;不幸的是,由于法吏的个人修养参差,比附之制终至流弊丛生。据《汉书·刑法志》,汉成帝河平年间(前28—前25)曾下诏曰:

> 《甫刑》云"五刑之属三千,大辟之罚其属二百",今大辟之刑千有余条,律令烦多,百有余万言,奇请它比,日以益滋,自明习者不知所由,欲以晓谕众庶,不亦难乎!于以

---

[11] 类似的相关论述,详参中村茂夫《比附の機能》,载《清代刑法研究》,东京:东京大学出版会,1973年,页151—182。另参陶安《"比附"与"类推":超越沈家本的时代拘束》,载《沈家本与中国法律文化国际学术研讨会论文集》下册,北京:中国法制出版社,2005年,页471。

罗元元之民，夭绝亡辜，岂不哀哉！ [12]

比附之弊已见于此，《唐律》乃因袭隋制，另设"轻重相举"之法。[13] 而从此一规定，可以看出《唐律》的"轻重相举"条有如下的意涵：

(一)"轻重相举"是在"断罪无正条"的情况下适用

《疏》文说，所谓"断罪无正条"者，是指"一部律内，犯无罪名"的情况。适用"轻重相举"的目的是为了对法律无明文规定的行为作出有罪、无罪或刑轻、刑重的审判。不过，值得一提的是，此处所云"犯无罪名"，并不是绝对意义上的毫无"罪名"，有的"轻重相举"既非"无正条"，也不是"犯无罪名"，而仅仅是透过逻辑论证来规整某条律文中所规定的"罪名"涵摄范围及其刑罚轻重。

---

12 颜师古曰："奇请，谓常文之外，主者别有所请以定罪也。它比，谓引它类以比附之，稍增律条也。"邱濬曰："奇请它比，分破律条，妄生端绪，舞弄文法，巧诋文致，意所欲生，即援轻比，意欲其死，即引重例。上不知其奸，下莫测其故，此民所以无所措手足，网密而奸不塞，刑繁而犯愈多也。"沈家本按："奇请它比，当时不独用以定罪，且用以增律条矣。故武帝时大辟四百九条，此时多至千有余条也。元元之民，夭绝亡辜，诏文方以为哀，而隋时竟纂为律，唐、宋相承迄于今。在定律者自具有深意，而流弊则不可殚述矣。"详参（清）沈家本《历代刑法考·明律目笺》，"断罪无正条"，北京：中华书局，1985年，页1811—1812。

13 沈家本按：《唐律》此文本于开皇，乃用律之例，而非为比附加减之用也。详参本章注12，（清）沈家本，前揭书，页1813。另外，有认为本条创始于隋《开皇律》，而《唐律》将《北齐律》九百四十九条、《北周律》一千五百三十七条，一举凝缩成五百条，在法律条文上起了精简化的作用。详参律令研究会编《訳註日本律令》五《唐律疏议译注篇一》，日本：东京堂，1979年，页301—305。

（二）运用"轻重相举"或入罪或出罪

所谓"入罪"，是指判为有罪或相对地判为重罪；"出罪"，是指判为无罪或相对地判为轻罪。可见，《唐律》中的"轻重相举"条不完全是有罪或无罪的认定，也可以是虽作有罪认定而予以从重或从轻的处断。

用当代的语言来说，"轻重相举"原则，是以法律条文中的有关规定为基准，透过比较衡量，以确定待判行为对于侵害社会危险性的有无及侵害法益的大小，再进一步确定该行为是否应当论罪科刑，或者应当处以何种刑罚。换个说法，"轻重相举"原则，即在同样的上位概念之下，就一定类型事物所规定的法律效力，对于其他相同类型的附属事物，也有其适用性，如此说来，它是一种立法原则的通例，也是法条适用上的一种变通法则，本诸"实害行为重于危险行为"、"高度行为吸收低度行为"的法理，这是刑事政策考量当循的准则，否则必然有失情法之平。[14] 兹再述其实际运用原则如下：

1. 出罪举重以明轻

对审理中的案情，如律无明文，而欲作"出罪"判决，要求以较重的罪刑来相明，即以律文中规定的较重的情节尚且未入罪，证明把情节较轻的行为作出罪处断是正确的。如《名例》"称加减"条的《疏》文举例说：夜无故入人家，主人如将入侵者仅止折伤，应如何论处？律无明文，此时乃引《贼盗》"夜无故入

---

[14] 参阅苏俊雄《刑法总论 I》，台北：作者印行，1997年，页270。

人家"条的规定:"诸夜无故入人家者,笞四十。主人登时杀者,勿论。"夜无故入人家,主人登时杀者都可勿论,假如仅止折伤,依高度行为重于低度行为,当然不必坐罪。

又如盗亲属财物之行为,依《贼盗》"盗缌麻小功财物"条的规定:"诸盗缌麻、小功亲财物者,减凡人一等;大功,减二等;期亲,减三等。"今若犯亲属间诈欺及坐赃之类的行为,应如何处断?此时,《疏》文曰:"盗缌麻以上财物,节级减凡盗之罪。若犯诈欺及坐赃之类,在律虽无减文,盗罪尚得减科,余犯明从减法。"此亦属援"举重以明轻"之法,来决定其刑之应减。

2. 入罪举轻以明重

就处理中的案情,如法无明文而拟作"入罪"判处,则要求以同类性质中较轻的罪刑相明,即以律文中规定的轻的情节都已入罪,来论证把情节较重的行为入罪处断是应该的。如《贼盗》"谋杀期亲尊长"条规定"谋杀"期亲尊长(叔、伯、姑、兄姊等),不分首从都处斩,但是律文却未规定,对期亲尊长如有"已杀、已伤"应如何处断的明文,此时《疏议》举谋杀期亲尊长皆斩,但谋即坐。今已杀或已伤,是始谋是轻,杀及伤是重,其应处斩刑,更不待言矣。

又例云:"殴告大功尊长、小功尊属,不得以荫论。"若有殴告期亲尊长,举大功是轻,尚不得荫赎或荫免;期亲是重,自亦不得用荫。

二、"轻重相举"的运用实例

关于"轻重相举"原则，如何落实于实际案例中，《唐律疏议》所举之例，散列各处，据粗估约有十例左右，综合汇整数则如下，以明梗概。

（一）《疏议》中虚拟案例

1. 出罪举重以明轻之例

如前所述，凡对于行为人有利者，律文虽只言重而不言及轻，仍应以不罚或从轻处罚。例如：

（1）《名例》"老小及疾有犯"条问答

律文规定："诸年七十以上、十五以下及废疾，犯流罪以下，收赎。八十以上、十岁以下及笃疾，犯反、逆、杀人应死者，上请；盗及伤人者，亦收赎。"

问曰：既称伤人收赎，即似不伤者无罪。若有殴杀他人部曲、奴婢……，若为科断？

答曰：奴婢贱隶，唯于被盗之家，称人；自外诸条杀伤，不同良人之限。若老、小、笃疾，律许哀矜，杂犯死刑，并不科罪；伤人及盗，俱入赎刑。例云：杀一家三人为不道。注云：杀部曲、奴婢者非。即验奴婢不同良人之限。唯因盗伤杀，亦与良人同。"其应出罪者，举重以明轻"，杂犯死刑，尚不论罪；杀伤部曲、奴婢，明亦不论。

按唐代，贱人在法律上的性质，大体而言，一般贱人为行为主体而有刑事责任能力。若其为行为客体，官私奴婢视同资财（物），官户及部曲有时亦视同物。至官贱中，工乐、杂户、太常音声人则为人。本例举出杀一家非死罪三人，系加重杀罪，唯如奴婢、部曲被杀，并不构成此罪，因此，亦不入"不道"。今若有老、小、及笃疾者殴杀他人部曲、奴婢者应如何处断？法无明文，《疏》文乃举"杂犯死刑，尚不论罪"，依"举重以明轻"的法理，杀伤部曲、奴婢，自亦不当论罪。[15]

（2）《斗讼》"告缌麻卑幼"条

诬告子孙、外孙、子孙之妇妾及己之妾者，各勿论。

《疏议》曰：诬告子孙、外孙、子孙之妇妾者，曾、玄妇妾亦同；及己之妾者：各勿论。其有告得实者，亦不坐。

按诬告子孙、外孙、子孙之妇妾及己之妾者，既不坐，依"出罪举重以明轻"的法理，告实自亦不必坐罪。

2. 入罪举轻以明重之例

依"轻重相举"之原则，凡对行为人不利者，律文虽只言轻而不言及重，仍属应罚或从重论处。此举轻以明重之例，概大别为二种：

第一，轻的犯行，法定刑已达极刑者，对于同类型较重的以上犯行，无须再加规定，而运用举轻以明重加以处断即可。第

---

15 事实上，此处之"举重明轻"，已稍稍偏离本来的法意。参阅本章注13，律令研究会编，前揭书，页303。

二，对于主刑未加规定，而某种行为具有特殊的恶质犯罪者，可以运用举轻以明重加以处理。例如：

（1）《名例》"十恶"条不孝项问答

律文规定："十恶：一曰谋反。二曰谋大逆。三曰谋叛。四曰恶逆。五曰不道。六曰大不敬。七曰不孝。八曰不睦。九曰不义。十曰内乱。"

问曰：依《贼盗律》："子孙于祖父母、父母求爱媚而厌、咒者，流二千里。"然厌魅、咒诅，罪无轻重。今诋为"不孝"，未知厌入何条？

答曰：厌、咒虽复同文，理乃诋轻厌重。但厌魅凡人，则入"不道"；若咒诅者，不入十恶。《名例》云："其应入罪者，则举轻以明重。"然咒诅是轻，尚入"不孝"；明知厌魅是重，理入此条。

按《名例》十恶中的所谓"不孝"，依《注》文曰："谓告言、诅詈祖父母、父母，及祖父母父母在，别籍、异财，若供养有阙；居父母丧，身自嫁娶，若作乐，释服从吉；闻祖父母、父母丧，匿不举哀，诈称祖父母、父母死。"显然，"咒诅"父祖是属十恶之罪，但是"厌魅"父祖是否亦属十恶之列？律无明文。此时乃引《名例》"十恶"条之规定，厌魅凡人属十恶之"不道"，而咒诅凡人则为列入十恶。可见，咒诅罪轻而厌魅罪重，属轻罪的咒诅既入十恶，对于属较重罪质的厌魅父祖，据"举轻以明重"的原则，理应亦列入十恶。

（2）《名例》"十恶"条不睦

《唐律》十恶中之所谓"不睦",乃指谋杀及卖缌麻以上亲,殴告夫及大功以上尊长、小功尊属。

《疏议》曰:"但有谋杀及卖缌麻以上亲,无问尊卑长幼,总入此条。"若谋杀期亲尊长等,杀讫即入"恶逆"。今直言谋杀,不言故、斗,若故、斗杀讫,应如何处断?疏议举谋杀未伤是轻,明故、斗已杀是重,轻重相明,理同十恶,故亦应入"不睦"。

按《唐律》十恶中之所谓"不睦",并非罪名,乃指谋杀及卖缌麻以上亲,殴告夫及大功以上尊长、小功尊属等罪。《疏》文举谋杀缌麻以上亲,情节较轻,尚且列入"不睦",如有斗杀或故杀缌麻以上亲者,情节显然较重,依"举重以明轻"原则,自亦当解为"不睦"。

(3)《名例》"除名"条问答

律文规定:"诸犯十恶、故杀人、反逆缘坐,狱成者,虽会赦,犹除名。即监临主守,于监守内犯奸、盗、略人,若受财而枉法者,亦除名;狱成会赦者,免所居官。"

问曰:监守内略人,罪当除名之色。奴婢例非良人之限。若监守内略部曲,亦合除名以否?

答曰:据杀一家非死罪三人乃入"不道",奴婢、部曲不同良人之例;强盗,若伤财主部曲,即同良人。各于当条见义,亦无一定之理。今略良人及奴婢,并合除名。举略奴婢是轻,计赃入除名之法;略部曲是重,明知亦合除名。

按除名之制为唐代官人犯罪的特别刑事处分,须与主刑(五刑)并科,性质属于从刑(附加刑)。依《唐律》规定,监临主守在辖区内"略人",除受刑罚制裁外,另须受褫夺全部官职爵位的"除名"处罚。《疏》文指出,这被略之"人"既无特定的解释,那当然"不限将为良贱",即所略之"人"无论为良人或为奴婢,犯罪人均须受"除外"处罚。于此,《疏》文又特别指出,略"部曲"是否也要受"除外"之罚的问题。对此,《疏》文以"轻重相举"答问,既然不分良贱"略良人及奴婢并合除名",那么,"举略奴婢是轻,计赃入除名之法,略部曲是重,明知亦合除名。"罪轻的略奴婢尚须除名,而部曲身份高于奴婢,略部曲亦当然要列入除名之罚。可见,略人性质相同,略奴婢"轻",略部曲"重",只是情节有轻重之分,"举轻以明重",不属奴贱的部曲,自可透过比较奴婢轻重相举而得出结论。

(4)《诈伪》"诈陷人至死伤"条

律文规定:诸诈陷人至死及伤者,以斗杀伤论。

问曰:诈陷人渡朽败桥梁,溺之甚困,不伤不死,律条无文,合得何罪?

> 答曰:律云"诈陷人至死及伤",但论重法,略其轻坐,不可备言,别有"举重明轻"及"不应为"罪。若诳陷令溺,虽不伤、死,犹同"殴人不伤"论。

按诈陷人致死伤,系指诳骗人赴危罹险,因而致人于死或伤的犯罪行为。例如,明知津河深泞,船桥朽败,犹诳人令渡之类属之。依《诈伪》上述律文的规定:"诸诈陷人至死及伤者,以斗杀伤论。"问题是，对于诈陷人过朽坏的桥梁，致人落水严重受溺，这种"不伤不死，律条无文"的行为究应如何论处？《疏》文答说，凡诈陷人于危险而不死不伤者，亦不得无罪，应用"举重以明轻"的原则作"入罪"论处，即依《斗讼》，以殴人不伤论，科笞刑四十。其余则视情节之轻重，分别依《杂律》"不应得为"条，重者可科杖八十，轻者可处笞四十。[16]

严格说来，诈骗人及殴人，虽在造成的行为后果及所处的刑罚上，有其相似之处，但在法律上，性质并不相同。本例若论以"不应得为"条或尚称得宜，唯若如《疏议》言其为"举重明轻"，而以"殴人不伤罪"处断，于法理言，并不妥适，盖此为"入罪"而非"出罪"也。

(5)《擅兴》"私有禁兵器"条

律文规定：诸私有禁兵器者，徒一年半。弩一张加二等，甲一领及弩三张，流二千里；甲三领及弩五张，绞。私造者，各加一等，造未成者，减二等。即私有甲、弩非全成者，杖一百。余非全成者，勿论。

问曰：私有甲三领及弩五张，准依律文，各合处绞。有人私有甲二领并弩四张，欲处何罪？

答曰：畜甲、畜弩，各立罪名，既非一事，不合并满。依《名例律》："其应入罪者，举轻以明重。"有甲罪重，有

---

16 有关"不应得为"条的详细论述，参阅黄源盛《唐律不应得为罪的当代思考》，载《法制史研究》第5期，2004年6月，页1—59。又参中村茂夫《不応為考—「罪刑法定主義」の存否をも巡って》，载《金泽法学》第26卷1号，1983年。另参岩崎二郎《罪刑法定主義と不応為及び援引比附》，载《神奈川法学》第5卷2号，1976年。

弩坐轻。既有弩四张已合流罪，加一满五，即至死刑，况加甲二领，明合处绞。私有弩四张，加甲一领者，亦合死刑。

本条律文系规定私有及私造兵器之刑罚，按唐制，私家不得拥有甲、弩等武器或军事装备。今若有人私有甲二领并弩四张，究应如何处断？依上述《疏》文之意，本例不适用二罪以上俱发，亦不适用一事分为二罪之法，而径用"举轻明重"原则予以论处。

（6）《斗讼》"殴詈祖父母父母"条

律文规定：诸詈祖父母、父母者，绞；殴者，斩。过失杀者，流三千里；伤者，徒三年。若子孙违犯教令，而祖父母、父母殴杀者，徒一年半。以刃杀者，徒二年。故杀者，各加一等。

按子孙殴詈祖父母、父母罪，系指子孙"有不顺从"而骂詈、殴打祖父母、父母的行为所应受到的刑罚。此律殴者科斩，虽无"皆"字，但如子孙群共殴击祖父母、父母，应如何论处？

《疏议》云：子孙于祖父母、父母，情有不顺而辄詈者，合绞；殴者，斩。律无"皆"字，案文可知：子孙虽共殴击，原情俱是自殴，虽无"皆"字，各合斩刑。下条妻妾殴夫之祖父母、父母，伤者皆斩，举轻明重，皎然不惑。

依上述，殴祖父母、父母者，斩；伤者，更不待言。至于伤父祖者"皆斩"，正如《疏议》所言，可以"举轻明重"为据。盖依"妻妾殴詈夫父母"条规定："诸妻妾詈夫之祖父母、父母者，徒三年。殴者，绞。伤者，皆斩。"妻妾伤夫之父祖为轻，尚处"皆斩"；夫或子孙伤之者，相形之下，较为严重，自亦"皆斩"。

至如子孙群共殴击祖父母、父母，原情俱是自殴，虽无"皆"字，各合斩刑。可知殴罪不分首从，仍各以自殴论，故殴父祖者，皆斩。

（二）断简实例

上面八个例子乃《唐律疏议》中所举虚拟问答或疏解，并非实例，至于唐代有关"轻重相举"条的运用实况究竟如何，史料实在不足验征，今仅存敦煌所出《唐文明（？）年间判集》残卷载一案。[17]

奉判：宋里仁兄弟三人，随日乱离，各在一所。里仁贯属甘州，弟为（美）贯属鄠县，美弟处智贯属幽州，母姜原贯扬州不改。今三处兄弟并是边贯，三人俱悉入军。母又老疾，不堪运致。申省户部听裁。（下略）

（上略）皇纲弛紊，四海波骇，五岳尘飞，兆庶将落叶而同飘，簪裾共断蓬而俱逝。但宋仁昆季，属此凋残，因而播迁，东西异壤，遂使兄居张掖，弟在蓟门，子滞西州，母留南楚。俱沾边贯，并入军团，各限宪章，无由觐谒。瞻言圣善，弥凄罔极之心；眷彼友于，更轸陟冈之思。茕茕老母，绝彼璠玙；悠悠弟兄，阻斯姜被。慈颜致参商之隔，同气为胡越之分。抚

---

[17] 该卷藏法国巴黎国家图书馆，编号：P.3813；转引自刘俊文《唐律疏议笺解》，北京：中华书局，1996年，页490—491。

事论情，实抽肝胆。方今文明御历，遐迩又安，书轨大同，华戎混一。唯兄唯弟，咸曰王臣；此州彼州，俱沾率土。至若名沾军贯，不许迁移，法意本欲防奸，非为绝其孝道。即知母年八十，子被配流，据法犹许养亲，亲殁方之配所。此则意存孝养，具显条章。举重明轻，昭然可悉。且律通异义，义有多途，不可执军贯之偏文，乖养亲之正理。今若移三州之兄弟，就一郡之慈亲，庶子有负米之心，母息倚闾之望，无亏户口，不损王徭，上下获安，公私允惬。移子从母，理在无疑。（下略）

本案，宋里仁兄弟三人，因时代动荡而离散，各处一地，宋里仁的籍贯在甘州，宋里美的籍贯在鄂县，宋里智的籍贯在幽州，兄弟三人的母亲则留在原籍扬州。今兄弟三人所处三地皆是边陲之地，三人全数加入军队。母亲又老又病，不堪搬运，无法离乡。

皇网废弛紊乱，四海动荡不安，五岳烟尘飞扬，百姓四散，骨肉分离。宋里仁兄弟，遭逢凋残之世，因而离开家乡向外播迁，各在东西一方，造成兄居张掖，弟在蓟门；子滞西州，母留南楚的情况。儿子皆在边陲之地，都加入军团，各自受限于军队规定，无法探望母亲。忧愁孤单的老母与无限凄怆的兄弟，如同参星与商星天涯各一方。这件事令人伤痛，如抽肝胆。现在文明御历，远近安定，书轨一致，华夷混一。名籍在军队者，不得迁移，立法之意本在防止奸事，而非要绝断孝道。母亲八十岁，儿子被配流，依法尚可奉养母亲，直到母亲辞世，才至流配之所。这即是存有孝养之意，显露于法条章节之间。举重明轻，明白可知。况且律令本身可有诸种解释，意义有多种面向，不可执着于军贯的偏文，而乖违了奉养至亲的正理。今若迁移三州的兄弟，就近奉养母亲，并不会减损户籍的人口，也不会损害王室的徭役。理当移子就母。

上述判文依"举重明轻"的法理，举"母年八十，子被配流，据法犹许养亲；亲殁，方之配所"用来申明本案"意存孝养"、"移子就母"之可行，论理衡情，极为平允，此乃运用"轻重相举"条相当罕见的实例。

肆、"轻重相举"条的法理性质辨析

从当今法律解释学的方法看，有关法律的阐释，可大别为：狭义的法律解释、价值补充、漏洞填补等三大类。其中，狭义的法律解释又可中分为：文义解释、论理解释。而论理解释又可再细分为：扩张解释、限缩解释、当然解释、目的解释、体系解释、历史解释等，为简明计，列表如下[18]：

---

18 有关法律解释方法论，其分类方式，各家说法互异，其详可参阅杨仁寿《法学方法论》，台北：作者印行，2010年，页186—189。唯本文的分类标准与上述论著稍有不同，又依通说，"类推适用"系法律漏洞的补充方法之一，与"类推解释"系属狭义的法律解释之一种，仅在文义之可能范围内阐释法律之含义者截然有别，不过，日本与台湾地区的法学界时而将之混为一谈，以为系属一事，本文认为与其称为"类推解释"，倒不如称为"类推适用"为妥。

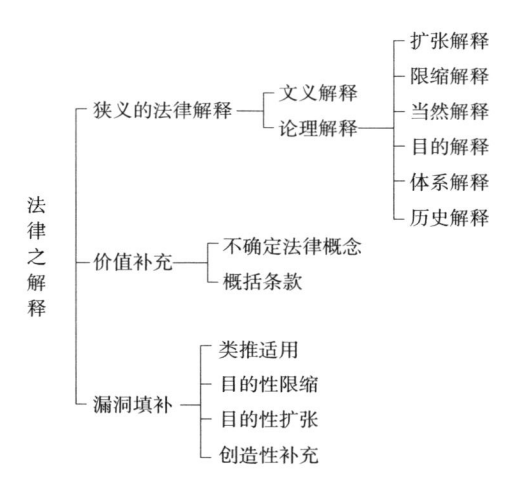

```
                              ┌── 扩张解释
                   ┌─文义解释──┤
                   │          └── 限缩解释
       ┌─狭义的法律解释─┤          ┌── 当然解释
       │           │          ├── 目的解释
       │           └─论理解释──┤
法律          │          ├── 体系解释
之  ──┤                     └── 历史解释
解          ┌─价值补充──┬── 不确定法律概念
释     ├─        └── 概括条款
       │           ┌── 类推适用
       │           ├── 目的性限缩
       └─漏洞填补──┤
                   ├── 目的性扩张
                   └── 创造性补充
```

如果，用21世纪的刑法观点，来品评7世纪的《唐律》，平心而论，是不公道的。当然，我们可以完全摆脱西方近代法的思维框架，纯粹"以唐论唐"，吊诡的是，有些法律概念的本质今古本相通，以今类古，如果能对有疑义的问题获得较清楚地认识，其实也不必一味拒斥。基于是，《唐律》中的"轻重相举"条，于今看来，其性质究竟何属？

一、学说争议

有关《唐律》中"轻重相举"条的法理性质，众家解读不一，归纳来说，约有下列三种不同的见解：

（一）比附说

唐中宗神龙元年（705）正月，赵冬曦上书曰：

臣闻夫今之律者，乃有千余条。近有隋之奸臣，将弄其法，故著律曰："犯罪而律无正条者，应出罪，则举重以明轻；应入罪，则举轻以明重。"立夫一言，而废其数百条，自是迄今，竟无刊革，遂使死生罔由乎法律，轻重必因乎爱憎；赏罚者不知其然，举事者不知其犯。臣恐贾谊见之，必为恸哭矣！夫立法者，贵乎下人尽知，则天下不敢犯耳，何必饰其文义，简其科条哉？夫科条省，则下人难知。文义深，则法吏得便。下人难知，则暗陷机阱矣。安得无犯法之人哉？法吏得便，则比附而用之矣，安得无弄法之臣哉？臣请律令格式，复更刊定其科条，言罪直书其事，无假饰文，其以准、加减、比附、原情及举轻以明重，不应为而为之类，皆勿用之。使愚夫愚妇闻之，必悟，则相率而远之矣！亦安肯知而故犯哉！苟有犯者，虽贵必坐，则宇宙之内肃然咸服矣！故曰："法明则人信，法一则主尊。"《书》曰："刑期于无刑。"诚哉是言。[19]

赵冬曦此番言论，陈意甚高，可说是历来主张"罪刑法定"最极端的宣示，较之近代欧陆法上"罪刑法定主义"的要求原则犹有过之，影响后人观感其为深远，他虽未明言"轻重相举"条之性质为何，但将"轻重相举"等同于"比附"看待，而直陈其弊，相当明显。

清宣统二年（1910）间，沈家本所领衔拟订的《大清新刑律》，第十条规定曰："法例无正条者，不问何种行为，不为罪。"其原

---

[19] 参阅（唐）杜佑《通典》卷一六八《刑法》五"杂议"下。另参《新唐书·儒学下·赵冬曦传》《新唐书·刑法志》及《唐会要》卷三九"议刑轻重"。

案(沿革)说:

> 按《唐律》断罪无正条,其应出罪者,则举重以明轻;应入罪者,则举轻以明重。《明律》凡律令赅载不尽事理,若断罪无正条者,引律比附,应加应减,定拟罪名,议定奏闻,现行律同。考《新唐书·赵冬曦传》,神龙初上书曰:古律条目千余,隋时奸臣侮法,着律曰,律无正条者,出罪举重以明轻,入罪,举轻以明重。一辞而废条目数百,自是轻重沿爱憎,被罚者不知其然,是隋时始用比附,然《汉书·高帝纪》,廷尉所不能决,谨具奏,附所当比律令以闻,此制于汉已然,盖至隋时始着为法也。

读其原案(理由)谓:"本条所以示一切犯罪,须有正条乃为成立,即刑律不准比附援引之大原则也。"[20]

按理讲,精通传统旧律的沈家本不可能不知悉"比附"与"轻重相举"之区分,他在《历代刑法考·明律目笺》中就曾说过:

> 按:《唐律》此文本于开皇,乃用律之例,而非为比附加减之用也。观《疏议》所言,其重其轻皆于本门中举之,而非取他律以相比附,故或轻或重仍不越乎本律之范围。其应出者,重者且然,轻者更无论矣。其应入者,轻者且然,重者更无论矣。其宗旨本极平恕,而赵冬曦犹讥之,矧《明

---

20 详参《钦定大清刑律》"立法沿革及理由书",宣统三年六月刊印殿本。又当时之《大清违警律》第二条亦规定:"凡本律所未载者,不得比附援引。"

律》之宗旨与《唐律》又不同哉！[21]

然或由于自身司法阅历上深刻的体认，乃在《大清新刑律》的立法理由中将"轻重相举"条等同于"比附"齐一看待。

而日本熟谙中国法制历史的仁井田陞也说：

> 中国古来的法定主义也未必具有严格的意义。晋刘颂主张容许类推解释，汉代也有决事比的规定，裁判须要服从前例。所以法律正文所无者，则采用类例比附以行裁判。《唐律》关于法律的适用，也有某程度地容许类推解释的规定。《名例律》"诸断罪而无正条，其应出罪者，则举重以明轻；其应入罪者，则举轻以明重"即属之。[22]

很清楚，仁井田陞肯认"轻重相举"条系属"比附"性质，他虽用"类推解释"之名，事实上，乃指类似近世刑法中的"类推适用"而言。

（二）解释说

台湾刑事法学者蔡墩铭在其《唐律与近世刑事立法之比较研究》一书中，提出：

---

21 参阅本章注12，（清）沈家本，前揭书，页1813—1814。
22 详参仁井田陞《補訂 中国法制史研究 刑法》，东京：东京大学出版会，1981年，页188。另外，林咏荣也认为"……这无异以明文承认'比附'，承认'类推解释'……"详参氏著《唐清律的比较及其发展》，台北："国立编译馆"，1982年，页491。

我国古代刑法盛行论理解释，《北魏律》载，律无正条须准傍以定罪，乃规定用律之方法。自隋以后，律相继规定，犯罪而律无正条者，应出罪则举重以明轻；应入罪则举轻以明重，亦属于适用法律之技术规定。《唐律·名例五十》亦明揭此旨。所谓"举轻以明重"，即比照其他设有明文之情形，处罚较其为轻者，则更须处罚较其为重者。又所谓"举重以明轻"，则与前相反，如法律对其重者尚可予以减免，遑论对其轻者。此种论理解释，绝非无理之扩张，即使将其明定于法律之内，亦不能谓为法律允许无理之比附援引。可知《唐律》之承认论理解释，要难谓为不当。[23]

此从近世刑法解释学的观点，认为"轻重相举"条系属论理解释而非比附援引性质的"类推适用"。

此外，清末民初对中国法律近代化有特殊贡献的日籍修律顾问冈田朝太郎，在其京师法律学堂的《刑法总则》讲义中讲得更透彻。他说：

> 希腊格言，无法无罪，故刑法不许类似解释，类似解

---

[23] 参阅蔡墩铭《唐律与近世刑事立法之比较研究》，台北：中国学术著作奖助委员会印行，1972年，页20—21。持"解释说"者，另有中国大陆学者俞荣根，他说："其实，唐律中的'举轻明重，举重明轻'也不见得只能理解为类推解释，而不能理解为扩张解释，因为'轻重相举'并没有超出法律条文所可能具有的含义，且是行为人能够预测的范围之内的。过去刑法史学界把唐律'轻重相举'定为类推，现在看来不是不可以重新研讨的。"又说："这样的类推，并未超出唐律条文含义，更在疏议内容之内，而疏议原本具有律文同样的法律效力。何况上述'轻重相举'，行为人和其他有行为能力的人是可以预测到的。所以，似应定为扩张解释更为恰当，而扩张解释并非违背罪刑法定主义。"详参俞荣根《罪刑法定与非法定的和合——中华法系的一个特点》，载中南财经政法大学法律史研究所编《中西法律传统》第三卷，北京：中国政法大学出版社，2003年，页16，40—41。

释,即比附援引。中国司法办案,无律则引例,无例则援案,皆类似解释也……然不可误解,谓刑法禁止类似解释,亦竟不得为何等解释也。有类似解释而实非者,当然解释是也。当然解释为拉丁语,例如为保护道路起见,禁止车马往来,驼象之妨害道路,甚于车马。虽无明文,亦必在禁止之列。又如池塘禁止钓鱼,以网取者甚于钓,虽无明文,亦必在禁止之列是也。或疑刑法以无律无罪为原则,同一律无正条,乃不许类似解释,而许当然解释,何也?不知律无正条,就事实言之,有两种原因,一因其事实为刑法所放任,刑法既认为无罪,故不复列正条,若任意类推,将刑法所认为无罪者,裁判官得认为有罪也,可乎?一因其事实为事理之当然,无庸有明文之规定,故亦无正条,如上举道路、池塘二例,害之轻者,且有罪矣,害之重者,自不待言也……诸断罪而无正条,其应出罪者,则举重以明轻,其应入罪者,则举轻以明重,与当然解释之意,恰相符合。就法理言之,亦有二种区别。法律有形式,有精神。文字者,法律之形式也,文字之原理,法律之精神也。类似解释,不过条文偶相类似,而精神未尝贯注其中。当然解释,虽文字上未能赅备,而精神上实已包括无遗。故二者不可同日而语也。[24]

以上冈田之言,指出传统中国旧律中的"比附援引"属于近

---

24 参阅[日]冈田朝太郎讲述,熊元翰编辑《京师法律学堂笔记:刑法总则》,安徽:法学社,1914年,页18—20。按,"轻重相举原则"的语源,拉丁文为 argumentum a maiore ad minus。

代刑法中的"类似解释"(类推适用),此等见解,是否的论?容或尚留有争议。但他说"轻重相举"是符合近代刑法中"当然解释"的意义,则非常明确。

(三)折中说

戴炎辉于其《唐律通论》一书中,曾说:

关于法律解释,《名例律》有"出罪,举重明轻;入罪,举轻明重"之条,而无言及"比附"。举重明轻及举轻明重(轻重相举),系论理解释,非类推解释。按所谓"比附"者,屡见于疏议,其间亦有几乎是类推解释,即其所比附两事之相类性,比"轻重相举"者较远。或可谓为:广义之比附,包括狭义之"比附"及"轻重相举"。不过,律既许"比附",即"轻重相举"及"论理解释",自亦不必与"比附"强分。[25]

观戴氏之言,首先明确认定"轻重相举"条之性质系属论理解释,而非类推解释(类推适用);但他又从实际的运作面观察,进一步认为"轻重相举"条可归之于"广义之比附",不无折中说之色彩。

刘俊文或受前述戴氏见解的影响,他说:

按轻重相举,谓罪人所犯律条无文时,如应不罚或轻

25　详参戴炎辉《唐律通论》,台北:正中书局,1977年,页12。

罚，即可援引类似之重罪条比较处断，所谓"其应出罪者，则举重以明轻"；如应罚之或重罚，即可援引类似之轻罪条比较处断，所谓"其应入罪者，则举轻以明重"。此制之实质，乃以目的论之方法，对律条进行合理之解释。盖"法之设文有限，民之犯罪无穷。为法立文，不能网罗诸罪；民之所犯，不必正与法同：自然有危疑之理"。只有以目的论之方法，对律条进行合理之解释。才能增强其之弹性，而便于运用也。轻重相举之法，就性质而论，属于比附断罪。比附断罪，即当罪人所犯律无正条时，得比类似之律条，或附以往之判例而决之。[26]

刘氏前段既言此条系属目的论的合理解释，而后段又言"轻重相举之法，就性质而论，属于比附断罪"。就近代刑法解释学的观点说，显然混淆了论理解释与比附断罪的界限，而亦具折中说的意味。[27]

二、从当代法解释学观点论"轻重相举"条之性质

要深刻分辨上述所谓"比附说"、"解释说"、"折中说"三

26　参阅本章注17，刘俊文，前揭书，页487—488。
27　此外，钱大群于其《唐律研究》一书中提及"轻重相举"是所谓的"类举"，他说：现代刑法中"类推"的核心是以"最相类似的条文定罪判刑"，即使是刑法条文之外的犯罪也要类推处罚。类推制度的主要要求是推论的对象及作推断的依据之间一定要"相类"；《唐律》中的"类举"不是现代刑法中的有罪类推，而是通过类举以判明无正条情况下作有罪、无罪或罪轻、罪重的一种制度。《唐律》中的类举有严格的适用条件，而且类举条件的规定正是为了防止司法官吏对法无明文行为的擅断。参阅钱大群《唐律研究》，北京：法律出版社，2000年，页217—218。

者之含义，倘若借用当今法解释学的观念，似乎较易掌握。此虽不免遭"以今类古"之讥，亦行方便法门之道也。

（一）论理解释乎？

依现代法解释学的观点，法律解释是一个以法律目的或社会目的为主导的思维过程。律条规定不明确，系属法律解释的范畴。解释的目标在于厘清法规概念的意旨，以及探讨社会变迁所引起之法律见解调适的问题，它可以说是适用法律的第一个步骤。前面说过，有关法律解释的方法，大致可分为文义解释与论理解释两大类，而论理解释又可细分为体系解释、目的解释、比较解释、扩张解释、限缩解释、历史解释及当然解释等。一般而言，除少数法律用语极其单纯外，仅以文义解释，事实上难能确定法律条文的真正意义，盖仅为文义解释，每拘泥于形式规定之窠臼，易误解或曲解律条的意涵，而流为文字法学。

通常情形，尚须就法律与法律之间的关系、立法精神、社会变动情事等情形加以考量，借以确定法律条文的意义，此即生论理解释的问题。申言之，"论理解释"乃依逻辑、条理的论证方式，而不拘法条文句之字义，侧重在依其前后之次序相互关系，在法典上之地位及一般法理观念，以推理之方法探求法条的真义。专就文句直接观察，每每不易获得立法者真正的意旨，也无法适应变化万千的情伪，故须用论理法则及一切方法，以推求立法之原意与法规范目的之所在。而论理解释，有时须限缩字句意义之范围；有时须引申其字句之真义，更有时须就条文所列举之事项，举一反三，或以重例轻，遂并适用于其他相类事项。典型的解释方法，是先依文义解释，而后再继以论理解释。

在此，与"轻重相举"条最所关联的是论理解释中的"扩张解释"、"目的解释"以及"当然解释"等，而其中所谓"当然解释"，乃指法律条文虽未规定，唯依规范目的衡量，其事实较之法律所规定者，更有适用之理由，而径行适用该法律规定而言。亦即对于法律条文虽没有明确规定的事项，但根据立法精神的充分理由，作出该事项当然包括在该法律条文的内容之内的解释。当然解释系以"立法意旨"为其文义射程范围，其射程虽较远，唯仍在立法者及一般人民的法意识可得预测与可能掌握的文义范围内，是属于论理解释的一种方法。

（二）类推适用乎？

至于法律对于应规定的事项，若由于立法者的疏忽、未预见，或社会情况变更，致就某一法律事实未设规定，造成"法律漏洞"，则应由司法者予以补充。"漏洞补充"一般所使用的方法之一为类推适用，其目标在于透过法规的扩充及延展，而填补法规的漏洞，具有经由类比而创造法律新领域的意味。换言之，所谓"类推适用"，系就法律未规定之事项，比附援引与其性质相类似之规定，以为适用。此乃基于"相类似之案件，应为相同之处理"的法理，而普遍为古今司法者所适用，此种方式对于法规的形式论理以及立法原意，往往毋庸过度拘泥。

如此说来，"当然解释"与"类推适用"之间如何区辨？间有认为，因两者所使用的方法，均属论理的推断，而将当然解释，亦归为类推适用之一种者。[28]不过，严格来说，当然解释属直接推论，其思维过程，乃一经带进，即导出结论，无须借助于其他命题。其推论过程为"凡S是P，故某S是P"，故只需一个命题为前提，即可将系争案件事实涵摄推引出结论。盖任何法律均有其目的，解释法律不仅不能偏离其立法旨趣，且应以贯彻实现其立法旨趣为主要目标。而立法旨趣，乃系个别规定或多数规定所欲实现的基本价值判断，"个别规定立法旨趣"一般较为具体，而多数规定所整合的"全体立法旨趣"则较为抽象。个别的立法旨趣为实现全体立法旨趣之手段，而形成一完整之规范目的。苟法律仅就个别立法旨趣而为规定，某一事实虽乏规范明文，唯衡诸该条立法旨趣，尤甚于法律已为规定事项，自更有适用余地，此时即应为当然解释。而类推适用则为间接推论，必须衡诸全体立法旨趣，认尤甚于法律个别规定或相类似时，透过M是P（大前提），S与M类似（小前提），故S是P（结论）三段论法，始克完成推论的使命。[29]

---

28 不过，也有论者指出：德国学说上称"举重明轻"或"举轻明重"这两种推论为"轻重相举之推论"（Größenschluß argumentum a fortiori）或者"当然推论"（Erst-recht-Schluß）。德国通说认为其性质上系一种与类推适用（类似推论，argumentum a simili）、反面推论（argumentum e contrario）以及目的性限缩（teleologische Reduktion）并列之续造法律（Rechtsfortbildung）之论证方式，故其显然并不是一种在"可能文义范围"内之解释方式，因此称之为当然"解释"，似有误导之嫌。为免误解，似有将其正名为"轻重相举之推论"或者"轻重相举"之必要，或者径称之为"当然推论"亦无不可，但不应再称为"当然解释"。以上详参吴从周《民事法学与法学方法》第一册，台北：一品文化出版社，2007年，页85—98。

29 参阅本章注18，杨仁寿，前揭书，页268—269。

（三）个人观点

如以上述观点看"轻重相举"条的法理性质，其究属当今比附援引之"类推适用"，还是较倾向论理解释中之"当然解释"？

按"轻重相举"与"比附援引"虽同系就律条无规定的行为，而依其他类似条文的罪刑处断。唯"轻重相举"如本文前面所举《疏议》中各例，大致都有一明确的律文以为轻重比拟的依据。观其过程，应本诸逻辑推理、条理论证，而此比拟的过程显系于犯罪行为与律文之间，依据司法解释作用而产生的"当然"结果。简单地说，"当然解释"是对于某项事实，某法条虽未规定在内，但依照事物之本然的道理，认为应包括于该条条文内的疏释。

例如，前述"出罪举重以明轻"的律文"夜无故入人家，主人登时杀者，勿论"与"假（若）有折伤"之行为间，文义明确且相关联，依论理解释，杀者既勿论，折伤行为当然应"灼然不坐"。再如盗缌麻以上亲之财物应减凡人罪，诈欺与坐赃，同为侵害财产法益之行为，理应同减；又谋杀期亲尊长者斩，已杀或伤，在犯罪行为的阶段进程上，显然已属高度行为，自应同论；至于殴告大功尊长不得享有荫典，殴告期亲尊长，更无例外。凡此诸例，在逻辑上均属当然之事，与"比附援引"显不相同。

因为，"比附援引"之律文与行为间，并无明确的联结关系，其所以解为得类推适用者，完全系基于事实上的需要，或为迁就某特定时空的条件，将律条中已有规定的犯罪类型，拿来作为对缺乏明文规定的行为作"填补漏洞"的处断根据，本质上，这是由司法官吏所为之"法的续造"。

例如，前述有关比附的实例中，自首依《名例》之规定应原其罪。造畜蛊毒既遂自首者，何以应比附会赦仍流三千里？已疾苦之法，何以与"殴伤"同？何以"谋殴"大功尊长，不入十恶，而已疾苦者，则当"不睦"？私借车船如何能与私借畜产比附科断？此其间并无必然的逻辑关系，而其所以许为比附论罪者，无非因"罪名之立文有限，世事复杂，不得网罗一切，故有比附之必要"。

事实上，不论今古，法律是为达到某种目的的社会生活规范，它本身不是目的，是为社会而存在的一种手段，故在适用法律时，不宜徒斤斤于法律的形式，而忽略了其立法的真正意旨。申言之，轻微的犯罪行为，应该处罚，重大的犯罪行为可以不论，重大的结果，可以轻判，轻微的结果，反予重罚，这岂是立法的原意？所以，本文认为"轻重相举"条是立法者有意的设计，并非为漏洞而找填补之方，它是在法律解释学方法论尚不发达年代的一种立法技术的运用，其性质显然较接近于当代论理解释中的"当然解释"。

三、"轻重相举"与《唐律》法的确定性问题

如果，肯认"轻重相举"条的性质系近于当然解释，接下来，必须进一步厘清者：能否以"轻重相举"条的存在，作为《唐律》欠缺法律确定性的论据？

法律是否具有确定性，依当代刑法观念，"罪刑法定"是个重要的指标。而《唐律》是否采"罪刑法定"？向来学界仁智之

见，至为纷歧。[30]依近代刑法学者的通说，"罪刑法定主义"派生出四大原则：（一）习惯刑法的排斥；（二）类推适用的禁止；（三）罪刑不溯及既往的遵守；（四）绝对不定期刑的否定。倘以此标准来检验《唐律》，依《断狱》"断罪引律令格式"条规定："诸断罪，皆须具引律、令、格、式正文，违者，笞三十。若数事共条，止引所犯罪者，听。"《疏议》曰："犯罪之人，皆有条制；断狱之法，须凭正文。若不具引，或致乖谬，违而不具引者，笞三十。"可见，唐代并无"无正条，不为罪"的正面规定，只从侧面规定官司断罪时须引律令格式之正文而已。其次，《断狱》"辄引制敕断罪"条规定："诸制敕断罪，临时处分，不为永格者，不得引为后比。若辄引，致罪有出入者，以故失论。"《疏议》曰："事有时宜，故人主权断制敕，量情处分，不为永格者，不得引为后比。若有辄引，致罪有出入者，以故失论。"上述两条规定，须并而观之，前一条定审判之大原则，次条则从消极一方，限制临时裁断，法司不得援此为例。此等规定固在限制"比附"的滥行，也不无具有助成"罪刑法定"的功能。

又唐《狱官令》云："犯罪未发及已发未决，逢格改者，若格重，听依犯时格；若轻，听从轻格。"此为法律不溯及既往原则；但如新法比旧法为重，则为被告利益，听依犯时所行之格；故违之者，以故入人罪论。即此一端，似亦符合"罪刑法定原则"。且《唐律》上关于刑期的起止、增减，均有明文规定，也颇与近代所谓"否定绝对不定期刑"的重要原则相符合。准此，

---

30 有关传统中国法制是否采"罪刑法定"的相关论著，请参阅俞荣根，本章注23，前揭文。另参黄源盛《传统中国"罪刑法定"的历史发展》，载《法律继受与近代中国法》，台北：元照出版公司，2007年，页315—344。

有认为《唐律》明白承认"罪刑法定"者。

不过，从另一角度观察，则又不尽然。一般认为，原因有四：（一）违令有罚。令有禁制，而律无罪名者，在旧制谓之违令。例如《杂律》"违令式"条规定："诸违令者，笞五十；别式减一等。"以当代的话说，此系所谓"空白刑法"，律不自定须予处罚行为的具体内容，而一任于"令"。令文既多，又常有变动，且其规定大率系行政事项，而律乃以此条罚其违法者。（二）"不应得为"有罪。即凡律令无条，而理不可为而为之者，谓之"不应得为"。《杂律》"不应得为"条规定："诸不应得为而为者，笞四十；事理重者，杖八十。"此条可说在礼本刑用思想下，遵以德礼坊民之意，以戒侥幸之徒而设。因其欠缺犯罪构成要件的明确性，若滥用之，易启擅断的弊端。且不应为重者杖八十，犹比违令条之刑笞五十为重。（三）违反习惯，亦构成犯罪。例如《杂律》"失火及非时烧田野"条规定："诸失火及非时烧田野者，笞五十。"习惯列为犯罪构成要件要素，属行政犯规定，且常因时空变化，而呈现相对的浮动性。（四）在律无正条者，允许比附论罪。[31]

从实际的运作面看，有唐一代，政体上并无所谓"权力分立"的设计，立法、司法上也欠缺"人权思想"的理念，因此，本文基本上既不认为《唐律》有所谓近代刑法上严格意义的"罪刑法定主义"，自然也就无所谓"轻重相举"条的存在是破坏"罪刑法定"的论点。退一步说，纵然承认《唐律》有采行"罪

---

31 依当今罪刑法定原则之理论，刑法固不能类推适用，比附援引入被告于罪，但苟比附援引之结果，可贯彻法律目的，并于被告有利，则并不禁止也。另外，本段立论，详参本章注25，戴炎辉，前揭书，页10—12。

刑法定"的倾向,有所谓"古典中国式的罪刑法定",这也不能导出"轻重相举"条的存在是破坏"法律确定性"的结论。道理很简单:禁止类推适用的原则,所注重者为法律的稳定性,以避免有司舞文弄法,任意变动法律含义的弊害;但也别忘了法律是一种社会生活规范,应该跟着社会的变迁而调适,法条有限,世事无穷,法律有疑义时,必须以漏洞填补或用各种解释方法来补救立法的不足,任何古今中外的法律都是如此,《唐律》又怎能独异?正如公布于1910年的《钦定大清刑律》第十条"补笺"曰:

> 本律虽不许比附援引,究许自然解释。自然解释者,即所犯之罪与法律正条同类或加甚之时,则依正条解释而适用之也。同类者,例如修筑马路,正条只禁牛马经过,则象与骆驼自然在禁止之例是也。加甚者,例如正条禁止钓鱼,其文末未示及禁止投网,而投网较垂钓加甚,自可援钓鱼之例,以定罪是也。

这里的"自然解释",来自日本语中的汉字,是修律顾问冈田朝太郎的意见;其实就是上述所谓的"当然解释",是属于论理解释的一种方法,相当于《唐律》所列举之"举重以明轻"或"举轻以明重"的原则。足见《钦定大清刑律》虽已明显采用欧陆近代罪刑法定主义的立法精神,仍然允许"当然解释"。即使在个人主义、自由主义、法治思想、权力分立乃至于实质人权保障呼声高涨的当今,对被告有利的类推适用也并不加禁止,至于"当然解释"的释义学方法,亦非所禁,我们又何忍苛责《唐律》

中的"轻重相举"条是破坏所谓的"罪刑法定"而不具法律的确定性？

伍、结语

从法制历史看，或因皇权政策上的考量，或因立法技术上的困难，或因社会情势的变迁，欲求一部完整、清晰、逻辑严密并有预见性、前瞻性的刑法典，在势所难能。因此，传统中国的比附之制有其不得不然的现实需求，也有其利弊各显的两面评价。而"轻重相举"原则，隋已有之，《唐律》定制，推其原始之意，或系立法者制定法律，考虑到律条的简洁性，不可能，也无庸就某一规定之全部事实，悉予列举，这是一种立法原则的通例，而非为比附加减之用。甚至可以说，其存在是为杜绝比附之弊，它形式上具有严格的适用条件的限制，正是为了防止法司对法无明文行为的擅断，实质上是对类推擅断的一种限制，而不是纵容。

在另一方面，它也有促成司法官吏深入律条，衡情论罪科刑，以应实际需要的功能，其用意良善，具有使绝对法定刑"柔性化"的作用，是属于早熟的立法技术表现。若法吏的修养良好，善加运用，应可收到引断允协、情罪平允的功效。然自唐中宗时的赵冬曦以迄晚清修律大臣沈家本，均直言其弊，此又何以故？

究其因，此系历代以来的司法者常将"轻重相举"与"比附"混同而用的结果。理论上，如果我们将两者分别以观，限前者为立法者有意的省略，属于论理解释中的"当然解释"，而后者系作为法律漏洞填补用的"类推适用"，自当别有评价。实际上，体察《唐律疏议》中所列"轻重相举"的阐释、问答及定例，可以领悟出何以沈家本会说：

> 其重其轻皆于本门中举之，而非取他律以相比附，故或轻或重仍不越乎本律之范围。其应出者，重者且然，轻者更无论矣。其应入者，轻者且然，重者更无论矣。[32]

这种以轻重的反差来显示判断正确的原则，倘若能得到落实，对于那些法无明文的案情，在罪之成立与否的认定及量刑轻重的论处上，将不会有原则上的乖谬与畸重畸轻之弊，司法官吏也很难专擅出入人罪。所以，本文屡屡提及的《唐律》中的"轻重相举"，料想是立法者一种苦心的安排。遗憾的是，有唐一代，官司断狱，对本条之适用，已启歧路；又细绎历史上记载隋唐类推上的弊病，可以发现，问题出在不相"类"而乱"推"，而不是"轻重相举"运用时，轻重相衡的要求出了毛病。此乃人之失，失之滥，非律之失也。

说到底，法律规范的生命有其连续性，也有其断裂性，"轻重相举"条只为其后的《宋刑统》所承袭[33]，递衍至洪武三十年（1397）的《明律》，乃将《唐律》中的"轻重相举"条改为"比附加减"，且廓其范围，定曰：

32　参阅本章注12，（清）沈家本，前揭书，页1813—1814。
33　翻读《宋刑统》，其中并无明确的"断罪无正条"，其"轻重相举"是收入在《名例律·七门》"断罪本条别有制与例不同"条中，与唐明清的律典稍有出入。

> 凡律令该载不尽事理，若断罪而无正条者，引律比附。应加应减，定拟罪名，转达刑部，议定奏闻。若辄断决，致罪有出入者，以故失论。[34]

观其立法意旨，已明显异于《唐律》的"轻重相举"，而明代的立法者或许深悉比附流弊必多，乃设有"议定奏闻"等管控要件，以为补救之法。然沿习既久，问刑者仍辄行断决，有如雷梦麟在《读律琐言》中所说：

> 今问刑者，于死罪比附类皆奏文，流徒以下比附鲜有奏者，安得罪无出入也哉？虽无出入，犹当以事应奏不奏论罪，其不思也夫！[35]

清末律学家薛允升在《唐明律合编》"断罪无正条"的按语中也道出：

> 《唐律》只言举重以明轻、举轻以明重，《明律》增加引律比附加减定拟，由是比附者日益增加。律之外有例，例之外又有比引条例，案牍安得不烦耶！[36]

---

34 参阅《大明会典》（万历）卷一六一。另参黄彰健编著《明代律例汇编》上册，台北："中央研究院"历史语言研究所，1979年，页375。
35 详参（明）雷梦麟著，怀效锋、李俊点校《读律琐言》，北京：法律出版社，2000年。
36 薛允升同时认为："现行条例已嫌颇多，若再加以比引条例，则益觉复杂矣。"详参（清）薛允升著述，黄静嘉编校《读例存疑重刊本》第五册，台北：成文出版社，1970年，页1314。此外，清末民初的董康亦言："按唐律本条用意，乃就其行为，示应否为罪或确认为罪之标准。义与《后汉书·陈宠传》、《薛讼比》决事为近，属于量刑问题。然尔时赵冬曦已痛诋之，明律改为比附加减，范围寝广，大失唐律本旨，遂为吾国法律进步之（转下页）

降及《大清律例》，也沿袭上代，而规定曰：

> 凡律令该载不尽事理，若断罪无正条者，（援）引（他）律比附，应加应减，定拟罪名，（申该上司），议定奏闻。若辄断决，致罪有出入，以故失论。[37]

又于律后附注云：

> 法制有限，情变无穷。所犯之罪，无正律可引者，参酌比附以定之，此以有限待无穷之道也。[38]

较之《唐律》，《明律》的引律比附，有所谓的"定拟罪名，转达刑部"以为比附的限制，而主要还是在"本门律内上下比附"。到了《大清律例》，却以律注的形式加入一个"他"字，即所谓"援

（接上页）障碍物矣。"参阅董康《科学的唐律》，载郭卫主编《现代法学》第1卷创刊号，上海：现代法学社，1931年4月，页3—5。

[37] 参阅《大清律例》卷五"断罪无正条"，雍正十一年（1733）九卿议复大学士张廷玉条奏定例，又把这条法律规定具体化，条例规定："引用律例，如律内数事共一条，全引恐有不合者，许其止引所犯本罪。若一条止断一事，不得任意删减，以致罪有出入。其律例无可引用，援引别条比附者，刑部会同三法司公同议定罪名，于疏内声明律无正条，今比照某律某例科断，或比照某律某例加一等减一等科断，详细奏明，恭候谕旨遵行。若律例本有正条，承审官任意删减，以致情罪不符，及故意出入人罪，不行引用正条，比照别条，以致可轻可重者，该堂官查出，即将该承审之司员指名题参，书吏严拿究审，各按本律治罪，其应会三法司定拟者，若刑部引例不确，许院、寺自行查明律例改正。倘院、寺驳改犹未允协，三法司堂官会同妥议。如院寺扶同朦混，或草率疏忽，别经发觉，将院、寺官员一并交部议处。"

[38] 沈家本说："盖既为他律，其事未必相类，其义即不相通，牵就依违，狱多周内，重轻任意，冤滥难伸，此一字之误，其流弊正有不可胜言者矣！"参阅本章注12，（清）沈家本，前揭书，页1816。

引他律比附"[39]，此种立法方式，在逻辑上是否显得突兀？是每下愈况？是逐代有了进步？仍堪玩味。在我看来，明清律有断罪无正条者"引律比附"的规定，而原《唐律》中的"轻重相举"条却从此失脚了，原因在律既许比附，轻重相举实已无须再要规定。换个说法，"轻重相举"条的性质既属当然解释，此为法律解释论的范畴，系属于司法官吏的职权，立法者不必再烦明文。

综上看来，《唐律》有"轻重相举"条而无"比附"的律目，其立法之初，并非"擅断"的性质，而是属于论理解释的一种"释滞"方法，目的在省约条文，并没有破坏法律的安定性。但是，由于历代君主或法司的擅断、放肆能事，招惹来"生死罔由乎法律，轻重必因乎爱憎，受罚者不知其然，举事者不知其法"的"刑开二门"的流弊，也难怪乎戴炎辉要有感而发地说："律既许'比附'，即'轻重相举'及'论理解释'，自亦不必与'比附'强分。"[40]因此，单以《唐律》法条、法理的优越性，并不能隐瞒历代以来君主或审判官吏舞文弄法的事实，这也是专制皇朝法制下实然的一面！

---

39 或谓："有明一代，奸权阉宦，陷害忠良，史不绝书。下及清文字诸狱，惨戮无辜，无非是律阶之厉也。"详参董康《刑法比较学》上册，出版年月及处所不详，页2—8。另有认为："明、清所以不用举重明轻来疏释它，是因为对这些法条进行推理解释所当然，勿须多此一举，而比附是类推，类推对也是'科条简要'，又集诸法于一体的明清来说，是须臾不能离的，因此，明清律不仅沿用，而且置于《名例篇》'断罪无正条'下：'凡律令该载不尽事理，若断罪无正条者，引律比附，应加减，定拟罪名，议定奏闻。'这样，明、清律就订正了《唐律》断罪无正条下置举重明轻的不甚确切做法。"以上详参王侃《唐律中的类推不是"举重明轻"，而是比附》，载《法学研究》总第86期，1993年第3期。

40 参阅本章注25，戴炎辉，前揭书，页12。

第九章

《唐律》中的"错误"规范及其法理

壹、序说

宋朝诗人陆游风流千古的佳作《钗头凤·红酥手》：

> 红酥手，黄縢酒，满城春色宫墙柳。
> 东风恶，欢情薄，一怀愁绪，几年离索。
> 错！错！错！[1]

台湾当代诗人郑愁予也有脍炙人口的名句：

---

1 参阅张梦机、张子良编著《唐宋词选注》，台北：华正书局，1998年，页237。

> 我达达的马蹄，是美丽的错误。
> 我不是归人，是个过客……[2]

现实生活中的点滴"错误"频繁，就连具法律意义的"错误"行为也是如此常见！依刑法学的观点，"错误"者，系指行为人主观上所认识的内容，与客观上存在或发生的事态不一致而言。认识如有错误，行为人的意思责任，即生影响。盖"知"与"欲"乃故意的成立要件，预有认识，而决意使之或容认它发生，法律因之予以处罚。因此，行为人的认识、决意及客观所生的事实，三者之间具有密切的关系。如主观的认识与客观的事实不相符合，往往影响行为人的决意，当即影响其刑事责任。

其实，从法制历史的长河看，关于"错误"的规范及其法理，在传统中国，渊源已久已远。唯查阅相关文献，有关此一课题具系统性的论述，能彻底说透者，相当罕见。[3]再翻读既有资料，写作时间距今大都在四五十年之前，而今，随着刑法理论的衍化以及研究视角的迁移，仍存有很大的推详空间。为拾遗补阙，试图厘清此一古今交错的复杂议题，乃草成此稿。

---

[2] 参阅郑愁予《郑愁予诗集Ⅰ》，台北：洪范书局，2007年，页8。

[3] 稍有涉及本议题者，昔有（清）沈家本《误与过失分别说》，载《沈家本全集》卷四《寄簃文存》，北京：中国政法大学出版社，2010年，页676—677；蔡墩铭《唐律与近世刑事立法之比较研究》，台北：中国学术著作奖助委员会印行，1963年、1972年，页166—178；戴炎辉《唐律通论》，台北：元照出版公司，2010年，页448—451及页435—440。日文论著有仁井田陞《補訂 中國法制史研究 刑法》，東京：東京大学出版会，1981年，頁206—209；西田太一郎《過失・錯誤について》，載《中國刑法史研究》，東京：岩波書店，1974年，頁121—151。近些年来，有许玉秀、王玉铨《从"所知所犯"论不法事实与罪责事实的区分》，载《刑法七十年之回顾与展望纪念论文集（一）》，台北：元照出版公司，2004年，页153—192；钱大群《"误"辨》，载《唐律与唐代法制考辨》，北京：社会科学文献出版社，2009年，页91—100。

本文除探寻"错误"在传统中国法制的源流外，主要想以《唐律》为中心，细绎《唐律》立法及《疏议》中有关"事实错误"（构成要件的错误）及"法律错误"（违法性认识的错误）的注疏，进而探讨其如何落实于个案当中。此外，也要旁及它对后世乃至当今刑法诠释"错误法理"的影响，今昔相照，以明其历史与时代的深远意义。

或许，受限于学术专攻的分野，世人研究法制史学，在文史学界往往精于史事而疏于法律，并对社会科学之方法有所忽焉。在法学界则长于法律而短于史事，并对历史之修养不能备焉。此皆易流于偏而不全之象。[4] 于今看来，在研究方法上，唐律学已从传统"国学"与"律学"的范畴进化到当代的"法律史学"，而一个时代有一个时代的学问风貌。为了通古今之变，本章的书写，尽可能要求兼顾"传统律学"与"当今法学"。至于行文间，偶会出现以今释古的情事，并非陷于今古不分的混淆意识，也不是要以古艳今或以今断古，只是，古律新探，是要写给当代人看的，借用现今刑法学上的一些基本概念，是亦方便法门也！

贰、"错误"在古中国法制文献上的溯源

古典中国文献中，刑律思想起源甚古，颇有可观者。对于犯罪与刑罚的各种疑难杂症，历来具智慧的思想家，也曾深思熟虑

---

[4] 类似说法，陈顾远先生早已说过，参阅陈顾远《中国文化与中国法系》，台北：三民书局，1977年，页100。

过。例如《尚书·大禹谟》"宥过无大""孔安国传"云:"过误虽犯,虽大必宥。"此处以过、误并言,但并未明确加予区别。《尚书·舜典》:"眚灾肆赦,怙终贼刑。""孔安国传"解说:"眚,过。灾,害。肆,缓。贼,杀也。过而有害,当缓赦之,怙奸自奸,当刑杀之。"用白话说,行为人如系过失而犯,就赦免他;怙恶不悛,永不改悔的,就加重他的刑罚。至于《尚书·康诰》中也有句话说:"人有小罪非眚,乃惟终,自作不典;式尔,有厥罪小,乃不可不杀。乃有大罪非终,乃惟眚灾适尔,既道极厥辜,时乃不可杀。"[5]孔颖达疏曰:"若人有大罪,非终行之,乃惟过误为之,以此故,汝当尽断狱之道,以穷极其罪,是人所犯,乃不可以杀,当以罚宥论之,以误故也。"由上看来,当时对"误"与"过失"二词仍相混为用,也还未真正区辨。

一、《周礼》三宥中的"不识"

关于"错误"的问题,有所谓的"三宥",即对于罪犯进行宽大处理的三种事由,又作"三又",始见于周,秦称"三环",汉称"三原"[6]。《周礼·秋官·司刺》云:

---

[5] 此段译成白话为:有人犯了轻罪,不是偶然的过失,乃至谋思犯罪终其身,了无悔意,那是他有意犯法,像这样,他的罪恶虽小,也不能不杀他。如果有人犯了重罪,却不是永远怙恶不改,且属于无心的偶犯,既然已经惩罚了他,这种人是不可杀的。

[6] 《睡虎地秦墓竹简·法律答问》:"免老告人以为不孝,谒杀,当三环之不?不当环,亟执勿失。"环,读为原,即宽宥从轻之意。即老人控告不孝,要求处以死刑,应否经过三次原宥的程序?不应原宥,要立即拘捕,勿令逃走。《礼记·王制》:"王三又,然后制刑。"(晋)陈寿《三国志·张鲁传》:"泛法者,三原然后乃行刑。"

司刺掌三刺、三宥、三赦之灋，以赞司寇听狱讼。壹刺曰讯群臣，再次曰讯群吏，三刺曰讯万民。壹宥曰不识，再宥曰过失，三宥曰遗忘。壹赦曰幼弱，再赦曰老旄，三赦曰蠢愚。此三灋者求民情，断民中，而施上服、下服之罪，然后刑杀。[7]

司刺，即周代掌刑杀的官吏，负责掌管三刺、三宥、三赦的法律，来协助大司寇审理诉讼。对于三宥中所谓的"不识"，东汉末季的郑司农注说："不识，谓愚民无所识则宥之。过失，若今律过失杀人不坐死。"其意似为愚民不识法令，而误有触犯，则本有罪入五刑，而改从轻比，仍科以刑，类似当今所谓的"违法性认识错误"（法律错误）。

另一位东汉大儒郑玄则解为："识，审也。不审，若今仇雠当报甲，见乙，诚以为甲而杀之者。过失，若举刃欲斫伐，而轶中人者。遗忘，若闲帷薄，忘有在焉者，而以兵矢投射之。"康成此注，将二者分而为二，以"不审"为"误"，"非本意"为"过失"，义各不同，所谓"不识"是指现今意义的"客体错误"而言。

从字义逻辑上言，倘将不识，理解为"愚民无所识则宥之"，若如此解，则当入"三赦"蠢愚之中，何得入此"三宥"之内？故郑玄不从。其后乃有唐贾公彦补充说："玄谓，识，审也者，不识即不审。云甲乙者，兴喻之义耳。假令兄甲是仇人，见弟乙，诚以为是兄甲，错杀之，是不审也。"

三宥中"不识"的涵义该如何正解，确实是个问题，在我看

---

[7] 以上关于"三宥"之疏，详参孙诒让《周礼正义》（五）卷十八，台北：台湾商务印书馆，1967年，页90—92。

来，上述郑司农与郑康成的两种说法，自以后说较为可采。要言之，"不识"，即因错误而致罪；"过失"，即非有意的过失犯；"遗忘"，即疏忽遗忘而犯罪。凡遇此三种情况即可宽宥处刑。

二、西汉董仲舒春秋折狱中的"错误"案例

汉儒好以经注律，从儒吏对经书的注释看，汉代对犯罪主观心态上的故意，称为"故"，与"故"相对的，有的称为"过失"，有的称为"误"。至少东汉的法律中已明确地有"故"与"误"的区别。如《后汉书·郭躬传》(卷四六)中谈到孙章误传诏令的事件时说道：

> 法令有故、误。章传命之谬，于事为误。误者，其文则轻。

如以司法实例来说，则以西汉春秋折狱案件最有可看性。春秋折狱之风，兴于汉、盛于汉，而余波荡漾及南朝之末，对传统中国法文化影响相当深刻而广泛。所谓"春秋折狱"，乃是依据《春秋》经典的事例，以为刑事判决的法源根据，尤其是遇到特别疑难的刑案，以《春秋》等儒家经义来比附论罪科刑。观其本义，是"原心定罪"，也就是"略迹诛心"。换言之，"迹"就是行为，"心"就是犯意，乃以行为人的主观犯意来决定其罪责的刑事断案方法。[8]首开春秋折狱宗风者，当推董仲舒一人，仲

8　有关春秋折狱的案例分析，详参本书上篇第二章《两汉春秋折狱案例探微》。

舒引经折狱计二三二事，今仅存六事，难得的是，其中有两则与"错误法理"相关，可见凡牵涉"错误"者，自古以来就容易沦为疑难案件。

案例一、误伤己父

1. 事实：

甲父乙与丙争言相斗，丙以佩刀刺乙，甲即以杖击丙，误伤乙，甲当何论？

或曰："殴父也，当枭首。"

论曰："臣愚以为，父子至亲也，闻其斗，莫不有怵怅之心，扶伏（杖）而救之，非所以欲诟父也。《春秋》之义，许止父病，进药于其父而卒，君子原心，赦而不诛。甲非律所谓殴父也，不当坐。"[9]

2. 分析：

本案的重心，甲以杖击丙，原为救父，不意竟误伤己父，是否应构成汉律之所谓"殴父罪"？宜否有因"错误"而得阻却责任？或另有阻却违法法理的适用？

从实定法来说，汉律上本就有"故"与"误"之分，董仲舒认为本案甲父乙与丙相斗，甲欲击丙而误伤己父，其救父情急而无伤父之意甚明，甲的行为"扶杖而救之，非所以欲诟父也"，

---

[9]（宋）李昉等《太平御览》卷六百四十，台北：新兴书局，1959年，页2842。按《太平御览》此处可能有误植，"扶伏"宜作"扶杖"，如马国翰《玉函山房辑佚书》即作"扶杖"。

显然认定本案为"误伤"行为，这是很妥适的"法律解释"。问题是，汉律于"殴父"条，刑为枭首，是否另有所谓"正当防卫"或"紧急避难"之阻却违法事由或阻却责任的明文规定，不得而考。但从法理以观，本案，甲以杖击丙应属正当防卫行为，而误伤己父之行为，若依当时情势，甲之杖击行为系属唯一且必要，仍应认为符合紧急避难而不罚。退一步言，甲之行为纵不符合紧急避难之要件而不得阻却违法，但是否有"打击错误"法理的适用，不论以殴父之故意犯，而仅负过失之责？何况甲助父击丙，在急迫情势之下，似难要求他要有逾于常人的注意义务，纵不论过失之罪，亦属恰当。

本案仲舒之断，并非机械式地引用律条，而是综合整个案情，除了看行为后果，更关注行为人的主观因素，援引《春秋》之义，认定甲为救父而误伤己父，其志是善的，动机是为"救父"，"殴父"并非出于其本意，不治以"殴父"之罪，如此判法，恰到好处！

案例二、加杖所生

1. 事实：

甲有子乙以乞丙，乙后长大，而丙所成育。甲因酒色谓乙曰："汝是吾子。"乙怒杖甲二十。甲以乙本是其子，不胜其忿，自告县官。

仲舒断之曰："甲生乙，不能长育以乞丙，于义绝矣！

虽杖甲，不应坐。"[10]

2. 分析：

传统中国刑律，经常以行为人具有一定的身份作为犯罪成立与否，以及刑罚加重或减轻的要件，但对于主观认识与客观存在事实不一致的所谓"抽象事实错误"，应如何处断？汉律似无明文。而殴父之罪，汉律刑至枭首，足见其严重性。本例，乙究应论以殴父罪？殴普通人罪？还是无罪？有所疑问。

论罪定刑自当以犯罪事实为前提，在本案例中有三个论断罪责的关键事实：一是乙不识甲为其生父；其次是乙已送给丙收养，生父甲并未尽养育之责；最后是乙因不知甲为其生父而以为甲羞辱他，所以怒杖之。[11]汉律当时可能尚无所谓"所知所犯"的"抽象事实错误"相关规定，否则就不会有此疑狱了。本例仲舒断曰："不应坐"，其真正含义为何？有待进一步推究。如其意为"不应坐以殴父罪"，而"应坐以凡人罪"，则并未逾越律条的规定，且与后世刑法上主观主义的犯罪理论，更有不谋而合之妙；但如其意为"无罪"，就有失妥切了。

---

10 本案例原文参阅（唐）杜佑《通典》卷六十九《礼典·嘉礼·养兄弟子为后后自生子议》。
11 论者以为"依现代的刑法归责观点，第一个和第三个事实才是决定犯罪是否成立，是否应减免刑罚的关键事实。因为'不知'可以阻却构成要件，而他人声称为自己的生父，岂不侮辱了自己的生父生母？乙还可以因'义愤'伤人而邀宽典。但是董仲舒却看中了第二点事实。引《春秋》之义，无非因父亲既无养育之恩，子女亦无孝敬之义，这是从父子伦理关系中父与子应尽的义务引申而来，所谓父慈子孝，反面推论即为父不慈子亦可不孝。从董仲舒的断案手法，其实尚不能认定已有所知所犯规则存在。"详参本章注3，许玉秀、王玉铨，前揭文，页162。

三、晋张斐《进律疏表》中的"误"与"失"

《晋书·刑法志》对曹魏的刑罚论议与《魏书》的制定经纬及其内容，提供了不少珍贵的历史信息，尤摘引了晋代一些重要的诏令表疏，是解释律文不可多得的史料。其中，记载西晋律学家张斐注疏晋武帝泰始三年（267）的《泰始律》，撰表上报，有一段是这么说的：

> 其知而犯之谓之故，意以为然谓之失，违忠欺上谓之谩，背信藏巧谓之诈，亏礼废节谓之不敬，两讼相趣谓之斗，两和相害谓之戏，无变斩击谓之贼，不意误犯谓之过失，逆节绝理谓之不道，陵上僭贵谓之恶逆，将害未发谓之戕，唱首先言谓之造意，二人对议谓之谋，制众建计谓之率，不和谓之强，攻恶谓之略，三人，谓之群。取非其物谓之盗，货财之利谓之赃，凡二十者，律义之较名也。[12]

以上张斐所举的二十个项目，是关于律令名目的重要定义，被称为传统中国刑法的"律注二十字"，又称"较名"，是对于律文中的专有名词最早加以系统归纳和简明注释的重要文献，代表古中国刑法理论诠释行为人犯罪主观心态的一个新的历史阶段，深刻影响及后代的司法实践。

上述二十个"较名"当中，与本章最相关的两个名词。一为"意以为然，谓之失"，或可解为行为人的本意虽是如此，但

---

12 参阅（唐）房玄龄等《晋书·刑法志》。

结果与本意却不相符合的情况,称为"失"。此种"失"之用法,在张斐之前似未曾出现过,其含义与张斐之后各代的用法也有区别。另一为"不意误犯,谓之过失",即不是有心而犯过者,称为"过失"。可以这么说,前者属于"错误"的问题,后者则纯属"过失犯"的范畴。如此一解,看似已明白区辨了"误"与"过失",不过,不解的是,张斐将"误"作为"失"的同义语,他屡屡用"误",何以并没有在二十个法律"较名"中单独为"误"下定义呢?为什么要将"误"与"失"混同使用呢?

清末法学家沈家本却以为,张斐《律注表》云:"不意误犯,谓之过失。"其后又云:"过失似贼,戏似斗,斗而杀伤旁人,又似误。"其"不意"二字,即本诸上述郑玄的"非本意",而又加以"误犯"二字,于是二者又混合难分。斗而杀伤旁人正是误,而以"似误"设为疑词,可见其"误"与"过失"仍未彻底区辨。沈氏认为,此或系《晋律》中无误杀伤专条之故。[13]

史书中曾载有南朝宋的何承天,在东晋安帝义熙年间(405—418),刘毅出镇姑孰时,被板授为行参军。

> 毅尝出行,而鄢陵县吏陈满射鸟,箭误中直帅,虽不伤,处法弃市。承天议曰:"狱贵情断,疑则从轻。昔有惊汉文帝乘舆马者,张释之劾以犯跸,罪止罚金。何者?明其无心于惊马也。故不以乘舆之重,加以异制。今满意在射

---

13 日本学者西田太一郎则认为:张斐之所以将"误"与"失"混合使用,是因为历来表现一般无犯故意者的用语为"误"或者"过误","失"是张斐的独创法律用语,同时又不能脱离传统的习惯用语,所以在某些场合相混同的可能性是很大的。详参本章注3,西田太一郎,前揭文,页145。

鸟，非有心于中人。按律：过误伤人，三岁刑。况不伤乎？微罚可也。"[14]

用当今刑法的观念来理解，本案并非属"所知所犯"的"错误"问题，而系属一般的过失犯。而前揭张裴《进律疏表》中所谓"其知而犯之，谓之故"，此处之"故"，似指行为人对于构成犯罪的事实，明知并有意使其发生之意，即今所称之"直接故意"。至于行为人对于构成犯罪之事实，虽预见其发生，而其发生并不违背其本意的"未必故意"，在此未见有所定义。至于，"意以为然，谓之失"，此处之"失"，似指行为人本意与结果之发生有不相符合的情形而言，较类似于"错误"或"误"的内涵，即行为人的主观认识与客观之事实不相一致之意。

叁、《唐律》中关于"错误"规范的类型与律疏

西方自罗马法以来，即将错误分为"事实错误"（error fact）与"法律错误"（error juris）两种类型，前者是指客观事实之存在的错误，其错误的性质，属于物理事实上的不一致；后者为对于客观事实存在的认识固无错误，却对于该事实的法律效果认识有误。不过，自第二次世界大战后，主张"责任说"[15]的学者，认为

14　参阅（南朝）沈约等《宋书·郑鲜之裴松之何承天传》。
15　主此见解者，对故意在责任理论上所处的地位，有别于"故意说"与"限制的故意说"，认为违法性的认识并非故意所应有的内容，而系形成责任的独立要素。申言之，故（转下页）

"法律错误"的意义宽泛,与"事实错误"难为精确的分界,而随着刑法犯罪评价体系的日益精进,乃以"构成要件的错误"取代"事实错误",以"违法性认识的错误"代替"法律错误"。当今台湾刑法界,在错误的分类上,也几乎倾向采取此种说法。唯这两种错误,是否须在法律上作明文?倘须明文,其规定的内容该如何规范?古今各国立法例所见互异。以今观古,底下先扼要说明当今构成要件错误的类型及其法律效果,再仔细看看《唐律》是怎么规定的。

一、构成要件错误的态样及其处断方式

依现代犯罪阶层体系言,要成立犯罪须具备构成要件该当性、违法性及有责性三个要件,此即俗称的"犯罪三阶理论说"。其中,在第一阶层的"构成要件该当性",倘若行为人主观所认识的犯罪构成要件事实与客观所实现的犯罪事实不一致,谓之"构成要件的错误",也称为"构成事实的错误"或"事实错误"。构成要件的错误,可再细分为"具体的事实错误"与"抽象的事实错误"两类[16]。

当行为人所认识的犯罪事实,与所发生的犯罪事实不一致时,其法律效果该如何论处?各种学说纷陈,主要有下列两说[17]:

(接上页)意的成立只须具备犯罪事实的认识即为已足,至于违法性之是否认识乃决定责任存否所应审究的问题。详参韩忠谟《刑法原理》,台北:作者印行,2002年,页248—249。
16 有关错误的学理分类,参阅郑健才《刑法总则》,台北:作者印行,1991年,页101—108。
17 有关此一部分之说明,详参黄仲夫《刑法精义》,台北:犁斋社,2018年,页90—100。

错误的种类 学说	客体错误	打击错误
	认识→本欲杀甲 结果→误乙为甲而杀之	认识→本欲杀甲 结果→误中乙致死
具体符合说		对甲成立杀人未遂 ⎫ 想象 对乙成立过失致死 ⎭ 竞合
法定符合说	不阻却故意 对乙成立杀人既遂	

1. 法定符合说

此说以为行为人所认识的事实，与现实所发生的事实，如系属于法定同一罪质（法益等价），则不问系客体错误或方法错误，均不阻却故意。倘非法定之同一罪质（法益不等价），则阻却故意。易言之，行为人主观认识与发生的客观事实，不必完全一致，只须罪质相同即可成立故意既遂，当今刑法有关客体错误采取此说。

2. 具体符合说

此说以为行为人认识的事实倘与现实发生的事实，具体上不一致时，即阻却故意，而成立故意犯的未遂与过失犯的想象竞合。申言之，行为人主观的认识与实际发生的客观事实，必须完全一致，始为无错误而成立故意既遂，当今刑法有关打击错误系采此说。

反观《唐律》，对于"错误"一词，律内或称为"误"或"错"，而过失犯有时亦称为"误"，极易将"错误"与"过失"两者混淆。因此，对于个别具体情形，究系属于"错误"的范畴，抑或属于纯粹的"过失犯"，须审慎检视。而翻阅律条五百，关于"构成要件的错误"，具总则性质的《名例》只规定抽象的事实错误，至于具体的事实错误则散见于《斗讼》等分则编各本条内。

（一）具体的事实错误

所谓"具体的事实错误"，系指客观上所发生的事实，虽非行为人主观上所容认的事实，然此客观发生的事实，与行为人主观所容认的事实，系属同一犯罪构成要件，于罪之评价上并无影响者是。在具体的事实错误中可再分为"客体错误"与"打击错误"[18]。而客体错误与打击错误均为当今的学术用语，非《唐律》所本有，乃暂借用此一名词概念，先列表再说明如次：

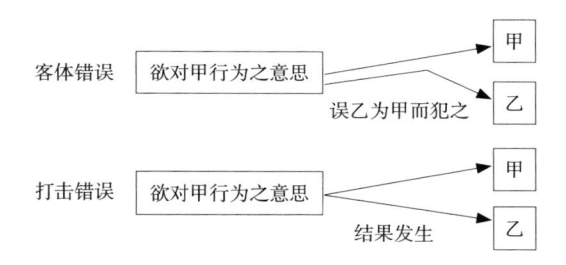

```
客体错误   欲对甲行为之意思 ────→ 甲
                           ↘
                    误乙为甲而犯之  乙

打击错误   欲对甲行为之意思 ────→ 甲
                           ↘
                       结果发生    乙
```

1. 客体错误

客体错误，或称"目的错误"、"目的物错误"，系指行为人所认识的行为客体与实际所发生的对象不一致而言，亦即其行为所攻击的对象有误。要处理的是，当行为人发生客体错误时，此错误认知对于构成要件故意是否重要？能否阻却故意的成立？此端视其所侵害的法益依相关的构成要件描述，与行为人所认知的法益是否具有法益保护价值等价性而定，因此，于学理上将此种错误又细分为"构成要件等价的客体错误"与"构成要件不等价

18　依当今刑法理论，构成要件错误的类型有三：客体错误、打击错误及因果历程的错误；由于因果历程的错误于《唐律》律本文及《疏》文中均不甚明显，故暂不予论列。

的客体错误"[19]。

《唐律》在《名例》中,并未设客体错误的概括规定,但在《斗讼》"斗殴误杀伤旁人"条(第三百三十六条),《疏》文中的问答有:"假有数人,同谋杀甲,夜中忽遽,乃误杀乙,合得何罪?"

答曰:

> 此既本是谋杀,与斗殴不同。斗殴彼此相持,谋杀潜行屠害。殴甲误中于丙,尚以斗杀伤论,以其元无杀心,至死听减一等。况复本谋害甲,元作杀心,虽误杀乙,原情非斗者。若其杀甲,是谋杀人,今既误杀乙,合科故杀罪。

此为典型客体错误的范例,推其用意,盖亦以误杀者元有害心,故无论其所杀者系所欲杀之人,或非所欲杀之人,其害之事已成,难认为有阻却故意的效果。依法理,本例仍应以"谋杀已杀论",但问答仅以"故杀罪"科之,此与当今刑法理论采上述所谓"法定符合说"者类同。唯误杀虽不能阻却故意,却有从轻量处的倾向,此即《唐律》至死得减一等,究以其所杀者非其本欲杀之人,审判官得按其情节,酌量减轻,而运用之妙全在适用法律人的用心与否。

比较有争议的是,《杂律》"错认良人为奴婢部曲"条(第

---

[19] 所谓"等价的客体错误",系指目的客体与失误客体的法益价值在构成要件上是相等价值的,例如:行为人甲本想放火烧毁乙宅,却误丙宅为乙宅而烧毁之。至于"不等价的客体错误",系指行为人所相互混淆的行为客体,对于构成要件所要保护的法益系不等价的。例如:在天色昏暗下,猎人甲于丛林狩猎过程中,以为站立于远方的系稻草人,于是开枪射击,没想到竟是到此采野菜的农夫乙,致乙死亡。

四百零一条），设有处罚明文：

> 诸错认良人为奴婢者，徒二年；为部曲者，减一等。错认部曲为奴者，杖一百。
>
> 错认奴婢及财物者，计赃一匹笞十，五匹加一等，罪止杖一百。
>
> 未得者，各减二等。

本条规定因疏忽而"错认"他人身份及财物的犯罪形态，与明知而认的"妄认"而归入《诈伪》"妄认良人为奴婢部曲"条（第三百七十五条）之故意犯有别，例如迷失或在逃良人、部曲或奴婢，经人收留或送官，或亡失财物，经人拾得，乃有人"错认"其为自己的部曲、奴婢或是财物。

关于本条"错认"他人的身份或财产，究系属"错误"的类型而议其能否阻却故意，抑或纯属过失犯，各家说法不一。[20]我的想法是，上述所提情节，行为人主观上并无"故意"，仅因疏忽而对所认识的客体有所错认而已，此系一般的过失犯，而不属于此处所讨论的"客体错误"，宜予明辨。

2. 打击错误

"打击错误"，即行为人对于所要攻击的对象虽未发生误认，

---

[20] 主张系属纯过失犯者，可参阅本章注3，戴炎辉，前揭书，页450；另参戴炎辉《唐律各论》下册，台北：成文出版社，1988年，页648—649。主张系属客体错误之类型者，详参本章注3，仁井田陞，前揭书，页207。另参本章注3，蔡墩铭，前揭书，页169，亦认此为客体错误。

却因实施侵害行为手段的偏差,以致行为人所欲攻击的行为客体与行为人原本所认识的不相符合,也称"方法错误"、"手段错误"。

传统中国,刑律中有所谓的"六杀",即针对六种杀人罪态样的通称,包括谋杀、故杀、斗杀、误杀、戏杀、过失杀等,依据杀人罪的不同情节、性质和类型,附以不同的刑罚制裁效果。[21]其中,与本章最有关联的律条,要属《唐律·斗讼》"斗殴误杀伤旁人"条(第三百三十六条):

> 诸斗殴而误杀伤旁人者,以斗杀伤论,至死者减一等。
> 若以故僵仆而致死伤者,以戏杀伤论。
> 即误杀伤助己者,各减二等。

因斗殴而误杀伤旁人的行为,虽有侵犯他人的生命或身体法益,但就责任性而言,既有别于"斗杀伤"及"故杀伤"罪,也不同于"过失杀伤罪"。兹分"斗殴而误杀伤旁人"及"斗殴僵仆而致死伤旁人"二种情况析解如下:

(1)斗殴而误杀伤旁人

因斗殴而误杀伤旁人的行为,假如行为人因斗,误以手足或刃杖直接杀伤旁人,是为斗殴而误杀伤旁人罪,各视行为之客体及行为之后果,依斗杀伤法科罚。

---

21 在传统中国的刑律中,杀人罪的类型有一个形成过程,《秦律》中的杀人罪,有贼杀、斗杀、故杀、擅杀四种。《汉律》中杀人罪,有贼杀、谋杀、斗杀、戏杀、过失杀五种。《晋律》中杀人罪,有故杀、谋杀、斗杀、误杀、戏杀、过失杀六种。至《唐律》出,多一劫杀类型,始有七杀之制。

《疏议》曰：

"斗殴而误杀伤旁人者"，假如甲共乙斗，甲用刃、杖欲击乙，误中于丙，或死或伤者，以斗杀伤论。不从过失者，以其元有害心，故各依斗法。至死者，减一等，流三千里。

问曰："甲共子乙，同谋殴丙，而乙误中其父，因而致死。得从误杀伤助己，减二等以否？"
答曰：

律云："斗殴而误杀伤旁人，以斗杀伤论。"杀伤旁人，坐当过失；行者本为缘斗，故从斗杀伤论；若父来助己而误杀者，听减二等，便即轻于过失，依例："当条虽有罪名，所为重者自从重论，合从过失之坐，处流三千里。"

按过失杀伤罪的构成要件为"本无恶心"，而因斗殴而误杀伤旁人则"元有害心"；故杀伤罪指"非因殴打，本心故杀者"，而此则因斗殴引起，并无杀伤之故意；斗杀伤罪所杀伤者为相斗之人，而此则虽有害心，所杀伤却非"彼此相伤之人"，故律设专条，另定罚例，此与当今刑法法理上所谓的"打击错误"完全符合。

至于斗殴而误杀伤旁人，又分为"非助己"与"助己"两种情形：

①误杀伤非助己者：斗杀而误杀伤旁人。《疏》曰："不从过失者，以其元有害心，故各依斗法。"以斗杀伤论；但至死者，

减一等（减死罪一等，即流三千里）。

②误杀伤助己者：《疏》曰："假如甲与乙共殴丙，其甲误殴乙至死，减二等；伤，减二等。"盖误杀伤助己者，殴人本不愿意发生此杀伤结果；且被杀伤人，原系助杀伤之人，也不愿意杀伤之人受较重之刑。

《唐律》对于打击错误的犯罪行为，采"二罪从重"，即《名例》"本条别有制"第二项所云："即当条虽有罪名，所为重者，自从重。"申言之，二罪从重系一行为而触犯两种罪名，采取"从一重处断"；此种运用所谓"二罪从重"的法理，实系本于《唐律》规定罪刑系采客观、具体且绝对主义的缘故，而为了缓和硬性唯一的绝对法定刑，也为不使犯人侥幸，乃以"二罪从重"处断，此与当代刑法理论打击错误系采"具体符合说"，其理一致。

（2）斗殴僵仆而致死伤旁人

依照《疏》文的说法："仰谓之僵，伏谓之仆。"谓共人斗殴，失手足跌而致僵仆，误杀伤旁人者，以戏杀伤论。与人斗，以故僵仆而致死伤旁人，律虽以戏杀伤论，但论其本质，戏杀伤系"以力共戏，至死和同者"，即有所谓的"未必故意"，因其杀伤经相殴人的同意，故减斗杀伤二等。反之，在僵仆而致死伤旁人，并未得到旁人的同意，本不得以戏杀伤论之，只其刑依戏杀伤法而已。此本系斗殴而误杀旁人之一情形，只因其致人于死伤，由于行为人以故僵仆，而致旁人于死伤，其对致死伤，毫无认容，本质上系属过失杀伤行为；但因有斗殴他人的故意，所以不以过失论。因僵仆致杀伤旁人，究其本质，系斗殴及过失杀伤的想象竞合犯。

值得一提的是，本条律文规定之罚例，仅适用于误杀伤凡人，如误杀伤父母或期亲尊长，依律减罪结果轻于过失杀伤父母或期亲尊长者，则不得复依此罚例科罚，而须改依过失杀伤罪科罚。盖杀伤父母及其亲尊长论情重于杀伤凡人，据《名例》"本条别有制"条："当条虽有罪名，所为重者自从论。"故《疏议》解云："误杀父母或期尊亲长，若减罪轻于过失者，并从过失之法。"[22]

有疑义的是，《唐律》中明明有"过失杀伤人"的罪名，而"斗殴误杀伤旁人"何以不能以"过失杀伤人"认定？此乃因《唐律》中"过失杀人"在处刑上有一个特点是"各以其状以赎论"，即不处五刑的实刑，而是处五刑的赎刑。这种从宽处遇原则，只有属于"耳目所不及、思虑所不到"的情况才能适用。而因斗而起的误杀伤旁人的种种情形都不能免除实刑，因为误杀伤的"旁人"，虽不是行为人的对象所指，但却总有希望杀伤的原对象存在，并且因此定性为"元有害心"，而不属于"因击禽兽而误伤人者"的过失而处赎刑。唯这种"误杀伤"毕竟与"斗杀伤"并非完全一致，而仍是一个"过失"，所以处刑上不完全等同于斗杀伤，即使致人死亡也不是处绞，而是减一等：

> 杀伤旁人坐当过失，行者本为缘斗，故从斗杀伤论……至死者，减一等。

至于典型的斗杀伤是无法获得这种宽遇的，在"因斗殴而误杀伤旁人"条中，依《唐律》的原义分析，这种"误杀伤"中的

---

22 《疏议》："又问：以斗僵仆，误杀助己父母，或虽非僵仆，因斗误杀期亲尊长，各合何罪？答曰：以斗僵仆，误杀父母或期亲尊长，若减罪轻于过失者，并从过失之法。"

"误",从行为人的主观心态来说,实际上是"过失",处刑上要比斗杀伤论再轻一点,至死,减一等。之所以不能全依过失处置,因为仍存在着"元有害心"的斗殴案件。[23]

(二)抽象的事实错误

所谓"抽象的事实错误",乃指行为人对于刑罚法规所规定的犯罪成立要件,以及刑罚轻重的法定要件,认识有错误而言;又可细分为"犯罪成立要件的错误"与"刑罚要件轻重的错误"。前者通常是指误认自己的违法行为为合法行为,或误认有罪为无罪的情形;至于后者,一般是指对于刑罚要件的轻重认识有误。此即俗称之"所知所犯"问题。"所知"即行为人的认识与意欲,"所犯"即行为人实行之后的实际事实,当"所知"与"所犯"不一致时,《唐律》是如何处理的?

1. 所知轻于所犯

行为人意欲实现的事实与实际所发生的事实,均属有罪,而意欲的事实与现实发生的事实不一致,且其不相符合之点,致刑有重轻者,称为"所知与所犯"的错误,通常是指对"加重情节事由的错误"。此种错误系发生于犯罪构成要件相异的犯罪,但其罪质可能并无不同。此纵系刑法所承认的错误,但仍先从其所犯,以故意之罪论定。唯有以故意之罪论定时,重于犯人所知者,则以其所知论断,于此必然发生两个不同罪名的比较问题。在另

---

23 详参本章注3,钱大群,前揭文,页98—99。

一方面，行为人所认识的行为情节重于事实上所发生的犯罪，则为行为人的利益着想，不得以行为人的主观为准，而从重论定其罪，仍应依所发生之较轻罪名论断。《唐律》对此有详尽的规定与举例说明，此即《名例》"本条别有制"条（第四十九条）所规定：

其本应重而犯时不知者，依凡论；本应轻者，听从本。

所谓"其本应重而犯时不知者，依凡论"乃指行为人不知加重的犯罪情节存在者，不负加重之责，而从其原本所认识者处断，例如《疏议》曰：

假有叔侄，别处生长，素未相识，侄打叔伤，官司推问始知，听依凡人斗法。[24] 又如别处行盗，盗得大祀神御之物，如此之类，并是犯时不知，得依凡论，悉同常盗断。[25]

2. 所知重于所犯

至于所谓"本应轻者，应从本"，即行为人有加重行为情况之认识与意欲，而结果并无加重犯罪事实之发生时，不负加重部

---

[24] 按侄打叔伤，据《唐律·斗讼》"殴兄姊"条："诸殴兄姊者，徒二年半；伤者，徒三年；折伤者，流三千里；刃伤及折支，若瞎其一目者，绞；死者，皆斩；詈者，杖一百。伯叔父母、姑、外祖父母，各加一等。"即应于徒三年上加一等，处流二千里。此云"听依凡人斗法"，据《斗讼》"斗殴伤人"条："诸斗殴人者，笞四十；伤及以他物殴人者，杖六十。"则应处杖六十。

[25] 按盗得大祀神御之物，指盗取国家大祀所用供祭神灵物品的行为，此类行为虽属盗罪，但因所盗物品特殊，带有亵渎天地祖宗之性质，故列为"大不敬"，列入"十恶"。据《唐律·贼盗》"盗大祀神御物"条（第二百七十条）："诸盗大祀神御之物者，流二千五百里。"此云"同常盗断"，即依窃盗处，据《贼盗》"窃盗"条："诸窃盗不得财，笞五十；一尺杖六十，一匹加一等，五匹徒一年；五匹加一等，五十匹加役流。"

分的刑责。例如《疏议》说：

> 其本应轻者，或有父不识子，主不识奴，殴打之后，然始知悉，须依打子及奴本法[26]，不可以凡斗而论，是名本应轻者，听从本。

综上看来，当行为人"所知"与"所犯"不一致时，《唐律》是采取从轻认定的原则，不无寓有慎刑、贵恕的精神，而这种立法例影响及宋、明、清以迄清末民初的"新刑律"，乃至民国十七年的"旧刑法"，几乎均采此种见解。兹将上述律本文及律疏图示如下：

行为人所认识（所知）	所发生之犯罪事实（所犯）	法律效果
轻	重	依所知处断
重	轻	依所犯处断

二、违法性认识错误及其刑责

所谓"违法性认识"，学理上有称"不法意识"者。乃指行为人意识其行为系违反法律规范，而与社会共同生活秩序维持的要求相抵触之意。一般来说，只需行为人于行为之际，有此认识即为已足，而不以行为人确实认识其行为系违反某一具体刑罚法规，或其行为具有可罚性为必要。

---

26 按父殴子无罪，殴至死者方徒一年半，《唐律·斗讼》"殴詈祖父母父母"条："若子孙违犯教令，而祖父母、父母殴杀者，徒一年半；以刃杀者，徒二年。故杀者，各加一等。即嫡继慈养杀者，又加一等。过失杀者，各勿论。"此即打子本法。

（一）违法性认识错误的含义及其举隅

用通俗的话说，当行为人知道自己所为何事，却不知道所做的事是违反法律的，此种情形学理上称为"违法性认识错误"。申言之，行为人对构成要件事实的认识虽无错误，而由于误解或不知法律，致对该事实在法律规范上的意义与效果认识有误，此乃行为人对于违法性评价面的错误，又称为"法律错误"或"禁止错误"。此类误解与不识，能否排除故意？与罪责之存否有何关系？

《唐律》对于违法性错误，在《名例》内虽未设一般总则性的规定，然在各论编个别罪名中，处罚此种错误者仍有其例。例如《诈伪》"诈教诱人犯法"条（第三百七十八条）：

> 诸诈教诱人，使犯法犯者不知而犯之。及和令人犯法，谓共知所犯有罪。即捕若告或令人捕、告，欲求购赏。及有憎嫌，欲令入罪，皆与犯法者同坐。

《疏议》就此举例说：

> 鄙俚之人，不闲法式，奸诈之辈，故相教诱，或教盗人财物，或教越度关津之类。犯禁者不知有罪，教令者故相坠陷，故注云"犯人不知而犯之"。"及和令人犯法"，谓和教人奴婢逃走，或将禁物度关，外示和同，内为私计，故注云"谓共知所犯有罪"。"即捕若告"，谓即自捕、告或令他人捕、告，欲求购赏；又有憎恶前人，教诱令其人入罪者，皆与身自犯法者同罪。

本条律文前段，教令者本身不参与犯罪，而诱使"不闲法式"的被教令者误以为该等行为不犯法，而实施违法行为，《疏议》举出了"盗人财物"以及"私越关津"两个例子来阐明。诱人使犯法，倘"犯者不知而犯之"，最后仍论以"皆与犯法者同坐"，不难窥见，行为人即使不知其行为系属犯罪，因陷于错误而实施其行为时，仍不免于刑责。

至于本条后段，为"求购赏"而故意诱导他人犯法，然后捕告官司。或出于"憎嫌"而故意诱导他人犯法，以便陷其于罪的行为，不论被诈诱者"知而犯之"抑或"不知而犯之"，诈诱者一律与身自犯者同科，而被诈诱人虽"不知而犯之"，仍受到刑罚，足见不知法律之人仍不能以此主张阻却责任。

此外，虽非不知法律，只不知其行为之违法性而受人利用者，则此项违法性的错误，有时不予论究，例如《唐律》规定，告人犯罪而指陈事实者，原则上不受处罚，唯如《斗讼》"为人作辞牒加状"条（第三百五十六条）："即受雇诬告人罪者，与自诬告同；赃重者，坐赃论加二等。雇者，从教令法。"设为人雇倩作辞状，加增告状，因雇者未与受雇者同谋，如雇者以此告之于官，当不负责任，而受雇者之责任不能免，有时须负诬告之罪责。

唐时，关于违法性的认识错误，《折狱龟鉴》载有一则"裴均释夫"的司法实例：

唐裴均，镇襄阳。部民之妻与其邻通，托疾，谓夫曰："医者言，食猎犬肉即差。"夫曰："吾家无犬，奈何？"妻曰："东邻犬常来，可系而屠之。"夫用其言，以肉饷妻。邻人遂讼于官。

收捕鞠问，立承，且云："妻所欲也。"均曰："此乃妻有外情，踬夫于祸耳。"追劾之，果然。妻及奸者皆服罪，而释其夫。[27]

这是一桩发生于唐宪宗年间的刑案，裴均出镇襄阳时，当地某人的妻子与邻人私通，假托生病，欲陷害其夫，竟"诈诱"其夫，屠邻居之犬，夫从其言，捕捉邻犬，屠而饷其妻。依律，本案夫妻两人或应坐《厩库》"故杀官私马牛"条（第二百零三条）之罪[28]，不过，倘其夫果真"不知"此举是犯法的，是否有此处所谓的"违法性认识错误"的适用问题？遗憾的是，本案裴均仅论该妻及其奸夫各坐以奸罪，而免除本夫的罪责，虽有察奸之明，但对"屠犬"一事毫无论及，何以如此下判？从文中并无法得知其详。

（二）违法性认识错误的法律效果

对于欠缺违法性认识或违法性认识错误的行为究应如何评价？现今刑法理论约有下列二说[29]：

1. 故意理论

此说认为故意乃一种罪责要素，故意除"知"与"欲"两个

27　参阅（宋）郑克编撰，刘俊文译注《折狱龟鉴译注》卷五《察奸门》"裴均释夫"，台北：汉京文化公司，1992年，页294—296。

28　《唐律·厩库》"故杀官私马牛"条："诸故杀官私马牛者，徒一年半。赃重，及杀余畜产，若伤者，计减价准盗论。各偿所减价。价不减者，笞三十。其误杀伤者，不坐，但偿其减价。主自杀马牛者，徒一年。"

29　关于违法性认识错误的处理方式，其详可参阅陈子平《刑法总论》，台北：元照出版公司，2008年，页344—346；不过，本文的分类法与陈氏稍有差异。

要素之外，尚须具备违法性认识。行为人主观上倘欠缺此等违法性认识，则其行为即因欠缺故意要素，而不能成立故意犯罪，至多只能成立过失犯。

2. 罪责理论

此说认为违法性认识为一独立的罪责要素，行为人主观上倘欠缺违法性认识，并不影响故意之成立，只不过影响罪责而已，故仍可成立故意犯罪。唯罪责部分可得减轻，甚至完全可以免除。

近代刑法学派的通说舍弃"故意理论"，改采"罪责理论"，认为违法性认识是独立于"故意"以外的罪责要素。简单地说，行为人是否认识其行为违法，并不是故意要件所要处理的，而是在犯罪行为三阶论证结构中，符合构成要件该当性及违法性之后，在有责性阶段方予讨论。所以，"故意理论"考虑的是有无欠缺故意，而"罪责理论"则是讨论能否阻却行为人的罪责。

再回过头来检点旧律，《唐律》对于"违法性认识错误"虽无总则性的明文，但认为对于不知其行为有违法性而犯法者，仍须负刑事责任，例如上述《诈伪》"诈教诱人犯罪"条所分析，即与当今的刑法理论颇相暗合。

肆、唐以降历代刑律有关"错误"规范的衍化

传统中国刑律，到了有唐一代，已发展到相当成熟的阶段，唐以后的宋、明、清律虽在立法技术面上稍有损益，但在指导精

神面上仍属因袭者多,很少偏离《唐律》的主要轨道。

一、从《宋刑统》到明清律的变与不变

观乎《宋刑统》,一如唐制,有关"错误"的相关规定,丝毫未加更动。《名例》"断罪本条别有制与例不同"条云:

> 诸本条别有制与例不同者,依本条。即当条虽有罪名,所为重者,自从重。其本应重而犯时不知者,依凡论;本应轻者,听从本。
>
> 【议曰】假有叔侄别处生长,素未相识,侄打叔伤,官司推问始知,听依凡人斗法。又如别处行盗,盗得大祀神御之物。如此之类,并是犯时不知,得依凡论,悉同常盗断。其本应轻者,或有父不识子,主不识奴,殴打之后,然始知悉,须依打子及打奴本法,不可以凡斗而论,是名本应轻者,听从本。[30]

到了明代,律文也只稍作文字上的更动,《大明律·名例律》"本条别有罪名"条谓:

> 凡本条自有罪名,与《名例》罪不同者,依本条科断。若本条虽有罪名,其有所规避,罪重者,自从重论。其本应罪重而犯时不知者,依凡人论。(谓如叔侄别处生长,素不

---

30 参阅(宋)窦仪等《宋刑统·名例律》,台北:新宇出版社,1985年,页97—98。

相识，侄打叔伤，官司推问始知是叔，止依凡人斗法。又如别处窃盗，偷得大祀神御之物，如此之类，并是犯时不知，止依凡论，悉同常盗之例。）本应轻者，听从本法。（谓如父不识子，殴打之后，方始得知，止依打子之法，不可以凡殴论。）

关于《唐律·斗讼》"斗殴误杀伤旁人"条，至明时，则改为"斗殴及故杀伤人"条，将误杀伤人并入戏杀、过失杀两条内，另立"戏杀误杀过失杀伤人"条，其曰：

> 凡因戏而杀、伤人，及因斗殴而误杀、伤旁人者，各以斗杀、伤论。其谋杀、故杀伤人，而误杀旁人者，以故杀论。若合津水深泥汻而诈称平浅，及桥梁渡船朽漏，不堪渡人而诈称牢固，诳令人过渡以致陷溺、死伤者，亦以斗杀、伤论。若过失杀、伤人者，各准斗杀、伤罪，依律收赎，给付其家。（过失，谓耳目所不及，思虑所不到，如弹射禽兽，因事投掷砖、瓦，不期而杀人者。或因升高风险，足有蹉跌，累及同伴。或驾船使风，乘马惊走，驰车下坡，势不能止。或共举重物，力不能制，损及同举物者。凡初无害人之意，而偶杀伤人者，皆准斗殴杀、伤人罪，依律收赎，给付被杀、被伤之家，以为茔葬及医药之资。）

时至清季，又承自《大明律》，稍加夹注说明，《大清律例·名例律》"本条别有罪名"条律文道：

凡本条自有罪名，与《名例》罪不同者，依本条科断。若本条虽有罪名，其（心）有所规避，罪重者，（又不泥于本条，）自从（所规避之）重（罪）论。其本应罪重而犯时不知者，依凡人论。（谓如叔侄别处生长，素不相识，侄打叔伤，官司推问，始知是叔，止依凡人斗法。又如别处窃盗，偷得大祀神御之物，如此之类，并是犯时不知，止依凡论，同常盗之律。）本应轻者，听从本法。（谓如父不识子，殴打之后方始得知，止依打子之法，不可以凡殴论。）

至于司法实践方面，在嘉庆二十年（1815）间，陕西司《说帖》中有一则"殴死别处生长缌叔犯时不知"的实例：乌鲁木齐都统奏袁文敖扎伤袁库身死一案。此案袁库于嘉庆十六年始由原籍移眷至吐鲁番，与该犯袁文敖之父袁润并不认识，因系同姓，遂以弟兄相称。因此该犯呼袁库为叔。嗣袁润物故，袁库占住房屋，该犯理论，被袁库殴踢成伤，经人劝散，该犯回房用小刀切食甜瓜，袁库复持木杆赶至乱殴该犯额头等处，并揪发斗殴，该犯不能挣脱，情急用刀扎其膝盖等处殒命。嗣经查明该犯原籍，袁库系该犯缌麻服叔，查袁文敖因生长在吐鲁番，不知袁库系属缌麻服叔，其因袁库占住房屋理论，被殴情急，用刀扎伤毙命，实系犯时不知。该都统将该犯依斗杀律拟绞监候，与律相符，应请照覆。[31]

而在《大清律例》"戏杀误杀过失杀伤人"条说：

---

31 详参（清）祝庆祺等编《刑案汇览》（三编），北京：北京古籍出版社，2004年，页188—189。

> 凡因戏（以堪杀人之事为戏，如比较拳棒之类。）而杀、伤人，及因斗殴而误杀、伤旁人者，各以斗杀、伤论。（死者并绞，伤者验轻重坐罪。）其谋杀、故杀人，而误杀旁人者，以故杀论。（死者，处斩。不言伤，仍以斗殴论。）若知津河水深泥泞而诈称平浅，及桥梁渡船朽漏，不堪渡人而诈称牢固，诳令人过渡以致陷溺、死伤者，（与戏杀相等，）亦以斗杀、伤论。若过失杀、伤人者，（较戏杀愈轻，）各准斗杀、伤罪，依律收赎，给付其（被杀伤之）家。（过失，谓耳目所不及，思虑所不到，如弹射禽兽，因事投掷砖、瓦，不期而杀人者。或因升高险足，有蹉跌，累及同伴。或驾船使风，乘马惊走，驰车下坡，势不能止。或共举重物，力不能制，损及同举物者。凡初无害人之意，而偶致杀伤人者，皆准斗殴杀、伤人罪，依律收赎，给付被杀、被伤之家，以为营葬及医药之资。）[32]

在该条的律后注说：

> 凡将堪以杀人、伤人之事，彼此言明，和同相戏，因致杀、伤人；及因与人斗殴，而误杀、伤在旁之人，此等戏误杀伤，各以斗殴杀伤论。死者，绞。伤而不死，自成伤以上，至折伤、废疾，笃疾，照依轻重科之。若其本意是谋杀人、故杀人而误杀旁人者，以故杀论斩。夫戏本和同，非有争斗，然其事则堪以杀伤人之事也。既知堪以杀伤，而甘心

---

[32] 参阅（清）沈之奇《大清律辑注》卷十九《人命》。

为之，虽曰相戏，而人之成伤致命，则实被其殴矣，故以斗杀伤论。误中旁人，出于不意，然其心则欲以杀伤人之心也，虽未及于欲殴、欲杀之人，而旁人已被杀伤，则其殴与杀之事，已施于人矣。

又在该条的律上注说：

因殴与故而误者，大概是劝解观看之人。因谋而误者，或再昏夜；或因错认；或加毒于饮食而误进，皆是。

误是一时差错失手之事。若谋、故殴之时，本人之亲属、奴仆，见而救护，致被杀伤，本人逃脱，则是有意杀伤，非误及旁人之比，仍各照本法。

或谓同谋共殴，有误杀伤旁人者，下手重伤人，自依斗殴杀伤论矣。其元谋之人，伤则亦照斗殴律减一等；杀则仍照共殴律拟流，余人满杖。杀伤之人虽误，谋殴之情则一也，然杀伤既非所谋，误者亦已抵罪，下谋杀而误者，以故杀论，则造意不照谋杀矣，况共殴之元谋乎？元谋余人，若亦误殴有伤者，照伤科之，否则坐以不应。律无正文，即当酌情。

故由斗殴而误者，以斗杀伤论；由谋杀、故杀而误者，以故杀论。

按：故杀无为从者，因故而误，罪在一人，杀则斩，伤则照斗殴律论，适得本罪，固无疑矣。若在谋杀，则同谋之人，有造意、加功不加功，及同谋不行之分；谋杀之事，有已杀、已伤、已行之分。

其中，有一典型的例示：

> 假如甲造意，与乙、丙、丁、戊四人同谋杀赵，甲与戊不行，令乙、丙、丁夜伺赵于路而杀之，乃误杀伤钱，乙丙加功，丁不加功。律止云以故杀论，并不言伤，注补出"乃以斗殴论"，彼造意诸人，既难不论，若照谋杀本法则太重，且与以故杀论不符。夫所谋者赵，杀伤者钱，非其所谋之人矣。其谋虽行，杀伤已误，造意之甲，不加功之丁，不行之戊，似应照谋而已行未伤人之法，盖所谋之人，原未受伤，而行者误有杀伤，岂非已行者哉？乙、丙二人，伤则照斗殴律，分首从科之；杀则乙下手为重，依本律论斩，丙仍照伤科罪，似合轻重之宜。情事不同者，参论之，互见谋杀条注。律无正文，当斟酌以请。

须一提者，本条谋故殴之误杀，皆曰凡人。若因凡人而误及亲属，因亲属而误及凡人，或因亲属而误及亲属，当按尊长卑幼各律轻重，权衡分别，随事酌之，未易枚举。

二、从继受欧陆法的《钦定大清刑律》到民国刑法

光绪二十八年以迄宣统三年间（1902—1911），清廷在外力与内压双重交迫下，进行了一场千古以来中国所未有的法制大变革，传统中华刑律退出了历史的舞台，代之而起的是异质欧陆刑法。

(一)关于抽象的事实错误

清末变法修律,由日籍修律顾问冈田朝太郎及修律大臣沈家本所领衔主导的1907年《大清新刑律草案》,于第十三条定曰:

> 凡不出于故意之行为,不为罪。但应以过失论者,不在此限。
>
> 不知律例,不得为非故意;但因其情节,得减本刑一等或二等。
>
> 犯罪之事实与犯人所知有异时,从左例:
>
> 第一、所犯重于犯人所知,或相等时,从其所知者处断。
>
> 第二、所犯轻于犯人所知时,从其所犯者处断。[33]

本条第三项的立法意旨,显系承袭《唐律》"其本应重,而犯时不知者,依凡论。本应轻者,听从本"的精神而来,此涉及刑法理论上的"所知所犯"问题,其立法理由谓:"律例既已颁布,人民即有应知之义务,若因不知律例之故,为无犯意,作为无罪,则法律无实施之日矣!本条第二项前半之规定以此。虽然现代社会固极复杂,律例亦綦烦琐,人固有偶然不明法律,致所犯不足深责者,本条第二项后半之规定以此。本条第三项第一款规定,系自第一项前半规定而生,唯第一项前半情形,其人于犯罪事实之全部毫未未知,而第三项之情形,则仅一部未知耳,全部虽与一部不同,至其未知则同,故应仍无责任。本条第

---

[33] 详参黄源盛纂辑《晚清民国刑法史料辑注》上册,台北:元照出版公司,2010年,页50—51。

三项第二款之规定，系本于无犯行即非犯罪之原则，人固有谋之甚重，而行之甚轻者，则使负其所行之责任足矣。"本草案，在议订的过程中引来诸多批判，[34]各省督抚纷纷进言，力陈己见。不过，对于签注的意见，修订法律馆并未予以采纳。最后1911年1月颁定的《钦定大清刑律》对于该条条文，仅作文字上的修正，并没有实质上的变动，其规定如下：

> 非故意之行为不为罪。但应论过失者，不在此限。
> 不知法令不得为非故意。但因其情节，得减本刑一等或二等。
> 犯罪之事实与犯人所知有异者，从左例处断：
> 第一、所犯重于犯人所知或相等者，从其所知。
> 第二、所犯轻于犯人所知者，从其所犯。[35]

---

[34] 许多《签注》认为不知律例犯罪减刑的规定荒唐，《湖广签注》认为"例既已颁布，人民即有应知之义务，似未便因其不知律例，曲予末减"；《两江签注》认为"中国人尚不讲习法律，非特乡愚不知律例为何事，即士大夫专事帖括以取科名，虽谈经说史而能寓目律书者不多。觐设以其不知律例原其情节得减本刑一等或二等，恐现时天下犯法者无不可托为不知律例而得邀末减矣。此项法律似尚须再加厘定或暂行删除"；《两广签注》也认为"不知律例得因其情节减，按之中国人民程度似难行。毋论律例颁布，愚民不能尽谙，且即使知者，亦可饰为不知，若从例而减科，则民之犯法有辞，罪之悻减者众，恐不足以杜诿卸而示惩戒"。对于草案犯罪事实与犯人所知有异事的处理规定，《两广签注》认为还不如《大清律例》规定得明白，"此条即名例本应罪重而犯时不知者，依凡论。本应轻者，听从本法之意，律文已明，似可无烦改易"；《湖广签注》认为应该删除，没有必要再明定减等之条。因为每一罪名本身已经按照情节有几等级，情轻者尽可从轻处罚，情节再轻者，还有第五十四条减等处罚的规定。不知律例不得为非故意、犯罪之事实与犯人所知有异，实际上就属于犯罪情节的范畴，没有必要再予以明定减刑。"其情节轻者在本条已有上下之限，审判官可从轻处断，再轻者又有酌量减轻第五十四条之范围，此条何得再减？"以上引自《湖广签注清单》《两江签注清单》《两广签注清单》等，其详参高汉成《签注视野下的大清刑律草案研究》，北京：中国社会科学出版社，2007年，页246—250。

[35] 参阅本章注33，黄源盛《晚清民国刑法史料辑注》上册，页297。

民国元年的《暂行新刑律》，对于此一条文沿而袭之。不过，该条第三项规定，在民国七年《刑法第二次修正案》草拟时被删除，即在法典上消失了，被删除的理由有二：删除第一款是因为该规定和刑法分则加重结果犯的规定互相抵触，删除第二款是因为处罚不以犯意，而以犯行为准为刑法的当然解释。[36]规定虽然被删除了，效力并未随之消失，实务上仍然遵行这两款的"所知所犯"法则，而多数学说也并未质疑。例如大理院民国十一年六月统字第1732号解释文："出售伪金丹，即其中并无吗啡毒质者，如明知为伪而冒作真者出售，应成立诈财罪；如不知为伪而误作真者出售，虽所知系贩卖吗啡罪，仍应依刑律第十三条第三项第二款，从其所犯之诈财罪处断。"[37]

民国十七年制订《刑法》时，以为该条第三项乃法理上之当然结论，无庸以明文规定，而将之删除。民国二十一年（1932）立法院修订《刑法草案初稿》，于第十七条复设规定为："犯罪事实重于行为人所知者，从其所知处断；轻于行为人所知者，从其所犯处断。"但在讨论再稿时，又以此乃法理上必然之推论，无待特别规定，而予删除，故民国二十四年所颁定的《中华民国刑法》并无"所知所犯"有关抽象事实错误的明文。而有关此种错误的处断，乃委由刑法学说及判例，加以解释适用，如最高法院二十七年（1938）非字第15号判决谓："犯罪之成立，除应具备治罪之特别要件外，尤须具有故意或过失之一般要件。如某种犯罪必以他人之身份始能构成者，则以明知他人有此身份方能成

---

[36] 参阅民国修订法律馆编《法律草案汇编》下册，台北：成文出版社，1973年，页15。
[37] 详参郭卫《大理院解释例全文》，台北：成文出版社，1972年，页999。

立，否则对于犯罪客体欠缺认识，即非出于该罪之故意行为。"其解释要旨，对于错误概念的定义，阐释甚明。[38]

（二）关于违法性认识错误

对于违法性的认识错误，究该如何处断？自晚清宣统二年继受欧陆刑法的《大清新刑律》以来，即有"违法性错误"的规定，其第十三条第二项规定："不知法令不得谓非故意，但因其情节，得减本刑一等或二等。"上述仅就不以违法性认识为故意之要素而为规定，但过失犯是否以有违法认识之可能为必要，不无疑义，因之民国十七年的"旧刑法"于第二十八条另定为："不得因不知法律而免除刑事责任，但因其情节，得减轻本刑二分之一。"不在条文中将故意表明，以示故意与过失皆不以违法认识为要件。[39] 其后民国二十四年的刑法第十六条前段规定为："不得因不知法律而免除刑事责任，但按其情节，得减轻其刑。"此与"旧刑法"意旨同。唯同条后段规定"如自信其行为为法律所许

---

[38] 即使到了最近台湾"最高法院"的实务见解，仍远绍此种认定法则，例如："刑法"上犯罪之故意，只须对于犯罪事实有所认识，有意使其发生或其发生不违背其本意，仍予以实施为已足，不以行为人主观之认识与客观事实两相一致为必要，故行为人主观上欲犯某罪，事实上却犯他罪时，依刑罚责任论之主观主义思潮，首重行为人之主观认识，应以行为人主观犯意为其适用原则，必事实上所犯之他罪有利于行为人时，始例外依该他罪断论。台湾地区暂行新"刑律"第十三条第三项原亦有"犯罪之事实与犯人所知有异者，依下列处断：所犯重于犯人所知或相等者，从其所知；所犯轻于犯人所知者，从其所犯"之规定。嗣制定现行刑法时，以此为法理所当然，乃未予明定。从而行为人主观上欲犯某罪，但事实上所为系构成要件略有不同之他罪，且二罪法定刑相同，情节又无轩轾时，揆之前揭"所犯与犯人所知相等，从其所知"之法理，自应适用行为人主观上所认识之该罪论处。"详参92年台上字第1263号判决。

[39] 有关《大清新刑律》第十三条的立法概说，详参本章注36，黄源盛《晚清民国刑法史料辑注》上册，页50—51。

可而有正当理由者，得免除其刑"。盖以"自信其行为为法律所许可而有正当理由"，乃系既欠缺违法的认识，又无认识的可能性，自不能予以责任非难，故规定得免除其刑。

此条项规定于台湾地区适用期长达七十年，直到2005年，"刑法"第十六条才作修正，规定："除有正当理由而无法避免者外，不得因不知法律而免除刑事责任。但按其情节，得减轻其刑。"此乃正式承认不可避免的违法性错误得作为阻却罪责的（有责性）事由，亦即行为人虽具有违法的构成要件该当行为，仍不成立犯罪。不过，如系可避免的违法性错误仍不可免除罪责，仅为裁量性减轻刑罚事由。盖法律既经颁布，人民即有知法守法的义务，唯如行为人确具有违法性认识错误的情形，进而影响法律效力，宜就违法性认识错误的情节，区分不同法律效果。其中：

1. 行为人对于违法性错误，有正当理由而属无法避免者，因其行为无可非难性，应免除其刑事责任，而阻却其犯罪的成立。

2. 倘行为人对于违法性错误，非属无法避免，则仅有较通常行为更低的可非难性，仍不能阻却犯罪的成立，然按其具体情节，得减轻其刑。

至于如何判断违法性认识错误是否属于"可以避免"的问题，自宜参酌行为人的社会地位及其个人能力，在可期待行为人运用其认识能力与法律伦理价值思维的范围内，视其是否能够意识到行为的违法性。

伍、当今刑法与《唐律》中的"错误"立法比较

刑法是一部规范犯罪与刑罚的国内公法，而"犯罪"与"刑罚"的本质各有其理论根据。其中所谓"犯罪理论"，乃在探讨犯罪责任之所来自，以及犯罪责任本身的结构问题。换句话说，行为人的行为究竟要达到何种程度？对社会或他人的危害性，要产生怎样的结果，才能成立犯罪？又就立法技术而言，《唐律》何以未在具总则性质的《名例》中对故意、过失立下一般原则性的规定？法律用语在立法过程中宜如何求其一贯性？

一、主观抽象立法乎？客观具体立法乎？

自古迄今，犯罪理论大致上可分为"客观主义"与"主观主义"两种主要形态。前者强调犯罪是否成立，应依客观存在之实害或危险的行为定之，仅有意思而无发生实害或危险的行为，不成立犯罪，因此，特别着重犯罪行为在客观上所产生实害结果的大小，作为论罪的依据。而后者，则比较重视行为人的性格，亦即着重于对犯罪行为人内在恶性的惩罚与预防。

纯就当代刑法的犯罪理论来看，关于抽象事实错误的所犯重于或轻于所知的法理，事实上，并不难理解，这只不过是故意理论的表现而已。盖依据所谓"责任原则"中"无责任，即无罪刑"的"有责原则"[40]，是指一个人实施该当于某种犯罪构成

---

[40] "责任原则"的理念，系由近代"行为刑法"的观念延伸而来，在此种思想下，强调违法行为之处罚，不能仅着眼于客观行为的法律评价而已，必也同时要考虑行为人的具体（转下页）

要件的违法行为后，如果无法对于该行为人加以非难时，即不能科以刑罚的原则。所以，责任原则是属于限定犯罪成立的原理，具有限定国家刑罚权范围的作用，以及作为科刑基准的机能。

对行为人的归责，以行为人有故意或过失为必要，对行为人进行故意归责，自然依行为人认识和意欲的范围决定归责的范围，至于行为人认识和意欲的范围应该有多大，则视各个犯罪构成要件的要求而定，例如杀人罪的构成要件要求行为人认识被害客体是人，以及认识他的行为是足以致人于死的行为。如果行为人具备了构成要件所要求的故意，而实际发生的犯罪事实能和构成要件合致，这包括等于构成要件的要求和少于构成要件的要求，即出现故意既遂犯。而所谓"所犯重于所知"，即实际发生的事实大于行为人事先认识与意欲的范围，既然归责行为人时，不能超越行为人的认识范围，自然只能从其所知论罪。如依此而推论，"所犯轻于所知，从其所犯"，显然是客观主义下的产物，盖唯有采客观主义下的刑法，才会处罚不依犯意而以犯罪行为的结果为准据。

其实，错误问题的解决，无论如何都必须回归故意理论，因为不管依主观不法理论或客观不法理论，错误都可以理解为行为人所认识和意欲的事实与实际发生的事实不一致。依主观不法理论固然其理甚明，依客观不法理论，错误也是行为人理应认识和意欲的事实与实际发生的事实不一致。回归故意理论检视"所知所犯"规则的操作，必须注意的是构成要件事实与罪责事实的区

（接上页）的主观责任要素。此外，刑法责任原则不只是禁止没有罪责的刑罚，而且也要求刑罚的制裁不得超越应负罪责的限度（量刑的责任原则）。

分，因为这涉及错误在法律上的评价。[41]

民元《暂行新刑律》以及民国十七年的"旧刑法"，"犯罪的事实与犯人所知有异者"，当中所谓的"犯罪事实"究竟指构成要件事实，抑或包含罪责事实？依当时故意和过失仍被定位在"有责性"阶层的刑法三阶理论体系而言，似指包括二者。而如果依目前的故意理论，所谓的犯罪事实指的是构成要件事实，因为构成要件事实才是故意所必须认识的对象。

以今衡古，《唐律》的立法指导思想，对于各种犯罪类型，与其说是做抽象性、概括性的观察，毋宁说是具体性、个别性、客观性的处置。[42]它并非如现代刑法将"故意"与"过失"明确并列，观其同罪质的犯罪，常见依其主体、客体、方法、犯意、处所、数量（日数、人数、赃数等）及其他情况，而另立罪名，各异其刑。以杀人罪为例，有谋杀、斗杀、故杀、戏杀、劫杀、误杀、过失杀等区别，表面上看，此系建立在传统刑律之主观主义下的体系，然此七杀表现在外客观要件上也不尽相同。实际上，是先以客观的层次作初步的区分，再从主观的角度作最终的分类。

以殴伤罪而言，殴伤人罪一般视伤之程度及方法，再视主客体，复视其犯意，因此，罪名繁杂，科刑上常生疑义。再就"错误"立法这一部分来说，《唐律》在《名例》"本条别有制"条云："其本应重而犯时不知者，依凡论。本应轻者，听从本。"规定有

41　以上论述详参许玉秀《择一故意与所知所犯——兼论违宪的肇事逃逸罪》，载《台湾本土法学杂志》第13期，2000年8月，页186—199。

42　详参本章注20，戴炎辉《唐律各论》，页25—26。另参小野清一郎《唐律における刑法総则の規定》，载《国家学会杂志》第52卷第4号，页17。又参本章注3，仁井田陞《補訂 中国法制史研究 刑法》，页248以下。

关抽象的事实错误。而在《名例》以外诸篇各本条内则规定有具体的事实错误，并有违法性的认识错误。

综上看来，似乎《唐律》比较倾向采所谓的客观具体原则性立法。不过，究其实，客观主义虽以外部现实的行为及其实害为其重点，但仍不能无视行为人之心理的、内部的要素。反之，主观主义虽较重视行为人内部要素的危险性、反社会性，但也不能轻视行为及其实害，故二者的性质并非绝对对立。而寻绎《唐律》立法规范背后的思想，始终摇摆于主观主义与客观主义之间。在法典实践面，也是有层次地交杂着主客观判断指标的体系，可以说，是一种主客观折中式的立法原则。

二、古今有关"错误"立法技术的异同

"错误"的规范与行为人的故意、过失最有直接关联性。问题是，在立法技术面上，故意与过失有无必要作概括原则性的立法定义？而"错误"的类型及其效果是否必要在具总则性质的《名例》篇中作明文规定？

（一）当今刑法错误理论的任务

刑法上检讨"错误"的作用究竟何在？为何不论古今，立法者或司法者，都要费尽心力去诠释"错误"的内涵与外延？一言以蔽之，主要系为处理"错误"在刑法上该如何评价的问题：得以之阻却故意或阻却责任否？换种说法，行为人主观上所认识的事实，与客观上所发生的事实不一致的情形下，什么样的程度不

一致可认为有故意？要到怎么样的程度不一致始可排除故意？

从构成要件错误的事实结构而论，行为人主观上所认识的事实面，并非错误理论所要处理的对象，向来错误理论所要处理的部分，是客观上现实发生的事实，亦即对行为人未预期的客体所发生的结果，可否阻却故意？依此理论，当发生错误之情事时，在刑法适用上，故意理论应先行登场，倘依故意理论的判断，得出该当故意的结论，接着，再透过错误理论的运用，以决定"能否阻却故意"。如得出不该当故意的结论，接下来就是该判断有无过失的适用问题。

因此，"错误"与"过失"的关系，正如同错误理论与故意理论的关系，也有深究的必要，唯素来的论述，却多予以忽视。如前所述，错误理论一向被认为系在处理构成要件错误"能否阻却故意"此一问题点上，假若无法得出"阻却故意"的结论，论者通常径谓应论以"过失"，此时，该效果即与过失理论发生关联，而应予究明者，乃该效果（即"论以过失"）究系错误理论的运用，抑或系过失理论的接续判断。由于历来论述多未详予说明，造成构成要件错误的处理，经错误理论之判断，得出可"阻却故意"后，接着即刻导出"应论以过失"的结论，似乎即为错误理论的当然结果。是否真得如此？不无商榷余地。

理论上，构成要件错误事例在刑法适用上，能否评价为故意犯系属一事，能否评价为过失犯，又属另一事。因此，对于构成要件错误，在判断"阻却故意"后，能否即论以过失犯，尚须适用过失理论的评价后，始能确定。换言之，错误理论本身并无将构成要件错误评价为过失犯的机能。例如民国二年大理院非字第48号的判例云："因开枪击贼，误中其兄毙命，以法理言，属于打击错误，当然阻却故意，而于想象上俱发罪。其击罪之所为，实系杀人未遂，误击兄死之所为，实系打击错误，且并无过失之可言，当然不为罪。"

（二）《唐律》中"误"与"过失"的再厘清

律法字义，在整部法典内，须全部贯通。若此条如此解，彼条又不作如此解，这就有失"法律"的安定性了。值得关注的是，在有关犯罪主观方面的理论与实践上，《唐律》的一个较大特点，是对杀伤罪的主观情况分类，在"故意杀伤人"及"过失杀伤人"之外，另列有"斗殴杀伤人"一项。同时，还原则规定斗殴杀伤是"元无害心"，而故杀伤是"不因斗殴"等的条件。结果，至少在律文上就排除了斗殴杀伤罪中所必定包含的故意杀伤及过失杀伤的性质区分。虽然如此分法，看似容易，却易造成适用上的困境，这也难怪，要有劳《疏议》想尽办法来进行例示性的疏释。

"误"与"过失"二词，自周以降，在文字学义上解，似乎差别不大，仅以其用来与"故"有所区辨即可。后来，汉郑康成以"误"为"不识"（知），"过"为"无本意"（欲）区分，至此，"误"与"过失"似若有所区别。而由晋张斐从郑玄之义以为分界，但仍认为二者间存有模糊地带，不易分别，可知二者也非子然可辨。

晚清沈家本目光如炬，或有感于历来律令上"误"与"过失"的暧昧不明，造成适用上的疑义不断，为此，写了一篇《误与过失分别说》[43]。他认为，汉代文字从简重质，"误"与"过失"二词自不易区别，而唐代文字则长于详明，因此，若依照《唐律疏议》对"过失"与"误"二词所为的定义，应可清楚辨明。质言之，沈氏以为，"误"依《疏议》所云，为"元有害心"的情形，"过失"则为"初无恶意"而属于"耳目所不及、思虑所不到"的情形。以此观之，"误"与"过失"的区别，在于行为人主观的态度，"误"为"有害心而不识"，"过失"则为"无本意而犯之"。的确，在《唐律》中对"误"与"过失"的立法是不同的，并且区分得很清楚，几乎找不出一条规定同时包括"失"与"误"两种情况。

前已屡屡言及，依现代的刑法理论，"错误"属于行为人主观想象与客观事实发生不一致的情形，所强调者，是主观与客观情境间的落差。过失，则属于罪责形态之一，不具备主观不法，用语不同，评价的方式及内容自然有异。观诸中国旧律，"误"与"过失"存在于主观害心之有无，唯其仍须以客观的行为态样及结果来逆推方可得知其为"误"或为"过失"。沈氏指出，东西各国当时律文有"过失"而无"误"的规定，系因"误杀者，元有害心，故无论其所杀者，系所欲杀之人或非所欲杀之人，其害之事已成，难以末减"，其意虽不中，但亦不远矣！

不过，近代刑法的错误理论，它所要处理的项目，不仅限于客体错误的"误杀"一条而已，"错误"的内涵也不全然等同于传统刑律上的"误"。以现今台湾地区"刑法"为例，在犯罪的类型上区分为"故意"与"过失"二者，"错误"在刑法理论上

43　参阅本章注3，（清）沈家本《误与过失分别说》，载前揭书，页676。

处理的方式非仅参酌行为人的主观态度作为唯一的评价重点，法益侵害的类型和危险性亦为现代错误理论所纳入评价。关于这一点，或许为当时沈家本所不察，以为东西律法，法虽不同而殊途同归。唯沈氏观察东西律法，探索其义之用心，乃复知其梗要而为此区别，除了认为"当尽断狱之道"，切勿把"误"与"过失"混同外，也强调"过"、"误"所犯，虽大必宥。尤其，建议主事审判者须审酌行为人的主观情节，灵活运用条文以治狱，他的法学智慧，着实令人叹服！

为了厘清"误"与"过失"的内涵与外延，恐怕还要细细检视《唐律》诸本条，因为唐代关于各种犯罪主观心态的概念，大多是在律文的注疏中以"夹注"的方式来表达。如关于谋杀、故杀、斗杀、过失杀及戏杀都有一些涉及概念的零星解释。举例来说：

关于"过失"及"过失杀伤"。《斗讼律》"过失杀伤人"条（第三百三十九条）："诸过失杀伤人者，各依其状，以赎论。"注文说："谓耳目所不及，思虑所不到；共举重物，力所不制；若乘高履危足跌；及因击禽兽，以致杀伤之类，皆是。"关于"耳目所不及"，疏文又补充说："假有投砖瓦及弹射，耳不闻人声，目不见人出，而致杀伤。"关于"思虑所不到"，疏文说："谓本是幽僻之所，其处不应有人，投瓦及石，误有杀伤。"从行文上看，注文中所举共举重物、乘高履危及击禽兽之例，也都列在"思虑所不到"的范围内。

须留意的是，《唐律》中"过失"一词是以限制性词出现的，亦即无论是律条还是疏文中，"过失"只限定用于杀伤人的场合，例如："过失杀伤人"、"过失杀人"、"过失杀伤"、"过失杀"、"部曲奴婢过失杀主"、"过失杀伤祖父母、父母"等。即使单独使用"过失"或"过失法"、"以过失论"、"子孙犯过失流"等，也毫无例外地限指杀伤人。对于毁坏器物，杀伤牲畜等方面的行为，即使是无意，也不用"过失"一词。[44]

至于与"过失"最相类似的用语"误"，在《斗讼》中规定颇为详尽，尤其在"斗殴误杀伤旁人"这一条律文中，阐明了"误"的性质。沈家本也主要是根据这条疏律中的解释而下了"过失"是"初无恶意"，而"误"则是"元有害心"此一结论的。

读旧律所为何来？有时候，古今对比其实是蛮有趣的事。时序来到民国二十年代，"旧刑法"拟作修正时，论者颇多建议应从当时多数外国立法例，就构成要件错误明文规定者。然而，仔细思量，构成要件错误实系在行为人所认识的事实与发生的客观事实不相符合时，应否认其有犯罪故意或应以过失处罚的问题，倘在法律上未就故意、过失作明确定义的立法，为免滋疑义，自有必要增订明文以资适用；但如法典上已就"故意"、"过失"作明确定义的规定者，理论上，构成要件错误已可借此定义规定而获得适当的解决途径，例如德、日等国刑法，原无"故意"、"过失"的定义规定，故必须订定构成要件错误的条文[45]。今日台湾地

---

44 《唐律》中除了有"过失"的用语外，另有所谓"失"者，例如：《名例》"同职犯公坐"条的"失堪读"、《卫禁》"缘边城戍"条的"失奸寇"、《职制》"祭祀有事于园陵"条的"行事失错即违失仪式"、《职制》"乘舆服御物"条的"进御乖失"等等，凡此大多属于官吏在职行公务上的"过失"意义。

45 "故意"与"过失"之意义，应否在刑法中作明文规定，各国立法例不尽相同。德国旧刑法对于"故意"、"过失"，并没有系统的规定，其1962年《刑法草案》曾网罗过去学说判例之精义，加以整理，使转化为成文法则，唯1969年完成立法程序之刑法总则，仅在第十五条规定原则上处罚故意行为，例外始处罚过失，关于原草案"故意"与"过失"之意义，则概予删除。察其用意，系以"故意"、"过失"之含义及其类别，乃纯粹理论问题，有判例可为依据，如以明文规定，反足妨害学理之发展。日本现行刑法，亦无"故意"、"过失"的意义规定，而归诸学说判例予以解决。

第九章 《唐律》中的"错误"规范及其法理 441

区现行"刑法"第十三条及第十四条既已就"故意"、"过失"作明确的定义,[46]判例解释就此又颇为发达,即使不增订构成要件错误的条文,运作起来也并无任何窒碍。[47]

今昔对照之下,现行"刑法"中,犯罪的主观要件要素主要有"故意"和"过失"的区别;而在《唐律》中,与当代"过失"含义相类似者有"过失"、"失"和"误"等形式用语。"过失"指对人杀伤方面的疏虞行为,"失"则多指官吏公务方面的过失行为,而"误"则意味着除"失"、"过失"之外的过失行为,此外,还意味着某种"错误"。[48]这是《唐律》的立法特点,其后的明、清律也都沿袭此一格局。[49]至于《唐律》在《名例》内既无有关故意、过失的明确定义,又无关于"构成要件错误"的一般原则性明文规定,于今看来,似有缺漏。[50]不过,毕竟时

---

46 台湾地区"刑法"第十三条将故意的意义规定为:"行为人对于构成犯罪之事实,明知并有意使其发生者,为故意。行为人对于构成犯罪之事实,预见其发生而其发生并不违背其本意者,以故意论。"
"刑法"第十四条规定:"行为人虽非故意,但按其情节应注意,并能注意,而不注意者,为过失。行为人对于构成犯罪之事实,虽预见其能发生而确信其不发生者,以过失论。"

47 参阅杨建华《刑法总则之比较与检讨》,台北:作者印行,1988年,页85—94。

48 《唐律疏议》中,直接使用"误"一词的规范尚有如下数条:(1)"合和御药有误"条(第一百零二条):"诸合和御药,误不如本方及封题者,医绞。"(2)"受制忘误"条(第一百一十三条):"诸受制忘误及写制书误者,事若未失,笞五十;已失,杖七十。转受者,减一等。"(3)"驿使不依题署"条(第一百二十六条):"诸驿使受书,不依题署误指他所者,随所稽留以行书稽程论减二等。若由题署者误,坐其题署者。"(4)"医合药不如方"条(第三百九十五条):"诸医为人合药及题疏、针刺,误不如本方杀人者,徒三年半。其故不如本方杀伤人者,以故杀伤论;虽不伤人,杖六十。即卖药不如本方杀人者,亦如之。"以上四条就当代意义言,均属单纯之过失犯,不涉及错误问题。

49 详参本章注3,西田太一郎,载前揭书,页130—142。

50 钱大群认为:"唐朝在刑法中起总则作用的名例律仍没有写上关于故意与过失处理原则的片言只语,这是唐代在律学理论上的一个重大的缺憾。这是历史的局限,直到封建后期的明清都还没有解释这个问题。"详参钱大群《唐律与中国现行刑法比较论》,南京:江苏人民出版社,1991年,页131。

空不同，古今异制本理所当然，这究竟是立法者有意的安排，还是历史的局限？值得再细细推敲。

陆、结语

古往今来，法律一直是人类生活最主要的行为规范，也是落实社会正义的重要依凭。从广阔的比较法史看，《唐律》有关刑法思想与立法技术的发达程度，在当时的世界而言，是无出其右的。而透过上述《唐律》中的"错误"立法及法理的历史考察，或可发现：不论过去与当今，只要是人类社会，犯罪行为的态样，千古以来，实在变化不大；而制裁犯罪行为的思维，其智慧也是古今相通的，对于许多重要法律问题的认知与法律价值观念，其实并无根本上的不同，只是，囿于时空的差异，民情礼俗的扞格，其呈现及被运用的方式有所分殊而已！

走笔至此，不禁又想起法史学的研究方法问题。长年以来，我总认为，论法律文化现象，不宜忘却它的时间度、空间度与事实度。也可以这么说，法制史研究不应该疏忽的三个面向为：想象世界，历史是什么；根源世界，历史为什么是什么；意义世界，历史的过去、现在与未来的联想。事实上，刑法犯罪理论的体系化与规范类型的概念化，是近代欧陆先进法治国家的产物，在晚清继受欧西刑法以前，传统中国"律学"即使已相当成熟，但终究受限于专制统治，始终无法跳脱刑法是"治民之具"的思维模式；加上，传统士大夫读书万卷却不太热衷于法律之学的探究，致使刑事法学的方法与理论思考，并未受到特别重视，法学抽象理论体系的论证与刑法概念类型化的阐释不够昌明。为此，传统"律学"纵然走在别人前头，但"法学理论"在近代以来却落于人后。或许，这也是历史进程中的宿命所使然吧？

第十章

《唐律》与《龙筋凤髓判》

壹、序说

　　传统中国士人重科考,自唐以降,由礼部所主试的科举考试之后,及第者要再经过吏部铨选,即省试后才能授官。而吏部考选的主要内容是所谓的"身"、"言"、"书"、"判"四事,其中尤以判为最关紧要。所谓"判",就是考察被试者如何处理狱讼。判的要求标准是"取其文理优长",好奇的是,"文理"侧重的究竟是事理?法理?还是文采?

　　当然,除了"文理优长"之外,一篇好的判词,还该包括些什么?为什么吏部的考试会采用骈文作为判词的表达工具?假如是要考校文采,礼部的考试不已考过了吗?为什么要礼部先考一次，吏部再考一次？何况，既然考的是判，重点到底应强调法律推理，以其律学素养之高下作为任官的标准？抑或强调文句词章，以其文学修辞的美丑作为授官的准则呢？

近些年来，中外法学界兴起对法律与文学之间关联的关怀，且屡有佳作示现；而法史学的研究对象，也由静态的"法典史"趋向动态的"裁判史"。事实上，如果要追溯传统中国法律与文学的关联，判是观察的重要切入点。

从语源上看，所谓"判"，《周礼·秋官》上说"朝士"之职在于："凡有责者，有判书，以治则听。"后汉的许慎《说文解字》也说："辩，判也。……判，分也。"其本义是一分为二。事实上，"判书"，即双方各执一半的契约，以成为约定的凭证，甚至作为将来争讼的证物。几经推移，判乃成为一种断明事理的文辞。清代的王兆芳说：

> 判者，分也。决事而分，别事理也。自古有决事必有其辞，惟其简质，故前古无见文，亦不名判也。六朝决事曰判，唐试士有判，至于明代亦然。主于判断事理，审辞平议。[1]

可见，判是一种渊源久远的文体，虽然形成甚古，但唐以前遗留下来者并不多见。究其原因，或因唐前尚未有大量讲究形式的"拟判"，而实际的"案判"，在语言形式上又比较质朴简约，与唐人的审美观容有距离，所以留传者少。到了唐代，判则兼具

---

[1] 参阅王兆芳《文章释》，载《历代文话》，上海：复旦大学出版社，2007年，页6321—6322。

实用性与文学性,俨然形成一种独特的文体,受到士人阶层的高度重视。

现存唐代文献中,判的数量相当多,仅是《全唐文》《文苑英华》两总集中所收的判就约有一千二百多道[2]。此外,敦煌、吐鲁番文献中也有些许的判词。其中,最为人津津乐道者,有白居易的《百道判》以及张鷟的《龙筋凤髓判》等。

有关"唐判"的研究,于20世纪30年代以来,日本学者仁井田陞、泷川政次郎等人即有所着墨。近些年来,中国大陆学者也已有多篇论著问世,而台湾不论文史或法学界却均罕见有人涉及,[3]不无遗憾。我于1997年秋,造访北京藏书家信吾是斋主人田涛先生,承其示见明版《龙筋凤髓判》真本及赠《龙筋凤髓判校注》一书[4],匆匆一瞥,但觉艰深晦涩,未及详读,闲置书架久矣!今从容再览该书,顿觉兴趣盎然。

对于该书的作者,其人其事为何?整部书的主要内容与特色何在?书中判目问词的真实性如何?案例该用什么方法去解读?

---

2 《文苑英华》是宋初官修的类书之一,由宋人李昉、扈蒙(一作宋白)、徐铉等编,凡一千卷,辑录自南朝梁以迄唐五代的二千二百余位文人各体诗文近二万篇。分三十八类,"判"是其中一类,卷五〇三卷至卷五五二,共五十卷,收有唐判一〇四六道,中华书局于1966年据宋刊配明刊本影印出版。

3 详参仁井田陞《唐代の封爵及び食封制》,载《东方学报》(东京)第10卷第1号,1939年,页23;泷川政次郎《龍筋鳳髓判について》,载《社会经济史学》第10卷第8号,1940年11月,页1—28;市原亨吉《唐代の「判」について》,载《东方学报》(京都)第33号,1963年,页119—198;大野仁《唐代の判文》,载滋贺秀三编《中国法制史 基本资料の研究》,日本:东京大学出版会,1993年,页263—280。有关中国大陆学者的相关论述,以吕立人、吴承学、苗怀民、郭成伟、田涛以及霍存福等人的研究为主。至于台湾方面的论著,详参桂齐逊《唐代"判"的研究以唐律与皇权的互动关系为中心》,台北:中国文化大学史学研究所博士论文,1996年6月,页1—4。

4 详参(唐)张鷟撰,田涛、郭成伟校注《龙筋凤髓判校注》,北京:中国政法大学出版社,1996年。

宜如何评价这部判词专集的价值？又怎样从本判集看待唐代律学与文学之间的关系及其流变？诸般疑惑，一直想窥个究竟，乃边读边记下心得，并草成此文。

贰、张鹫《龙筋凤髓判》其人其书

提到《龙筋凤髓判》，即兴几点疑问：作者"张鹫"之名何义？人名与书名何以如此之怪？书中的意境，到底想要表达什么？该用律学的观点还是文学的视角来品评这本书？换言之，这是一部法律中的文学作品？抑或文学中的法律作品？还是另类？[5]

一、张鹫其人

张鹫，字文成，自号浮休子，唐深州陆梁（今河北省深州市）人，约生于贞观二十二年（648），"为儿时，梦紫文大鸟，五色成文，止其庭。大父曰：'吾闻五色赤文，凤也；紫文，鹫也。若壮，殆以文章瑞朝廷乎？'遂命以名"。幼年"聪警绝

---

[5] 法律与文学之间的关系如何，已成为当今欧美法学研究与文学研究中的一个重要领域，美国著名法学家理查德·波斯纳（Richard A. Posner）曾对法学与文学交互关系的研究做过四类区分（参阅［美］波斯纳著，苏力译《超越法律》，北京：中国政法大学出版社，2001年，页540；［美］波斯纳著，李国庆译《法律与文学》，北京：中国政法大学出版社，2002年）。朱苏力曾将其综合为：法律中的（in）文学、作为（as）文学的法律、通过（through）文学的法律以及有关（of）文学的法律（《代译序》，载前引《法律与文学》，页2）。这样的区别与讨论，与本章讨论的唐代"法律文化"与"文学形式"相互关系的演变，有一定程度的互补性。

伦，书无不览"。高宗上元二年（675），二十七岁，进士及第，对策尤工。由于张鹭博采群书，学识渊博，才思敏捷，一入仕途，便显露杰出的行政、司法双方面的才能，以至考功员外郎骞味道见所对，称之曰："如此生，天下无双矣！"[6]

之后，张鹭调至岐王府任参军，凡应对"下笔辄成"、"词高文苑等科"，他"八应制举，皆登甲科"，因工作业绩显著，先授长安尉，又迁鸿胪丞，在参加吏部对官吏的铨试时，张鹭"凡四恭选判，荣为铨府（吏部）之最"，成为当时律学精湛而又出类拔萃的官员。主持铨试的吏部员外郎员半千曾对人说："张子之文，如青钱，万简万中，未闻退时。"遂有"青钱学士"的美誉，以其一字值千金，下笔如有神。难得的是，张鹭具有敏锐的法律思维和丰富的司法阅历。

据《折狱龟鉴》载：在他任南阳县尉时，还智断失驴案，并为仓督冯忱洗冤，将盗卖官粟的吕元绳之以法。今其书传于世者，有笔记小说《朝野佥载》、传奇小说《游仙窟》，以及《龙筋凤髓判》等。

或许，古来才高易遭忌，也或由于性格直率"偏躁"，倪荡无检，张鹭敢于讪短时政，致罕为正人所遇，又得罪权臣，乃被御吏弹劾，坐贬岭南。嗣因刑部尚书李日知据理奏论，方使张鹭得以移于近处。玄宗开元中期，入为刑部司门员外郎，主持审判覆核工作，约于开元九年（721）间卒于任上，享寿七十有三。

---

6 有关张鹭生平事迹，两《唐书》并无独立为之立传，均附于其孙《张荐传》中。详参（唐）莫休符《桂林风土记》，以及《旧唐书·张荐传》附《张鹭传》。另参《新唐书·张荐传》。此外，可参阅马雪芹《张鹭生平经历及生卒年考释》，载《河北师范大学学报》（哲学社会科学版）第24卷第3期，2001年7月，页62—64。

衡量一部古籍的价值，当然是先看它的内容，其次是看它的版本。《龙筋凤髓判》成书的年代约在唐睿宗朝（711—713）时期。据宋晁公武《郡斋读书志》卷四著录"鸑龙筋凤髓判十卷"，并附有简介："右唐张鷟，字文成，辞章藻丽，尝入中制科，乃其书判也。凡一百首。自号浮休子。"又据宋陈振孙《直斋书录解题》卷十六著录"龙筋凤髓判十卷"，并附有说明："唐司门员外郎陆泽（梁）张鷟文成撰。鷟调露中进士事迹见张荐传荐之祖也。唐以书判拔萃科撰士，此集凡百题，自省台寺监百司下及州县，类事属辞，盖待选预备之具也。鷟自号浮休子。"

宋以后有各种不同版本传于世[7]，在诸传本中，以明嘉靖年间刘允鹏刊本被评为最是精良，且有刘氏的校注，此即为《四库全书总目》所列的底本。嘉靖二十七年（1548）春二月，刘允鹏为此书作注，在书中说到作注的缘起，是与张鷟一样做了个彩凤飞翔的梦：

予感梦有偶符。且于其判笃好之。以此晨夕诵弄不辍。顾辞极藻绚。又用事奥颐。往往不得其所出。每怀愧闷，肆

---

7 据专家考据，《龙筋凤髓判》的版本大体如下：

元	白口二卷本（有明嘉靖补版）
明	孝宗弘治十三年（1500）沈津刊二卷本
明	世宗嘉靖中刘允鹏刊二卷本
明	神宗万历五年（1577）魏太平等校刊四卷本
明	神宗万历三十年（1602）金陵周氏重刊四卷本
清	《四库全书》本
清	《学津讨源》重刊本
清	嘉庆《湖海楼丛书》本（另有油印本）
清	《海山仙馆丛书本》

此外，清嘉庆《全唐文》及《丛书集成》也收录了这部作品。参阅本章注4，前揭书，《龙筋凤髓判》点校说明，页3。另参（明）陶宗仪等编《说郛三种》第四册，上海：上海古籍出版社，1988年，页1223—1226。

暇中检涉百氏。有所合亟系之句下。积之久。久其系浸多总前后一阅。识遂油油起。较之前时。大有开通处。乃不忍弃捐。猥渍之册。摘为四本。标曰《龙筋凤髓判注》。[8]

其后，清嘉庆十六年（1811），陈春对于刘允鹏的"注释"复为补正，重加刊行。作跋曰：

刘氏《龙筋凤髓判注》。旧刻本颇不易得。同邑王进士宗炎。假仁和沈氏藏本。募胥转录。舛脱不可卒读。何孝廉其爻。依王本手录。辄复随意更定。余以何本既非刘氏之旧。而刘氏原注。亦时有未安者。因为补苴逸义。翦落浮词。虽未还夫旧观。聊有裨于初学。博雅君子。恕其陋妄。益所未逮。抑有厚幸焉。嘉庆十有六年立秋后九日。萧山陈春。识于湖海楼。[9]

晚近，《龙筋凤髓判》一书，于1997年2月，由田涛与郭成伟合作完成再校注本，并由北京的中国政法大学出版社正式刊行，总页数为一八七。唯该书偶有误植或标点起疑多处，读时不可不查。

---

[8] 刘允鹏，本名继先，字敬虚，山东武定人。明世宗嘉靖十年（1531）中举人，尝著有《续事类赋》，今未见传本，唯此注附鹜之书尚存于世。详参《钦定四库全书总目》卷一三五，载《子部》四十五"类书类一提要"。"原本附有注文，为明刘允鹏所辑，采撮颇详，而稍伤冗漫，以别无他注，姑仍其旧录之。"另参吕立人《龙筋凤髓判注析札记》，载中国政法大学法律古籍整理研究所编《中国古代法律文献研究》第一辑，成都：巴蜀书社，1999年。

[9] 陈春，浙江省萧山县人。清仁宗嘉庆年间出版有《湖海楼丛书二十四册》，其中，《龙筋凤髓判刘注补正》列于第二十二册。详参《静嘉堂文库汉籍分类目录》，本章注3，泷川政次郎，前揭文，页14—15。另据（清）于敏中、王际华、梁国治等编《钦定天禄琳琅书目》卷十著录"龙筋凤髓判一函二册"，并附有说明如下："按此书载于《文献通考》者称为十卷，今止二卷，盖因书仅百题，故后人翻刻遂为省并也。"

二、《龙筋凤髓判》内容要义

《龙筋凤髓判》一书，以唐时骈体文写就，并且大量征引文献掌故。整体看来，全书按照《唐六典》"官领其属，事归于职"的原则编排，形成独特的编纂体例。

书中凡分四卷：第一卷收有中书省、门下省、御史台等十二个中央机构的二十二道判例案由；第二卷收集礼部、祠部、兵部等十一个中央机构的二十一道判例案由；第三卷收集修史馆、金吾卫、左右羽林卫等十个中央机构与地方部门的十八道判例案由；第四卷收集左右卫率府、太庙、郊社等十七个中央机构与地方部门的十八道判例案由。总计涉及五十个政府机构与部门凡七十九道判例案由，另收有附录二道逸文，合并为八十一道判。图示如下：

卷一	卷二	卷三	卷四	附录
中书省二条	礼部二条	修史馆二条	左右卫率府二条	左右卫将军一条
门下省二条	祠部二条	金吾卫二条	太庙一条	军器监一条
公主二条	主客二条	左右羽林卫二条	郊社一条	
御史台二条	兵部二条	左右卫一条	太乐一条	
尚书都省二条	国子监一条	左右千牛卫一条	鼓吹一条	
吏部二条	少府监二条	左右监门卫二条	太卜一条	
考功二条	将作监二条	左右屯卫二条	太医一条	
司勋二条	水衡监二条	左右武卫二条	太史一条	
主爵二条	沙苑监二条	左右领军卫二条	刻漏一条	
户部一条	苑总监二条	左右骁卫二条	良酝一条	
工部一条	内侍省二条		太官一条	
仓部二条			掌醢一条	
			珍羞一条	
			藉田一条	
			亲蚕一条	
			导官一条	
			勾盾（缺文）	

《龙筋凤髓判》目录

如果，按照当代法学的分类标准，《龙筋凤髓判》的内容，可以分为如下几种类型：

（一）处理官吏职务犯罪方面的判，此又可细分为：

1.关于收受贿赂罪方面的判，例如：卷一《尚书都省》第二条，卷三《修史馆》第一条。

2.关于贪渎犯罪方面的判，例如：卷四《导官》第一条。

3.关于泄漏机密罪方面的判，例如：卷一《中书省》第一条。

4.关于挟私陷害犯罪方面的判，例如：卷一《御史台》第二条。

5.关于玩忽职守罪方面的判，例如：卷一《门下省》第一条，卷四《刻漏》一条。

唐初统治者以隋为鉴，在承袭古代"明君治吏不治民"的传统观念下，确立了严于治吏的方针，以期透过治吏达到治民的终极目的。成于中唐时期的《龙筋凤髓判》，也充分体现此等原则。书中对于处理官吏职务犯罪方面的判，约占全书的百分之七十，其中又特别着重于中央机关，足见其分量之重。

（二）关于处理官民田产纠纷方面的判，例如：卷二《苑总监》第一条。

（三）关于处理涉外经贸与纠纷方面的判，例如：卷二《主客》第一条。

（四）关于违反社会治安方面的判，例如：卷三《金吾卫》第一条。

虽然，《龙筋凤髓判》中有部分犯罪类型与现今有类近之处，但仔细体察，仍具有传统中国独有的一些特色。书中，涉及礼法混同方面的判仍所在多有：

（一）关于处理违犯纲常礼教方面的判，例如：卷四《左右卫率府》第一条，卷四《太庙》与《郊社》两条。

（二）关于处理不应言而上言罪方面的判，例如：卷二《苑总监》第二条，卷三《左右武卫》第一条，卷三《左右骁卫》第一条。

（三）关于处理科举考试方面的判，例如：卷二《国子监》第二条。

以上仅就《龙筋凤髓判》一书的形式内容加以概述，至于其风华独具的实质内涵，将于本文第四节有关"案例解析"中再详加说明。

叁、《龙筋凤髓判》判词问目的真实性问题

读《龙筋凤髓判》，最想厘清的是，判词问目的真实性到底如何？因为这不仅关乎对张鷟其人其书的认识和评价，也关乎对唐代判文发展的理解，同时更关乎对唐代法律文化与文学遗产相关联性的掌握。

如仅就判的应用范围和对象来区别，以唐代言，判大致可分为三种：一是"案判"，系指当时官吏在受理案件或处理公务中实际所写作的判文，故又称为"实判"。其二是"拟判"，也就是虚拟的判文，是为准备铨选考试而作的选士之词。另一为"杂判"，是指那些非处理正式的案件或公文，在日常生活中针对某

些事情有感而发的判文。[10]《龙筋凤髓判》中的判到底属性为何？

一、拟判乎？

根据目前我所看过的资料，绝大部分的学者认为唐代判词多是虚构的，而《龙筋凤髓判》尤其是其中的代表，它是唐代考官制度的产物，是文人精心写作的拟判。

因此，不论对本书的评价为何，一般都把书中判目当作是一部拟判，是"待选预备之具"，是"当时文格"，是秉谳者的"蓝本"。再综观持"拟判"论调者，大多以为，本书判词虽涉及的人物都有名有姓、有职有务，涉及的事也都有因有果、有时有地，但若稍加留心，就会发现这一切全都是虚拟的。[11]

简单地说，世人会把本书判词当作是一部精心写作的拟判，乃缘于有唐一代，科举设"常科"和"制科"两大类以策试取士。常科策试中拟作书判为其内容之一，而吏部在科举选士出题时，原本是以实际案件作为命题的对象，不过，这种出题方式年久月深极易陷于类型化，为避开被猜题的虞虑，终于导致两种结果：

---

[10] 此外，有人把某些唐判文称为"花判"，例如（宋）洪迈《容斋随笔》卷十"唐书判"："世俗喜道琐细遗事，参以滑稽，目为花判。"（北京：中华书局，2005年，页129）事实上，花判是就其风格而言的，其分类不属于同一系列。花判可能是案判，也可能是杂判，可实录，可加工，也可虚拟。参阅吴承学《唐代判文文体及源流研究》，载《文学遗产》第六期，1999年。另外，有关判词的详细分类，可参阅汪世荣《中国古代判词研究》，北京：中国政法大学出版社，1997年，页5—24。

[11] 例如，卷一，吏部二条中的第一条《山巨源奏请选放》，山巨源本名山涛，字巨源，为竹林七贤之一，魏时为吏部郎，晋武帝时为吏部尚书，居官十余年，以善甄拔人物为世所称。这一道判词引录了一段山巨源的奏文，对官吏选用状况提出了批评。而判则仅是对奏文的论述和阐发，并无判决可言，更未引律断处，很明显是篇训练论辩能力的拟判。如果说是实判，岂不是唐代人在审五百年前晋代人的案子？显然是不妥的。详参本章注8，吕立人，前揭文，页118。

一则选取虚构性的案件来命题，一则趋向于从古典经籍中搜罗部分常人较难理解或较为陌生的实例来命题。如此一来，虚拟性、假设性或经义型的"判题"日增，试判文字自然就易流于文学性、技巧性。而坊间专为应付此类考题的"试判模板"也就应势而出，《龙筋凤髓判》及白居易的《百道判》，或均可作如是观。

　　再详细讲，唐代的科举制度，是先经礼部，可报考的科目很多，谓之"常科"，最受重视的是"进士"和"明经"两科，此两者都不考判，即使明法科也不考判；及第者谓之"出身"，但因尚未步入仕途，故还是"布衣"。礼部把及第举子的姓名及有关资料移交给吏部，吏部则试判两节，叫作"关试"。及格者始取得授官资格，脱离布衣，故谓之"释褐试"（脱去麻布之衣）。除了常科之外，偶有制举，是天子特别下诏举行的考试，科目有博学宏词和书判拔萃两科，谓之"制科"，名义上由天子亲策，"书判拔萃科"是试判三道，中者即授官。[12]

　　而一般所谓的"身、言、书、判"，指的是另一种考试，即铨试或铨选，主要是地方低层官吏到吏部考的试，他们被称为选人（候选之意），考试通过才有机会调到其他地方和新的职位。所考即"身、言、书、判"，先考"书"及"判"，通过了才考"身"和"言"，四者合称"政事"。

　　从上述可知，制科的书判拔萃、吏部的释褐，和吏部的铨试都考到判，而一般说法，《龙筋凤髓判》主要是为了吏部的释褐试而作。在这个阶段，绝大部分的士子只有书本知识而无实务经验，而书本知识又以科举所需的经史为主，有没有读过《唐律》

12　详参傅璇琮《唐代科举与文学》，台北：文史哲出版社，1994年，页499—525。另参王勋成《唐代铨选与文学》，北京：中华书局，2001年，页295—296。

甚成疑问,所作的"判"能引用什么律条或推阐法理也就可思过半了。做官之后,有了实际的审判经验,大抵也能阅读《唐律》,此时去参加吏部的"身、言、书、判",所作的判自是较参加释褐试时有所充实。所以,如何把《龙筋凤髓判》准确地放在某个阶段的考试需要来评估,是相当重要的。

二、实判乎?

不过,也有持不同看法者,认为张鷟判词适值唐代判文发展的第一阶段,即"取州县案牍疑议"为问目者,与后来判文"取经籍为问目"不同。甚至有人认为《龙筋凤髓判》判文问目系源自当时的真实案例、奏状、史事,只因为张鷟为了避讳,虽保留涉案人原姓,却略省、更改其名,在很大程度上掩盖了它的真面目。这种"伎俩"在当时的人不是谜,但却为后人解读造成了莫大障碍,以致长期以来,人们不敢轻用其文。实际上,张鷟判词问目是唐武周、中宗两朝的实录。[13]

果如其言,《龙筋凤髓判》就具有极高的史料价值,尤其对法律史的研究将有突破性的助益。此其中,以学者霍存福论述较为精详,他认为本书判词,是真实判目,理由有二[14]:

其一,以时代而论,张鷟《龙筋凤髓判》是唐人判词中结集最早者,属于唐代判词发展的第一阶段。唐判词历经了三个不同的发展阶段,杜佑的《通典》卷十五《选举三》载:

---

13 参阅霍存福《龙筋凤髓判判目破译》,载《吉林大学社会科学学报》1998年第2期,页19—27。

14 参阅本章注13,霍存福,前揭文,页19—20。

> 初，吏部选才，将亲其人，覆其吏事，始取州县案牍疑议，试其断割，而观其能否，此所以为判也。后日月寖久，选人猥多，案牍浅近，不足为难，乃采经籍古义，假设甲乙，令其判断。既而来者益众，而通经正籍又不足以为问，乃征僻书曲学、隐伏之义问之，惟惧人之能知也。

用白话讲，唐代判试出题经历三个阶段。"始取州县案牍疑议，试其断割，而观其能否。"最初的判试往往是从州县实际遇到的一些真实的疑难案件中挑选出来作为考题，让应试者对这些案件给予判决，看看是否能合乎法律的要求，以及是否符合案件的实际情况。由于参加考试的人越来越多，以地方案件为题又显得浅近，难度不够，"乃采经籍古义，假设甲乙，令其判断"。于是便从经书古籍中选用一些事情，假设案例，令士子判断。后来这些经书古籍还不足以难倒一般士子，所以只好"征僻书曲学、隐伏之义问之"，有意在冷僻的掌故典籍中找些幽晦的题目发问，唯恐应试者能从容应对。

事实上，张鷟于高宗上元中登进士第，卒于玄宗开元中期，想见其活动期间正当高宗末、武周、中宗、睿宗直至玄宗开元中。一般史家又认为，高宗显庆初刘祥道上疏论"曹司试判"为"试判之所起"，则张鷟判文应是适应吏部考判之第一阶段需要产生的，其判词问目属于切于吏事的"州县案牍"，而不属第二阶段的"经籍问目"，更不属第三阶段的"僻书曲学或隐伏之义"。以此推量，张鷟判文问目应以居中的武周、中宗及睿宗时事为多，但不排除使用过高宗末及玄宗初时事。

其二，张鷟判文每每给人以真实的印象。判目中既无经籍问目,更无僻书曲学,源自当时真实案例和奏章的痕迹非常明显;且年号、官名、人名、地名、建筑名,一一指实,似不容假。这与白居易的《甲乙判》差异很大。白判虚设甲乙,不具人名、地名等,且多有经籍问目,恰合上述《通典》所谓吏部考判第二阶段的显著特征。[15]

不过,霍存福也指出,《龙筋凤髓判》虽每判有涉案人名,却多为杜撰。如卷一《公主二条》中,"永安公主"在玄宗以前未有封此号者。另一"山阳公主",迄唐末亦未有封此号者。至于涉案官员,省台官上至左仆射、御史大夫,下至左司郎中、中书舍人、给事中,六部侍郎、郎中,卫官之大将军,五监之将作大匠,遍查唐史纪传表志,少有名姓符合者。偶有一二名姓合者,时代、历官又不同。可见,张鷟所用皆非真名,这是可以确定的。

既然是随意取名,何能说明判文的真实性?霍先生又提出大胆假设,认为判目中某些人名是依据其职掌性质取定的,或是以与职掌相关的古今人名为依据的。如羽林将军名"敬伟",或即"敬卫"或"警卫"之谐音,如此等等。他还进一步论证,张鷟判文问目确实源自真实案例、奏章。至于为什么要用假名而不用真名?唯一的原因就是避讳[16]。

霍氏之论,或有创意,不过,迄今为止,对于这种讲法,仍

---

15 有关白居易的《甲乙判》,详参陈登武《白居易"百道判"试析——兼论经义折狱的影响》,载柳立言主编《传统中国法律的理念与实践》,台北:"中央研究院"历史语言研究所,2008年,页343—411。

16 按,中国历来虽十分讲究避讳,避讳的对象有:在位君主名,庙讳,太子名,皇妃名,皇后祖、父名,权贵名,孔子名,自己祖、父名等,大致上从文献避讳的情形可以推算成书的时间,但避讳的对象并不包括一般人。

多存疑，我还是比较赞同《龙筋凤髓判》是唐代考官制度下的产物，是文人精心写作的"拟判"这种说法。

理论上，唐代判文之所以兴盛，应与唐代科举制度有直接关联，唐代由礼部主持科举考试，及第者才具有做官的资格。吏部则负责委派官职，唐代的士子及第后，要经过吏部考试，即省试后才能授官。

吏部考选的主要内容是所谓的"身、言、书、判"，上面所引杜佑《通典》，谈到唐代铨选制度时说：

> 其择人有四事：一曰身，取其体貌丰伟；二曰言，取其词论辩正；三曰书，取其楷法遒美；四曰判，取其文理优长。四事皆可取，则先乎德行。德均以才，才均以劳。……凡选，始集而试，观其书、判。已试而铨，察其身、言，询其便利，而拟其官。

在唐代，上述中之所谓"判"，往往以地方狱讼案件或经籍所载的史事为案例，让应试者加以分析，写出判词，以此检验应试者从政的能力和人文素养。每道判少则五六十字，多则二三百字，要以对仗工稳的骈文写成。在吏部"身、言、书、判"考试中，判是至关重要的，其成绩的高下，直接关系到士子的前途。马端临《文献通考》中曾说："然吏部所试，四者之中，则以判之尤切。"[17]

判文何以会如此被看重？想来或与当时认为它较能反映人才

17　参阅（宋）马端临《文献通考·选举考十·举官》，北京：中华书局，1999年，页354。

的一些重要素质有关。盖为官者，必先通晓事理，谙练法律，才能明辨是非，发擿隐伏，此乃临政治民的第一要义。也就是说，判文的写作，不但须熟稔律义，更要深入民情，才谈得上具有慎察明断的分析力和判断力。

由于士人对判的重视，试判的难度越来越大。唐代的试判题目也就越出越难，越走越偏，所试的案例，也由真实走向虚拟。张之洞（1837—1909）的《书目答问》评论《龙筋凤髓判》时也说："名似法家，实则词章，无类可归，附此。其目藉考唐时律令公式。"如果用该书判词来考察唐代若干律令条款，想来应非张鷟本意，却留给后人无限的遐思空间。

肆、《龙筋凤髓判》案例解析举隅

综览《龙筋凤髓判》全书，把它当作"实判"来看，固未必妥当。但它既然是一部判词专集，其合于判词写作规范的案件当不在少数。它每卷的每道案例都是由两个部分所构成：一为盛行一时的典型判例"案由"；另一为张鷟等针对此案例所撰写的"判词批语"，以及阐明如何适用律条与司法解释等。

在形式特征上，各案案由中有罪犯人名、官称、法司或行政官署名以及原告人名等，个别案由尚有"神龙元年"、"三年"年号及"沧、瀛等州"地名，表明其判文问目有可能源自当时州县府寺案牍，至少是当时案牍的仿制品。在判文内容上，有些是针对某部门或某官吏奏事呈文的批覆[18]，并非严格意义的判词。

或许是拟判之作，半数以上的案例都没有明确援引律令根据，即使有部分作出定罪的断语，也往往语焉不详。据粗略统计，全书与唐律令有关者，约有三十五道，占判文总数的百分之四十四。本章特择其与《唐律》相关者九道，每道分成"案由"、"判"及"解析"三部分来寻绎其意。

一、关于泄漏机密罪案

（一）案由：

> 中书舍人王秀漏泄机密，断绞，不伏，款于掌事张会处传得语，秀合是从，会款所传是实，亦非大事，不伏科。

（二）判：

> 凤池清切，鸡树深严，敷奏帝俞，对扬休命。召为内史，流雅誉于周年，苟作令君，振芳尘于魏阙。张会掌机右掖，务在便蕃，王秀负版中书，情惟密勿。理须克清克慎，慕金人以口缄，一德一心，仰星衔而舌卷。温树之号，问且无言，恶木之阴，过而不息。岂得漏秦相之骑乘，故犯疏罗，盗魏将之兵符，自轻刑典。张会过言出口，驷马无追，王秀转泄于人，三章莫舍。若潜谋讨袭，理实不容，漏彼诸

---

18 例如，卷一的《山阳公主为子求官》《吕讷请为安稳法》《游最考勋至上柱国》，卷三的《鲁敬不堪宿卫》，卷四的《王干状请更改修制》等。

蕃，情更难恕，非密既非大事，法许准法勿论，待得指归，方可裁决。[19]

（三）解析：

本案中书舍人王秀听闻张会所传机密，转而泄漏给驻长安诸国使节，是否构成漏泄机密罪？所泄漏者是"大事"或"非大事"？王秀泄密如果没有受到张会的指使，应负泄密"外蕃"罪的首犯抑或从犯的刑事责任？

按《唐律·职制》"漏泄大事应密"条规定："诸漏泄大事应密者，绞。非大事应密者，徒一年半；漏泄于蕃国使者，加一等。仍以初传者为首，传至者为从。即转传大事者，杖八十；非大事勿论。"《唐律》此条规定因故意或过失漏泄关于机密行为的处罚。依律文规定：第一，泄密罪依其所泄密之内容分为两类，刑罚有异。一类是"大事应密"者，即涉及国家安全与军事行动之事，例如"潜谋讨袭及收捕谋叛之类"。凡属此类，"不合人知。辄漏泄者，绞"。另一类是"应密之非大事"，即非涉及国家安全与军事行动，但仍"不合人知"之事，例如"仰观见风云气色有异，密封奏闻"之类。凡属此类，"有漏泄者，是非大事应密，合徒一年半"。第二，泄密罪依闻密对象分为两类，刑罚各异。一类是泄漏于本国之人，无论其为官为民，为常人为罪人。凡属此类，即依上法：漏泄大事应密者绞，漏泄非大事应密者徒一年半。再一类是泄漏于外国使臣，即所谓"蕃国使"。凡

---

19 参阅《龙筋凤髓判》卷一"中书省二条"（一）。收于本章注8，《景印文渊阁四库全书》第八八九册，以下凡所有引《龙筋凤髓判》案例均出自同书，不再特别注明。

属此类，则须比常法加一等科处，盖"国家之事，不欲蕃国闻知"，故重惩而严禁之也。具体说来，泄漏大事应密于蕃国使处绞（因《名例》规定"加入绞者，不加至斩"，故虽加一等，并不加至斩）；泄漏非大事应密者于蕃国使，"加一等，合徒二年"。第三，泄密罪依情节之轻重而处罚有殊：一类是"初传者"，即"初漏泄者"。此类是为首犯，须科全罪：漏泄大事应密于本国人者处绞，漏泄非大事应密于本国人者处徒一年半；漏泄大事应密于蕃国使者亦处绞，漏泄非大事应密于蕃国使者处徒二年。再一类是"传至者"，即不该闻密之人，如《律疏》所解："谓传至罪人及蕃使者。"此类是为从犯，须减首犯一等：罪人得闻大事应密者从绞上减一等科流三千里，得闻非大事应密者从徒一年半上减一等科徒一年；蕃国使得闻大事应密者从绞上减一等科流三千里，得闻非大事应密者从徒二年上减一等科徒一年半。第三类是"转传大事者"，即在初传者与所传至罪人或蕃国使臣之间"中间传说"之人。此类既非首犯，亦非从犯，故科刑较轻，其中辗转相传大事应密者，无论传至者为本国罪人或蕃国使臣，皆杖八十，辗转相传非大事应密者，无论传至者为本国罪人或蕃国使臣，"并不坐"。[20]

将本判案由及判文对证律文，到底法司断王秀绞刑，是否适法？王秀争辩两点，一是他该当"从犯"，二是他所传"非大事"，这两样均属于律文中减刑的规定，所以不服处绞的判决。本判指出：若属"潜谋讨袭"之大事，"理实不容"，张会自应为首（初传者），王秀自合为从（传至者，或是转传者）；设若将大事应密

---

[20] 参阅刘俊文《唐律疏议笺解》上册，北京：中华书局，1996年，页758。另参戴炎辉《唐律各论》上册，台北：成文出版社，1988年，页99—101。

"漏彼诸蕃","情更难恕",首犯、从犯皆应各加一等(依《名例》,绞刑不加至斩,则漏泄首犯仍处绞;从犯原处流,至此加至绞)。设若将"非大事应密"漏于诸蕃,首犯在"徒一年半"上加一等,从犯于徒一年上加一等。但问题在于,原判在适用法律上明显有误;例如,王秀果犯漏泄机密罪,也只是"传至者",是从犯,依《名例》应比首犯处绞减一等处罚,即处流三千里。

在事实认定上,原判定"王秀漏泄机密"之罪。张鷟判文则澄清了王秀不过是"转传者"而不是"传至者"。判文一则云"王秀转泄于人",暗指其行为只是转传;二则云"非密既非大事,法许准法勿论",所征引的是上述律文第二款"转传……非大事,勿论"的意旨。

至于本判末云"待得指归,方可裁决","指归"应指最终的事实确定,即所传是否系"非大事"。王秀所为究竟是否属转传行为?从行文倾向看,张鷟是相信王秀不是初传者,且所传也非大事。本判之能区分"初传"与"转传"、"转传大事"与"转传非大事",张鷟果非熟读律文,怎能领会法意至此?只可惜该则判文并未作出最终明确的判决。

二、关于崔暹奏事口误罪案

(一)案由:

> 通事舍人崔暹奏事口误,御史弹付法,大理断笞三十,征铜四斤。暹款奏事虽误,不失事意,不伏征铜。

（二）判：

　　崔暹风神爽俊，词采抑扬；雅调疏通，清音朗彻。裴楷之英姿肃肃，朝野羽仪；魏舒之容止堂堂，群寮领袖。自可曳裾紫禁，伏奏青规。助朝廷之光辉，赞明时之喉舌。芝泥发彩，宣凤藻而腾文；兰检浮香，润龙缣而动色。岂容金马之对，未被誉称；神羊之威，俄闻奏劾？罚金既惧于疏网，辨璧无舍于明珠。过误被弹，止当笞罪；不失事意，自合无辜。虽触凝霜，理宜清雪。[21]

（三）解析：

　　据《晋书》与《隋书》中的《百官志》载，通事舍人，是中书省长官中书令与副职侍郎以下，操办细务的一般官吏，通常是十余人。晋至隋大体如此，隋改中书省为内史省，但通事舍人之职并无更变。本案案由称通事舍人崔暹奏事口误，御史弹付法，大理断笞三十，征铜四斤，崔暹不服征铜。

　　按《唐律·职制》，"上书奏误"条规定："诸上书若奏事而误，杖六十；口误，减二等。"《疏议》曰："上书"，为书奏特达。"奏事"，谓面陈。有误者，杖六十。若口误，减二等，合笞四十。至若口奏虽误，事意无失者，不坐。据本条律文，"口误"，合笞四十；但若不失事意者，勿论。

　　至于上奏及公文有误罪，系指向皇帝上书或面奏，以及日常

21　参阅《龙筋凤髓判》卷一"中书省二条"（二）。

向上司下属报行公文，疏忽不慎，造成内容有错失，文字有"脱剩"的行为。此类行为性质表面上为失职，后果则贻误公事，故律特设专条加以惩禁。张鷟判文主张："过误被弹，只当笞罪"；"不失事意，自合无辜"认为即便"口误"有过，罪只当笞；倘若"口误"不失事意，更应论处无罪。至于征铜部分，理应得到昭雪。

三、关于奏状误失罪案

（一）案由：

给事中杨珍奏状，错以崔午为崔牛，断笞三十，征铜四斤，不伏。

（二）判：

沉沉青琐，肃肃黄枢。望重鸾司，任光龙作。掌壶负玺，步顿于是生光；左貂右蝉，揖让由其动价。杨珍门承积阀，荣重搢绅，趋左掖之严凝，奏上台之清切。出纳王命，职当喉舌之官；光阐帝猷，佐处腹心之地。恪勤之誉，未出于丹闱；舛缪之愆，已尘于清宪。马字点少，尚惧亡身；人名不同，难为逃责。准犯既非切害，原情理或可容。何者？宁失不经，宥过无大。崔牛崔午，即欲论辜，甲申甲由，如何定罪？[22]

22　参阅《龙筋凤髓判》卷一"门下省二条"（一）。

（三）解析：

据《隋书·百官志》载，门下省为魏晋南北朝时期宫中侍从机构，设"侍中、给事黄门侍郎各四人，掌侍从左右，摈相威仪，尽规献纳，纠正违阙"。另外，"监合尝御药，封玺书"等职事。本案给事中杨珍奏状误失人名，断笞三十，征铜四斤，杨珍不服。

依《唐律·职制》"上书奏事误"条规定："一、诸上书若奏事而误，杖六十；口误，减二等。上尚书省而误，笞四十。余文书误，笞三十。二、即误有害者，各加三等。三、若误可行，非上书、奏事者，勿论。"从上述律文看来，上奏及公文有误分为"上奏有误"与"公文有误"两类，各依情节及结果予以不同之处罚。关于上奏有误，形式有二：一为书奏，一为口奏。书奏准备时间充分，理当完善，故如有错误，须予重罚，一般情况下科杖六十，虽误未失事亦如此；若因误造成严重危害，包括出入罪刑及增减财物等，则加三等科杖九十。口奏御前以口头陈述，临时应对，难免差失，故如有错误，应予宽减，一般误未失事者不坐，轻微失事者科杖四十，造成严重危害者科杖七十，亦即各减书奏有误二等。[23]

根据本条律文，"上书若奏事而误"宜杖六十。张鷟判文首先指出，杨珍"出纳王命，职当喉舌之官"，负有"光阐帝猷，佐处腹心之地"，其职责重大，理应慎重其言行。唯因疏忽，在

---

[23] 参阅本章注20，刘俊文，前揭书，页788—790。另参本章注20，戴炎辉，前揭书，页112—114。又《疏议》曰："'上尚书省'以下虽误，案验可行者皆不坐。可行者，谓案验其状，省察是非，不容更有别议。当言甲申之日，而言甲由之日，如此之类，是案省可知，虽误皆不合罪。"

上皇帝奏中，错把"崔午"写成"崔牛"，应是符合"奏事而误"律条，当受"杖六十"之刑罚；认为"人名不同，难为逃责"；又说："崔牛崔午，即欲论辜，甲申甲由，如何定罪？"认为此举该负法律责任，但他又以为"断笞三十，征铜四斤"处罚过重。乃批"准犯既非切害，原情理或可容，何者？宁失不经，宥过无大"，主张对于过失行为宜从轻发落。

本案张鷟之判，不但具有尊重"罪刑法定"之意识，且能灵活量刑，确有其独到之功。

四、关于知制敕书有误罪案

（一）案由：

> 左补阙陈邃司制敕，知敕书有误，不奏辄改，所改之次，与元敕同。付法，不伏。

（二）判：

> 陈邃缪司纶綍，忝掌枢机，参详兰叶之文，宜越芝英之字。拾遗补阙，蹑山甫之清尘；献可替否，寻晏婴之胜迹。设令鱼鲁纰缪，理合上闻；豕亥参差，无疑下断。岂容斟酌圣意，加减纶言？用寸管以窥天，持小舠而测海。未经上白，辄敢雌黄。定字虽复无差，据罪终须结正。八十之杖，自作难逃；三千之条，理宜明罚。[24]

24　参阅《龙筋凤髓判》卷一"门下省二条"（二）。

(三) 解析：

《新唐书·百官志》载，左补阙为唐朝隶属于门下省之谏官，与中书省右补阙对置。武则天垂拱元年（685）二月创置，"初左右各二人，从七品上，后增至六人。掌供奉讽谏，大事廷争，小事上封事。天下利病，朝廷得失，天子宰相，尽在其中"。其品秩不高，职责却很重，皆由君相亲自授受政绩卓著之地方官吏，成为晋升要职的阶梯。

依《唐律·职制》"制书误辄改定"条规定："诸制书有误，不即奏闻辄改定者，杖八十；官文书误，不请官司而改定者，笞四十。知误不奏请而行者，亦如之。辄饰文者，各加二等。"根据律文，要构成"制书误辄改定"之罪，须符合下列要件：（1）制书有误。必须是"旨意参差"或"脱剩文字"，而"于理有失"者。（2）不即奏闻而辄改定。《疏议》曰："皆合覆奏，然后改正、施行。不即奏闻辄自改定者，杖八十。"唯《疏议》又曰："依《公式令》：下制、敕宣行，文字脱误，于理无改动者，勘检本案，分明可知，即改从正，不需覆奏。"（3）或知有误，不奏而行。《疏议》曰："知制书误不奏……依错施行……"倘符合上述要件，各杖八十。

本案案由所谓"知敕书有误，不奏辄改"该当本条罪名构成要件，张鹫认为"定字虽复无差，据罪终须结正"，认定有罪。因此，判文说"八十之杖，自作难逃"，其所主张刑罚尚符合律文的规定。

五、关于贪渎罪案

（一）案由：

御史严宣前任洪洞县尉日，被长史田顺鞭之。宣为御史，弹顺受赃二百贯，勘当是实。顺诉宣挟私弹事，勘问宣挟私有实，顺受赃不虚。

（二）判：

田顺题舆晋望，让佩汾阳；作贰分城，参荣半刺。性非卓茂，酷甚常林。鞭宁咸以振威，辱何夔而逞志。严宣昔为县尉，雌伏乔元之班；今践宪司，雄飞杜林之位。祁奚举荐，不避亲仇；鲍永绳怨，宁论贵贱？许扬大辟，讵顾微嫌？振白鹭之清尘，纠黄鱼之浊政。贪残有核，赃状非虚。此乃为国锄凶，岂是挟私弹事？二百锱坐，法有常科；三千狱条，刑兹罔舍。[25]

（三）解析：

秦置郡丞以佐太守，在边为长史，汉设别驾，至唐太宗乃改别驾为长史，本案被告田顺曾任长史。

在唐朝，为加强行政与司法监察，赋予监察御史"风闻弹

25　参阅《龙筋凤髓判》卷一"御史台二条"（二）。

劾"、"震肃百僚"的权力。御史严宣弹劾洪洞县令田顺受贿二百钱贯,题中"受贿不虚"一句,认定田顺贪渎罪成立。本案涉及官吏之间相互攻讦而暴露出贪渎罪行。而田顺身为县令,反以鞭打过严宣为由,反诉严宣此次弹劾系为"挟私弹劾"。

查唐代关于官纪之罪,规定甚为严密,职官不可徇私,尤不得受财,犯者即成立失职罪。此再分为直接与公事有关与无关者,有关者系渎职,无关者乃受监临财物。而官人之渎职,系与当事人为必要共犯;但其处罚,对官人重,而对当事人轻。此视其不受财(答应请托)与受财,受财者罪重而不受财者轻。又有以受财枉法论,及准枉法论,均是彼此俱罪之赃,其赃没官。仍视其有禄与无禄,无禄者减一等,又有受财在先与在后之分,先受财者之刑,比后受财者为重。

针对本案,张鷟判语明确指出:严宣"许扬大辟,讵顾微嫌?振白鹭之清尘,纠黄鱼之浊政。贪残有核,赃状非虚。此乃为国锄凶,岂是挟私弹事?"依律"二百锱坐,法有常科;三千狱条,刑兹罔舍",对田顺受贿行为主张严加惩处,绝不姑息。

六、关于收受贿赂罪案

(一)案由:

> 令史王隆每受潞州文书,皆纳贿钱,被御史弹,付法,计赃十五匹,断绞,不伏。

（二）判：

> 王隆忝沾趋吏，幸列胥徒，禄虽给于斗储，官未阶于尺木。鸡卵之馔，虽避嫌疑；鹅目之钱，若为窥觊。每受一状，皆取百文。未申疵面之功，翻起黑头之患。猎青蚨之小利，触骢马之严威。因事受财，实非通理；枉法科罪，颇涉深文。宜据六赃，式明三典。[26]

（三）解析：

据《新唐书》卷四载，唐代"令史"为尚书都省的属官，总计有十八名，负责依成制勾检、签署文书等项，品低而责重。王隆身为尚书都省的令史，执掌吏部典籍，以及尚书省六部通义，握有相当的权力。其竟利用批转路州文书的职权，收受贿赂，赃款数额达十五匹，依律判处绞刑，是否妥适？

《唐律》关于官吏渎职收受贿赂行为，往往以赃之数量与价值为定罪的标准。因赃犯罪者，其罪均加重其刑；而罪之轻重，又以赃物之多少为衡。赃有六种：强盗、窃盗、枉法、不枉法、受所监临及坐赃，是名为"六赃"。依《唐律·职制》"监主受财枉法"条规定："诸监临主司受财而枉法者，一尺杖一百，一匹加一等，十五匹绞。"此条乃规定监临主司因事而受财之罪。《疏议》对"监临主司"，解谓："统摄案验及行案主典之类。"凡受有事人财，而为曲法处断者，一尺杖一百，一匹加一等，十五匹绞。按监主受有

26　参阅《龙筋凤髓判》卷一"尚书都省二条"（二）。

事人财罪，指监临主司利用职务上之便利，接受有事人财物，为之曲法裁判或谋取其他非法利益之行为。此类行为属于贪赃受贿，乃性质最严重的渎职罪，故律特设专条，以厉刑惩治。至于监主受有事人财罪的构成要件，律虽无明文。唯据后"事后受财"条、"受所监临财物"条及"杂律坐赃致罪"条可以推知，必须具备以下三个要件：其一，行为主体必须是监临主司。如非监临主司而受有事人财，则当以坐赃论，依《杂律》"坐赃致罪"条科罚，而不得定为此罪；其二，监临主司必须利用职务便利受贿。如与执行职务无关，则当以受所监临财物论，依"受所监临财物"条科罚，而不当定为此罪；其三，受财必须在事前，如事后受财，则当依"事后受财"条科罚，亦不得定为此罪。

本案张鷟批语说："因事受财，实非通理，枉法科罪，颇涉深文。"主张从据律文中"六赃"的规定，严厉以惩，以彰显《周礼·秋官·大司寇》中所谓"轻典"、"中典"、"重典"、"世轻世重"的刑事政策和刑罚适用原则。

七、关于犯夜罪案

（一）案由：

左金吾卫将军赵宜检校街时，大理丞徐遬鼓绝后于街中行，宜决二十，奏付法，遬有故，不伏科罪。

（二）判：

中尉掌徼，起自秦朝；郎将司阶，行于汉制。御曹执革，雕轮光紫陌之前；武库禁兵，缇骑拂红尘之外。弯弧壮月，肃肃盈衢；挺剑含霜，辉辉满路。辛庆忌之威重，乃应斯荣；汉光武之微时，犹钦此职。赵宜名参列校，务总戎昭；蹑贾复之前规，追寇恂之旧轨。乳虎之号，响溢于京畿；苍鹰之名，声充于辇毂。

既而鲸钟隐隐，路绝行人；鹤鼓冬冬，街收马迹。徐逖躬沾士职，名属法官，应知玉律之严，颇识勾陈之禁。岂有更深夜静，仍纵辔于三条；月暗星繁，故扬鞭于五剧？前途尚远，归望犹赊。未侵豹卫之司，忽犯兽冠之吏；既缺瓜田之慎，便招楚挞之羞。付法将推，状称有故。但犯夜之罪，惟坐两条。被捉之时，曾鞭二十。元犯已从决讫，无故宜合停科，罪既总除，固宜从释。[27]

（三）解析：

据《新唐书·百官志》载，"金吾卫"为唐时禁兵十六卫之一，分别由左右金吾卫将军统领，执掌宫中、京城巡警及京畿烽候道路，领内府府兵翊府一，外府同轨等五十府。本案左金吾卫将军赵宜检校街时，大理丞徐逖于闭门鼓绝后在街中骑乘，是否犯夜行罪？该如何论处？

27　参阅《龙筋凤髓判》卷三"金吾卫二条"（一）。

依《唐律·杂律》"犯夜"条规定："诸犯夜者，笞二十，有故者不坐。"此条规定违犯宵禁制度，于夜间穿行坊街之行为的刑罚。唐代为维持城内的安全秩序，实行宵禁制度，每入夜即紧闭城坊之门，禁止通行，同时派遣警卫人员值宿坊街以司纠察。《疏议》曰："《宫卫令》：'五更三筹，顺天门击鼓，听人行。昼漏尽，顺天门击鼓四百捶讫，闭门后，更击六百捶，坊门皆闭，禁人行。'违者笞二十。故注云'闭门鼓后，开门鼓前，有行者皆为犯夜'。"根据上述律文规定，犯夜罪，各笞二十。唯若有"公事急速及吉、凶、疾病之类"，又同时持有"本县或本坊文牒"者，系属"有故者"，可以阻却违法，不构成犯罪。[28]

本案大理寺丞徐逊违反宵禁规定，已被金左吾卫将军赵宜处鞭二十，但徐逊自认系"有故夜行"，不服科罪，上奏要求重审。对此，张鷟判语首先指出：徐逊"鲸钟隐隐，路绝行人；鹤鼓冬冬，街收马迹"，钟声之大如鲸鱼大鸣，雷门鼓鸣，街上理不应再有行者，显现其行为的违法性；接着指出"更深夜静，仍纵辔于三条；月暗星繁，故扬鞭于五剧"，"故"字则表明徐逊的主观心理状态的有责性；最后揭示身为大理丞的徐逊"躬沾士职，名属法官，应知玉律之严，颇识勾陈之禁"，显然"既缺瓜田之慎，便招楚挞之羞"，深切地从身份上和情理上确认徐逊行为的可非难性。徐逊虽"状称有故"，但从律文关于"公事急速及吉、凶、疾病"等"有故"情形看，徐逊显然不属其中的任何一种。尤其《疏文》要求无论公私急事，皆须得本县或本坊文牒，方得夜行，徐逊显然并不具备，可以说欠缺阻却违法事由，所以应成立犯罪。

---

28 参阅本章注20，刘俊文，前揭书，下册，页1827。另参本章注20，戴炎辉，前揭书，下册，页655—666。

至于本判议罚，张鷟也顾及科刑"禁止双重评价原理"，鉴于徐逖当场被捉时，曾受笞二十，已相当于犯夜罪的应决笞数，根据"一罪一罚"的"相抵"原则，"元犯已从决讫，无故宜合停科"，二者既已总除，即不能再付法重科，主法应释放其人，[29] 非常巧妙地兼顾了律条与情理。

八、关于违犯纲常名教罪案

（一）案由：

> 御史弹东宫，每乘牛车微行，游诸寺观，左右清道，元不设仪仗，殊失礼容，所由率丁让等，并请付法。

（二）判：

> 天孙东岳，有国之元储；帝子前星，通邦之上嗣。河海重润，控玉槛以疏源；日月重轮，顺朱囊而叶度。位隆银榜，青方列长子之宫；望重铜楼，紫极纂承桃之业。济南凤集，天骨已彰；清河蛇盘，灵资早应。丁让职惟清道，务掌干城，列羽卫于瑶山，典戎旗于望苑。自可画堂之侧，肃肃霜戈；甲观之前，森森电戟。何得安细针于座上，竟未匡

---

[29] 参阅霍存福《张鷟〈龙筋凤髓判〉与白居易〈甲乙判〉异同论》，载《法制与社会发展》第2期，1997年。另附带一提的是：在唐代后期有"敕"，更改了这条犯夜罪的适用，唐至德二载正月十二日敕："自今后，犯夜人其有品官者，奏听进止。自余一切准式科决。"有官爵者犯夜不直接依条文论处，而须上奏待裁。详参刘俊文，本章注20，《唐律疏议笺解》下册，页1828。

毗；带长剑于街中，曾无觉察？遂使盘游无度，玩好非宜，日远之对蔑闻，星流之瑞徒应。昔乘小马，尚致讥嫌；今驾牛车，深乖典则。所由既不匡正，群下竟未上闻，亏失朝章，理须明法。[30]

（三）解析：

按秦设置卫率府，晋建东宫，置卫率。唐朝改设"左右卫率府"与"左右清道率府"，率领府兵侍卫太子。本案御史弹劾，太子每乘牛车微行，游诸寺观，有失礼容。而身为太子左右清道率的丁让等人，未加阻止如此"失礼"的行为，乃请求对丁让等人作出惩处。

张鷟批语："今驾牛车，深乖典则。所由既不匡正，群下竟未上闻，亏失朝章，理须明法。"在唐朝，东宫太子作为"国之储君"，理应严守礼法，谨言慎行。现今违犯礼法，既不设仪仗，又牛车微行，不能不依法制裁。但太子又为"八议"中的"议亲"范围，臣下只能据实上奏皇帝裁决，不能随意作出判决。

通观《唐律》诸篇，并没有审理此案的类似律条规定，故只能通过"判例"形式来加以解决。此外，根据以往判例审案的传统，以及秦国太子犯法，商鞅以"太子，君嗣也，不可施刑"。故"刑其傅公子虔，黥其师公孙贾"（《史记·商君列传》）的惯例，如皇帝不处罚太子，则须对"既不匡正"，又不"上闻"的太子左右清道率府的统领丁让等作出有罪的裁决。

唐初确立"德礼为政教之本，刑罚为政教之用"的礼本刑用

30　参阅《龙筋凤髓判》卷四"左右卫率府二条"（一）。

立法指导纲领以来，伦理义务与法律责任乃紧密地有机结合在一起，构筑了严密的统治罗网。这一基本精神一直贯穿于中唐乃至晚唐，而无太大的变化，本案也可看出这种精神的直接体现。

九、关于合和御药有误罪案

（一）案由：

太医令张仲善处方，进药加三味，与古今不同，断绞不伏，云病状合加此味，仰正处分。

（二）判：

五情失候，多生心腹之灾；六气乖宜，必动肌肤之疾。绝更生之药，必藉良医，乏返魂之香，诚资善疗。张仲业优三世，方极四难，非无九折之能，实掌万人之苦。郭玉诊脉，妙识阴阳；文挚观心，巧知方寸。仙人董奉之灵杏，足愈沉疴；羽客安期之神枣，攻兹美疢。华陀削胃，妙达古今；仲景观肠，誉闻寰宇。圣躬述遣，谨按名方，肃奉龙颜，须穷鹊术。岂得不遵古法，独任新情，弃俞跗之前规，失仓公之旧轨？若君臣相使，情理或通；若畏恶相刑，科条无舍。进劾断绞，亦合甘从，处方即依，诚为苦屈。刑狱之重，人命所悬，宜更裁决，毋失权衡。[31]

31　参阅《龙筋凤髓判》卷四"太医一条"。

（三）解析：

按《周官》中曾记载，周朝设有医师，秦汉统一后改置太医令、丞等，负责医治皇室有病成员。隋朝改称太医署令，唐朝承袭前代，仍称太医令。又依《唐六典》卷十一《尚药局》："奉御二人，正五品下；……侍御医四人，从六品上；……。尚药奉御掌合和御药及诊候之事；直长为之贰。凡药有上、中、下之三品。上药为君，养命以应天；中药为臣，养性以应人；下药为佐，疗病以应地，递相宣摄而为用。凡合药宜用一君、三臣、九佐，方家之大经也，必辨其五味、三性、七情，然后为和剂之节。……凡合和御药，与殿中监视其分、剂，药成，先尝而进焉。"[32] 可见，尚药局系"掌合和御药及诊候之事"，是为以皇帝为首的宫廷服务的；太医署"掌诸疗疾之法"，其属"医师、医正、医工疗人疾病"，二者职能有别。

据本案判文："张仲……肃奉龙颜，须穷鹊术"，再从判目看，"进药加三味"之"进药"，或是"进御药"之略称。"龙颜"、"进御"表明是合和御药。再依判文断刑，"进劲断绞，亦合甘从"。据此或可推断：本案张仲是以太医令身份为皇帝合和御药的，唯"进药加三味，与古方不同"，该如何论处？

依《唐律·职制》"合和御药有误"条："诸合和御药，误不如本方及封题误者，医绞。"此条规定侍奉皇帝的官员，关于合

---

[32] 《唐令拾遗·医疾令》第一条："诸合和御药，在内诸省，省别长官一人，并当上大将军、将军，卫别一人，与殿中监、尚药、奉御等监视。药成，医以上先尝，然后封印、写本方，方后具注年月日，监药者遍署名俱奏。饵药之日，尚药、奉御先尝，次殿中监尝，次皇太子尝，然后进御。"

和御药有误罪的刑罚。按御药乃治疗皇帝（包括三后及皇太子）疾病所用，合药有误，轻则损害帝后等健康，重则危及生命。故此类行为虽属失职，而律则论为大不敬，故此条系《杂律》"医合药不如本方"条的特别规定，即御医误犯的加重罪名。

律文规定，合和御药有误分为三种情况：其中之一是"误不如本方"，即《律疏》所谓"合和御药，须先处方，依方合和，不得差误。若有错误，'不如本方'，谓分两多少不如本方法之类"。此种情况，危害严重，依《名例》"十恶"条，其刑至绞，并作为"大不敬"列入"十恶"。值得注意的是，此条所谓合和御药误不如本方，乃指过失犯，故谓之"误"。若是"故"不如本方，则应以谋反罪论，医者科斩，家口缘坐，而不得再援此条科处。

于今看来，医学、医术是不断发展的，古方似不必步趋信守。张仲善处方，法司庭审又能坚执"病状合加此味"药，是既亲自"诊候"，且又自信者，倘若张仲所申合理，本案是否仍须断绞？论者或说，本案中之"太医令张仲"，或指天初之侍御医张文仲[33]。在当时张姓御医中，非张文仲莫属。张鷟与文仲生活于同一时期，对张文仲事迹应是熟悉的。《太平广记》卷二百一十八《医一》有摘自张鷟《朝野佥载》所记张文仲治洛州士人病例，称其人"善医"。或许是出于这种好感和考虑，张鷟先假设两种情况：诸味药"若君臣相使，情理或通；若畏恶相

---

33 按，"太医令张仲"，或即则天初之侍御医张文仲。《旧唐书·方伎张文仲传》："张文仲，洛州洛阳人也。少……以医术知名。文仲，则天初为侍御医。"其医术特长为"尤善疗风疾。其后则天令文仲集当时名医共撰疗风气诸方。"文仲历官，"久视年终于尚药奉御"，史称文仲为"自则天、中宗已后，诸医咸推文仲等三人为首（另二人为李虔纵、韦慈藏）"，为一代名医。参阅本章注13，霍存福，前揭文，页26。

刑，科条无舍"。最后的裁断即是："刑狱之重，人命所悬，宜更裁决，毋失权衡。"企图调和情理与律法的冲突，彰彰明甚。

伍、《龙筋凤髓判》的评价

进行完对《龙筋凤髓判》实质内容的冗漫分析后，当然，想进一步作一评说。向来，评《龙筋凤髓判》者，有两极化的倾向，赞叹者有之，说它文理并茂，妙笔生花，是官定判例的经典之作。反之，也有嗤之以鼻者，认为它词章浮艳，但知堆垛故事，蔽于辞而害于法。谁是？谁非？

一、官定判例的经典之作

持正面评价者，除前引刘允鹏注《龙筋凤髓判》，其于序中盛赞此书"琼葶玉英，珍宝之府；冰缣霞绮，锦绣之林，将亦得窃瑰丽焉"外，明祝允明（1460—1526）《怀星堂集》于《新刻龙筋凤髓判序》中也说：

> 昔先王议事以制，故郑之刑书颇诒时诮。至秦燔圣典、专吏师，一切深刻。汉矫其枉，虽入官者儒吏并进，而断狱必贵引经，尚有近于先王议制及春秋诛意之微旨，其后乃有判辞，然往往芜萎而阔于事情。至唐制四铨，判专其一，鷟在当时藻翰敏艳，有青钱学士之号，史称其八举甲科，四参

选判，策为铨府最，宜是笔之美也。[34]

明万历乙酉年（1585）间，有人复刻《龙筋凤髓判》并为之作序，其中一段说：

> 夫艺林一语，燉蹂禁脔。斑管片言，芳同芍药。故冯真写臆，度金石而俱铿，摭实摅辞，并贞明而不毁。况乎据案濡毫，临时措语，凶吉縣乎挥洒，升坠系于毫芒。苟非鉴出至明，洞无遗熙，何以压人心于一世，树公论于千载乎？故并判为士尚，盛自前朝，而取列诸科，制乃昭代。盖自服官莅事，势所当工，逢掖待扬，理宜先熟者也。[35]

以上诸篇序文，除说张鷟学养丰厚，文章之妙外，也论吏治的管理，务求清廉守法，是为治道之极，并不曾分别文章、政事为二。

近人郭成伟对于本判词专集，最是称道，他认为张鷟编撰的《龙筋凤髓判》，是传统中国迄今为止完整传世的最早的一部官定判例，按照中央机构与部门分类的原则编例，形成独特体例，给后世编例以深远影响。而《龙筋凤髓判》在古代中国判例发展中熠熠生辉，主要在于张鷟亲自参与司法审判，积累了丰富的经验，经他整理与解释的判例具有很高实用价值。从全书的内容

---

[34] 参阅（明）祝允明《怀星堂集》卷二十四《新刻龙筋凤髓判序》，载《景印文渊阁四库全书》第一二六〇册，台北：台湾商务印书馆，1983年。

[35] 本段引言，语出何处，尚待查考。暂转引自梁治平《法意与人情》，北京：中国法制出版社，2004年，页169。

看，每一卷的每一则都由典型判例，以及明确且有实际操作性的司法解释所构成。这不论对唐朝，还是唐以降历代王朝的司法实践都带来极大的便利。该判集乃成为传世久远的经典之作，以至宋元明清各代，无不奉为圭臬，并据此编撰该朝的判例。从宋朝的《熙宁法寺断例》，到明清两代不断纂修的成例，没有不步其后尘的。

郭成伟同时也认定，张鷟撰写的司法解释与判词批语，文情并茂，妙笔生花，令人读来，爱不释手，既可使人从中理解判例所包含的法理真谛，又可以为司法官吏解决律文没有规定的疑难案件提供结案的依据。正因为如此，张鷟在唐朝"天下知名"，"无贤不肖皆记诵其文"，而其才名又远播海外，"新罗、日本东夷诸番尤重其文，每遣使入朝，必重出金贝以购其文"。使得《龙筋凤髓判》等张鷟的经典之作，也随之越出国界，影响到东亚诸国，深受当时各国的推崇。[36]

以上是到目前为止，我所看过对《龙筋凤髓判》给予相当高评价的资料。问题是，果真如此吗？

二、堆垛故事的浮判之词

其实，《龙筋凤髓判》招来后世贬抑的非议远多于肯定。南宋洪迈（1123—1202）就曾露骨地指出：

> 《百判》纯是当时文，格全类俳体，但知堆垛故事，而

---

[36] 参阅郭成伟《〈龙筋凤髓判〉初步研究》，附于本章注4，田涛、郭成伟校注，前揭书，页201—202。

于蔽罪议法处，不能深切，殆是无一篇可读，一联可味。如白乐天《甲乙判》则读之愈多，使人不厌。

对于张鷟其人，洪迈也有所点评：

史云："调露中，登进士第，考功员外郎骞味道见所对，称天下无双。"案《登科记》，乃上元二年，去调露尚六岁。是年进士四十五人，鷟名在二十九，既以为无双，而不列高第。神龙元年，中才膺管乐科，于九人中为第五。景云二年，中贤良方正科，于二十人中为第三。所谓制举八中甲科者，亦不然也。

在列举白居易《百道判》八则后，洪氏又说："若此之类，不背人情，合于法意，援经引史，比喻甚明，非青钱学士所能及也。"[37]很明显，洪迈主要是以致用合律的标准来比较张鷟与白居易二人的高下，当然其中也包含了洪迈个人的喜好和品味。问题是，张、白二人的文风各异，能否以这种片面的标准一下分出高低？

的确，若从"实用"的角度看，张鷟的判词，当然不如白居易的通晓易懂、切于实际；但如果从"文学"的角度看，恐怕只是风格的差异罢了，想要完全以个人的喜好定高下，实在有失公允。岑仲勉（1886—1961）针对洪迈批评《龙筋凤髓判》之辞，曾说"然余以为读书贵得其通，不可呆板，通则开卷有益，仁者见仁，智者见智，此之谓也。……苟未雨而绸缪，岂丑虏之态度，

---

37 以上所引诸段言论，详参本章注10，（宋）洪迈《续笔》卷十二"龙筋凤髓判"条，载《容斋随笔》，页364—365。

昔谓之拙，今诩其工，即俳俪文章，亦何尝臭腐，夫是以贵得其通而已矣，安见无一篇可读者？"[38]

仔细比对，洪迈评价张鷟所依据的事迹资料是《新唐书·张荐传附鷟传》，而不是《旧唐书·张荐传附张鷟传》。此二书，褒贬不同。《旧唐书》云：

> 张鷟初登进士第，对策尤工，考功员外郎骞味道赏之曰："如此生，天下无双矣！"……调授岐王府参军，又应下笔成章及才高位下、词标文苑等科。鷟凡应八举，皆登甲科。再授长安尉，迁鸿胪丞。凡四参选，判策为铨府之最。员外郎员半千谓人曰："张子之文如青钱，万简万中，未闻退时。"时流重之，目为"青钱学士"。……鷟下笔敏速，著述尤多，言颇诙谐。是时天下知名，无贤不肖，皆记诵其文。……新罗、日本东夷诸蕃尤重其文，每遣使入朝，必重出金贝以购其文，其才名远播如此。

对其著述，《旧唐书》说其"下笔敏速"、"言颇诙谐"，如此评价，其来有自？而《新唐书》却谓其文"浮艳少理致，其论著率诋诮芜猥"，从文风上予以彻底的否定。《旧唐书》的基本上肯定与《新唐书》的明显贬抑，二者判然可别，到底原因在哪？

有论者指出，是因作《新唐书》列传的宋祁（998—1061）不喜欢骈体文而偏好古文之故。宋祁修《新唐书》列传，或删去唐人用骈文写的诏令、奏议，或径自改写唐人骈文为古文。宋祁贬

---

[38] 参阅岑仲勉《唐人行第录（外三种）》，北京：中华书局，2004年，页359—360。

抑张鷟，可以说，是他擅删唐人骈文行为的观念表白。在《旧唐书》中，张鷟"言颇诙谐"可以理解为其文盛行于世的原因之一。《新唐书》先云张鷟"属文下笔辄成"，是其作文速度；次云其文"浮艳少理致，其论著率诋诮芜猥"，是对其文风的评价；最后云"然大行一时，晚进莫不传记"，似乎张文的盛行一时是一种莫明其妙的例外，[39]这种评论真能令人信服？

洪迈像大多数宋人一样，也不好骈体文。《容斋随笔》卷十《唐书判》云：

> 唐铨选择人之法有四：一曰身，谓体貌丰伟；二曰言，言辞辩证；三曰书，楷法遒美；四曰判，文理优长。凡试判登科谓之入等，甚拙者谓之蓝缕，选未满而试文三篇谓之宏辞，试判三条谓之拔萃。中者即授官。既以书为艺，故唐人无不工楷法，以判为贵，故无不习熟。而判语必骈俪。今所传《龙筋凤髓判》及《白乐天集·甲乙判》是也。自朝廷至县邑，莫不皆然，非读书善文不可也。宰臣每启拟一事，亦必偶数十语，今郑畋敕语、堂判犹存。世俗喜道琐细遗事，参以滑稽，目为花判，其实乃如此，非若今人握笔据案，只署一字亦可。国初尚有唐余波，久而革去之。但体貌丰伟，用以取人，未为至论。

相形之下，洪迈显然比较欣赏宋人之判。其实，洪迈作《容斋随笔》时，对唐判文体、文风是统而观之的。至作《容斋续

39　参阅本章注29，霍存福，前揭文。

笔》，大略对校了张、白二判，或许是受了宋祁《新唐书》的影响，遂扬白抑张。否则，同是用典，白判"援经引史"成就了"比喻甚明"的优点，张判则被贬责为"堆垛故事"；同是骈俪，白判"使人不厌"，张判却"全类俳体"，将张判说得一无是处，是对？是错？

三、个人观点

唐代判文之所以兴盛，可以从唐代文学与法律文化的双重背景来探究。本来，判文本身的功能是在认定事实以裁夺法理，辩明是非，既用于司法，也用于处理公务，甚至日常生活琐事。自六朝以后，骈文流行，至唐不衰。虽然唐代古文运动对骈文有所冲击，但骈文的地位并未受到根本的动摇。判文就语体而言，大致应列入骈文一类。所谓"判"，实际上近似于以骈文写成的短论，判的文学性，也同样表现在用典、辞藻、骈偶等语言形式上。

事实上，"判"作为一种文体，具有特殊的文化意义。一方面，它是文人走向仕途，实现人生理念所必须掌握的基本技艺，另一方面，判体的骈偶形式非常适合文人表现自己的文学语言能力。也就是说，判文不但可以反映士人的学问识见、分析能力与语言表达能力，同时兼"立功"与"立言"于一身，是应用性与文学性并举的特殊文体，这是其他诸如诗赋类纯文学形式所不具备的文化特性。[40]

通观《龙筋凤髓判》全书，凡所有"判"纯是当时语体、文

---

40 参阅本章注10，吴承学，前揭文，页24。

风，盖骈四俪六正是判文"文格"。说本判集"堆垛故事"，是事实；但说本判集逞才弄巧，"全类俳体"，并说"于蔽罪议法处不能深切"，不如白居易《百道判》之能"不背人情，合于法意"，甚而至于对本判全面否定，认为"无一篇可读，一联可味"，则颇有商榷余地。

在众多对《龙筋凤髓判》的评价中，我倒觉得清代的《钦定四库全书总目》说得比较中肯。它指出：

> 其文胪比官曹，条分件系，组织颇工。盖唐制以身、言、书、判，铨试选人，今见于《文苑英华》者颇多，大抵不著名氏，惟白居易编入文集，与鷟此编之自为一书者，最传于世。居易判主流利，此则缛丽，各一时之文体耳。洪迈《容斋随笔》尝讥其"堆垛故事，不切于蔽罪议法"。然鷟作是编，取备程试之用，则本为隶事而作，不为定律而作，自以征引赅洽为主。言各有当，固不得指为鷟病也。[41]

它清晰地阐明了此书存在的意义，也说明了本书得以传世的根本原因，可说是较为持平之论。

而从本章上述九道判文看来，虽然"事实"常漂浮于判词之外，或因囿于既定的事实，拟具判决理由，常常忽略对事实的认定与证明，而流于徒具形式之弊，但张鷟显然通晓当时律文，判词也还能切合律意。至少他在撰写判文时，曾认真地翻检过律条和疏文。以下再分别从判文的文体风格以及法理的阐明运用两个

41　详参《钦定四库全书总目》卷一三五"龙筋凤髓判四卷"，浙江郑大节家藏本。

角度来观察。

（一）从文体及用典言

理论上，判词若属"案判"，那是正事实、讲法理，依律定罪而实用性较强的文体；但既作为应试之"拟判"用，在同样定罪论刑的条件下，是否具有文采，就格外受到重视了。

前已述及，张鷟约生于贞观末，主要活动于高宗至玄宗开元间，自然远在韩愈、柳宗元所倡的古文运动之前，其文代表初唐、盛唐之体。魏晋以后繁兴的骈文，讲求对偶、声律、用典、藻饰等技巧，在文体的发展过程中，这是一种历史进化，本不足为怪。问题是，过分地追求形式美，往往容易忽视判文实质内容的表达，所以，许多骈文常有词采华茂、对偶工整、用典重沓、艰深晦涩等弊病。这些弊病，于今看来，固值得批判，但在韩、柳之前的唐代文人中是无法完全避免的，生逢其时的张鷟《龙筋凤髓判》又怎能例外？

以用典言，通常行文中征引典故，一则是为了便于满足句式上的对偶，相类或相反的故事骈举偶出，形成对称美；二则每个典故都包含了完整的史实内容，可以达到言简意赅的效果；三则使文章言必有出处，使立论有根有据，更具说服力。观察张鷟《龙筋凤髓判》，每判一般用典十余个，少者八九个，多者达二十有余。几乎字字用典，句句有故。以本文前述案例五"关于贪渎罪案"为例，判文中多用典故，如"让佩"典出《晋书·王祥传》，"半刺"出自晋庾亮《答郭逊书》"其任居刺史之半"句，"常林"三国时魏国人，以其为官严正作比，见《三国志·本传注》,"何夔"语出《三国志·魏书》,"乔元"据自《后汉书》,"杜林"语出《后汉书·郑兴传》,"祁奚"出自《左传》,"大辟"语自《尚书》……诸如此类,不一而足。

的确,乍读《龙筋凤髓判》,但见其处处堆砌故事,拈弄辞华。但如果能耐下心来,仔细端详,其实,说理不也在用典中?可以这么说,用典是说明事理的形式,对法理分析也起了支撑作用。当然,骈体判词如能不为它的格式所困,也可以是言之有物的佳作。在当时,崇尚骈骊文风,为文引经据典,本属自然之事。期望张鷟不如此写判词,反而不切实际。只是,辞藻过于华丽,组织多浮词,显得辞不胜理,如果能"平实浅切"些,或许能较少引人诟病?

前面也已提过,唐代吏部选官以身、言、书、判四项择其人。其中,特别重视判词本身的文采,要求要"文理优长",这无疑在一定程度上使判词偏离其原有的实用目的,走向讲究辞藻、音韵、用典一途,其风格日趋文学化。所以,与其说唐代骈判是判词在法律意义上的成熟期,倒不如说是在文学意义上的成熟期。

究其实,判词本来是观察、考核选人吏事功夫的。马端临《文献通考》卷三十七《选举考》说:

> 吏部则试以政事,故曰身、曰言、曰书、曰判。然吏部所试四者之中,则判为尤切,盖临政治民,此为第一义,必通晓事情,谙练法律,明辨是非,发摘隐伏,皆可以此觇之。今主司之命题,则取诸僻书曲学,故以所不知而出其不备;选人之试判,则务骈四俪六,引援必故事,而组织皆浮

词。然则所得者不过学问精通、文章美丽之士耳。盖虽名之曰"判",而与礼部所试诗、赋、杂文无以异,殊不切于从政,而吏部所试为赘疣矣。

可知,所谓"文理优长"之"理",主要是体现在"通晓"事之理和"谙练"法之理两方面的,事理和法理同属于"理"的范畴。但在实际中,重"理"这一初衷却转向了"文"的一面。这是"文"与"理"的竞合。辞溢乎理,藻饰掩过了事理、法理。事理、法理皆隐而不显了,凸现出来的只有"文采"。

由本章上述案例九的"关于合和御药有误罪案"来说,此判意在说明太医令张仲处方虽然有误,但处罚显然过当,宜更裁决。判中罗列了与医学有关的各种典故,实际上,其中许多与本案关系不大,而说理也不见得有力。倘若以真正判案的标准来衡量,的确是"但知堆垛故事"。不过,他如果是按照当时中央各官署的主次来搜集与之有关的典故,以备写判时可用,似乎也在情理之中,这也不必过度苛责,因为期望文人张鷟不写出这样的"文人判",是不够务实的。

(二)从阐明法理的运用言

作为判词,在论罪科刑过程中,必须对犯罪构成事实及适用律条进行分析论证,方能使行为人甘心认罪伏法。因此,下判者要勇于表明自己的认事及用法观点。《龙筋凤髓判》所有内容,是否类多"背于人情,不合于法意"?是否于"于蔽罪议法处"不够深切?这就有必要从"事理"、"法理"面来详加考察了。

以本章上述案例一"关于泄漏机密罪案"来说，张判能区分"初传"与"转传"，又再区分"转传大事与非大事"，倘若张鷟不是在练习判词写作，而是身为法司秉笔折狱，相信其仍具有辨冤雪诬的功力。

再以上述案例七中之"关于犯夜罪案"来看，该案张判论理，首先指出，徐逊行为事实与犯罪构成要件的合致性："鲸钟隐隐，路绝行人；鹤鼓冬冬，街收马迹"，表明了行为的事实与犯罪情境的关系；"更深夜静，仍纵辔于三条；月暗星繁，故扬鞭于五剧"，则强调徐逊于闭门鼓绝后在街中骑乘，指出其行为的违法性；"故"字更直接挑明徐逊行为的主观犯意的行为有责性。而揭示身为大理丞的徐逊理应知法、守法；"徐逊躬沾士职，名属法官，应知玉律之严，颇识勾陈之禁"，判文又深切地从身份上和情理上确认徐逊行为的可罚性。徐逊虽"状称有故"，但从律文关于"公事急速及吉、凶、疾病"等"有故"情形看，徐逊显然不属其中的任何一种；尤其疏文要求无论公私急事，皆须得本县或本坊文牒，方得夜行，徐逊显然也不具备。而依自由心证推论，反倒易认定徐逊仗是恃自己的身份、地位，藐视律法，公然犯禁。也为此，张判是不认定徐逊是"有故"的。末了，张判议罚也斟酌情理，鉴于徐逊当场被捉时，曾受笞二十，已相当于犯夜罪的应决笞数，根据"相抵"原则，"元犯已从决讫，无故宜合停科"，二者既已相抵，即不能再付法重科，而应释放其人。可见，本案张判在法理阐明的运用纯熟度极具功力，"蔽罪"强调犯夜行为的构成要件的合致性、违法性及其主观故意心理状态的有责性。"议法"则力辩其"有故"，与律文免罪的构成要件不合，属应坐罪之列。本案在论证推理上，很有说服力，表现得可圈可点。

只可惜,类此精彩"论理"之判为数并不多。由于受当时流行文风的影响,这些推理的文字往往以华丽的词藻、对举典故的骈偶句式出现,容易掩盖了它层层推进、步步深入的论证方式,反而不容易看到它平实中肯的说理力量。

就理论面来说,唐代的官吏,不仅要懂法律,还要懂政事,而对政事的认识,部分就是来自传统经典。申言之,从判词来看,所着重的不单是判词的结论,而是为达到这结论的推理和根据的演绎过程,也就是判词作者该如何利用所谓的典故或故事等史书的历史知识和蕴义,去做适当的推阐法理,可以说,"判"所要考的不是律条而是传统学问,所要遴选的并不是一般法吏而是通才。

所以,若要全面了解《龙筋凤髓判》的整体价值,在"文采"与"法理"之外,恐怕还要再加上"政事",如此,才能深入用典与说理之间的关系,而进一步体察传统学术与法理的微妙互动情境。

陆、结语

古代中国的律学与法制,历经千余年的滋长,时至唐朝,已积累了相当丰硕的成果,可说是达鼎盛时期。其中《唐律疏议》所呈现出的高水平法典质量,无疑的,是中华法系的成熟精品。而同时期的《龙筋凤髓判》形式上或属"拟判"之作,其案例可能是虚构的，不是现实的。从其实质内容看，也主要在运词遣句、引经用典方面下功夫，虽深具文学意味，但对当时的社会与法制面的认识，很难说有太高的法学价值。不过，仍可认定它是一部重要的法学典籍，因为它提供了世人判词写作的一种范式，对后世不管在选士考官方面，或在文章创作方面，均产生了深远的影响。

唐以后，虽然历朝对判词写作的重视程度不一，但书判拔萃科的铨选试法科举制度，基本上仍为历代统治者所采用。甚至另有新的发展，这主要源于实际司法的需要，当然还有文学欣赏方面的需求。宋代秉承唐代余绪，对判词仍相当重视，《名公书判清明集》是当时名公的案例编录而成，与唐代判词相较，显然比较注重叙述事实，用词浅近，情理也兼顾，并在判词中具引律条，与唐代判词的辞藻华丽、讲究音韵、用典之风有较大差别。简言之，比较着重"清明"而非仅"文采"。从而，判词乃由"骈体"走向"散体"。值得一提的是，从宋代起，判词已有"实用"与"文学"的分野，开始有了各自相对独立的发展。也正是在这一时期，判词开始进入公案小说，[42]以至其后元代的公案和明清的案例小说[43]，其间的源流传承关系清晰可见，形成传统中国法律与文学之间别具光彩的一支。

整体来说，论者对张鷟的《龙筋凤髓判》评价悬殊，从正面看，他博学多才，律学功底也够。难得的，是他司法阅历丰富，

---

42 参阅苗怀明《唐代选官制度与中国古代判词文体的成熟》，载《河南社会科学》第10卷第1期，2002年1月。

43 例如清人蒲松龄在其名篇《胭脂》中尝引当时人施闰章判词一道。这道判词虽然有对于案情的详尽说明，却也像唐人书判一样，援经用事，词情并茂，对仗工整，音节铿锵，极尽文章之妙。详参蒲松龄《聊斋志异·胭脂》。

从中央到地方，都有深切的体验，书中的每道判例，都能引经据典，持之有故。他对于当时的律令也还算精熟，对于法理的解析，尚能提出言之成理的判决意见。不过，从负面言，书中从头到尾，虽文采洋洒，却难掩"辞溢乎理"的窘境，正如前面引马端临所批评的，"盖虽名之曰'判'，而与礼部所试诗、赋、杂文无以异"，殊不切于实际。倘若仅从实用和司法的角度来看，这种文学化判词的倾向，遭到后世的非议，自不意外。但这毕竟是历史的局限，如果我们仔细观察历来对张鷟《龙筋凤髓判》的评价，褒扬与贬抑参半。而单就《四库全书》收录了《龙筋凤髓判》一书来说，《龙筋凤髓判》自有其一定的学术价值与历史地位。"文学与法律如何交涉？"此一问题的解答与建构，是文学史的重要视域，同时也是法律史的研究向度，透过对《龙筋凤髓判》的研究，会发现其判文带有浓厚的文学色彩，深刻地反映出文学对判文的深刻影响，也可以呈现唐代律学与文学交涉的情形，研究《龙筋凤髓判》，可以考察唐代科举考试的一个侧面，有助于呈现中国文学史与法律史的完整样貌。

不过，仍要进一步追问，除了法理与文采之外，《龙筋凤髓判》还有没有其他的法学价值？或者说，本文所称的"法理"，除了律学之外，还包括些什么？为什么吏部的考试会采用骈文作为判词的表达工具？

对此，可提出一个大胆的假设，即判的读者是谁，往往会决定了它的文体和内容。给一般寻常百姓看的，文体当是日常语言，内容当是以务实为主；给君上看的，文体当是官方语言，内容当是以理论为贵；而吏部所考的判，正是为天子择官而设，故其读者理论上是居于上位的执政以至君王，并非下位的庶吏和百姓，因此，所用的文体为对上的语言，于是骈四俪六，所言的内容，倾向于原则性的解说。事实上，只要将《龙筋凤髓判》与《唐律疏议·进律疏表》和《名例·序言》相互比较，便可发现三者间相差无几。换言之，吏部所考的判，一如《进律疏表》《名例·序言》《疏议》之遍引《三礼》《三传》及《四史》等，重点不单是法律条文的娴熟与应用，更在考验应试者如何将经史子集的学问适用于审判，亦即如何将以儒家学说为主流的当代学术融会贯通于法律。假如用"判以载道"来说，"判"是骈文，而"道"不单是法律，也包含经史子集的儒学，两者构成了那个时代的律学或法文化。也许可以这么说，吏部所要选拔的，不只是法吏，而是儒吏吧！

如是说来，《龙筋凤髓判》的精妙处，既在文采与法理，也在儒术与法律的结合。它所向往的，是一个能够兼具文采、法理、经术的司法者。事实上，假如没有这种人才，我们不可能读到那样古雅的《进律疏表》和《名例·序言》，也不可能读到那样引经据典的《疏议》了。这是时代的需要，而《龙筋凤髓判》刚好反映了这种时代的要求？

结　论

两汉春秋折狱，开启"儒法合流"之风。降及唐代制律，再辟"礼本刑用"宏轨。此种司法实践与立法规范的指导思想，可以说，横扫了整个旧律时代，综观汉唐两代法制往事，它所具法制史上的意义相当特殊。

其一，《春秋》是古代儒者作为辅助帝王治国的最高法则，两汉以《春秋》来决狱，很像古罗马"市民法"上的自然法，导引法律的适用，且以济法律之穷。从法制历史上看，不分中外古今，都不断强调"法律需要稳定，但不能一成不变，所以对于法律的思虑，无不集中而努力于调和'稳定'与'变化'二种需要"。[1]帝制中国，祖宗成律不轻言修改，这就是它的"稳定"；

---

[1] "Law must be stable and yet it cannot stand still. Hence all thinking about law has struggled to reconcile the conflicting demands of the need of stability and of the need of change." Roscoe Pound, *Interpretations of Legal History*, Cambridge University Press, 1930, p. l.

儒臣循吏引经以释滞，这可说是它的"变化"。

实际上，在君主专制政体下，当代西方欧陆法所谓的"罪刑法定"及"法律解释"等原则，并无法作严格的要求，所以汉代盛行春秋折狱，往好的方面想，这种层层比附，除了弥补律条的不足，的确能解决实际的难题，至少给人民感觉到衙门里没有不能解决的问题。良以法律有时而尽，在现存实定法毫无依据的情况下，如认为有其必要，唯有依据"社会通念"及"事理"，创造规范，以济其穷。而两汉正风行通经致用，研究经学，特别重视教化，因而读经当然是以实用为第一。董仲舒等儒吏以春秋决狱，在律令规定所未及，引经义以为断，经义的效力等于法律，此即法律漏洞的"创造性补充"。如果说，法律是断案的最公平标准，经义则是断案的次公平标准，这在当时容有必要。即使在当今，民事固可因法律未规定，而依习惯与法理，以资论断。刑事亦可援引前人的判例、习惯乃至法理以为辅助法源，甚或有利于被告的漏洞填补也并不禁止。在汉代，援引时人所公认具有劝诫价值的经义理论，想来也是极自然的事。问题是，它的反面正是入"罪刑擅断"的隙口，造成所谓"以圣经为缘饰淫刑之具"的后果。本书虽一再为董仲舒"正常的"春秋折狱辩，但这种法律责任与伦理义务牵混的意识作用，一旦与专制政体结合，会产生极大的流弊，这也是事实。

其二，汉儒说："儒者，柔也。"而法者，刚也。"经"可视为柔性的不成文法，而"律"则是刚性的成文法。当律不足以周其事时，大臣儒吏明经术者得依犯罪情节，引经而议，此时，以柔济刚，使硬性的律与弹性的经得以配合，也使法律的稳定性与适应性可以调和。而有汉一代，立法仍深受法家思想所支配，法制尚未完备，"三纲五常"等儒家伦理意识并未完全入律，因而在纲常原则与司法实际之间仍存有隔阂，董仲舒之引经以折狱，引领传统法制"礼法一元化"的走向，流风遗意，《唐律》是礼教立法最典型的例子，充分体现"礼主刑辅"或"礼本刑用"的精神。正如元代柳赟在为《唐律疏议》作序时所说：

> 法家之律，犹儒者之经。《五经》载道以行万世，十二律垂法以正人心。道不可废，法岂能以独废哉！[2]

史籍斑斑，法律以伦理道德为根基，而伦理道德又以《六经》为准据。《六经》之中，与法律关系最密切，厥为《春秋》与《礼》。前者所以寓褒贬、别善恶、辨是非；后者所以分上下、定尊卑、序昭穆。如是，经学与律学相通，法理思想因经义的启发而独具特色。故传统中国刑律，所规定者虽甚纯简，却仍足以肆应无穷，此或其一因。但从另一方面看，儒家思想总是将身份人伦的考虑注入所有的社会关系，而时时影响法律的独立运作，在强调"情理法"兼顾的情境下，天理、人情即使有所顾及，但"法治观念"却往往得不到适当的发挥空间。

其三，两汉之盛行引经断狱，是否即意味着汉朝属于儒家思想独霸时代？我认为，如果说汉代儒法两家思想混同，而儒家思想始终居于主流地位，这或许较少人反对。但若说汉乃至汉以后，是儒家独霸时代，恐与法制史实不符。尤其，两汉儒臣法吏虽好引经义以断狱，但经义的效力仍是有其局限的。且汉因袭秦

---

[2] 参阅柳赟《唐律疏义序》，收于《唐律疏议》附录，台北：弘文馆出版社，1986年，页663。

制，仍保留了浓厚的法家意识，而汉律本亦源于李悝的《法经》。武帝虽向儒术，仍分别文与法，使其并行。元朔年间（前128—前123），公孙弘以儒生为御史大夫迁丞相，而务在深文的张汤与用法拘刻的赵禹以刀笔吏为廷尉与少府。元鼎年间（前116—前111），石庆以纯谨笃行为御史大夫迁丞相。元封年间（前110—前105），儿宽以儒生为御史大夫，而杜周以刀笔吏为御史中丞迁廷尉。

这种情况，在人事上是儒法兼用，在法制上是王道杂霸、德刑并施的。[3]《后汉书·胡广传》说："汉承周秦，兼览殷夏，祖德师经，参杂霸轨。"欧阳修在《新唐书·令狐德棻传》也有"王任德，霸任刑。夏、殷、周纯用德而王，秦专刑而霸，至汉杂用之，魏、晋以降，王霸两失。若用之，王为先，而莫难焉"的说法。而汉儒召号以经为济世临民之具，儒学虽为君主所认定的思想，但并未完全付诸实行；甚至可以说是"阳儒阴法"，而法又一统于君，始终无法摆脱至高无上的君权，因此，不能立百代之大法，建长治之弘基，诸儒思想，只在专制皇权之下，补苴罅漏而已！是耶？非耶？

其四，传统中国社会，儒者为官既负有司法的职责，则审判决狱受儒家的影响也是极自然的事。两汉以来，解释律典与实际审理案件，遇有特别疑难，往往寻找儒家的经典以为依据，直至南朝而未绝，堪称最具有代表性者。而在注疏律令方面，名儒郑玄、马融都参与其间，使礼刑混通，不有所偏。《晋律》除张斐的律注外，有经学家杜预的律注并行于世。《北魏律》由崔浩、

---

[3] 参阅陶希圣《中国法制之社会史的考察》，台北：食货出版社，1979年，页154以下。

高允等撰拟，崔浩深通汉律，亦重礼法。而高允在北魏为一大通儒，史称其尤好《春秋公羊》。[4]《北周律》采取经书的语调，内容也深度儒化。《陈律》极重视清议，意在弼教，相当清楚。

直迄李唐一代，由长孙无忌等人所撰定的《律疏》，遵循所谓"德礼为政教之本，刑罚为政教之用。"的指导方针，礼刑不仅合流，进而礼主刑辅、礼本刑用，此时经义折狱之风始见歇。可以说，"自汉以后，律统虽在，律义全非；律的地位如故，律的灵魂却非属于法家，而系儒家所有"[5]。也可以说，汉以后已无纯粹法家，亦无真正的儒家。读书人除以儒家经典为正宗外，并杂有若干法家思想在内，以善用经义断狱的董仲舒来说，即为"齐化的儒家"。

从这个角度看，不难理解，何以两汉名儒巨臣虽仍标榜"德治"、"礼治"，但已不再轻视法律，且都承认法律的必要性，这已成为不争的事实。儒法两家思想上绝对的冲突已趋于泯灭，"礼治"与"依法统治"思想渐趋于折中调和，形成中国两千多年来，德刑相辅、礼本刑用，一脉相承的法律文化，直至晚清沈家本主导变法修律，再度掀起另一阶段的礼法之争。

其五，千古以来，法律与道德的分合界限，虽是法律史上始终争辩不休的难题，不过，在西洋法律思想史中，均只涉及法律与道德的相互关系，而不见所谓刑与礼的纠葛。在传统中国，刑律儒家化的结果，使得传统士大夫对于个体人格完善的

---

4 《魏书·高允传》云："(允)博通经史天文术数，尤好《春秋公羊》。又诏允与侍郎公孙质、李虚、胡方回共定律令。初真君中以狱讼留滞，始令中书以经义断诸疑事，允据律评刑三十余载，内外称平。"

5 参阅陈顾远《从中国文化本位上论中国法制及其形成发展并予以重新评价》，载谢冠生、查良鉴主编《中国法制史论集》，台北：中华大典编印会，1968年，页37—45。

追求，与现实的政治、法律挂上了钩。"一准乎礼"，可说是历代儒臣在法律上追求的目标，礼的入律也成了法制发展的必然归宿。而所谓"礼"的内涵又非常广泛，几乎所有的道德观念，均可纳诸其中。

如此说来，"礼"具有双面属性，一方作为自主遵守的伦理规范，此即为"礼之内面性"，他方作为必须强制遵守的行为规范，此即"礼之外面性"。申言之，一方面积极地指导人类的正向行为，另一方面则消极地制裁负面行为。而传统中国社会，主要是农耕经济的形态，农耕社会的结构系以家族制度为基干。因此，这种社会也就很自然地接受儒家哲学所强调的"知足、安分、克己"的价值观念。至于儒家哲学对社会秩序的建造和维持，是使用两套方法的：一是以伦常关系作为社会结构的基础，一是以礼教法律作为社会活动的模式。由于这两者的相因相成，乃产生了典型礼刑结合的传统中国法律文化。

其六，从人类生活进程看，历史并不是一种严谨的逻辑过程，在漫漫的法制青史里，一个时代，有一个时代所认为的正义与合理。在历史发展过程中，任何法系的法制措施，并无绝对优劣之不同，所不同者，仅为时代及地域而已。在某一地域或某一时代，往往有不合正义的实证法存在，相随的，也常常有不合法度的措施在；这是事实，而且这种事实，乃属无法避免的事。因此，我们论断一件事或一个制度，不能忘却它的时代性、空间性和事实性。时人好以继受欧陆法后的现代个人权利法为尺度，来对传统中国的家族伦理法作检点、作批判。从今天看，这个方向或许没有错，但却是不够的。我们不但要以现代化为基点去批判传统，同时也需要借助传统，来省思现代化。

而所谓的"批判与省思",理应包含着双重的认识:一方面必须正视传统的深度、广度和复杂性,另一方面也要承认,从现代化的观点出发,传统虽有许多地方值得检讨,但也有可借镜之处。尤其,值得一提的是,儒家传统不仅仅强调礼俗规范的"礼之仪"或"礼之制",它也有企求人类共通价值和人性尊严的一套精神理念,环绕着心性的观念和天人合一的宇宙观而展开,由此而产生个人内在的道德自主感和超越意识的"儒之道"。[6]基于是,我们若不过度拘泥于当代西方法学的成见,而能心平气和地切实体察汉唐两代所遗存下来的春秋折狱案例及礼本刑用立法的诸般措施,作一番实证的解析,或能得出另一侧面的历史评价,也有助于思考法律文化的现况及其未来的走向。

6　张灏说:"这些精神和道德意识,一方面造成儒家思想中'天民'、'天爵'等'以德抗位'的观念,肯定了个人人格的尊严和独立;同时也孕育了对现实政治和社会的批判意识和抗议精神。"参阅氏著《再认"传统与现代化"》,载《海外学人》第107期,1981年6月,页2—12。

本书各章论著初出一览表

本书章名	原题发表处所及时间
春秋折狱的当代诠释	原题为《春秋折狱之史的观察》，收于作者硕士论文，《汉代春秋折狱之研究》，"第二章"，1982年5月。
两汉春秋折狱案例探微	原载于《政大法学评论》第52期，1994年12月。
春秋折狱的方法论与法理观	原题为《董仲舒春秋折狱案例研究》，载于《台湾大学法学论丛》第21卷第2期，1992年8月。
春秋折狱"原心定罪"的刑法理论	原题为《两汉春秋折狱"原心定罪"的刑法理论》，载于《政大法学评论》第85期，2005年6月。
《唐律》中的礼刑思想	原题为《唐律中的礼教法律思想》，载于《政大法学评论》第58期，1997年12月。
《唐律》中的"不应得为"罪	原题为《唐律不应得为罪的当代思考》，载于《法制史研究》第5期，2004年6月。
《唐律》责任能力的规范与理论	原题为《唐律刑事责任能力的历史考察》，收于《现代刑事法与刑事责任——蔡教授墩铭先生六秩晋五华诞祝寿论文集》，台北："国际刑法学会中华民国分会"，1997年2月。
《唐律》"轻重相举"条的法理及其运用	原收于《当代基础法学理论——林文雄教授祝寿论文集》，台北：学林文化，2001年11月。后经改写，再以《释滞与擅断之间——唐律轻重相举条的当代诠释》为题，载于《法制史研究》第13期，2008年6月。
《唐律》中的"错误"规范及其法理	原载于《政大法学评论》第126期，2012年4月。
《唐律》与《龙筋凤髓判》	原题为《法理与文采之间——读〈龙筋凤髓判〉》，载于《政大法学评论》第79期，2004年6月。

名词索引

（按拼音顺序排列）

八议 4，35，217—218，231，236，284，478

《百道判》 447，456，485，489

比附论罪 9，224，257，383，385，398

比附援引 130，254，257，281，283，286，296，298，373，375—376，380，382，385—386

不正常的春秋折狱 143

不正常春秋折狱 xi，133，137，183

"不应得为"条 xi，4，248—249，254，256，266，274，277—278，280，283—286，290—292，296—298，300—302，353，366，385

"不应得为"罪 iii，247—250，252—258，275，277，280—281，285—286，291—292，296—298，301，507

出礼入刑 205，209—210，214，238，289

创造规范 129，500

创造性补充 130，371，500

春秋断狱 10，69，137

《春秋断狱》 54，57

《春秋决事比》 134

春秋决狱 vi，10，28，34，38，57，59，134，500

《春秋决狱》 34，37—38

春秋折狱 ii—iii，x—xi，xiii—xiv，3，9，12，21，25—29，32—35，37—39，57，63—64，74，83，101，110—112，116，118，120—121，127—128，130—131，133—134，136—141，143—144，146，149—151，165，168—173，175，177—178，182—185，188，190，192—196，198—199，398，499—500，505，507

春秋治狱 10

春秋诛心 83，141

当然解释 257，296，319，348，370—371，376—377，379—383，386，388，391，429

道德法 234

盗武库兵 61—63

道义责任 173，230，332，333，335

《大宝律令》 301，345

《大清新刑律》 244，301，372，374，430

动机论 165—166，169—172，191

断罪无正条 319，349，356，358，373，388—389，390—391

《二年律令》 16，182，251，315

法的支配 142

法律漏洞　370，380，388，500
法律儒家化　112，120—121，124，127，186
《法律答问》　40，46，162—163，181—182，310，312
《法经》　14—15，25，37，180，309—310，502
法实证主义　139—141，146，227
法治　vi，10，44，100，123，129，137，142，146，209，294—295，386，442，501
复仇　48，81，95—100，161，166，228，307
腹诽　134，137，193
父子相隐　41，43—44，119

改定律例　301
概括条款　4，295—298，301，371
纲常名教　204，213—214，477
贵志　95，119，186
《公羊春秋》　xi，35，97，100，112—113，116，127，133，139，149，166，168，176
公羊治狱　10

淮南王案　81，168

家族主义　226—228，239，243
矫诏　66—67，94，107—108，164
矫制　65—70，92，94，163
结果论　165
借名专断　xi，110，133，138，143，183
精神障碍　307—309，315，317，328，334—335，342—345
经义断狱　131，137—138，145，195，503
经义决狱　vi，xiv，3，24，35—36
《九朝律考》　13，38，77，315，352

《九章律》　14—15，129，185
决事比　16，130，134，193—194，352，374
君亲无将　83—84，104—106，168，183，187，192

客观主义　149—151，153—157，173，199，263，432—433，435

老小疾病　309，316，318，325，327，340
类推适用　95，129—130，257，281，285，348，370—371，374—375，377，380—382，384—386，388
礼本刑用　ii—iii，5，205，210，213，224，231，236，238，241—242，244，289，293，385，478，499，501，503，505
礼法之争　112，503
礼教立法　4，204—205，220，236，263，267，293，501
礼刑合一　ii，3，5，146，188，205，236，238，241，294
礼之义　237，289，291
礼之仪　237，289，291，505
礼之制　289，291，505
礼主刑辅　iii，5，205，235，242，244，289，293，501，503
《龙筋凤髓判》　ii—iv，xi，xv，49，275，279，445，447—457，459—461，463，466—467，469，471，473，475，478—479，482—485，487—492，494—497，507
漏洞填补　vi，130，370—371，386，388，500
略迹原心　47
伦常秩序　24，206
论理解释　257，370—371，375，377—

380，382—383，386，388，391

男权中心　228

拟判　iii，275，446，454—455，460，462，490，494

殴父罪　46，48，55，57，399，401

七出　229—230

齐化的儒学　122，124

弃市　14，47，49—50，61—64，66—67，70，72，76，86，94，164，182，339，403

《钦定大清刑律》　301，342，373，386，426，428

亲亲之道　41—43，55—56

亲亲之义　42，55—57，71，100

轻重相举　iii，vi，xi，xv，224，247，254，257，282—284，302，347—349，357—359，361—362，365，368，370—378，380—383，385—389，391，507

轻重相明　256—257，349，353，364

人伦之网　243

儒法合流　ii，2，5，120—121，165，244，499

儒法之争　120—121，123，165，208

儒家法学　ii，vii，x，7，121，133

儒学法律化　208

三不去　230

三赦　35，160，230，308，335—336，345，397

三刺　160，175，308，397

三宥　4，35，160，230，236，308，311，345，396—397

擅杀继母　78

赦事诛意　47，100—102，104，166，168，196

实定法　49，117，119—120，129，164，213，234，240，288，399，500

十恶　4，45，50，214—219，221，227，236，242，270，282，284，319，338，354—355，363—364，383，415，481

拾儿道旁　39，119

实判　iii，454—455，457，461

《睡虎地秦墓竹简》　37，40，46，162—163，181，310，351

私为人妻　50，52

天人感应　112—113

通经致用　3，21，179，199，500

同罪异罚　141，184，189，194

外儒内法　30，211

《新律纲领》　301

《盐铁论》　17，43，91，170—171

《谳疑狱令》　351

《养老律令》　301

阳儒阴法　2，126，182，211，502

以经断事　34，64

议事以制　175，185，482

义务本位　224—226，243，294

议狱以制　177—178

异罪同罚　184，189，195

一准乎礼　vi，xiv，4—5，204—205，241，290，345，504

引经决狱　ii，xi，5，34，44，49，64，74，127，133，135，141

引经失义　133，143

《永徽律疏》　203—204

于义已绝　55

原其志　iii，xi，119，138，145，150，
　　169，175，187，190
原情定过　47，100—102，166
原情定罪　140，191
原心定罪　iii，xi，xiv，9，69，71，73—
　　74，109，128，149—151，166，168，
　　170，172，174—179，182，184，
　　187—189，196—198，398，507
原心论罪　119，170，185，188，198
约法三章　14

《暂行新刑律》　342，429，434
责任能力　iii，xi，xv，151，161，303—
　　305，308—309，315，317—318，
　　320—321，324—328，332—337，
　　340，342—346，362，507
正常的春秋折狱　128，143，173，198
正常春秋折狱　xi，139

主观主义　xi，57，149—151，153—157，
　　159，173，199，263，401，430，
　　432，434—435
自然法　1，44，117—120，139，141，
　　234，499
自然解释　386，
宗法伦理　175—176，188，208，213，
　　216，218，263
奏谳书　16，37，351
罪同异论　169—170，183—184，188，
　　195—196
罪刑法定原则　128—129，286，348，
　　384—385
罪刑法定主义　281—282，285—286，
　　372，375，384，386
罪刑擅断　141，196，500
罪止首恶　107，187

人名索引

（按拼音顺序排列）

白居易　38，58，62，447，456，459，477，485，489

陈顾远　2，27—29，50，53，121，140—141，244，395，503

程树德　13，28，30，35—38，58，77，252，315，352

戴炎辉　i，xiv，48，204，280，285，296，324，377，385，391，394，409，434，464，468，476

戴震　137

董康　83，194—195，389—391

董仲舒　iii，xi，xiii，xiv，18—21，24，28—31，33—35，37—39，45，49—51，54—61，63—64，68—69，95，110—116，118—120，122，125，127—128，130—134，136—139，142—143，169—173，175，178，184—186，188—199，235，398—399，401，500—501，503，507

杜佑　iii，38—39，54，72，78，372，401，457，460

方苞　23，

冯友兰　20

冈田朝太郎244，301，375—376，386，427

韩忠谟　154，173，333，405

洪迈　455，484—487，489

霍存福　447，457，459，477，481，487

隽不疑　75—77

李悝　14—15，25，37，175，180，309，502

李斯特　153

梁启超　125

林则徐　301

刘俊文　204，214，264，280，325，337，368，377—378，419，464，468，476—477

刘师培　133—135，

刘颂　352，374

刘允鹏　279，450—451，482

芦野德林　91，98

马端临　26，133—134，192—193，199，339，460，491，496

皮锡瑞　11，19，23，102—103

浅井虎夫　31

钱穆　77
丘濬　98—99，158
仁井田陞　53，150—151，182，199，336，374，394，409，434，447
日原利国　149—150，166，168，177—178，199

沈家本　16，36—38，44，52，54，58—59，64，67，69，74，81—82，86，131，133，136，146，244，250，297，301，315，341，357—358，372—374，387—388，390，394，403，427，437—440，503
申咸　70—73，168
穗积陈重　2，96，98

王伯琦　24，103，142，144
王世杰　31
王应麟　36—38

萧何　14—15，20，62，80，86，94，185

熊十力　10，22，
徐道邻　4，21，24，204—205，225，236—237
徐偃　65，67—70
薛况　70—74，168，172
薛允升　299，340，389
杨鸿烈　23—24，31，44，63，69，79，98，136，145
余英时　17，30，84，121—123，133，137
袁子才　144

张灏　505
长孙无忌　56，83，203，210，276，503
张蕴古　321
张鹜　ii—iv，275，279—280，322，447—450，454，457—459，461，465，467—470，472，474，476—478，481，483—487，489—493，495—496
赵冬曦　283—284，371—373，387，389
赵翼　17
朱熹　125，244